AMÉRICA DEL SUR

MAR CARIBE

OCÉANO ATLÁNTICO

BELICE
HONDURAS
NICARAGUA
Lago de Nicaragua
EL SALVADOR
GUATEMALA
PANAMÁ
COSTA RICA

Barranquilla
Cartagena
Maracaibo
Caracas
Lago de Maracaibo
San Cristóbal
Medellín
Bogotá
Cali

Río Magdalena
Río Orinoco

VENEZUELA

Georgetown
Paramaribo
Cayena
GUAYANA
SURINAM
Boa Vista
GUAYANA FRANCESA

ECUADOR

COLOMBIA

Quito
ECUADOR
Guayaquil
Cuenca
Iquitos

ISLAS GALÁPAGOS (Ecuador)

Río Amazonas

PERÚ

AMAZONAS

BRASIL

LOS ANDES

Machu Picchu
Lima
Ayacucho
Cuzco

OCÉANO PACÍFICO

BOLIVIA
La Paz
Santa Cruz
Lago Titicaca
Sucre
Potosí

Brasilia

Río Paraná

PARAGUAY

Asunción
Iguazú
São Paulo
Río de Janeiro

CHILE

TRÓPICO DE CAPRICORNIO

Río Uruguay

OCÉANO ATLÁNTICO

Córdoba

URUGUAY

Viña del Mar
Valparaíso
Santiago
Buenos Aires
Montevideo
Río de la Plata

Concepción

ARGENTINA

Bahía Blanca

Viedma

Elevación en metros
4.000+
2.000–4.000
500–2.000
200–500
0–200
nivel del mar

250   500   750 MILLAS
500   1.000 KILÓMETROS

ISLAS MALVINAS (Br.)

Estrecho de Magallanes
TIERRA DEL FUEGO

ÁFRICA

NIGERIA
Malabo
GUINEA ECUATORIAL
CAMERÚN
GABÓN

MILLAS   250
KILÓMETROS   500

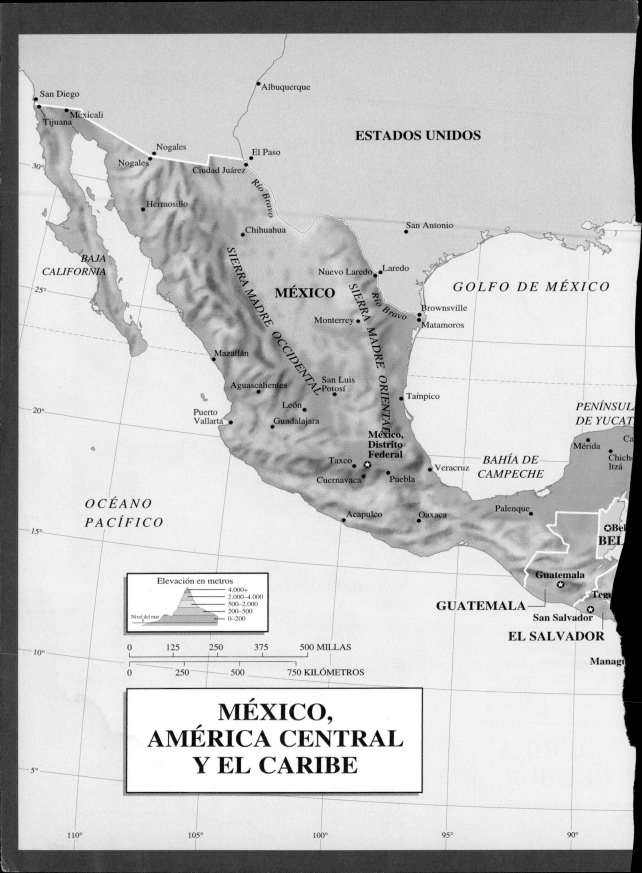

MÉXICO, AMÉRICA CENTRAL Y EL CARIBE

San Diego

Tijuana

Mexicali

Nogales

Nogales

Albuquerque

El Paso

Ciudad Juárez

ESTADOS UNIDOS

30°

Río Bravo

Hermosillo

Chihuahua

San Antonio

*BAJA
CALIFORNIA*

25°

Nuevo Laredo

Laredo

GOLFO DE MÉXICO

MÉXICO

SIERRA MADRE OCCIDENTAL

SIERRA MADRE ORIENTAL

Río Bravo

Brownsville

Monterrey

Matamoros

Mazatlán

Aguascalientes

San Luis
Potosí

Tampico

20°

León

Puerto
Vallarta

Guadalajara

*PENÍNSULA
DE YUCAT*

Mérida

Ca

México,
Distrito
Federal

Taxco

Veracruz

Chich
Itzá

*BAHÍA DE
CAMPECHE*

Cuernavaca

Puebla

*OCÉANO
PACÍFICO*

Acapulco

Oaxaca

Palenque

Bel

BEL

15°

Elevación en metros

4.000+
2.000–4.000
500–2.000
200–500
0–200

Nivel del mar

Guatemala

GUATEMALA

Teg

San Salvador

EL SALVADOR

0   125   250   375   500 MILLAS

0   250   500   750 KILÓMETROS

Managu

10°

5°

110°   105°   100°   95°   90°

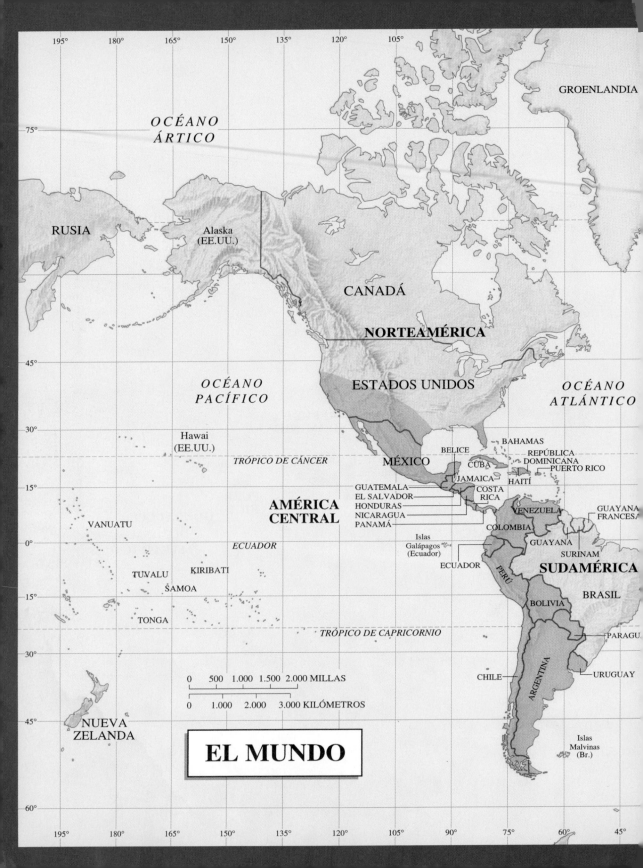

EL MUNDO

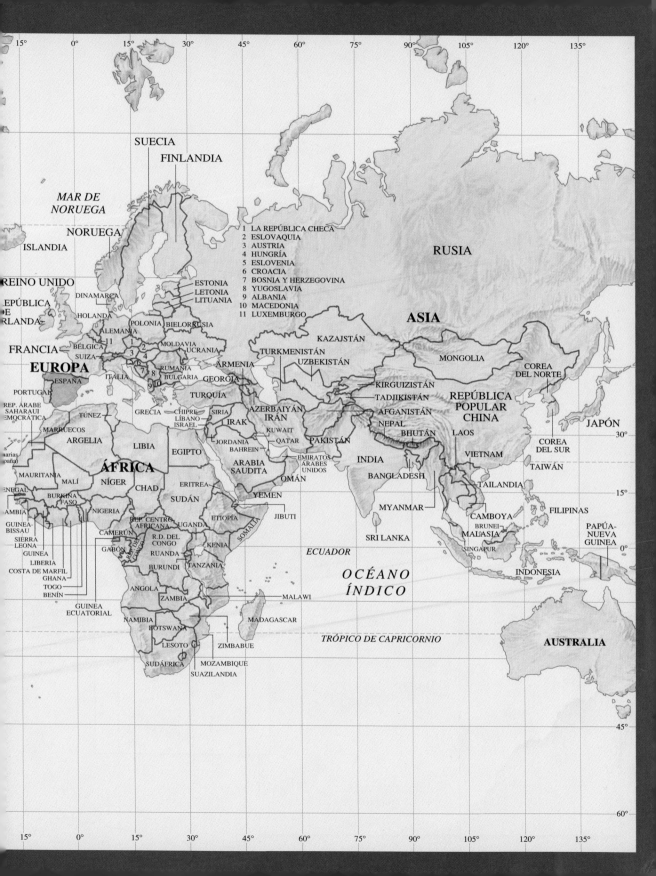

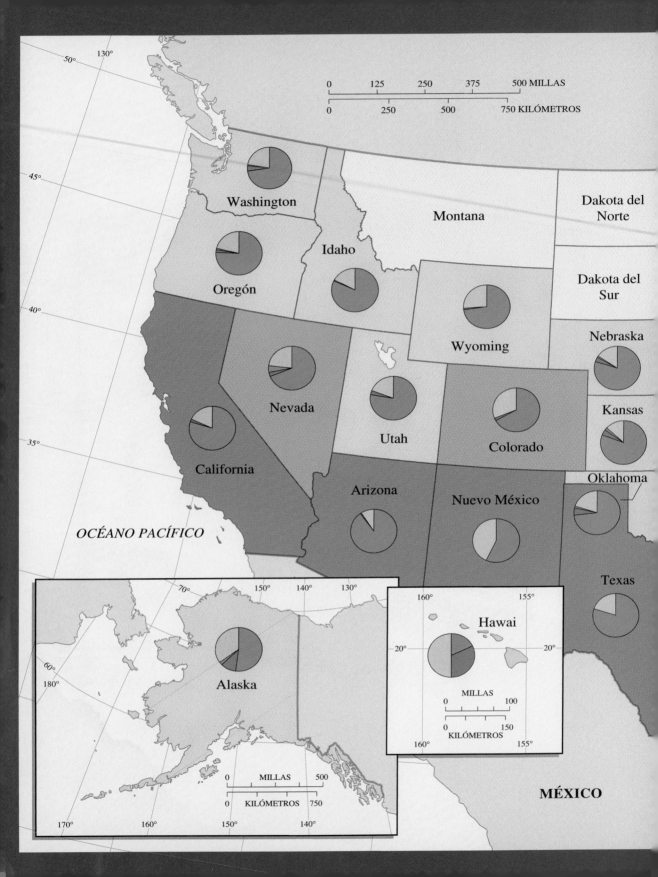

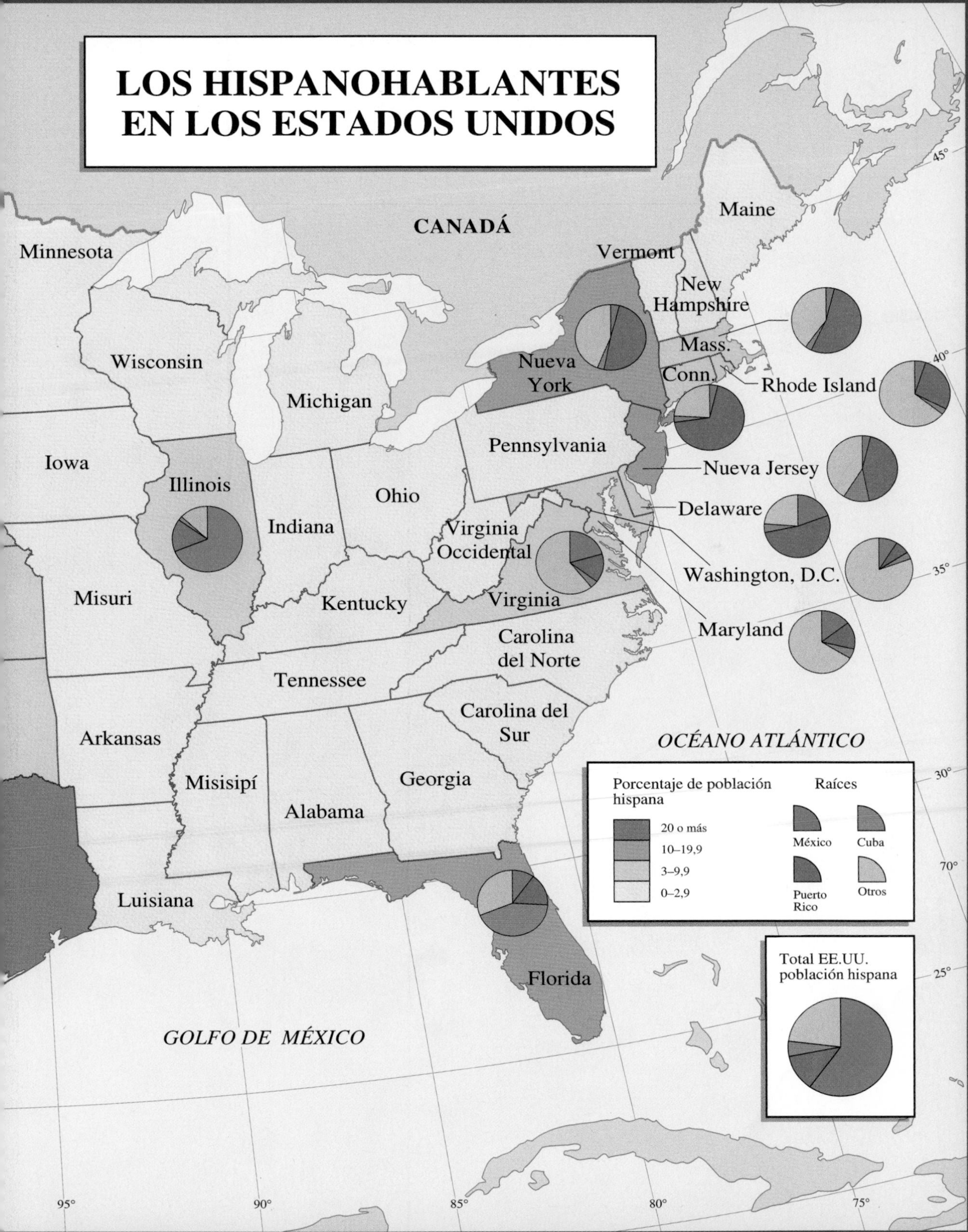

LOS HISPANOHABLANTES
EN LOS ESTADOS UNIDOS

CANADÁ

Maine

Minnesota

Vermont

New
Hampshire

Wisconsin

Mass.

Nueva
York

Conn.

Michigan

Rhode Island

Iowa

Pennsylvania

Nueva Jersey

Illinois

Delaware

Indiana

Ohio

Misuri

Virginia
Occidental

Washington, D.C.

Kentucky

Virginia

Maryland

Carolina
del Norte

Arkansas

Tennessee

Carolina del
Sur

OCÉANO ATLÁNTICO

Misisipí

Georgia

Alabama

Porcentaje de población hispana	Raíces
20 o más	México	Cuba
10–19,9		
3–9,9		
0–2,9	Puerto Rico	Otros

Luisiana

Total EE.UU.
población hispana

Florida

GOLFO DE MÉXICO

45°

40°

35°

30°

70°

25°

95°   90°   85°   80°   75°

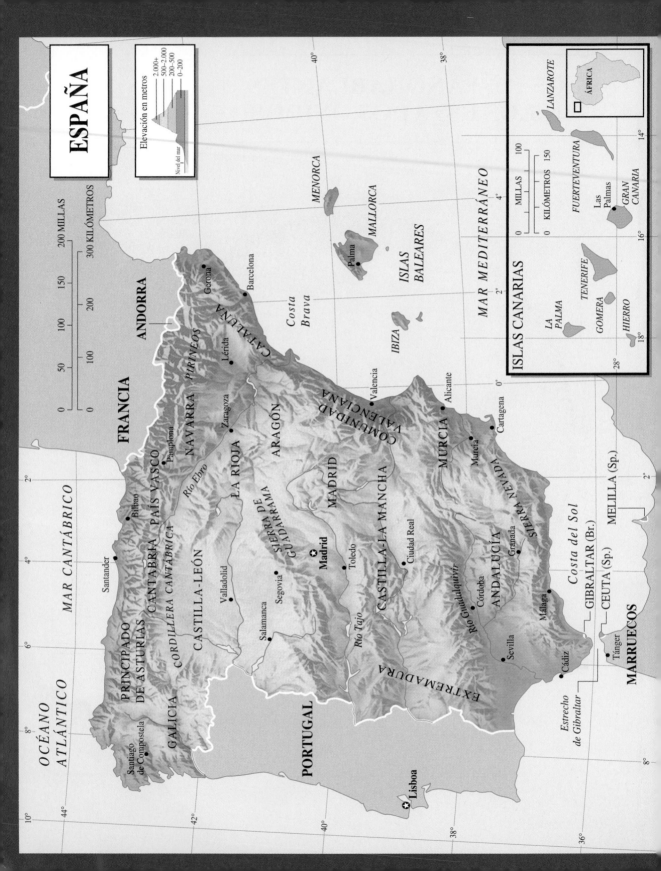

ESPAÑA

Elevación en metros

2.000+
500–2.000
200–500
0–200

Nivel del mar

200 MILLAS
300 KILÓMETROS

OCÉANO ATLÁNTICO

MAR CANTÁBRICO

FRANCIA

ANDORRA

PORTUGAL

MARRUECOS

MAR MEDITERRÁNEO

Santander

Bilbao

PAÍS VASCO

CANTABRIA

PRINCIPADO DE ASTURIAS

CORDILLERA CANTÁBRICA

GALICIA

Santiago de Compostela

Pamplona

NAVARRA

PIRINEOS

Gerona

Barcelona

Costa Brava

CATALUÑA

Lérida

Zaragoza

Río Ebro

LA RIOJA

ARAGÓN

CASTILLA-LEÓN

Valladolid

Salamanca

Segovia

SIERRA DE GUADARRAMA

MADRID

Madrid

Toledo

Río Tajo

CASTILLA-LA MANCHA

Ciudad Real

EXTREMADURA

Valencia

COMUNIDAD VALENCIANA

Alicante

Cartagena

MURCIA

Murcia

SIERRA NEVADA

Granada

ANDALUCÍA

Córdoba

Río Guadalquivir

Sevilla

Costa del Sol

Málaga

Cádiz

Estrecho de Gibraltar

GIBRALTAR (Br.)

CEUTA (Sp.)

MELILLA (Sp.)

Tánger

Lisboa

MENORCA

MALLORCA

Palma

IBIZA

ISLAS BALEARES

ISLAS CANARIAS

LANZAROTE

FUERTEVENTURA

Las Palmas

GRAN CANARIA

TENERIFE

LA PALMA

GOMERA

HIERRO

ÁFRICA

MILLAS
KILÓMETROS

100
150

PERSPECTIVAS

Séptima Edición

Mary Ellen Kiddle
Boston College

Brenda Wegmann
University of Alberta Extension

Sandra Schreffler
University of Connecticut

THOMSON

HEINLE

Australia Canada Mexico Singapore Spain United Kingdom United States

Perspectivas / Séptima edición
Kiddle, Wegmann, Schreffler

Spanish Editor: *Kenneth S. Kasee*
Development Editor: *Jason Krieger*
Marketing Manager: *Jill Garrett*
Project Manager: *Barrett Lackey*
Permissions Editor: *Shirley Webster*
Production Service: *Clarinda Publication Services*
Compositor: *The Clarinda Company*
Photo Researcher: *Judy Mason*
Printer: *Transcontinental Interglobe, Inc.*

Cover Image: © José Ortega / SIS

Printed in Canada.
 4 5 6 7 8 9 10   06 05 04

For more information contact Heinle, 25 Thomson Place, Boston, MA 02210 USA,
or you can visit our Internet site at http://www.heinle.com

ISBN: 0-03-033958-8 (Text & Audio CD)

Library of Congress Catalog Card Number: 2001091385

We dedicate this book to three wonderful people who have been a great source of encouragement and support in our work and in our lives:

From Sandra to Ray, with thanks for always being such an inspiration.

From Brenda to Jessica and Jake, with all the appreciation of my heart.

PREFACE

In the Seventh Edition of *Perspectivas,* we focus on enhancing the interface between reader and text with the addition of color, structured pre-listening exercises on the companion audio CD, updated activities and exercises, a new Tips for Teachers section, and more use of pop culture themes such as love over the Internet. In Chapter 6 we reflect the growing presence of the Spanish language and Hispanic cultures in the United States and Canada through an extended view of these Spanish-speaking communities. In other chapters we have highlighted writers and cultural themes from countries and areas formerly not represented.

WHAT'S NEW TO THIS EDITION?

Approximately 25% to 30% of the reading selections have been changed. Among the additions bringing new themes to the student are the following: filmmaking as an art appears in the Art and Fantasy chapter; works by remarkable women poets, including Rosario Castellanos from Mexico, Gabriela Mistral from Chile, and Gioconda Belli from Nicaragua; watershed political changes such as the election of Vicente Fox as president of Mexico; the emotional aftermath to the violence in Uruguay in the 1970s and 1980s; and a look at intriguing mysteries from some lesser-known areas such as hieroglyphics in Honduras, enormous drawings in the deserts of Peru, and remnants of amazing engineering and irrigation feats in ancient Bolivia.

Among the changes made in this Seventh Edition is a section titled **¡Conectémonos!** whose purpose is to give students the opportunity to explore the world outside the text and classroom via the Internet. We have designed the **¡Conectémonos!** activities to synthesize material read and discussed within the previous section(s) of a particular chapter. These new activities are intended to expand students' knowledge of the themes and individuals mentioned while at the same time encouraging them to make decisions as to the specifics. Each **¡Conectémonos!** activity includes web-based and community-related activities (when feasible) or library research when the population or topic may not be readily available in the geographic region in which students find themselves. Many more suggestions and activities are included than instructors will be able to cover in order to give both instructors and students choices. We envision these activities as an avenue that will allow each student to express his or her views and individuality within the contexts presented.

The title of Chapter 6, formerly called *Los hispanos en los Estados Unidos* has been changed to *Los hispanos en los Estados Unidos y el Canadá* in order to include the significant and productive Hispanic population in Canada which has increased greatly in recent years. The chapter has also been expanded with the inclusion of new material on immigrant populations to the United States from Central America. Previous sections have been updated so as to include recent changes in population figures and contributions to U.S. and Canadian culture by the many immigrants from the Spanish-speaking world. Literary selections are once again included in the sections dedicated to Mexicans, Puerto Ricans and Cubans, but due to space constraints, do not form part of the two new sections.

A NEW FOCUS FOR THE <u>PERSPECTIVAS</u> COMPANION CD

Representative readings taken from *Perspectivas* are recorded on the companion audio CD and include poems, stories, and articles from every chapter. On the advice of reviewers, we added pre-listening questions to each of the selections in order to focus the attention of students. After each reading, the questions are repeated and correct answers are given in Spanish, providing motivation for the task of listening. The purpose of the CD is to offer practice in listening comprehension, to furnish models of pronunciation and intonation patterns for imitation, and to allow students to experience the pleasure of hearing literary selections of high quality presented by professional native readers.

TIPS FOR TEACHERS

General Tips for Teaching Chapters 1–5

Each chapter is organized to maximize the acquisition and use of language skills by students. The opening portion of each section is intended to place students within the context of the material that follows, and to get them thinking about the topic at hand. We suggest that students be encouraged to think about the themes **before** coming to class so that class discussion can proceed in an orderly and helpful fashion. By assigning the exercises and activities of this section as homework, the instructor sets the stage for an animated exchange of ideas during the time students spend in class.

Most activities are bound directly to the selected readings, but this does not imply that all of them must be done for students to benefit from these authentic texts. And although each chapter includes quite a number of selections, an adequate basis for language acquisition and expansion can be gleaned from judicious selection of material from each chapter. If the instructor takes the time to peruse and then analyze the entire book prior to teaching it, he or she will design a complete one- or two-semester course for his or her students by selecting those activities and readings that best promote or enhance the goals of the specific course.

Most instructors recognize that reading and writing are not passive skills that are accomplished in isolation; they are both interactive and communicative activities and skills. Thus, we have included numerous group and pair activities in order to stress the communicative aspects of language learning and practice as well as to maximize the time students spend in the language classroom. This, in turn, provides everyone with as much opportunity to practice the four skills as they need or choose. We suggest that these activities be preceded by precise instructions from the instructor in order to make sure that all students understand the purpose and goal(s) of the task. The instructor's availability to answer questions and provide additional guidance during the process is essential to the successful completion of these activities.

Peer editing in the writing of paragraphs and short compositions gives students the opportunity to see writing from two perspectives: that of the writer as well as of the reader. By setting aside some class time for this specific step in the writing process, students are able to hone their analytical skills while receiving help from classmates in a non-threatening environment. The process can be repeated for short periods of time with different partners in order to get more than one point of view and set of suggestions.

We also encourage instructors to expand on (or contract) any of the reading comprehension activities we provide in order to meet the needs of each class. We acknowledge the fact that every class has its own personality, strengths, and weaknesses. All of our activities are provided as a "jumping off" point for further work.

The **¡Conectémonos!** sections provide many activities, all of which may not be feasible in some circumstances, either because of time constraints and/or the unavailability of appropriate materials. Instructors should choose those activities that they feel are most beneficial to their students. Or, instructors may decide to allow students to choose for themselves. Giving students the opportunity to pick that which interests them gives them a more proprietary feeling, and encourages many to increase their effort and turn in a more complete and higher quality project. Most of these sections appear at the end of particular sub-sections or topics and are intended as a synthesizing activity in which students can show their classmates what they have accomplished during the unit and "strut their stuff". Learning is always enhanced by sharing, and these activities provide students with the means to do so as well as tying together the many aspects of the individual topic addressed in the chapter.

We all know that when we make our expectations clear, more often than not, our students rise to the occasion and make both us and them proud of the work done. Don't be afraid to raise the bar, let's give our students the push they sometimes need in order to excel.

Tips for Teaching the New Chapter 6

Chapter 6 has been expanded to include some new topics, and undergone more changes than any of the other chapters. Chapter 6 focuses on the identity of the four major groups of Hispanics in the United States and Canada. It highlights their contributions to the English-speaking cultures found therein. To make room for the new information on Central Americans in the U.S. and Hispanic Canadians, some of the literary readings from previous editions have been eliminated, but we added Pérez-Firmat's poem on Cuban identity, *Oye brother,* to maintain the central theme.

Each section of the chapter opens with an expanded and updated version of the various Hispanic groups' history, preceded by thought-provoking questions for discussion to place students within the appropriate frame of reference and mind, and to prepare them for the readings to follow. The narrative is interrupted with comprehension checks in order to keep students focused. We strongly recommend that these exercises not be skipped because they prepare students for the following sections, which in turn lead into pre-reading activities on each of the literary pieces by authors who are descendants of immigrants or immigrants themselves.

The ¡**Conectémonos!** activities are intended to synthesize and link the historical information and literary works. They deliberately remove students from the pages of the textbook in order to emphasize the presence of Hispanics and their culture in the everyday life of non-Hispanic North Americans. We suggest Internet activities to underscore the concept of our "shrinking world" and the connection between what we do in our Spanish classrooms and the "real" world.

ACKNOWLEDGMENTS

We would like to thank the Spanish Teaching Assistants at the University of Connecticut Department of Modern and Classical Languages for their suggestions and general comments for the improvement of this text, and Professor Osvaldo Pardo, also from the Department of Modern and Classical Languages at the University of Connecticut, for his valuable suggestions and help with the incorporation of new material. Acknowledgement is also due to the Instructors and Teaching Assistants at Boston College who gave us many helpful insights in previous editions that have left an indelible mark on this text. To Llanca Letelier we owe a debt of gratitude for her creative insights, excellent research, and careful reading of many sections of the manuscript. We also wish to extend our thanks to several members of the Heinle and Heinle staff: to Jeff Gilbreath and Nancy Geilen for their help in getting this edition started, to Vincent Smith for his careful editing and creative input, and to Jason Krieger for his fine supervision and coordination of the stage-by-stage process of development and production.

Finally, we would like to express our appreciation to María Teresa Varese from Red Deer College and the many instructors who shared their knowledge and expertise with us. In particular, we want to thank the following reviewers for their indispensable constructive advice and specific recommendations for improvement of both materials and activities for this edition:

Connie C. Martinez
University of North Texas

Sonia V. González
Stanford University

Milton Azevedo
University of California, Berkeley

Osvaldo Pardo
University of Connecticut

Geraldine Ameriks
University of Notre Dame

                                              B.W.   S.S.

THE USE OF VIDEO AS SUPPLEMENTS

Perspectivas may be used with the intermediate videocassette, *Videomundo*. The following correlation has proven helpful for some instructors.

Correlation of <u>Perspectivas</u> with the Heinle and Heinle Intermediate Videocassette <u>Videomundo</u>

Videomundo, the Heinle and Heinle Spanish videocassette, can function as an adjunct to this book if time and facilities are available for video use during the course. Information on how to obtain this video and its accompanying Viewer's Manual may be obtained from a publisher's representative.

The following list contains suggestions for correlating materials according to theme:

Perspectivas Chapter	*Videomundo* Segment
1. La naturaleza	6. Comprando comida fresca en Valencia, España
	9. Puerto Rico
	10. México colonial
	20. La botánica Yoruba y una entrevista con Bobby Céspedes: Espiritista
2. Cambios sociales	2. Los gitanos de Cuenca
	8. Los paradores de España
	12. Algunas equivocaciones culturales
	18. Programa de intérpretes en el hospital Massachusetts General
	19. Salsarobics
	21. El día de Reyes
3. El hombre y la mujer	23. El papel de la mujer
	24. Las madres de la Plaza de Mayo
4. Cuestiones éticas	17. EL SIDA en la comunidad hispana
	20. La botánica Yoruba y una entrevista con Bobby Céspedes: Espiritista
	24. Las madres de la Plaza de Mayo
5. Arte y fantasía	1. Visiones del pueblo: Una exposición del arte folklórico de la América Latina
	3. Carlos Santana habla de su cultura
	4. El legendario Eddie Palmieri
	5. La conga de Mongo Santamaría
6. Los hispanos en los Estados Unidos y el Canadá	11. Los hispanos en Washington: Henry Cisneros
	12. Algunas equivocaciones culturales
	13. Univisión
	14. Carlos Santana y el Centro Cultural de la Misión
	15. Radiolandia
	16. Alfredo Estrada y la revista *Hispanic*

CONTENTS

Capítulo 3: El hombre y la mujer   108

Capítulo 4: Cuestiones éticas

Capítulo 5: Arte y fantasía

capítulo 1

LA NATURALEZA

Paisaje hondureño de San Antonio de Oriente por José Antonio Velásquez, 1971

El volcán Popocatépetl, diciembre 2000

Turistas en Costa Rica

VOCABULARIO PRELIMINAR

Estudie estas palabras y haga los ejercicios antes de leer el artículo sobre las fuerzas de la naturaleza. Luego, utilice este vocabulario durante su estudio de todo el capítulo.

Cosas

alimentos, los	productos tomados para obtener nutrición, cosas para comer; «Los alimentos en lata *(a can)* no son buenos para la salud».
bosque, el	lugar con muchos árboles, terreno forestal
conciencia, la	modo de pensar, manera de ver el mundo
contaminación, la	acción de transmitir sustancias impuras
cosecha, la	frutos, granos o verduras que se toman de la tierra; «Este año hay buena cosecha de maíz».
daño, el	efecto malo producido en algo o en alguien, detrimento
desarrollo, el	acción de crecer en tamaño *(size)* o en importancia, crecimiento, progreso; «Esta región necesita desarrollo económico».
especie, la	grupo de plantas o animales con características similares; «Muchas especies de animales están en peligro de extinción».
hoja, la	parte del árbol, generalmente verde y situada en las ramas *(branches)*; «En otoño las hojas se caen».
indígenas, los	descendientes de los habitantes originarios de un lugar; nativos; «¡Pobre Colón! Creía estar en la India y llamó a los indígenas *indios*».
medio ambiente, el	conjunto de condiciones naturales que influyen en el desarrollo de los animales, las plantas y las personas
paseo, el	acción de andar por placer o por hacer ejercicio, puede ser a pie o de otra manera (en auto, en bote, a caballo); «Vamos a dar un paseo en auto por las montañas».
selva, la	bosque extenso con mucha vegetación, usualmente en el trópico

Acciones

desaparecer	dejar de ser visible, dejar de existir
destruir	causar destrucción o ruina, arruinar, devastar; «Las sustancias químicas de los aerosoles destruyen el medio ambiente».
detener	interrumpir el movimiento de algo, parar, paralizar; «Tenemos que detener la contaminación del aire».
respirar	tomar aire en los pulmones *(lungs)* y expelerlo
salvar	librar de un peligro, rescatar, libertar
talar (árboles)	cortar (con referencia a árboles)
tomar medidas	actuar para conseguir algún objetivo especial

A. Antónimos

Dé un antónimo de la lista anterior para cada palabra o frase.

1. acelerar _detener_ 4. proteger _____ 7. reducción _____

2. aparecer _____ 5. plantar _____ 8. terreno sin _____
                                                      árboles

3. asfixiarse _____ 6. purificación _____ 9. beneficio _____

B. El rey inepto, una historia

Complete la historia con palabras de la lista que están relacionadas a las palabras en letra itálica.

1. Hace milenios había un rey inepto. No hacía nada de manera correcta. La gente de su reino *se alimentaba* muy mal porque el rey no le daba *alimentos*.
2. Todos los años la gente *cosechaba* bien, pero el rey guardaba toda la _____ para su familia.
3. Oficialmente, la *tala* de árboles grandes estaba prohibida, pero los amigos del rey _____ árboles grandes para construir sus casas.
4. También, *contaminaban* el río, y esta _____ causaba la extinción de muchas especies de plantas y animales.
5. La *salvación* del medio ambiente estaba en las manos del rey, pero el rey no quería _____ el medio ambiente.
6. Un día el rey *paseaba* por la ciudad, aburrido. Decidió que sería más interesante dar un _____ por el campo.
7. Caminó mucho y entró por fin en la selva. Había un profundo silencio. Sólo se oía la *respiración* de un animal. Era un león que _____ y estaba cerca, escondido por las hojas.
8. Todo el mundo comentó la misteriosa *desaparición* del rey. En realidad, el rey _____ porque se encontró con un animal que también era rey (de los animales), pero no era inepto.

SELECCIÓN UNO

LAS FUERZAS DE LA NATURALEZA, PARA BIEN Y PARA MAL

Antes de leer

Para abrir el tema

La naturaleza es un tesoro que debemos conservar y proteger. No obstante, también, a veces, es un monstruo que destruye y causa daño. Lea el siguiente artículo y haga los ejercicios para practicar vocabulario importante para el capítulo y aprender más sobre las dos «caras» de la naturaleza.

Vocabulario

Búsqueda de cognados

Un cognado *(cognate)* es una palabra similar en forma y significado a una palabra de otro idioma. Por ejemplo: fuerza (español) y *force* (inglés), naturaleza y *nature*, tesoro y *treasure*. Un lindo aspecto del español y del inglés es que comparten muchos cognados.

Trabaje solo(a) o con otra persona y busque los cognados para las siguientes palabras en inglés. Escríbalos con cuidado porque hay pequeñas diferencias de ortografía *(spelling)*. ¿Quién será el primero que los escriba todos correctamente?

1. *accustomed* _____   4. *immense* _____   7. *properties* _____

2. *activity* _____   5. *passengers* _____   8. *state* _____

3. *eruption* _____   6. *predict* _____   9. *volcanos* _____

LAS FUERZAS DE LA NATURALEZA, PARA BIEN Y PARA MAL

INICIO		POLITICA	DEPORTES	SOCIEDAD	NEGOCIOS	ECUADOR	CULTURA
			ESTE DIA	PORTADAS	INDICADORES	CLASIFICADOS	

EL COMERCIO

4 de octubre del 2000

TUNGURAHUA

Diagnóstico: se mantiene el mismo nivel de actividad baja. Solamente se registró una emisión pequeña en la noche del lunes. La alerta naranja rige para las poblaciones que están en riesgo y amarilla para Baños.

Observaciones visuales: la actividad fumarólica fue nula durante gran parte de la mañana; en la tarde se observaron pequeñas columnas de gas producidas por las fumarolas. Hubo 8 sismos de largo periodo.

«Tu informe diario»—¡sobre los volcanes! Del periódico ecuatoriano *El Comercio.*

Todos estamos acostumbrados a leer o escuchar el pronóstico diario del tiempo. ¿Va a llover? ¿Hace frío? Entonces, no doy un paseo. Pero en Quito, la capital de Ecuador, mucha gente busca otro pronóstico: el pronóstico sobre los volcanes que sale todos los días en el periódico. ¿Está muy activo el Pichincha hoy? Entonces, habrá más contaminación. Si hay demasiada actividad, puede haber una crisis....

Hay volcanes en otras partes también que dan miedo, como Popocatépetl, cerca de D.F., la inmensa capital de México (con más o menos 21 millones de habitantes), y aun más cerca de Puebla, una ciudad de más de 3 millones. En

1980, la erupción del volcán Santa Elena *(Mount St. Helen)* en el estado de Washington, Estados Unidos, demostró que una erupción es siempre posible. Nadie sabe predecir el momento exacto. Esta erupción causó enormes daños, destruyó bosques y propiedades, y mató a dos personas y muchos animales—a pesar de las medidas que se habían tomado antes. Toda la cumbre del volcán desapareció para siempre, como pueden ver los pasajeros que viajan en avión sobre el lugar.

Comprensión: cierto o falso

Escriba **C** (cierto) o **F** (falso) delante de cada frase. Corrija las frases falsas.

1. _____ «Pichincha» es la capital de Ecuador.

2. _____ En los periódicos de Ecuador hay pronósticos sobre la actividad volcánica.

3. _____ La erupción del volcán Santa Elena en 1980 no causó muchos daños.

Comentario

¿Cree Ud. que la gente de Quito y de México, D.F. está acostumbrada a vivir con el peligro de los volcanes? ¿En qué ciudades existe mucho peligro de un terremoto *(earthquake)*? ¿Tendría Ud. miedo de vivir en uno de esos lugares?

Y ahora: las buenas noticias sobre los volcanes

Los baños termales Tabacón del volcán Arenal, Costa Rica

Hay un proverbio que dice: «No hay mal que por bien no venga».* No todas las consecuencias de las erupciones volcánicas son dañinas. También traen beneficios, por ejemplo: la formación de minerales y un suelo muy fértil. Los granjeros *(farmers)* quieren vivir cerca de los volcanes porque hay cosechas abundantes. Además, pueden servir como una fuente natural de energía que no daña el medio ambiente. En la parte central de México hay tres lugares que usan el vapor volcánico para la producción de electricidad. Y, por supuesto, son bellos. Los volcanes les sirven como inspiración a los poetas, pintores y fotógrafos. En Costa Rica varios volcanes se han convertido en atracciones turísticas, como el muy activo volcán Arenal que tiene elegantes hoteles y baños termales en su base.

Comprensión: cierto o falso

Escriba **C** (cierto) o **F** (falso) delante de cada frase. Corrija las frases falsas.

1. _____ La tierra cerca de los volcanes es muy productiva para la agricultura.

2. _____ En México se usan los volcanes para producir electricidad.

3. _____ Costa Rica ha perdido el turismo porque la gente les tiene miedo a los volcanes de allí.

Comentario

¿Qué piensa Ud. de los volcanes? ¿Tiene un volcán favorito? ¿Le gustaría vivir cerca de uno? ¿Por qué aparecen los volcanes en medios como el arte, la poesía y la fotografía?

El calentamiento global, un reto *(challenge)* para la humanidad

La cuestión del calentamiento global «calienta» la sangre a mucha gente. Siempre hay personas que dicen que no es cierto. Pero casi todos los científicos respetados dicen ahora que no hay duda de que sí está pasando. La temperatura de nuestro planeta ha subido varios grados en los últimos cien años a causa del desarrollo industrial. Los glaciares en el polo norte están desapareciendo y el agujero *(hole)* en la capa del ozono está creciendo. Esto presenta un peligro a largo plazo *(long range)*, sin embargo en la actualidad estamos sufriendo graves consecuencias. El calentamiento de la tierra causa un crecimiento en el número de catástrofes naturales como deslizamientos de lodo *(mud slides)*, huracanes, inundaciones *(floods)*, maremotos *(tsunamis)*, terremotos y temblores, tornados y tormentas de nieve.

El gran reto para toda la humanidad ahora es: ¿qué hacer para detener este proceso de calentamiento? Mucha gente ofrece posibles soluciones: el uso de más transporte público, el desarrollo de carros eléctricos, la vuelta a una vida más sencilla, etcétera. Quizás la solución depende de todos nosotros.

---

*El proverbio sugiere que los malos sucesos siempre traen algunas buenas consecuencias.

Voluntarios rescatan a una víctima de las inundaciones de diciembre de 1999, Caraballeda, Venezuela

Comprensión: cierto o falso

Escriba **C** (cierto) o **F** (falso) delante de cada frase. Corrija las frases falsas.

1. _____ La mayor parte de los científicos creen que la tierra está en un proceso de calentamiento.

2. _____ El agujero en la capa del ozono de la atmósfera ya está desapareciendo.

3. _____ Como consecuencia de la subida de la temperatura global, el número de desastres naturales ha subido también.

4. _____ Un gran reto para la humanidad es cómo detener el calentamiento de la tierra.

Comentario

Mire la foto de la catástrofe. ¿Qué pasó? ¿Dónde? ¿Cuándo? ¿Cuántos años cree Ud. que llevará para que la gente vuelva a una vida normal? ¿Qué desastre natural ha ocurrido recientemente? ¿Dónde?

Después de leer

A. Vocabulario: Palabras relacionadas

Como las personas, las palabras pertenecen (*belong*) a familias.

1. Busque en la seleccíon los sustantivos (*nouns*) relacionados con los verbos en itálica.

    a. Los granjeros *se benefician* de las buenas cosechas. Reciben _beneficios._

    b. Algunas personas *se calientan* cuando hablan del _____ de la tierra.

    c. El número de catástrofes *crece* y este _____ nos da miedo.

    d. Los periódicos *informan* a los ecuatorianos de la actividad de los volcanes, y estos _____ son importantes.

    e. La belleza de los volcanes *inspira* a muchos artistas; como consecuencia de esta _____ producen obras de arte.

    f. En el centro de México *producen* electricidad; usan el vapor de los volcanes para su _____.

2. Busque en la selección los adjetivos relacionados con las palabras en itálica.

    a. Los habitantes *se acostumbraron* al peligro. Están _acostumbrodos._

    b. A veces los huracanes causan mucho *daño;* son muy _____.

    c. Muchos *turistas* visitan el norte de Costa Rica; es una región _____.

d. En los baños termales cerca del *volcán,* los costarricenses usan el vapor

_____ para calentar el agua.

B. DISCUSIÓN

1. ¿Dónde ocurren desastres naturales? ¿Qué regiones son especialmente vulnerables a los huracanes? ¿a los terremotos? ¿a las inundaciones? ¿a los tornados? ¿Qué desastres naturales ocurren en la región donde Ud. vive? ¿cuándo?
2. ¿Qué piensa Ud. de la idea de los carros eléctricos como solución al problema de la contaminación? ¿Qué otras soluciones hay?

C. Entrevista: Opiniones

Entreviste a otra persona haciéndole estas preguntas, usando la forma de tú.

1. De todos los desastres naturales, ¿cuál te parece el más aterrador *(frightening)?* ¿Por qué?
2. ¿Usas el transporte público a veces? ¿Tienes auto? ¿bicicleta? ¿Qué medio de transporte usas más?
3. ¿Qué piensas de la idea de volver a una vida más sencilla? ¿Será posible? ¿Qué tenemos que hacer para vivir de manera sencilla? ¿Vale la pena hacerlo?

Comentario sobre el dibujo

Comillas

¿En qué piensa Comillas cuando contempla la naturaleza? ¿Y Ud.?

SELECCIÓN DOS

ECOLOGISTAS DESDE CASA*

Antes de leer

A veces pensamos en las condiciones de nuestro planeta y parece que no hay esperanza. ¿Qué podemos hacer nosotros? En realidad, mucho. Una persona que vive en un país avanzado consume 17.5 veces más de los recursos naturales al año de lo que consume una persona de un país en desarrollo. El siguiente artículo de una revista española explica cómo debemos cambiar nuestro modo de vida, con ejemplos de acciones positivas que podemos hacer desde casa.

A. Para abrir el tema

Trabajando solo(a) o con otro(s), conteste estas preguntas.

1. ¿Qué hábitos tenemos que dañan al medio ambiente? Describa uno.
2. Escriba una recomendación para cambiar este hábito.

   hábito malo: _____

   recomendación: _____

B. Vocabulario

Adivinar las definiciones

Adivine la definición de los siguientes objetos comunes mencionados en el artículo. Mire el contexto de cada palabra.

vidrio (línea 12)	tapón (línea 15)	alimento enlatado (línea 23)
fregadero (línea 14)	grifo (línea 17)	tela metálica (línea 27)

1. lugar donde se lavan (friegan) los platos y utensilios de la cocina
2. construcción de metal en una ventana para proteger contra los insectos
3. pieza por donde sale o se interrumpe el agua
4. comida conservada en una lata
5. objeto que sirve como obstáculo para impedir que salga el agua
6. sustancia transparente usada para hacer botellas o ventanas

---

*De la revista española *Año cero*.

Ahora, lea el artículo para aprender qué podemos hacer nosotros para ser ecologistas en la vida diaria.

Ecologistas desde casa

Podemos tener una conducta respetuosa con la naturaleza sin abandonar nuestro modo de vida y recluirnos en el campo. La conciencia ecologista puede ser igual de efectiva si practicamos principios tan sencillos como los que aquí proponemos: •Consumir sólo lo imprescindible. Preguntarse si lo que va a comprar es, en realidad, indispensable. •Utilizar detergente y jabón biodegradable. •Reciclar papel, cartón y vidrio. •Apagar las luces innecesarias. •Lavar los platos en el fregadero cerrado con tapón, no a chorro abierto. •Enjuagarse los dientes en un vaso de agua, no hacerlo con el grifo abierto. •Utilizar la ducha en lugar del baño. Si la temperatura ambiente lo permite, cierre el grifo mientras se enjabona. •Viajar en transporte colectivo. Si necesita el coche, hable con vecinos o amigos para hacer juntos el recorrido en el mismo vehículo. Siempre que pueda, pasee o utilice la bicicleta. •Evitar los alimentos enlatados. Optar por los frescos y de temporada. •No arrojar basura en la calle. •No utilizar aerosoles: destruyen la capa de ozono. •Sustituir, si es posible, el uso de insecticidas por la instalación de telas metálicas en las ventanas. ∎

El respeto a la naturaleza también se puede mantener desde un piso, en cualquier ciudad.

Después de leer

A. Las buenas costumbres

Entreviste a un(a) compañero(a) sobre qué debemos hacer con los siguientes objetos, según el artículo, y por qué.

MODELO —¿Qué debemos hacer con las luces?
    —Debemos apagar las luces innecesarias.

1. el jabón
2. el transporte
3. los insecticidas
4. el cartón
5. los platos
6. la ducha
7. los dientes
8. los alimentos
9. el vidrio

B. Preguntas

1. En general, ¿qué cosas debe usar el ecologista?
2. Para Ud. ¿qué es «una conciencia ecologista»?
3. ¿Cuántas recomendaciones del artículo se refieren a la conservación del agua? ¿Es importante conservar agua en la región donde vive Ud.? Explique.
4. En su opinión, ¿qué recomendación del artículo es la más importante? ¿Por qué?

C. ¡Miren este objeto!

Traiga Ud. un objeto a la clase y explique su importancia para el medio ambiente. Puede ser un objeto positivo o negativo con respecto a la ecología.

MODELO 1 Miren esta hoja. La hoja representa un árbol. Los árboles son importantes porque producen el oxígeno que respiramos. Debemos plantar más árboles.

MODELO 2 Miren esta bolsa de plástico. El plástico es malo para el medio ambiente porque no es biodegradable. No debemos usar bolsas de plástico. Es mejor usar bolsas de papel.

Comentario sobre el dibujo

¿En qué lugares hay problemas con el agua? ¿Por qué?

Hugo Díaz

CONECTÉMONOS

La ecología y las fuerzas naturales

Escoja una de las siguientes actividades para aprender más de la situación ecológica de hoy.

1. En la actividad llamada **Discusión** en la página 11, Ud. discutió los desastres naturales que ocurren en varias regiones del mundo. Escoja una región geográfica que a Ud. le interesa, y en la red electrónica (Internet), busque noticias sobre algún evento parecido. Escoja un artículo que le interese y saque copia de él. Lea el artículo y escriba un resumen para compartirlo con sus compañeros. Ud. debe explicarles a sus compañeros por qué la información de ese artículo es importante.
2. Por una semana, cada día lea la sección que trata de la ecología en un periódico de habla hispana, ya sea de los Estados Unidos o de la América Latina o España. Usando la información que allí encuentra, haga un breve informe (puede ser oral o escrito, según las instrucciones de su profesor[a]) del estado ecológico de la región sobre la que el periódico informa. Comparta la información que encuentra con los compañeros de clase.
3. Prepare de antemano *(beforehand)* una serie de preguntas que Ud. quiere hacerle a alguien involucrado en *(involved in)* la salvación de nuestro planeta. Comuníquese por correo electrónico o por teléfono (si Ud. vive en una región donde hay agencias hispanohablantes) con alguien que trabaje en una organización o compañía relacionada con el medio ambiente o la ecología en general. Entreviste al individuo y luego comuníquele la información a sus compañeros de clase (esto puede ser oral o escrito).

SELECCIÓN TRES

LOS TURISTAS Y LA CONTAMINACIÓN: DOS EJEMPLOS

Antes de leer

Todos los años, España y Latinoamérica les dan la bienvenida a un gran número de turistas que llegan, pálidos y cansados del norte, con deseos de tomar el sol y pasarlo bien. El siguiente ensayo examina algunas consecuencias de estas migraciones.

Para abrir el tema

Piense Ud. un momento en la idea de un viaje a Latinoamérica. Trabajando solo(a) o con otro(s), conteste estas preguntas. Luego, lea el ensayo.

1. ¿Adónde le gustaría ir? ¿Por qué?
2. ¿Qué actividades se pueden hacer en ese lugar? ¿Qué haría Ud. allí?
3. ¿Cree Ud. que su presencia como turista dejaría un impacto? Explique.
4. En su opinión, ¿por qué van tantos viajeros a Latinoamérica?

LOS TURISTAS Y LA CONTAMINACIÓN: DOS EJEMPLOS

La paradoja del turismo es que los turistas suelen destruir en un lugar las mismas características que los atraen allí. Por una parte, el turismo trae consigo beneficios: desarrollo económico, empleos, amistades entre personas de diferentes países. Por otra parte, trae la contaminación del medio ambiente y lo que algunos sociólogos llaman la «contaminación cultural». Esto se manifiesta en el aumento de crímenes como el robo o la violación, bruscos cambios de costumbres y efectos psicológicos, como un complejo de inferioridad producido, a veces, en la gente nativa por su proximidad con grupos privilegiados de extranjeros. La contaminación cultural afecta especialmente a los jóvenes y contribuye a los conflictos entre las generaciones.

Comprensión

1. ¿Cuál es la paradoja del turismo?
2. ¿Qué beneficios trae el turismo?
3. ¿Qué problemas trae para la naturaleza? ¿para la gente?

Interpretación

Si Ud. trabajara como camarero(a), taxista o guía, ¿qué emociones sentiría al servir a los turistas extranjeros?

Cancún: Un paraíso mexicano

Cancún es un lugar de excepcional hermosura natural, situado en la costa del mar Caribe de la península de Yucatán en México. Las aguas cristalinas aquí son cálidas y de color turquesa. Las playas son extensas y tienen una arena muy fina y blanca. Muchos turistas llegan para pasar sus vacaciones bañándose en la playa y visitando las ruinas de antiguas ciudades de la cultura maya. Encuentran muy cerca sitios ideales para practicar la natación con tubo de respiración (esnórquel), el buceo con

Dos buceadoras admiran unas estrellas de mar

tanques *(scuba)*, el esquí acuático, el windsurf y otros deportes. También pasean en auto, disfrutando del paisaje con sus pintorescas casas rodeadas de flores, sus mercados al aire libre y las iguanas que toman el sol en medio del camino. Pero, ¿cuánto tiempo va a durar este paraíso? Hace varios años, la UE (Unión Europea) invirtió una gran cantidad de dinero para el desarrollo de Cancún como un centro de gran turismo. Cada día se construyen nuevas instalaciones: campos de golf, canchas de tenis, tiendas de lujo. Muchos temen que este paraíso se convierta en un feo centro comercial. ¿Es posible evitar esta destrucción, o es la evolución inevitable del turismo? Los buceadores de la foto esta página contemplan los lindos peces multicolores, y quizás se pregunten si aun éstos estarán a salvo durante mucho tiempo.

20

25

Comprensión

1. ¿Dónde está Cancún?
2. ¿Qué atracciones tiene para los turistas?
3. ¿Qué hizo la Unión Europea, y qué teme mucha gente como consecuencia?

Interpretación

En su opinión, ¿en qué estarán pensando los buceadores de la foto en esta página?

El turismo: ¿una amenaza a la sobrevivencia?

Las islas Galápagos: La lucha por la sobrevivencia

El ambiente es extraño. Sobre la arena negra caminan enormes iguanas de varios colores que parecen dragones prehistóricos. Hay tortugas gigantescas que viven por siglos, flamencos, muchas aves raras, y—¿cómo puede ser?—aquí, lejos de Antártida—¡pingüinos! Estas islas se llaman las Galápagos* y se encuentran en el Pacífico a 970 kilómetros de la costa de Sudamérica. Son famosas en la historia natural como fuente de inspiración de Charles Darwin. Cuando Darwin llegó allí en 1835, encontró animales que no existían en ninguna otra parte del mundo. Esto lo llevó a formular la teoría de la evolución mediante la selección natural: todas las criaturas se adaptan a su medio ambiente y las más aptas sobreviven para tener hijos y transmitir sus genes. Por ser remotas, las islas habían funcionado como «un laboratorio natural» que contenía especies, como las tortugas gigantescas, evolucionadas en un medio ambiente cerrado. Con el tiempo, el contacto con el ser humano ha sido fatal para muchas de estas especies. Las ratas y cabras que llegaron en los barcos se multiplicaron rápidamente y comieron la vegetación. Poco a poco el número de animales indígenas empezó a bajar porque éstos no podían competir. Algunas especies desaparecieron para siempre. En 1959 la República del Ecuador, que es dueña de las islas, convirtió el sitio en Parque Nacional y empleó a científicos para matar las ratas y cabras en un esfuerzo por restablecer el delicado equilibrio natural. Actualmente, Ecuador sólo permite un turismo controlado: pequeñas expediciones dirigidas por biólogos. No obstante, mucha gente quiere visitar las

30

35

40

45

*En español, el territorio formado por estas islas se llama el archipiélago de Colón.

islas. Ecuador es un país pobre y algunos creen que se debe construir un hotel allí para aumentar el turismo.

Comprensión

1. ¿Dónde están las islas Galápagos?
2. ¿Por qué las visitan muchos viajeros?
3. ¿Cómo inspiraron a Darwin estas islas?
4. ¿Por qué podemos decir que las Galápagos eran como un «laboratorio natural»?
5. ¿Qué problemas ha causado el contacto con los seres humanos?

Interpretación

1. ¿Qué le parece a Ud. la idea de construir un hotel en las islas?
2. ¿Qué le parece la foto?

Después de leer

Opinión

Con otra persona, contesten las siguientes preguntas, luego compartan sus respuestas con la clase.

1. ¿Cuál de los lugares mencionados en la lectura te interesaría más visitar? ¿Qué harías allí?
2. En tu opinión, ¿por qué ocurre la contaminación cultural? ¿Has visto tú ejemplos de esto?
3. ¿Qué medidas pueden tomar los comerciantes para no tener un impacto negativo en un lugar turístico? ¿Qué medidas pueden tomar los turistas?

Minidebates

Trabaje solo(a) o con otra persona. En una o dos frases, explique por qué Ud. está de acuerdo o no con las siguientes opiniones.

1. Nunca debemos sacar una foto de alguien sin pedirle permiso primero.
2. Como el combustible de los aviones es una de las sustancias que más contamina el medio ambiente, se debe limitar el número de viajes permitidos por persona.
3. En lugares turísticos, es malo dar dinero a los mendigos (las personas que piden dinero en la calle) aun cuando parecen tener hambre.

COMPOSICIÓN

Invente cinco reglas para un(a) turista que no quiera hacer daños ni a la naturaleza ni a la cultura.

¿QUÉ LES PARECE?

El ecoturismo en Costa Rica: ¿Solución o destrucción?

La idea del «ecoturismo» es usar la belleza natural de un lugar como un recurso sostenible *(sustainable resource)* para generar dinero y pagar su mantenimiento. Los problemas empiezan con el éxito. «La reserva biológica bosque nuboso Monteverde» es el largo nombre de uno de los sitios más hermosos del planeta. Miles de turistas pasean por este paraíso en Costa Rica cada año, tratando de ver monos, mariposas, aves, quetzales y otros animales exóticos. Cerca de la reserva hay una comunidad de agricultores cuáqueros *(Quakers)* que llegaron de Estados Unidos en los años 50 y que viven en armonía con familias costarricenses dedicadas a la fabricación de queso. Todo suena idílico y perfecto. Así es... hasta cierto punto. ¿El problema? ¡La reserva se ha vuelto demasiado popular! Van llegando cada vez más visitantes—miles y miles. El director de la reserva ha dicho que «nos sentimos realmente asustados». Por eso, tomó medidas: limitó el número de visitantes por día y subió el precio de la entrada para extranjeros (los costarricenses pagan mucho menos).

El hermoso quetzal, a punto de extinción en ciertos lugares de Centroamérica

Sin embargo, algunos piensan que no es suficiente. Según ellos, hay que cerrar la reserva y dejarla sólo para científicos. Si no, opinan que en pocos años muchas especies de animales y plantas van a desaparecer. Claro, otros creen que se debe construir mejores caminos para facilitar el acceso porque los caminos actuales son peligrosos y pueden causar accidentes. ¿Qué opina Ud.?

Un plan para Monteverde:
Trabaje con otro(s) e inventen un plan para la reserva, para el Parque de *Yellowstone* o para otro lugar con problemas parecidos. Expliquen los siguientes puntos: 1) **el acceso:** quiénes deben tener acceso (¿científicos, estudiantes, todo el público, negociantes que quieren explotar el lugar por razones comerciales, extranjeros, nacionales, etc.?), cuándo y cuántas veces; 2) **trabajos:** qué trabajos son necesarios (¿nuevas facilidades, remiendos para los caminos, nuevos hoteles o casas especiales, laboratorios, etc.?); 3) **cuánto cobrar:** ¿un precio alto o bajo? (¿el mismo precio para todos o debe haber distinciones?). Después, compartan Uds. su plan con la clase.

SELECCIÓN CUATRO

SELVAS TROPICALES: ¡LOS PULMONES DEL PLANETA NO DEBEN MORIR!

Antes de leer

Para abrir el tema

El siguiente artículo de la revista *Mundo 21* presenta uno de los problemas ecológicos más graves de nuestros tiempos. Todos sabemos que los enfermos con cáncer a los pulmones *(lungs)* sufren mucho. No pueden respirar y a veces se mueren. Nuestro planeta también tiene «pulmones». Es esencial que los pulmones de nuestro planeta no se enfermen.

- ¿Dónde están los «pulmones» de la Tierra?
- ¿Cree Ud. que estos pulmones están de buena o mala salud?

A. Vocabulario

Adivinar el significado de nuevas palabras

Es muy útil aprender a adivinar *(to guess)* el significado de palabras nuevas. Lea las frases tomadas de la lectura y las indicaciones *(hints)* en paréntesis. Luego, subraye la palabra o frase que expresa el significado de la palabra en itálica.

1. Los últimos años han sido *testigos* de un creciente interés por la conservación... (La palabra es similar a «testimonio» y a *testify* en inglés.)
   a. personas o cosas que no tienen importancia
   b. personas o cosas que confirman la existencia de algo
   c. personas o cosas que están en contra de una idea o acción
2. Para los cientos de *tribus* que habitan la selva... (La palabra es similar a *tribes* en inglés.)
   a. personas de otras partes
   b. viajeros perdidos
   c. grupos indígenas
3. Es en la riqueza de la *flora* donde descansa la farmacología moderna... (Esta palabra es similar a la palabra *flor,* pero *flora* se usa con un sentido más amplio y general. *Flora* es del Latín y se usa en inglés también en textos científicos.)
   a. el conjunto de plantas de un lugar
   b. el conjunto de plantas y animales de un lugar
   c. el conjunto de plantas, animales y minerales de un lugar

4. ... y la selva y los bosques están presentes en productos tan *cotidianos* y variados como el champú, las guitarras, los muebles y los cosméticos. (La palabra *cotidianos* contiene una palabra más pequeña. Esta palabra pequeña indica el significado.)
   a. raros y extraños
   b. usados todos los días
   c. elegantes y costosos

5. Como nuestros antepasados, nosotros seguimos utilizando los recursos de la selva para la alimentación, el vestido y la *vivienda*. (La palabra *vivienda* es similar a un verbo común que indica su significado.)
   a. casa
   b. comida
   c. transporte

B. El texto

Usar los subtítulos como guía

Los subtítulos de un artículo indican la idea central de cada sección. Mire los cinco subtítulos. Luego, escriba el subtítulo de la sección donde podemos encontrar lo siguiente.

1. la descripción de un nuevo modo de pensar   *Una nueva conciencia*

2. una lista de productos de la selva que necesitamos   _____

3. información sobre el deterioro de las selvas tropicales   _____

4. datos sobre medicamentos desarrollados de productos
   de las selvas   _____

5. una descripción de la diversidad natural de la selva   _____

Después de terminar cada sección, conteste las preguntas para verificar su comprensión.

SELVAS TROPICALES: ¡LOS PULMONES DEL PLANETA NO DEBEN MORIR!

¿Desaparecerán las exuberantes selvas tropicales, a través de cuyos árboles respira nuestro planeta? La humanidad se enfrenta al reto de salvarlas.

Por ALEJANDRO
de la FUENTE
Ilustración: PONTET
Fotografías: MARIO ALGAZE

Hasta hace muy poco tiempo, la conservación de los recursos naturales era vista como una tarea secundaria, a la que se dedicaba un pequeño número de agrupaciones de ecologistas. Los últimos años han sido testigos, sin embargo, de un creciente interés por la

por medio
whose

a... to which were dedicated

growing

... por la conservación del medio ambiente; gobiernos, científicos, hombres de negocios y trabajadores unen hoy sus fuerzas para detener la destrucción del planeta.

Para los cientos de tribus que habitan la selva, la protección de los recursos es una necesidad evidente. Pero esa dependencia no se limita a los grupos indígenas que viven en el bosque. Es una dependencia que existe también en el caso de todos nosotros.

Todos dependemos de la selva

abundancia/ tiene su base

parientes de generaciones anteriores

Los productos tropicales están bien representados en nuestra dieta. Es en la riqueza° de la flora donde descansa° la farmacología moderna, y la selva y los bosques están presentes en productos tan cotidianos y variados como el champú, las guitarras, los muebles y los cosméticos. Como nuestros antepasados,° nosotros seguimos utilizando los recursos de la selva para la alimentación, el vestido y la vivienda.

---

*De la revista *Mundo 21*.

Comprensión

1. Hoy día, ¿qué grupos tienen interés en la conservacion de los recursos naturales? (gobiernos / científicos / hombres de negocios / trabajadores / todos estos grupos)
2. ¿Quiénes dependen de la selva? Explique.

Una riqueza incalculable

La riqueza de las selvas es incalculable; aunque ellas cubren solo el 5% de la superficie terrestre, cobijan° cerca de la mitad° de los animales y plantas de la Tierra. Ecuador, por ejemplo, tiene una flora más variada que el total de Europa, y una milla cuadrada° de selva amazónica alberga° unas 1.500 variedades de mariposas, cantidad dos veces mayor que la existente en Canadá y los Estados Unidos juntos.

dan protección a / 50%

milla... square mile / tiene

Comprensión

1. ¿Qué porcentaje (%) de todos los animales y plantas de la Tierra está presente en las selvas? (5% / 10% / 25% / 50%)
2. ¿Cuál de las siguientes regiones tiene más especies de plantas y mariposas: Ecuador, Estados Unidos o Europa? ¿Es mucha o poca la diferencia?

La destrucción de las selvas tropicales

En los últimos treinta años la destrucción ha afectado alrededor de un tercio° de las selvas tropicales de la Tierra. La América Latina alberga cerca de la mitad de las que todavía se conservan, mientras las otras se dividen entre África y el sureste asiático.° Todas las regiones han sido igualmente afectadas por la demanda de sus recursos forestales, generada por los grandes centros industriales (como Japón y Estados Unidos) y por la acción destructiva de granjeros° que, apoyados en ocasiones por gobiernos y agencias prestamistas° internacionales, arrasan con° los bosques para fomentar pastos y cultivos.°

¿Están condenados a morir los pulmones del planeta?

33%

de Asia

farmers / que prestan dinero / arrasan... destruyen / crops

Comprensión

1. En los últimos treinta años, ¿apróximadamente qué porcentaje de las selvas tropicales de la Tierra ha desaparecido cada diez años? (10% / 25% / 33% / 66%)
2. ¿Qué continente tiene más selvas tropicales ahora? (América Latina / Africa / Asia / Australia)
3. ¿Por qué son responsables en parte de esta destrucción Japón y Estados Unidos?
4. ¿Por qué destruyen las selvas los granjeros? ¿Quiénes los apoyan?

Una nueva conciencia

Los científicos y ecologistas albergan la esperanza de que el acelerado proceso de destrucción del medio ambiente pueda ser detenido.° Países que antes eran sordos a estas demandas se unen hoy para desarrollar reservas naturales. Brasil ha tomado

stopped

destrucción por
fuego

wood

indicios

se... llega poco
a poco

algunas medidas para el control de la quema° de bosques, para demarcar y proteger las reservas indígenas y ha reducido el subsidio a los nuevos granjeros. Antiguos exportadores de madera,° como Nicaragua, Filipinas y Nueva Guinea, han limitado severamente la tala de sus bosques. Todas estas medidas son muestras° de que una nueva conciencia ecológica se abre paso° en el planeta.

Comprensión

1. ¿Qué desarrollan hoy los países que antes eran «sordos» a las demandas de los ecologistas? (acelerados procesos / destrucción / reservas naturales / quema de bosques)
2. ¿Qué ha hecho Brasil para sus indígenas?
3. ¿Qué ha hecho Nicaragua para la ecología?

Oportunidades para la investigación

infinito

fuente... *source of exploitation*

Las selvas y bosques tropicales comienzan a ser vistos como un campo inagotable° de oportunidades para la investigación científica, y no sólo como una fuente° de explotación de valiosos recursos naturales.

La bella mariposa morfo de Costa Rica

Posiblemente, la investigación más importante es la relativa a la producción de medicamentos. Aunque algunos de los medicamentos más efectivos se obtienen a partir de las plantas que crecen en las selvas tropicales, menos del 1% de las especies conocidas hasta hoy han sido estudiadas con fines medicinales.

Si las selvas tropicales se destruyen, el planeta dejará de respirar, y toda forma de vida en él cesará de existir. La comunidad internacional ha hecho suyo el urgente mensaje: las selvas tropicales no deben morir.

Después de leer

A. ¡Explica! ¡Explica!

Con otra persona, comenten los siguientes puntos del artículo, luego compartan sus explicaciones con la clase. ¿Quiénes tienen las explicaciones más claras?

1. El problema de los granjeros en la América Latina. ¿Por qué destruyen la selva? ¿Por qué contribuyen a esta destrucción los gobiernos y agencias internacionales? ¿Contribuimos nosotros tambien? *(La destrucción de las selvas tropicales)*
2. La nueva conciencia que «se abre paso en el planeta». ¿Que evidencia hay de esto? ¿Podemos ser optimistas? *(Una neuva conciencia)*
3. Investigaciones científicas en las selvas. ¿Qué investigación es posiblemente la más importante? ¿Qué porcentaje de las especies de plantas conocidas han sido estudiadas? ¿Qué piensan de esto?

B. Vocabulario

Crucigrama de «casi cognados»

Complete el crucigrama, llenando las casillas *(boxes)* con las letras de los «casi cognados» de las palabras en inglés. Todos estos «casi cognados» aparecen en el artículo.

---

*Plantas de la selva se han usado para fabricar medicamentos muy efectivos. La «Rosy Periwinkle», por ejemplo, es importante en el tratamiento de la leucemia juvenil, una enfermedad que en los años 1960 casi siempre era fatal. Hoy, gracias a la Rosy Periwinkle, el 90% de los niños afectados sobrevive y lleva vidas normales. Se usa la misma planta para tratar la enfermedad Hodgkins con gran éxito. Desafortunadamente, pocas compañías hoy producen drogas basadas en plantas a causa del inmenso costo del desarrollo y del peligro de pleitos *(law suits)*.

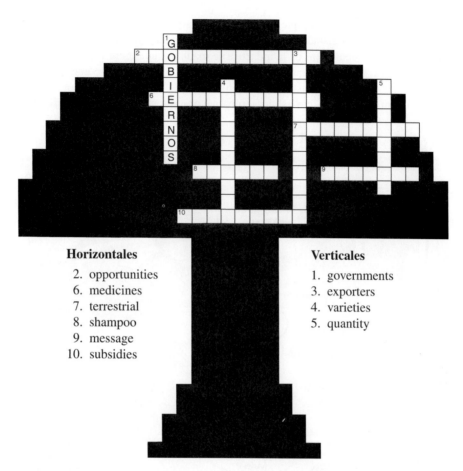

Horizontales

2. opportunities
6. medicines
7. terrestrial
8. shampoo
9. message
10. subsidies

Verticales

1. governments
3. exporters
4. varieties
5. quantity

Cognados y «casi cognados»

Un *cognado* es una palabra idéntica o muy similar a una palabra de otro idioma. Por ejemplo, *tropical* es exactamente lo mismo en inglés y español; sólo la pronunciación es diferente. Otros ejemplos son similares, como *protection* y «*protección*». También, hay «casi cognados», palabras similares pero no *muy* similares, como *tribe* y «*tribu*» o *riches* y «*riquezas.*» Los casi cognados no siempre empiezan con la misma letra, como *species* en inglés y «*especie*» en español.

La habilidad de reconocer cognados ayuda mucho en la tarea de aprender español. Practique esta habilidad con el crucigrama. Todas las respuestas están en el artículo.

Otro punto de vista de la selva

Adopte Ud. una de las siguientes identidades y escriba un párrafo, expresando sus sentimientos con respecto al futuro de la selva. Lea su párrafo a la clase o a un grupo de sus compañeros.

1. un(a) científico(a) que estudia plantas para descubrir nuevos medicamentos
2. un(a) ecologista horrorizado(a) por la rápida destrucción de los bosques
3. un(a) ejecutivo(a) de la industria de madera, que quiere ser millonario(a)
4. un(a) granjero(a) que quiere cultivar la tierra para dar de comer a sus cinco hijos
5. un mono (una mona) que vive en la selva
6. un(a) representante del gobierno, que desea ser reelegido(a) *(re-elected)*

Comentario sobre el dibujo*

*Esta popular tira cómica se publica en el periódico puertorriqueño *El Nuevo Día.* La tira presenta el mundo imaginario de un simpático indígena, Turey el Taíno, que se supone está viviendo en los tiempos precolombinos en la isla que ahora se conoce como Puerto Rico.

Lea la tira cómica de Turey el Taíno y conteste los preguntas:

1. ¿Qué problemas le preocupan a Turey?
2. El humor está en los dos significados de la palabra **medio.** ¿Comprende Ud. el chiste?
3. ¿Es optimista o pesimista Turey con respecto al medio ambiente? ¿Y Ud.?

SELECCIÓN CINCO

NAVEGAR POR LOS RÍOS VERACRUZANOS*

Antes de leer

México (también llamado «D.F.» por Distrito Federal), es una de las ciudades más grandes y estimulantes del mundo y —desgraciadamente— también una de las más contaminadas. Por lo tanto, sus habitantes salen de la ciudad de vez en cuando en busca del aire puro y de la aventura. Un fin de semana, la reportera Andrea Ávila hizo un paseo en balsa *(raft)* por un río en Veracruz, y escribió este artículo sobre sus experiencias. Mire la foto de la página 32. ¿Qué le parece? ¿Le gustaría a Ud. remar *(to paddle)* en una balsa por rápidos como ésos?

Para abrir el tema

¡La aventura en la naturaleza! Piense un momento en esta frase. ¿Qué ideas asocia Ud. con ella? ¿Por qué viajamos en la naturaleza? Lea la siguiente lista y ponga una X delante de las dos razones más importantes para Ud. Compare su selección con la de sus compañeros. ¿Qué razones son las más comunes?

Razones para viajar en la naturaleza

_____ aceptar un reto y conquistar el miedo

_____ adquirir nuevas habilidades

_____ aprender más sobre una cultura diferente

_____ disfrutar de la belleza natural (perfumes de las flores, canciones de aves...)

_____ gozar de emociones intensas

_____ hablar de la experiencia después y dar envidia a mis amigos

_____ salir de la rutina y entrar en un ambiente totalmente distinto

_____ fortalecer los lazos afectivos *(bonding)* entre mis compañeros y yo.

_____ ¿otra razón?

---

*De la revista mexicana *Contenido*.

A. Vocabulario

El uso de verbos más exactos

Generalmente, los extranjeros que aprenden español usan siempre los mismos verbos muy comunes. Aprenda Ud. más vocabulario, buscando en la selección otros verbos para reemplazar las palabras en letra itálica.

MODELO   Después de realizar su sueño de *subir* el monte Everest...

Después de realizar su sueño de **escalar** el monte Everest...

1. Generalmente, a estos paseos *vienen* familias completas... (línea 10)
2. —Si alguien se cae de una balsa —*dijo* el estadounidense —tiene que...* (línea 15)
3. ... en realidad no hay peligro y le *tiraremos* cuerdas y lo *salvaremos* del agua en cosa de minutos. (línea 19)
4. Al separarnos del salto de agua eran casi las seis de la tarde... (línea 40)
5. *Cruzamos* numerosos rápidos menos turbulentos después...

B. El texto

Buscar los detalles importantes

La primera sección (líneas 1–24) describe los preparativos para el viaje en balsa. Busque allí los siguientes detalles.

1. el nombre de la agencia de viajes que organizó el paseo

   Río y Montaña
2. el nombre del río que iban a navegar

3. el nombre y la descripción del guía que les dio instrucciones a la autora y a su compañero, el fotógrafo

4. en caso de emergencia, la recomendación fundamental

Y ahora, ¡vamos al río y a la aventura! (Por lo menos, en la imaginación...) Complete las frases en los recuadros *(boxes)* para verificar su comprensión.

---

*Es importante notar que en español muchas veces se usan guiones *(dashes)* y no comillas *(quotation marks)* para indicar las palabras exactas de una persona que habla.

NAVEGAR POR LOS RÍOS VERACRUZANOS

Andrea Ávila

Después de realizar su sueño de escalar el monte Everest, el montañista defeño° Alfonso de la Parra Cubells decidió abrir la agencia de viajes *Río y Montaña,* especializada en clientes intrépidos. El pasado otoño, una reportera y un fotógrafo de esta revista dejamos un viernes por la tarde el contaminado D.F. y dormimos en Tlapacoya, Veracruz.

A las 9 de la mañana del sábado nos encontramos a orillas° del río Filos, junto a doce alumnos del *Colegio Americano* y a Robert Cudney, un estadounidense de 31 años —casado, padre de dos hijos— y experto guía de expediciones al servicio de *Río y Montaña.*

Generalmente, a estos paseos acuden familias completas, desde° niños de primera hasta° joviales abuelitos, y no se requieren preparación en deportes acuáticos. Provistos de cascos° y chalecos salvavidas,° escuchamos las indicaciones de Cudney sobre la manera de empuñar° los remos,° afrontar los rápidos y remar duro y parejo.°

—Si alguien se cae de una balsa —advirtió el estadounidense —tiene que tender° su remo hacia los tripulantes° para que éstos lo jalen° a bordo. Si en la caída perdió el remo, debe dejarse llevar° por la corriente con los pies hacia adelante para evitar que su cabeza se golpee° contra alguna piedra. Lo fundamental es no asustarse,° porque en realidad no hay peligro y le arrojaremos° cuerdas y lo rescataremos del agua en cosa de minutos.

A nosotros nos tocó° una lancha° dirigida por Raúl Martínez, un defeño de 28 años de edad, estudiante de física en el Poli° y dedicado a la exploración de ríos y montañas. A gritos, Martínez nos fue enseñando a remar más o menos coordinadamente.

Comprensión

1. Dos cosas importantes para la seguridad personal en la balsa son un chaleco salvavidas y...

   a. un cinturón   b. un casco   c. una camisa   d. una botella

2. Si alguien se cae de una balsa, tiene que tender _____ a las personas en la balsa.

   a. la cabeza   b. el pie   c. su sombrero   d. su remo

Rápidos, arqueología y cascadas°

Flotando sobre rápidos y remansos° arribamos a las márgenes de la zona arqueológica de Filo-Bobos, donde un par de camionetas° de la agencia de viajes nos esperaban con equipo para acampar y suculentos sándwiches de pepinos,° lechuga, queso y pan árabe. Los edificios de la zona arqueológica, en proceso de restauración, pertenecieron° a un centro ceremonial con dos pirámides. Hay también un

---

Margin glosses:

de D.F. (es decir, de la ciudad de México)

a... on the banks

from / to

helmets / chalecos... life preservers
mover / paddles regularmente
extender / crew members
para... so they can pull him / dejarse... let himself be carried / que... that his head get hit / tener miedo / we will throw / correspondió / balsa / Instituto Politécnico

waterfalls

secciones tranquilas / vans / cucumbers

belonged

Line numbers: 5, 10, 15, 20, 25

juego... *ancient Mayan game similar to basketball* / *frog* / empezamos *otra vez* / *lugar* / *partes* / *paseo* / subieron *to dive in* / *piscina* / *saltar* / *reward* / *eagle* Al... *Cuando dejamos atrás* / *cascada* tiendas... *tents* *deliciosa*

espacio para el juego de pelota,° pero la pieza más característica del lugar es un   30
monolito que representa a una rana° sonriente.

Tras visitar las ruinas reemprendimos° la navegación hasta llegar a un paraje°
llamado El Encanto y afrontar uno de los tramos° más difíciles del recorrido,°
donde es preciso remar esforzadamente a contracorriente para acercarse a una espectacular caída de agua de 25 metros de altura. Siempre vigilados por los guías,   35
los muchachos más ágiles treparon° a las rocas para lanzarse° a la profunda al-
berca° natural, a nadar y retozar° en el agua helada. En cambio, los que optamos
por sentarnos a la orilla a descansar, tuvimos el premio° de ver un águila° que surcó
el cielo sobre nuestras cabezas.

Al alejarnos° del salto° de agua eran casi las 6 de la tarde, por lo que nos ale-   40
gramos de ver las seis tiendas de campaña° donde nos esperaba apetitosa° comida
caliente.

Comprensión

1. La comida que sirvieron era básicamente...
   a. estadounidense   b. vegetariana   c. llena de carne y grasa   d. mala
2. En la zona arqueológica había un antiguo monolito que representaba...
   a. un gato enorme   b. un águila   c. una serpiente dormida
   d. una rana sonriente
3. Cerca del lugar llamado «El Encanto», el grupo vio un fenómeno natural...
   a. una roca   b. un volcán   c. un arco iris   d. una caída de agua

Borrachos de° sol

Borrachos...
drunk with
continuamos

level ground
orillas / *herons*
scraping
sanos... *safe*
and sound
Vestidos / *muy*
cansados
recuerdos...
memories to tell
about and make
(people) envious

A las 8 de la mañana del día siguiente, reiniciamos° la navegación, esta vez por el
río Bobos, a través de un paisaje de planicies,° entre riberas° pobladas por bellísi-   45
mas garzas° blancas.

Empezamos a remar con entusiasmo y, creíamos, habilidad. Pero no pudimos
evitar que, en el primer rápido, la balsa brincara y pasamos casi rozando° las orillas, pero llegamos al otro lado sanos y salvos.° Atravesamos numerosos rápidos
menos turbulentos después hasta llegar a la altura del río en que las camionetas nos   50
esperaban. Enfundados° en ropa seca, agotados° pero llenos de oxígeno y singu-
lares recuerdos para contar y dar envidia,° emprendimos el regreso a México.

Después de leer

A. Opiniones

Use la siguientes preguntas para entrevistar a un(a) compañero(a). Prepárese para
decir algo sobre los gustos de él o ella después.

1. ¿Qué opinas del paseo en balsa descrito en el artículo? ¿Qué partes del paseo te
    gustan y qué partes no? ¿Has hecho un paseo como ése? Si no, ¿quisieras hacerlo
    algún día o no? ¿Por qué?
2. ¿Qué tipo de paisaje prefieres: la selva, el río, el océano, el desierto, las montañas,
    los glaciares o las llanuras? Describe un paseo que te gustaría hacer.
3. ¿Admiras a la gente que hace deportes de gran riesgo o peligro? ¿Por qué sí o no?
    ¿Cómo eres tú? ¿Eres intrépido(a)? ¿Cuál es la cosa más arriesgada
    (*adventuresome*) que has hecho? ¿Te gustan los retos?

Quico

B. Un plan para la aventura

 Trabaje en grupo para planear una excursión de aventura a algún país hispano. Primero hay que escoger el lugar y las actividades que quieren hacer. Luego deben tomar decisiones y llenar el siguiente cuadro. Usted debe estar preparado(a) para describir el viaje después.

Algunas actividades

En el agua: bucear *(scuba dive),* bucear con esnórquel, surfear, pasear en tabla de vela *(windsurf)* remar en kayak de mar o de río, pasear en canoa, pasear en velero *(sailboat)* o en yate *(power boat),* nadar, pescar *(fish)*

En la tierra: hacer alpinismo *(mountain climb),* dar caminatas *(hike)* en las montañas, el bosque o la selva, montar en bicicleta de montaña, montar a caballo, lanzarse con paracaídas *(skydiving),* practicar el esquí alpinista o el esquí nórdico, escalar rocas *(rock climbing)*

Nuestra Excursión de Aventura

Actividades	
¿Dónde? (país, región)	
¿Cuántos días?	
La naturaleza (elementos necesarios o deseables, como *olas grandes, flores exóticas,* etcétera)	
La comida (¿qué tipo? ¿caliente o fría? ¿picante o suave? ¿alimentos frescos o conservados en paquetes?)	
Transporte	

C. Juego imaginativo: ¡Vámonos a Costa Rica!

Lea el anuncio sobre Camilo y Costa Rica en esta página, y complete la siguiente información.

1. Entre las riquezas de Costa Rica para el turista hay bellezas naturales, volcanes,

    _____ preciosas, deportes acuáticos y _____ para los aventureros.

2. Camilo se preocupa porque cree que eso le va a costar una _____.

3. La agencia Camino dice que el turista puede preparar su viaje a su gusto, estilo y

_____.

4. El transporte incluye aviones, barcos, buses públicos y _____ de carros.

5. Se mencionan dos tipos de hospedaje: los hoteles de _____ para los viajeros

con mucho dinero y los _____ para los viajeros con el presupuesto limitado.

COMPOSICIÓN

La carta de Camilo

Imagine que Ud. es Camilo y escriba una carta a la agencia Camino Travel, explicando 1) qué «riquezas» le interesan, 2) qué quiere hacer en Costa Rica, 3) qué transporte quiere usar, 4) qué tipo de hospedaje prefiere y 5) cómo es su presupuesto. (Se puede empezar la carta: *Estimado señor García,* y terminar: *Con la esperanza de recibir una respuesta lo más antes posible, quedo de Ud., atentamente Camilo.*)

CONECTÉMONOS

El turismo, la ecología, el ambiente y la aventura

Trabajando con un(a) compañero(a), o en un grupo de tres o cuatro, escojan uno de los siguientes proyectos que tratan uno de los grandes problemas de hoy día: los derechos ambientales y turísticos.

1. Los efectos del turismo sobre el medio ambiente siempre son destructivos. Decidan si Uds. están de acuerdo o en contra de lo anterior dicho. Entonces, vayan a la biblioteca y busquen libros, revistas o periódicos escritos en español que apoyen *(support)* su punto de vista. Usando la información de las fuentes expertas, preparen una lista de razones que explican por qué Uds. tienen razón.
2. Piensen en algunos lugares de belleza incomparable que son únicos en el mundo. Escojan uno y busquen información en la red electrónica sobre lo que el gobierno de ese país está haciendo para promover el turismo y al mismo tiempo proteger esa maravilla natural.
3. ¿Por qué es importante proteger sitios como las Islas Galápagos, las Cataratas del Iguazú y nuestros recursos naturales tales como las selvas y los bosques? ¿Es justo prohibir que los turistas disfruten de ellos si no saben respetar la naturaleza? ¿Qué dicen los expertos? Hablen por teléfono o por la red con dos o tres personas (en español) que trabajen en esa área. Pueden ser personas en el gobierno, en alguna organización activista o algún profesional que se ocupe de mejorar la situación (organización de turismo, ingenieros ambientales, etcétera). Escriban las respuestas de las personas y entréguenlas a su instructor(a).

4. ¿Qué tipo de aventura les gustaría tener? A través de Internet, pónganse en contacto con una agencia de viajes en España o Latinoamérica e investiguen las posibilidades de hacer realidad sus más íntimos sueños. Busquen información para poder vivir la aventura. Luego en grupos de dos o tres, compartan la información.

SELECCIÓN SEIS

DOS POEMAS SOBRE LA NATURALEZA

Antes de leer

Para abrir el tema

Cómo leer un poema

Aquí están dos poemas—uno corto y el otro largo. Antes de leerlos, mírelos, piense un momento en algunas diferencias entre la poesía y la prosa, y conteste las preguntas.

Cómo leer un poema

- La prosa está escrita en *frases (sentences),* la poesía en *versos.* ¿Cuántos versos hay en el primer poema? ¿en el segundo? En la prosa, un conjunto de frases es un *párrafo.* En la poesía, un conjunto de versos es una *estrofa.* ¿Cuántas estrofas hay en el primer poema?
- En un poema las emociones son tan importantes como las ideas. Los poetas tratan de influirnos emotivamente por medio de rimas, ritmos, repeticiones e imágenes. Por eso, es necesario *oír, ver* y *sentir* la poesía. Mire el poema corto. ¿Hay rima o ritmo? ¿Hay repeticiones de sonidos o de palabras? ¿Hay imágenes?
- Para poder oír, ver y sentir la poesía, hay que leerla *despacio* y *en voz alta.* También, hay que leerla por lo menos *tres veces* porque la poesía, como la música, necesita la repetición para ser apreciada.

1. La primera vez, lea para oír los sonidos.
2. La segunda vez, lea para entender las ideas.
3. La tercera vez, lea para apreciarlo todo junto y sentir las emociones.

Ahora, lea el primer poema, *Toda la primavera,* para oírlo, y haga los ejercicios.

PRIMER POEMA: LA TRANSFORMACIÓN DE LO COMÚN EN LO EXTRAORDINARIO

Toda la primavera es un poema lírico. Tradicionalmente, el poema lírico es la corta descripción de un momento de emociones intensas. El poema toma una experiencia común de todos los días y la transforma en algo excepcional, bello y significativo. Mire y conteste.

1. *Primera estrofa:* la acción. La poeta ha recibido algo. Pero con este objeto también ha llegado una sorpresa.

    • ¿Qué ha recibido la poeta?
    • ¿Qué sorpresa ha venido a su casa junto con este regalo?

2. *Segunda estrofa:* la reacción.

    • ¿Qué hace la poeta?
    • ¿Cómo se siente? ¿Qué busca?

3. *Tercera estrofa:* la transformación.

    • ¿Qué crece dentro del alma de la poeta? ¿Por qué?
    • ¿Adónde la lleva esta experiencia?

Ahora, lea el poema *Toda la primavera* para entender las ideas.

Toda la primavera

Rosario Castellanos*

Toda la primavera
ha venido a mi casa
en una flor pequeña
sólo flor y fragancia.

Yo rondo° este perfume   5
como una enamorada,
voy y vengo buscando
loores, alabanzas°.

Con el amar me crece   10
la ola de nostalgia.
¡Cómo serán° los campos
en donde fue cortada!

camino en círculos alrededor de

loores... lindas maneras de describir su belleza

Cómo... Qué hermosos deben ser

---

*Poeta y novelista mexicana de una fina sensibilidad lírica (1925–1974).

La poesía en tu vida

Lea el poema por tercera vez, en voz alta. Después, con otra persona, contesten las siguientes preguntas. Luego, compartan sus respuestas con la clase.

1. El regalo de una flor le levanta el ánimo (espíritu) a la mujer del poema. ¿Regalas tú flores? ¿Cuándo? ¿A quiénes? ¿Le regalarías flores a un hombre o sólamente a una mujer? Explica.
2. ¿Qué cosas te levantan el ánimo a ti? ¿a tus amigos? ¿Un libro? ¿Una carta? ¿Algún tipo de música? ¿Ciertos alimentos? ¿Un paseo en el parque?
3. La flor hace que la poeta se sienta «como una enamorada». ¿Has estado enamorado(a) alguna vez? ¿Cómo se siente una persona enamorada? ¿Es siempre una sensación agradable?
4. La nostalgia es *la pena causada por el recuerdo de tiempos pasados*. La poeta habla de «una ola de nostalgia». ¿En qué ocasiones crees que es común sentir esto? ¿Has sentido alguna vez una ola de nostalgia? ¿Cuándo?

Juego imaginativo: Asociaciones

En el poema la flor le evoca «toda la primavera» a la persona que la recibe. ¿Qué podrían evocar las siguientes cosas?

- un acuario con peces multicolores
- un libro antiguo y bien conservado
- una mariposa con un lindo diseño
- un diamante que brilla mucho
- una hoja de árbol amarilla o roja
- una piedra con fósiles muy antiguos

SEGUNDO POEMA: PASEO MÁGICO

Oda al aire es un poema narrativo. El poeta nos cuenta la historia de lo que le pasó durante un paseo. Pero no es un paseo normal. Es un paseo mágico.

Un día el poeta estaba caminando y encontró a alguien en el camino, lo saludó y empezó a charlar con él. Pero, ¿a quién encontró? El poema usa la *personificación*, la técnica poética de presentar un objeto como si fuera una persona.

Mire los versos 1–23 y conteste esta pregunta: ¿A quién encontró el poeta en el camino?

El resto del poema consiste en la conversación entre estos dos personajes durante el paseo. Como el poema es largo, lo hemos dividido en cuatro secciones para facilitar la lectura: Encuentro, Súplica *(Request)*, Advertencia *(Warning)*, Invitación. El poema está escrito en verso libre sin estrofas. Tiene un lindo ritmo y utiliza muchas imágenes.

Ahora, lea el poema rápidamente *sólo para oírlo,* luego haga el ejercicio que sigue.

Ejercicio

Busque información en el poema y complete estas frases con las respuestas correctas.

Encuentro

1. El poeta saludó al aire con a. cariño b. respeto c. miedo d. hostilidad
2. Lo podía ver porque el aire había dejado su a. cuerpo b. contaminación
   c. cansancio d. transparencia
3. La actitud del aire hacia el poeta era a. seria b. agresiva c. humorística
   d. indiferente
4. El aire tenía un esqueleto de a. vidrio b. brisa c. madera d. agua
5. Estaba vestido con a. un abrigo b. un sombrero c. una capa d. una chaqueta

Ahora, lea esta parte (Encuentro) para comprender las ideas.

Súplica

6. El poeta le habló al aire, llamándole a. monarca b. camarada c. ave d. todos
   estos nombres
7. El poeta le pide al aire una cosa: que no se a. vaya b. venda c. desaparezca
   d. contamine
8. Es obvio que el agua se vendió porque hay mucha sed en a. las cañerías
   b. el desierto c. el mundo de los ricos d. el mundo de los pobres
9. Es obvio que la luz se vendió porque hay mucha oscuridad en a. la casa de
   los ricos b. la casa de los pobres c. la aurora d. los jardines suspendidos
10. Se compara la noche en el callejón de los pobres a una madrastra que sale con
    a. una serpiente b. una pistola c. un puñal d. un buho

Ahora, lea esta parte (Súplica) para comprender las ideas.

Advertencia

11. El poeta teme que malas personas... al aire. a. canalicen b. hagan tabletas
    c. metan en una botella d. hagan todo esto
12. Los parientes del poeta son pobres y lo único que tienen es a. el río b. el aire
    c. la piedra d. la tierra
13. El poeta le dice al aire que no se fíe de nadie que venga en a. cadenas
    b. sombrero c. automóvil d. tren

Ahora, lea esta parte (Advertencia) para comprender las ideas.

Invitación

14. El poeta invita al aire a ir juntos a. bailando b. derribando flores
    c. silbando d. haciendo todas estas acciones

15. El poeta cree que es importante darle a todo el mundo a. libertad b. luz
    c. canto d. flores

Ahora, lea todo el poema para comprender las ideas y sentir las emociones.

Oda al aire

Pablo Neruda*

Andando en un camino   (Encuentro)
encontré al aire,
lo saludé y le dije
con respeto:
«Me alegro   5
de que por una vez
dejes° tu transparencia,
así hablaremos».
El incansable,°
bailó, movió las hojas,   10
sacudió° con su risa
el polvo de mis suelas,°
y levantando toda
su azul arboladura,°
su esqueleto de vidrio,   15
sus párpados° de brisa,
inmóvil como un mastil,°
se mantuvo escuchándome.
Yo le besé su capa°
de rey de cielo,   20
me envolví° en su bandera
de seda° celestial
y le dije:

Monarca o camarada,   (Súplica)
hilo,° corola° o ave,   25
no sé quién eres, pero
una cosa te pido,
no te vendas.°
El agua se vendió

Glosses in margin:
- abandones — *dejes*
- individuo que siempre está en movimiento / *shook* — *El incansable*
- el... *the dust off my shoes* — *el polvo de mis suelas*
- rigging — *su azul arboladura*
- eyelids — *sus párpados*
- mast — *un mastil*
- Yo... *I kissed his cape* — *Yo le besé su capa*
- me... *I wrapped myself / silk* — *me envolví / de seda*
- thread / circle of petals — *hilo, corola*
- no... *don't sell out on us* — *no te vendas*

---

*Poeta chileno (1904–1973) de gran renombre que recibió el Premio Nóbel en 1971. Trató una enorme
variedad de temas en su obra, desde el amor y la muerte hasta el humilde pepino, pero es más
conocido por su poesía de inspiración socialista y revolucionaria. Fue celebrado en la película italiana,
El postino, en 1994.

pipes	y de las cañerías°	30
	en el desierto he visto	
drops	terminarse las gotas°	
	y el mundo pobre, el pueblo	
	caminar con su sed	
staggering	tambaleando° en la arena.	35
	Vi la luz de la noche	
	racionada,	
	la gran luz en la casa	
	de los ricos.	
(bright as) dawn	Todo es aurora° en los	40
	nuevos jardines suspendidos,	
darkness	todo es oscuridad°	
	en la terrible	
back alley	sombra del callejón.°	
	De allí la noche,	45
stepmother	madre madrastra,°	
	sale	
dagger	con un puñal° en medio	
owl	de sus ojos de buho,°	
	y un grito, un crimen,	50
se... rises up and fades away	se levantan y apagan°	
swallowed	tragados° por la sombra.	
	No, aire, (Advertencia	
	no te vendas,	
que... don't let them channel you / que... don't let them put you in boxes nor... nor compress you pills	que no te canalicen,°	55
	que no te encajen°	
	ni te compriman,°	
	que no te hagan tabletas,°	
	que no te metan en una botella,	
	¡cuidado!	60
	llámame	
	cuando me necesites,	
	yo soy el poeta hijo	
	de pobres, padre, tío,	
hermano... blood brother marido de la hermana de su esposa	primo, hermano carnal°	65
	y concuñado°	
	de los pobres que viven junto al río	
	y de los que en la altura	
	de la vertical cordillera	
cortan	pican° piedra,	70
clavan... they nail boards	clavan tablas,°	

they sew	cosen° ropa,
firewood	cortan leña,°
they grind	muelen° tierra,
	y por eso 75
	yo quiero que respiren,
	tú eres lo único que tienen,
	por eso eres
	transparente,
	para que vean 80
	lo que vendrá mañana,
	por eso existes,
	aire,
	déjate respirar,
no... *don't get*	no te encadenes,° 85
put in chains	no te fíes de° nadie
no... *don't trust*	que venga en automóvil
	a examinarte,
	déjalos
	ríete de ellos, 90
blow away	vuélales° el sombrero,
	no aceptes
	sus proposiciones,
	vamos juntos (Invitación)
	bailando por el mundo, 95
quitando	derribando° las flores
árbol que da	del manzano,°
manzanas	entrando en las ventanas,
whistling	silbando° juntos,
	silbando 100
	melodías
	de ayer y de mañana,
	ya vendrá un día
	en que libertaremos
	la luz y el agua, 105
	la tierra, el hombre,
	y todo para todos
	será, como tú eres.
	Por eso, ahora,
	¡cuidado! 110
	y ven conmigo,
much is left to	nos queda mucho°
us	que bailar y cantar,
	vamos

		115
	a lo largo del mar,	
	a lo alto de los montes,	
	vamos	
	donde esté floreciendo	
	la nueva primavera	120
gust	y en un golpe° de viento	
	y canto	
vamos a distribuir	repartamos° las flores,	
	el aroma, los frutos,	
	el aire	125
	de mañana.	

Después de leer

A. Opiniones

Con otra persona, contesten las siguientes preguntas. Luego, compartan sus ideas con la clase.

1. El aire es libre y gratis. No le cuesta nada a nadie. ¿Es verdad o mentira? Explica.
2. ¿Por qué dice el poeta que el agua ya se vendió? ¿Y la luz?
3. El poeta le pide al aire que «no se venda». ¿Qué temores tiene con respecto al futuro del aire? ¿Crees que estas ideas son exageradas?
4. ¿Dónde vive la gente pobre? ¿Cómo se gana la vida? ¿Por qué sabe mucho de los pobres el poeta?
5. ¿Hay un poco de humor en el poema? En tu opinión, ¿cuál es el mensaje del poema?

B. Interpretación de metáforas

Una metáfora es la técnica de usar una cosa para representar otra. Esto nos sorprende, mostrándonos nuevos aspectos de la cosa. (Por ejemplo, un poeta puede decir que las estrellas son «los ojos de la muerte» porque brillan en la noche.) El poema de Neruda usa metáforas. Escoja Ud. uno de estos trozos y llene el recuadro que sigue.

1. el incansable,
   bailó, movió las hojas,
   sacudió con su risa
   el polvo de mis suelas,
   y levantando toda
   su azul arboladura,

2. todo es oscuridad
   en la terrible
   sombra del callejón.
   De allí la noche,
   madre madrastra
   sale

su esqueleto de vidrio,
sus párpados de brisa,
inmóvil como un mastil
se mantuvo escuchándome.

con un puñal en medio
de sus ojos de buho
y un grito, un crimen
se levantan y apagan
tragados por la sombra.

Explicación de la metáfora

1. Escogí el trozo # _____. En este trozo (el aire / la noche) es representado(a) por _____.

2. Los siguientes detalles ayudan a crear la imagen.

   _____

   _____

   _____

   _____

3. (Me gusta / No me gusta) esta metáfora porque

   _____

SELECCIÓN SIETE

EL INDIO Y LOS ANIMALES*

Antes de leer

La historia la aprendemos de los libros. Pero, ¿qué sabemos de la prehistoria? ¿Cómo eran los seres humanos que vivían hace miles de años? ¿Qué relación tenían con el mundo natural? Una manera de acercarnos a las culturas milenarias es a través de las leyendas que se trasmitieron oralmente. La siguiente leyenda es de la antigua cultura de los mayas y fue escrita en español en este siglo por el escritor mexicano Luis Rosado Vega.

A. Para abrir el tema

Antes de leer la leyenda, piense un momento en lo que Ud. ya sabe de los mayas y de los indígenas en general. (Mire las fotos en el Capítulo 4, de sus monumentos.) Luego, conteste estas preguntas.

_____

*De *El alma misteriosa del Mayab,* colección de leyendas mayas, antiguo pueblo de México y Centroamérica. El período clásico de los mayas fue de 300 hasta 900 d. de J. C.

1. En las culturas indígenas, ¿qué representan la tierra, las montañas, los ríos y los árboles?
2. ¿Qué simbolizan para ellos los animales?
3. En su opinión, ¿cómo serán las relaciones entre el hombre y los animales presentadas en las leyendas mayas?

B. Vocabulario

Adivinar el significado de nuevas palabras

Practique Ud. el arte de adivinar el significado de nuevas palabras. Subraye el sinónimo de las palabras en letra itálica. Si no lo conoce, mire el *contexto* de la palabra en la leyenda.

1. *choza* [líneas 15, 41] animal / <u>cabaña</u> / miedo / planta
2. *malestar* [línea 39] (Indicación: La palabra está compuesta de dos palabras cortas.) determinación / felicidad / intranquilidad / manipulación
3. *espanto* [líneas 50, 65] espacio / fascinación / indignación / terror
4. *provecho* [línea 71] beneficio / comida / mente / piedra
5. *consejos* [línea 74] conejos / distracciones / promesas / recomendaciones

C. El texto

Identificación de los elementos narrativos

Los tres elementos esenciales de una narración
Es más fácil leer un cuento cuando tenemos una idea previa de tres elementos:

• la situación (¿cuándo y dónde?)
• los personajes (las personas que actúan en la historia)
• la trama (la serie de acciones e incidentes)

Eche una ojeada (mirada rápida) a las líneas 1–45 de la historia y conteste estas preguntas.

1. **La situación.** El narrador empieza hablando de la creación de los seres humanos en la tradición maya. Sabemos, entonces, que la acción pasa en lo que es hoy México o Centroamérica. Pero, ¿cuándo?

   • ¿Es vieja o reciente esta tradición?
   • ¿Qué usó Dios para formar el cuerpo humano?
   • ¿Adónde lo llevó después para recibir el alma y la habilidad de respirar?

2. **Los personajes.** El personaje principal aparece en la línea 12 y el narrador lo llama simplemente «el indio». Parece representar a todos los seres humanos. Los otros personajes son animales. Hay seis que se identifican como individuos y cada uno representa toda su especie. ¿Cuáles son? ¿Cómo ayudaban a la comunidad?

MODELO —El conejo—abría los granos de maíz.

2. los _____   _____   5. la _____   _____

3. el _____   _____   6. el _____   _____

4. el _____   _____

3. **La trama.** Todo parece armonía y cooperación en la tierra de los maya. Pero, ¡un momento! Un cuento siempre necesita un conflicto o problema. (Después, el conflicto se complica y llega a una crisis y finalmente a una solución.) ¿Dónde está el conflicto? Al final de esta sección hay un presagio *(foreshadowing)* en la forma de un nuevo personaje. ¿Quién es?

Ahora, lea la leyenda para ver el punto de vista de una cultura precolombina.

EL INDIO Y LOS ANIMALES: UNA LEYENDA MAYA

Luis Rosado Vega

Tal vez, Quizás / remotos

Antigua es esta tradición, tanto como la más antigua en esta tierra de indios. Acaso° sea la más antigua. Fue allá en los más lejanos° tiempos, en los más lejanos. Fue en el principio de los principios, cuando apenas la vida comenzaba en estas tierras.

civilización maya / *clay skin*
carecía... no podía respirar / caverna / viento fuerte

El Dios del Mayab,° que es como decir el más grande de los dioses, había   5
creado al indio. Formó su cuerpo del barro° rojo de la tierra, y por eso su piel° es del color de la tierra. Formado estaba el hombre, pero aún carecía de aliento.° Tomó entonces Dios aquel cuerpo y lo condujo a la boca de una cueva,° allí donde se siente salir de vez en vez una ráfaga° refrescante y pura. Esa ráfaga penetró en el cuerpo del hombre y así se le formó el alma. Por eso el indio ama las cavernas de   10
sus bosques, porque sabe que en ellas está el Buen Espíritu.

fuerte / modesto

Entonces vivía el indio maya familiarmente con todos los animales, con todos, desde la más recia° de las bestias hasta el insecto más humilde.° Desde entonces también sabe el lenguaje de los animales de sus selvas y éstos saben igualmente el lenguaje del indio. Fue en aquel tiempo en que a las puertas de su choza, cuando el   15
sol no sale aún, o a la hora del crepúsculo,° para charlar sobre las cosas de la jornada° diaria, el indio se rodeaba de todos los animales como si formaran una familia sola. Entonces todos los animales lo ayudaban en sus faenas,° y él los atendía a todos y cuidaba de todos.

twilight
trabajo
labores
abría
rompía
fences / deer
insecto que emite una luz / responsable

El conejo con sus pequeños dientes desgarraba° los granos del maíz. Los pájaros   20
bajaban los frutos que habrían de alimentar a todos. El pájaro carpintero trozaba° las ramas de los árboles para hacer las cercas.° El venado° era el mensajero que corría rápido de un lugar a otro para comunicar a los indios entre sí. La luciérnaga° era la encargada° de iluminar de noche los caminos. El ave *Xkokolché* que es la más

musical / pajaritos	canora° cantaba para adormecer a los polluelos° de las demás aves y el indio también se adormecía escuchándola.

canora° cantaba para adormecer a los polluelos° de las demás aves y el indio también se adormecía escuchándola. **25**

Así todos y cada uno de los animales, en compañía del hombre que era el Señor de todos ellos, se dedicaban al oficio° que su Dios les había dado para hacerlos felices y para hacer feliz al hombre.

ocupación

Entonces el indio se alimentaba de° granos y frutos solamente. El maíz, el frijol,° la calabaza° y el chile lo llenaban regiamente° y no sentía necesidad de otras cosas para satisfacerse. **30**

se... comía
kidney bean /
squash /
*espléndida-
mente*

Por eso los animales tenían confianza en él, conversaban con él y dormían cerca de su choza y en los árboles más próximos. Porque el Gran Dios hizo a los hombres y a los animales para vivir juntos y ayudarse mutuamente, pero el Genio del Mal° hizo la separación que hasta hoy subsiste. **35**

*Genio... Espíritu
malo*

Y fue así como llegó la hora inicua° según recuerda la vieja Tradición. Una noche el indio no dormía. Sin explicarse la razón se sentía inquieto.° Por primera vez en su vida sentía aquel malestar inexplicable. Se levantó de la cama, salió a la puerta de su cabaña para distraer° su inquietud y su ansia.° Todo estaba bañado en aquellos momentos por la claridad lunar. Vio a los animales que dormían cerca de su choza, oyó el leve° palpitar de sus corazones, vio las ramas de los árboles inclinadas sobre la tierra como si también durmieran. Sintió el airecillo° fresco de la noche, se creyó más tranquilo y entonces trató de penetrar° nuevamente a la cabaña. Pero en ese momento sintió que algo como una fuerza extraña le detenía los pies. **45**

mala
intranquilo

*olvidar /
agitación*

delicado
viento ligero
entrar

Comprensión

1. El indio se alimentaba de (granos y frutos / maíz y frijoles / calabaza y chiles / todos estos alimentos).
2. Los animales mostraban que tenían confianza en el indio porque (conversaban con él / dormían cerca de su choza / las dos acciones).
3. Una noche el indio no podía dormir y sentía por primera vez en su vida (una gran tranquilidad / un malestar inexplicable / un resentimiento contra los animales).

*bosque denso /
silueta*

Miró hacia el bosque lívido de luna y vio como saliendo de la espesura° una sombra° que se adelantaba hacia él. Una sombra extraña y horrible, deforme de cuerpo y llena de pelos. Tenía órganos de distintos animales y distribuidos en forma tal que la hacían incomprensible. Sus ojos enormes y desorbitados° brillaban tan siniestramente que helaban° de espanto. Sintió miedo el indio y llamó a los animales que dormían más cerca, pero ninguno despertó como si por un maleficio° hubiesen quedado paralizados. **50**

*salidos de sus
órbitas /
paralizaban /
influencia
mágica
hoarse*

La sombra llegó hasta él y entonces le habló con una voz horrible y ronca.° Y fue para decirle:

—Es en vano que trates de despertar a tus compañeros. Esos animales no volverán a la vida hasta que yo me vaya. Tú eres un hombre cándido° y puro porque estás lleno del espíritu de aquél que es mi Enemigo. Pero es fuerza° que también conozcas al Espíritu del Mal porque has de saber que de Bien y de Mal ha de vivir el hombre. Yo soy el *Kakazbal* o sea la Cosa Mala que reina° en la noche. Yo soy el **55**

inocente
necesario

predomina

que se alimenta de la carne del hombre igualmente que de la de los animales. Yo   60
soy el que bebe la sangre de los niños. Yo soy el que da la mala savia a las plantas
que envenenan.° Yo soy el que tuerce° las cosas y las rompe o las destruye. Yo soy
el que detiene a las nubes para que no llueva y se pierdan las cosechas.° Yo soy el
que da las enfermedades y da la muerte.

    –¿Y por qué haces tanto daño? —le dijo el indio tembloroso y con el espanto en   65
el alma.

    —Ya te lo he dicho porque es necesario que no sólo el Bien sino también el Mal
reine sobre la Tierra. Además quiero enseñarte a ser menos cándido. Esos animales
que ves y que están a tu alcance° pueden satisfacer tus gustos. Mátalos para devorar sus carnes y sentirás lo sabrosas° que son. Tú no sabías esto y vine a decírtelo en   70
provecho tuyo. Prueba° y verás...

(margin glosses:)
matan con veneno / deforma / plantas cultivadas

a... en tu poder / deliciosas / Hazlo una vez

Comprensión

1. A la luz de la luna el indio vio una sombra que no era muy bonita. ¿Cómo era?
2. ¿Quién es la sombra? ¿Qué cosas malas hace?
3. ¿Qué consejo le da al indio? ¿Cree Ud. que el indio va a seguir este consejo?

Comenzaba a amanecer° y el *Kakazbal* se fue como había venido, por miedo al
día que se avecinaba.° De pronto el indio maya quedó perplejo. No sabía cómo explicarse aquella visita inesperada y menos entender los consejos que había oído.
¿Matar a los animales para devorarlos? ¿Y por qué si ellos no le hacían daño al-   75
guno, sino antes al contrario lo ayudaban en su vida? Sin embargo una como ma-
ligna curiosidad picó° su alma... ¿Por qué no probar? A punto de que el alba
asomaba° se oyó el primer canto de algunas aves. Fue entonces cuando los animales despertaron volviendo a la vida, se aproximaron° al hombre para hablarle
como era su costumbre, pero lo hallaron tan cambiado, vieron en su cara señales°   80
de violencia y tuvieron miedo e instintivamente sé fueron alejando° de él.

    El hombre había perdido su pureza primitiva, había cambiado. El *Kakazbal* había
infundido° en él el espíritu del Mal. Y se dice que desde entonces aprendió el indio
la gula° y comenzó a comer carne, aunque siguió y sigue haciendo de los granos su
alimento básico. Aprendió la crueldad y comenzó a matar a los animales. Aprendió   85
la astucia y comenzó a ponerles trampas para atraparlos. Los animales le tuvieron
miedo y comenzaron a retirarse de su lado y a ocultarse cada uno en su guarida.°

(margin glosses:)
llegar la luz del día / se... llegaba

estimuló / alba... el comienzo del día se mostraba / se... llegaron indicaciones apartando

inspirado / exceso en la comida

refugio de animales

mala

en... cerca de otros planetas / lamento

dolorosos

Fue en aquella noche nefasta° cuando por primera vez apareció el *Kakazbal* en la tierra maya, y desde entonces la sigue recorriendo, especialmente en las noches de luna en conjunción.°   90

Fue desde entonces cuando algunos pájaros comenzaron a imitar el gemido° en sus cantos, porque en efecto lloran.

Fue desde entonces cuando algunos animales gritan como con gritos lastimeros.°

Lloran y se lastiman de la separación del hombre para cuya compañía habían nacido todos.   95

Pero no importa. La Tradición concluye diciendo que todo esto es transitorio, porque el Espíritu maligno habrá de ser vencido en forma absoluta por el Espíritu del Bien, y que día vendrá en que todo vuelva a ser como fue en los principios.

Comprensión: Cierto o falso

Escriba **C** (cierto) o **F** (falso) delante de cada frase. Si la información es falsa, corríjala.

1. _____ El *Kakazbal* tiene ojos enormes pero no tiene nada de pelo.
2. _____ El *Kakazbal* causa las sequías y le da enfermedades a la gente.
3. _____ El *Kakazbal* dice que vino para ayudar al indio.
4. _____ Su mensaje fue que los animales quieren matar a los seres humanos.
5. _____ Al otro día, los animales vieron el cambio en el indio y lo atacaron.
6. _____ Desde entonces, algunos animales gritan con pena porque extrañan la compañía del *Kakazbal*.
7. _____ Algún día el Espiritu del Bien triunfará y el mundo volverá a la armonía de los antiguos tiempos.

Después de leer

A. Interpretación y comentario

Con otra persona, comenten estas preguntas; luego compartan sus ideas con la clase.

1. ¿Qué comparación podemos hacer entre la leyenda maya y la historia de la Creación en la Biblia? Piense en estos elementos: la manera de crear al primer ser humano, la descripción del Paraíso, la figura que representa el mal, el momento de la tentación, las consecuencias. ¿Qué semejanzas (puntos similares) hay?
2. Algunas personas insisten en que la única manera de salvar a los elefantes africanos de la extinción es establecer un negocio legal del marfil (obtenido de los colmillos del elefante). Así, la gente tendría interés y dinero para conservar el ambiente necesario para sostener el animal. Según este argumento, para salvar a un animal hay que convertirlo en un «recurso sostenible». ¿Qué opina Ud.?

3. ¿Cree Ud. que el Espíritu del Bien reina ahora en nuestro mundo? ¿O el *Kakazbal*? ¿Por qué?

B. Minidebates

Trabaje con un grupo para ver quiénes están de acuerdo y quiénes no, con las siguientes opiniones. Traten de llegar a una opinión unánime (de todos).

1. Para salvar el medio ambiente es necesario ser vegetariano(a).
2. En general nuestra sociedad trata mejor a los animales que a las personas.
3. Es ridículo tratar de salvar todas las especies de plantas y animales porque la extinción es una parte natural de la evolución.
4. La caza *(hunting)* de animales siempre es mala.

C. Juego imaginativo: Un cambio de perspectiva

Escriba una composición o prepare una presentación oral sobre la leyenda, contada en primera persona (usando el *yo*) desde el punto de vista del conejo, del venado o de otro animal, o del *Kakazbal*.

CONECTÉMONOS

La literatura y la naturaleza

La naturaleza es un tema que toca a todo ser humano no importa su sexo, religión o nacionalidad. Busque en la biblioteca o en la red electrónica un poema o un cuento escrito por un autor y una autora de dos países hispanos diferentes. Léalos y piense en el mensaje que cada escritor trata de comunicarle al lector. Escriba su reacción al poema o cuento de cada autor. Luego, léaselo a un(a) compañero(a) y discutan sus reacciones. ¿Podemos trascender nuestras diferencias por medio de la literatura y ver la belleza del mundo?

capítulo 2

CAMBIOS SOCIALES

Mujeres, detalle de un mural de David Alfaro Siqueiros (1952–1954)

La antigua Puerta del sol, Tiwanaku, Bolivia

Paseo de la victoria del nuevo presidente
Vicente Fox, México, el 1 de diciembre de
2000

VOCABULARIO PRELIMINAR

Estudie estas palabras y haga los ejercicios antes de empezar el artículo sobre los misterios de civilizaciones pasadas. Luego, utilice este vocabulario durante su estudio de todo el capítulo.

antiguo(a)	existente o construido hace mucho tiempo; «una civilización antigua»
apoyar	ayudar o favorecer, influir para que alguien (o algo) tenga éxito
apoyo, el	ayuda, auxilio, defensa, protección; «Necesitamos el apoyo de nuestros amigos».
asombroso(a)	impresionante o sorprendente por su belleza, magnitud o alguna otra cualidad extraordinaria; «¡Asombrosa noticia!»
dictadura, la	gobierno con un jefe supremo que tiene la autoridad absoluta
esfuerzo, el	empleo de energía física o espiritual para hacer algo o participar en alguna actividad; «Hace muchos esfuerzos para sacar buenas notas».
fuerza, la	vigor, intensidad, energía que produce un efecto; «la fuerza del destino»
hecho, el	acción, obra, suceso, acontecimiento; algo que es cierto y que no es mentira; «un hecho científico»
justo(a)	conforme con la justicia, honesto, bueno para todo grupo
llegar a ser	convertirse o cambiarse (en), dejar de ser una cosa para ser otra cosa diferente; «Con mucho esfuerzo llegaron a ser famosos».
lograr	llegar a obtener lo que uno deseaba o intentaba; «Logró un premio».
logro, el	éxito, acción de obtener lo deseado
partido, el	grupo de personas unidas por los mismos ideales, opiniones, o intereses; «un partido político»
pertenecer (a)	formar parte (de) algún grupo; «Pertenezco a cuatro asociaciones».
poder, el	autoridad, dominio
poderoso(a)	muy fuerte, dominante, con mucho poder
pueblo, el	conjunto de habitantes de un lugar o país «el pueblo peruano»; población, villa, o lugar pequeño, «un pueblo de 500 habitantes»

A. Antónimos

Dé un antónimo de la lista para cada palabra o frase.

1. individuo *pueblo*

2. democracia _____

3. perder _____

4. reciente _____

5. indolencia _____

6. injusto _____

7. atacar _____

8. común _____

9. débil _____

B. Estudio de cognados

st-, sp-, sc- (inglés) = est-, esp-, esc- (español)

Palabras en inglés que empiezan con la letra *s* seguida de una consonante generalmente son equivalentes a palabras en español que empiezan con las letras *es* seguidas de la misma consonante (**Ejemplos**: *study* = estudio / *special* = especial / *school* = escuela)

¿Puede Ud. adivinar (*guess*) los cognados en español para las siguientes palabras en inglés? Todos se pueden encontrar en la Selección uno, *Misterios de civilizaciones pasadas*.

1. *steles* (*upright stone slabs*) __estelas__   4. *spirals* _____

2. *sculptures* _____   5. *space* (*ships*) (naves) _____

3. *strange* _____   6. *statues* _____

C. Crucigrama de sinónimos

Complete el crucigrama, llenando las casillas (*boxes*) con las letras de sinónimos que aparecen en el Vocabulario Preliminar.

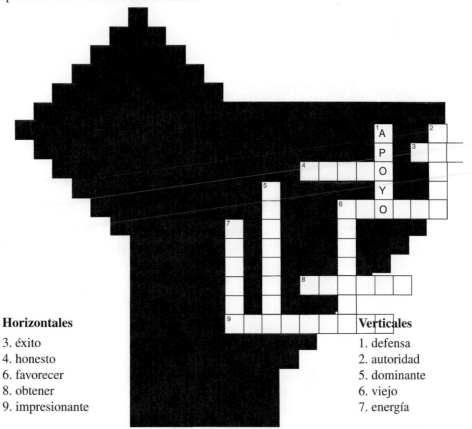

Horizontales

3. éxito
4. honesto
6. favorecer
8. obtener
9. impresionante

Verticales

1. defensa
2. autoridad
5. dominante
6. viejo
7. energía

SELECCIÓN UNO

MISTERIOS DE CIVILIZACIONES PASADAS: UN RETO A LA IMAGINACIÓN

Antes de leer

Para abrir el tema

Todos sabemos que la tecnología es una fuerza poderosa que determina muchos de los cambios recientes en nuestra sociedad. Pero este fenómeno no es completamente nuevo. Varias civilizaciones del pasado desarrollaron tecnologías avanzadas y lograron obras importantes y asombrosas. En muchos casos, no sabemos las razones de estas obras. Son misteriosos secretos perdidos en el pasado. Sólo podemos contemplar las maravillas que nos dejaron estas civilizaciones con un sentimiento de profunda reverencia e inventar posibles explicaciones e hipótesises. A continuación hay tres ejemplos de antiguas civilizaciones misteriosas de Latinoamérica.

El texto: Búsqueda de datos

Échele Ud. una ojeada (mirada rápida) a la lectura y conteste estas preguntas

1. ¿ En qué países se encuentran las ruinas de estas tres civilizaciones misteriosas?
2. ¿Cómo se llaman las tres culturas que las construyeron?

Lea las descripciones y conteste las preguntas que siguen.

LA ESCALERA DE JEROGLÍFICOS DE COPÁN

bank

L as ruinas de la antigua ciudad maya* de Copán se hallan sobre la orilla° del río Amarillo, casi perdidas en la densa selva de Honduras. De los más de 50 sitios de la cultura maya descubiertos por arqueólogos en México, Guatemala, Belize y Honduras, éste tiene la inscripción más extensa y las esculturas más bellas. La

escalera...
hieroglyphic
staircase
carved
verticales

famosa escalera de jeroglíficos° está en la parte sur de la gran plaza y consiste en 2,500 bloques de piedra, cada uno tallado° con jeroglíficos. Éstos cuentan la historia de la ciudad hasta 763 d. de C. la fecha cuando se dedicó la escalera. Una docena de «estelas» (piedras paradas°), con inscripciones en la plaza y en las colinas,

*Para más información sobre la cultura maya, especialmente con referencia a sus ideas religiosas, véase el Capítulo 4, página 185.

representan los reyes de Copán, con información sobre su genealogía, fechas de nacimiento, matrimonio y muerte, y sus logros más importantes. Curiosamente, estos señores aparecen como hombres barbudos,° aunque es muy raro que los indígenas de esas partes tengan barbas.° Otro hecho extraño es que una de las figuras parece ser mujer, pero como no se conoce ningún otro caso de una mujer maya en posición de poder, algunos postulan que puede ser un hombre vestido con ropa femenina.

con barbas

pelo en la cara

Los mayas son la única civilización de las Américas que desarrolló un verdadero sistema de escritura.° Está compuesto de hermosos jeroglíficos que representan cosas, ideas o sonidos.° Éstos aparecen, tallados en madera, en piedra y en alfarería.° También fueron pintados en libros doblados,° llamados *códices,* hechos de papel o piel de venado.° La mayoría de éstos fueron destruidos por los colonizadores, pero afortunadamente cuatro códices sobrevivieron. Gracias a la computadora y a las pacientes investigaciones llevadas a cabo° durante más de un siglo, más de 75 por ciento de los textos mayas se han descrifrado,° aunque quedan aún muchas partes dudosas. Los códices tratan varios temas: religión, astronomía, almanaques, calendarios y profecías.

writing

sounds
pottery
folded

piel... *deer hide*

llevadas...
completadas
interpretado

El *Códice Dresden*, documento maya, conservado en un museo de Dresden, Alemania.

Comprensión

Escriba **C** (cierto) o **F** (falso) para cada frase. Corrija las frases falsas.

1. _____ Las ruinas de Copán están en Guatemala, el único país que tiene sitios arquelógicos de los mayas.

2. _____ La inscripción en la escalera de jeroglíficos cuenta la historia de la ciudad hasta nuestros tiempos.

3. _____ Sabemos poco de los antiguos reyes de Copán, sólo sus nombres.

4. _____ Los mayas son la única civilización de las Américas que desarrolló un verdadero sistema de escritura.

5. _____ Durante la colonización, se destruyeron todos los libros mayas menos cuatro que sobrevivieron.

Interpretación

1. ¿Cuál de los temas tratados en los códices mayas le parece más interesante para nuestros tiempos? ¿Por qué?
2. ¿Cómo podemos explicar las figuras en una estela de los señores barbudos? ¿y la figura del rey (o de la reina) con ropa femenina?

LAS LÍNEAS DE NAZCA: GIGANTESCOS DIBUJOS EN EL DESIERTO

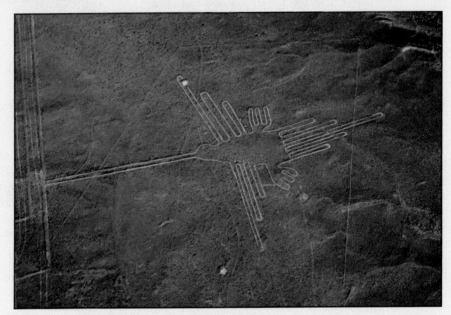

Picaflor gigantesco dibujado en el desierto de Nazca, Perú

cola... *curled tail / spider*

Un mono de 90 metros con una larga cola rizada,° una araña° enorme, un cóndor con alas de 130 metros, triángulos, rectángulos, espirales... éstas son las famosas «líneas de Nazca» de Perú: inmensas figuras dibujadas en el desierto y visibles sólo desde muy arriba. Se encuentran en el desierto cerca de Nazca,* un pequeño pueblo que se ha convertido en un centro turístico. Atraídos por este fascinante enigma arqueológico, muchos turistas llegan allí y hacen vuelos° de observación en pequeños aviones.

paseos

por...
underneath (it)

En un pasado remoto, muchas manos crearon las líneas, cortando la tierra oscura de arriba para revelar la arena más clara que estaba por debajo,° y luego inser-

---

*En 1996, la mayor parte del pueblo de Nazca, incluyendo el pequeño museo, fue destruido por un terremoto. Dos años después se murió a la edad de 95, María Reiche, la renombrada matemática alemana que había dedicado su vida a la publicación de investigaciones sobre las líneas. Recientemente, se está convirtiendo la casa donde vivía María en Nazca en un museo.

to frame them

taron piedras para enmarcarlas.° Pero, ¿quiénes las hicieron y por qué? ¿Por qué hacer un esfuerzo tan grande para construir dibujos inmensos que sólo se pueden ver desde un avión cuando los aviones aún no se habían inventado? La opinión general parece ser que las líneas fueron hechas por los pueblos paracas y nazca durante los años 900 a. de C.–600 d. de C. Pero nadie sabe por qué. Sin embargo, abundan las teorías:

motivos

caminos / track and field

losas... runways

seres de otros planetas

offerings

- que eran caminos rituales con un significado religioso
- que representan un calendario astronómico hecho con fines° agriculturales
- que servían como pistas° para competiciones de carreras,°
- que eran losas de aterrizaje° para las naves espaciales de extraterrestres°
- que se crearon como ofrendas° para los dioses que, según suponían, vivían en el cielo

Comprensión

Escriba **C** (cierto) o **F** (falso) para cada frase. Corrija las frases falsas.

1. _____ Los dibujos representados por las líneas de Nazca son de animales y formas geométricas.

2. _____ Para ver los dibujos los turistas dan paseos en auto por el desierto.

3. _____ Nadie sabe cómo se hicieron las líneas de Nazca.

4. _____ Se cree que los paracas y nazcas hicieron esos dibujos durante los años 900 a. de C.–600 d. de C.

Interpretación

¿Qué piensa Ud. de las «teorías» para explicar por qué se hicieron las líneas de Nazca? ¿Cuál prefiere Ud.? ¿Por qué?

LAS PIEDRAS MÁGICAS Y COSECHAS ABUNDANTES DE TIWANAKU*

altura

Situadas a 3,810 metros sobre el nivel° del mar al sureste del Lago Titicaca en Bolivia, se encuentran las ruinas de Tiwanaku. Pertenecen a la civilización de los Aymará, una de las primeras civilizaciones de Sudamérica, qué se desarrolló entre 1600 a. de C. al 1200 d. de C. En su apogeo° cubría casi la mitad° de Bolivia, el sur de Perú, el norte de Chile y el noroeste de Argentina, y se supone que Tiwanaku funcionó como su centro religioso y ceremonial entre 600 y 900 d. de C.

momento de más esplendor / 50%

a... in spite of

Una característica misteriosa de la cultura Tiwanaku es la presencia de piedras colosales de hasta 175,000 kilos, a pesar de° estar muy lejos de cualquier sitio de producción. ¿Cómo habrán llegado allí estas piedras? Se sabe que en el

---

*Este nombre también parece a veces como Tihuanaco.

cemento

fama

bas relief

paredes

remains

transporte de agua

campos... raised fields

mountain plateau

daba con regularidad

siglo XVI los españoles les hicieron la misma pregunta a los indígenas y éstos les respondieron que «con el apoyo de Viracocha», dios de la creación. Obviamente, los tiwanakus eran excelentes ingenieros que sabían cortar, transportar y ajustar enormes bloques de piedra sin necesidad de emplear mortero° y con la misma exactitud que mucho más tarde iba a dar renombre° a las construcciones de los incas. Un ejemplo de esta extraordinaria tecnología es la Puerta del Sol, un inmenso portal tallado de un solo bloque de piedra, con las figuras de Viracocha y sus 48 ayudantes en bajorrelieve°.   También   hay   una plataforma rectangular rodeada de murallas,° un templo subterráneo, estatuas y estelas.

A fines del siglo XX, se descubrió otro logro tecnológico de esta asombrosa civilización: los restos° de un elaborado sistema de riegos° que empleaba canales, terrazas y campos elevados° para producir cosechas de gran abundan-

La Estela Ponce de Tiwanaku, una inmensa figura de piedra

cia en este lugar frío y seco del altiplano.° Según los expertos,* esta antigua civilización proveía° a una población muy grande con cosechas superiores a las que hoy se producen con tecnología moderna.

Comprensión

Escriba **C** (cierto) o **F** (falso) para cada frase. Corrija la frases falsas.

1. _____ Se cree que Tiwanaku era un centro religioso y ceremonial de una de las primeras civilizaciones importantes de Sudamérica.

2. _____ Los tiwanakus sabían cortar y ajustar enormes bloques de piedra, una tecnología que aprendieron de los incas.

3. _____ La Puerta del Sol es un inmenso portal que lleva una representación de la Pachamama.

---

*Uno de los científicos que ha trabajado con distinción en Tiwanaku es el profesor Kolata de la Universidad de Illinois en EE.UU. Él ha sugerido que esta antigua tecnología puede ser la clave para aumentar la producción actual de la agricultura en la región.

4. _____ Los antiguos tiwanakus usaban un elaborado sistema de riegos para producir cosechas abundantes.

Interpretación

¿Por qué cree Ud. que hay mucho interés ahora en Tiwanaku?

Después de leer

A. Romper mitos y estereotipos falsos

Rompa Ud. los siguientes «mitos» y estereotipos falsos. Explique con ejemplos de la lectura por qué cada frase es falsa. Si, por el contrario, Ud. cree que alguna de las frases es cierta, explique por qué.

1. Los indígenas de la América precolombina eran primitivos y no tenían conocimientos abstractos.
2. La tecnología actual es superior en todo aspecto a las tecnologías de civilizaciones antiguas.
3. Hoy, con el gran desarrollo de la ingeniería, comprendemos perfectamente bien cómo las culturas del pasado construyeron sus ciudades y monumentos.
4. La computadora es una máquina estúpida que sólo sabe calcular y no puede ayudarnos a entender las culturas del pasado.

B. Explícame los números

Con otra persona, expliquen la importancia de los siguientes números para las civilizaciones descritas en la lectura.

1. 1600 a. de C.
2. 2,500
3. 130 metros
4. 48 ayudantes
5. 175,000 kilos
6. 50 sitios
7. el siglo XVI
8. 763 d. de C.

C. Especulando sobre los misterios del pasado

Trabajando en un grupo, den rienda suelta (*give free rein*) a su imaginación e inventen explicaciones para los siguientes misterios del pasado.

1. La presencia de las líneas de Nazca en el desierto de Perú
2. La representación de un rey barbudo en una estela de Copán en Honduras
3. El transporte de las inmensas piedras al sitio de Tiwanaku, Bolivia

D. COMPOSICIÓN

La máquina que viaja por el tiempo

Imagine que ha llegado al pasado en una máquina que viaja por el tiempo y ahora está en uno de los tres sitios descritos en la lectura en el momento de su máximo esplendor. Escriba un breve informe sobre lo que Ud. observa y piensa hacer allí.

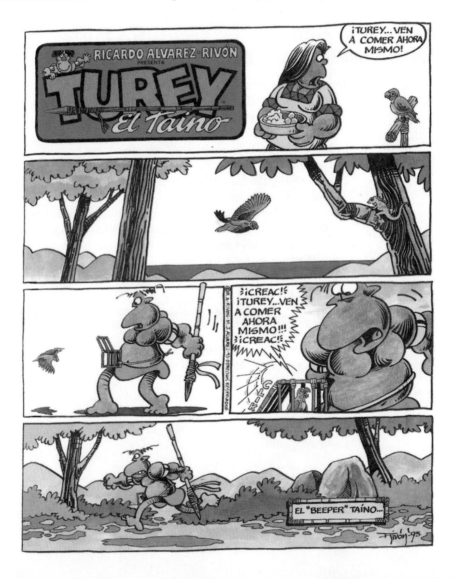

E. Análisis de una tira cómica

Turey el Taíno y la tecnología

A veces las tiras cómicas se burlan de ciertos aspectos de la vida actual por medio de anacronismos (objetos o ideas modernos usados en un falso contexto histórico). Con otra persona, lea la tira cómica sobre los tiempos precolombínos, y discutan estas preguntas:

1. ¿Qué anacronismo se usa en la tira?
2. ¿Qué piensas de este aparato? ¿Te gusta o no? ¿Por qué?
3. La publicidad dice constantemente que la tecnología nos ayuda y apoya. ¿Crees que la tecnología también nos molesta? Explica.

SELECCIÓN DOS

ASOCIACIONES PARA TODOS LOS GUSTOS

Antes de leer

Para abrir el tema

El siguiente artículo de la revista española *Quo* trata de un nuevo fenómeno en España: las asociaciones. Tradicionalmente, los españoles tienen reputación de ser individualistas. Pero según datos recientes, uno de cada tres españoles ha formado parte de asociaciones.

1. ¿Qué piensa Ud. de las asociaciones? ¿Pertenece Ud. a alguna?
2. ¿Qué asociaciones y clubes existen en el lugar donde Ud. vive?
3. Mire las fotos e ilustraciones. ¿Le parecen similares o diferentes las asociaciones en España a las que Ud. conoce?

A. Vocabulario

Adivinar el significado de nuevas palabras

Trate de adivinar el significado de las palabras o frases en itálica, usando el contexto.* A veces hay indicaciones (*hints*) en paréntesis para ayudar en este proceso.

MODELO _b_ *cada vez mayor*, línea 2 (Piense en el significado literal de cada palabra.)

   a. con frecuencia   b. más y más grande   c. de menos importancia

1. _____ *afición*, línea 22
   a. irritación   b. inclinación   c. participación

2. _____ *indefenso*, línea 27 (El prefijo *in-*tiene el mismo significado como en inglés.)
   a. débil   b. fuerte   c. inteligente

3. _____ *en desuso*, línea 39 (El prefijo *des-* tiene el mismo significado como en inglés.)
   a. muy común   b. desorganizada   c. poco usual ahora

---

*Para leer una explicación de cómo se usa el contexto para adivinar el significado de palabras, véase la página 21.

4. _____ *a fondo*, línea 54
    a. más o menos   b. completamente   c. sin problemas

B. Vocabulario

Detective de cognados

Busque en la selección los cognados (o casi cognados)* para las palabras en itálica:

MODELO *to collect* A mucha gente le gusta unirse para *coleccionar* pins o estampillas.

1. *to promote* A otra gente le gusta _____ los castillos o algún tipo de baile.
2. *consumers* Las asociaciones de _____ son muy populares.
3. *empathy* Muchos psicólogos creen que la gente se asocia por _____.
4. *values* Para algunas personas los clubes son una forma de expresar sus _____.
5. *relationship* Otros individuos van a las reuniones para buscar una _____ sentimental.
6. *insecure* A veces las personas _____ desean llenar todo su tiempo libre.
7. *mentality* La _____ de cada cultura es distinta.

C. El texto

Usar los subtítulos como guía

Los subtítulos de un artículo indican ideas importantes de cada sección. Mire los cinco subtítulos. Escriba el subtítulo de la sección donde podemos encontrar lo siguiente.

MODELO una descripción de las asociaciones centradas en otras personas o cosas (y no en nosotros mismos)—*Heterocentradas*

1. una descripción de las asociaciones centradas en nosotros mismos
2. la expresión de dudas sobre esta tendencia de asociarse en España
3. el número apróximado de asociaciones de consumidores
4. una explicación de las dos motivaciones diferentes para pertenecer a una asociación

Ahora, lea el artículo y haga los ejercicios de comprensión.

_____

*Para leer una explicación de los cognados y casi cognados, véase la página 27.

ASOCIACIONES PARA TODOS LOS GUSTOS*

Juana Escabias

Los españoles mostramos un interés cada vez mayor por pertenecer a grupos organizados. Las posibilidades son tan diversas como unirse para coleccionar pins,° para defender especies en peligro de extinción, como la mula, o para promocionar los castillos.

small pins with names of places, products, or companies

El ritmo de creación de asociaciones en España a partir de° la década de los noventa ha sido de 7.000 al año como media,° según un estudio publicado por Rafael Prieto Lacaci.

a... empezando con

average

Consumidores unidos

El grueso° de las asociaciones que hay actualmente° en nuestro país está dedicado a temas relacionados con la educación, la cultura y los deportes, aunque también tienen gran peso° las de vecinos. Además, las de consumidores han despegado° y poseen más de un millón de afiliados.° Pero no son las únicas. En España existen asociaciones casi de todo tipo, de modo que cualquiera° que tenga una afición puede encontrar un grupo en el que desarrollarla o conocer a otras personas interesadas en el tema. Datos° del Centro de Estudios Sociológicos muestran además que el 31% de los españoles pertenece o ha pertenecido alguna vez a una asociación.

mayor parte / en el momento presente

importancia

aumentado de repente / miembros

anyone

Data

Amigos de la Mula

Nació en 1998 en Cádiz para defender a la mula, especie en peligro de extinción, así como para potenciar la cultura arriera relacionada con este animal. No hace falta tener mula propia, pero sí ayudar a cuidar las de los otros miembros. Tiene cuarenta asociados y se pagan cien pesetas anuales. Tfno. 952 509 005.

MARCO POLO

5

10

15

20

25

Comprensión

Complete las frases con la palabra o frase más apropiada.

1. Hay asociaciones en defensa de especies en peligro de extinción como (el caballo / la mula / la girafa).
2. A partir de los 90, aproximadamente (70 / 700 / 7.000) asociaciones se han creado en España cada año.
3. Actualmente, hay muchas asociaciones españolas de (consumidores / vecinos / personas interesadas en los deportes / [todos estos grupos].

---

*De la revista española *Quo*.

Altruismo o egoismo

causa

Pero, ¿que nos lleva° a asociarnos? «Lo normal en los animales es vivir en grupo y el hombre es el animal más indefenso que hay. Somos seres sociales y buscamos el

los... otras personas

apoyo de los demás.° Nuestra cultura, en principio, es cooperativa y está basada en la colaboración para vencer el miedo al mundo hostil», afirma el sociólogo Tomás Rodríguez Villasante. Desde el punto de vista de psicología, el impulso de asociar-

se combinan

se surge de la *empatía*. En general, todas las teorías psicológicas confluyen° en la

tendencia a entrar en asociaciones

existencia de dos grandes grupos de motivaciones básicas para el asociacionismo.°

30

Baile

En Valencia, los Amigos del Baile organizan cenas y salidas nocturnas para bailar y dar clases. Su cuota anual es de 7.000 pesetas y da derecho a clases de todo tipo de bailes: vals, salsa, chachachá, bolero... Tiene 900 socios de dieciséis años en adelante, aunque alguno supera los 80. Teléfono 963 338 005.

enfocadas... focused on

Heterocentradas. Son aquéllas enfocadas a° los demás. «Las personas que se aso-cian por motivaciones de este tipo lo hace como forma de expresar sus valores», ex-plica Marcela Garcés, experta en terapias sobre la conducta. Se trata de individuos

contribuir sí... themselves

que buscan aportar° a los otros algo de sí mismos.° Dentro de este grupo también se encontrarían las personas que se unen porque les preocupa especialmente algún asunto como «el deterioro del medio ambiente o la defensa de alguna disciplina en desuso...», añade Garcés.

35

Comprensión

1. Según el sociólogo Villasante, buscamos el apoyo de los grupos para (mostrar nuestra superioridad / vencer el miedo / ganar más dinero).
2. Las asociaciones enfocadas a los demás incluyen a personas que quieren (expresar sus valores / trabajar sin ayuda / entrar en terapia).

nosotros... ourselves search

Autocentradas. Son aquéllas que están enfocadas a nosotros mismos.° Una de las razones más importantes es la búsqueda° de amigos o de una relación sentimental

40

obtener

deseo

dentro del grupo, aunque también hay quien se asocia por el deseo de adquirir°
conocimientos. En este sentido según aclara Marcela Garcés, una importante causa
para asociarse es el afán° de desarrollo profesional, así como el enriquecimiento
personal.   45

Además, no hay que olvidar dos motivos importantes. El primero de ellos es el

muy tristes y
preocupados
fuera del
trabajo
querida

miembro de la
familia

déficit personal, que lleva a individuos inseguros, atormentados° o infelices a
someterse a una actividad extralaboral° para llenar su tiempo libre y no pensar en
sus propios problemas, explica Marcela Garcés. Y también hay quien se une por
problemas personales que le afectan a él o a una persona cercana.° Según explica   50
Javier López, de la Asociación anti-SIDA de Málaga, «muchas personas que
vienen a nuestro grupo lo hacen porque tienen algún familiar° o amigo afectado, o
bien porque ellos mismos tienen miedo de contagiarse de la enfermedad y quieren
conocerla más a fondo».

dudas

tengamos la
tendencia

rate

timidez

covered

hacer menos
importante

Todavía con reparos°

En todo caso, aunque tendamos° a agruparnos cada vez más, «si nos comparamos   55
con otros países desarrollados, especialmente del resto de Europa y Estados
Unidos, nuestra tasa° de asociacionismo es todavía pequeña», explica José Fonseca. El principal motivo de esta reticencia° a asociarnos puede estar, según explica
el sociólogo Tomás Rodríguez Villasante, en «los cuarenta años de dictadura franquista,* que crearon en nosotros el miedo a los grupos, entonces prohibidos...»   60
Además, según añade, «históricamente en España las necesidades asociativas estaban cubiertas° por la Iglesia y la familia a diferencia de zonas como Centroeuropa,
donde la mentalidad protestante obligaba a la población a asociarse para ayudarse
y paliar° ese déficit».

Comprensión

1. Las asociaciones enfocadas a nosotros mismos incluyen a personas que buscan
   (amigos / conocimientos / desarrollo professional / una relación sentimental /
   [todos éstos]).
2. Muchas personas van al grupo anti-SIDA porque tienen un amigo o familiar
   afectado y quieren (olvidarse de este problema / conocer la enfermedad más a
   fondo / mostrar que no se han contagiado).
3. Según explica el Sr. Fonseca, en comparación con otros países desarrollados,
   hay (más / menos / el mismo número por persona de) asociaciones en España.
4. La reticencia de los españoles a asociarse se debe principalmente a (las
   prohibiciones durante la dictadura de Franco / la tendencia a ser introvertido de
   carácter nacional / el deseo de no imitar la cultura de Estados Unidos y del
   centro de Europa).

---

*«Dictadura Franquista» se refiere al gobierno del general Francisco Franco (1939–1975). Véase las
páginas 89–92.

Castillos

Amigos de los Castillos se fundó en 1952 para promocionar la cultura en torno a estos monumentos, con actos como excursiones y conferencias. También contribuyen a su restauración y conservación. La cuota mínima anual es de 5.000 pesetas, aunque los estudiantes pagan la mitad. Poseen un castillo del siglo XV en Valladolid, donde está la asociación más veterana. Tfno. 983 233 374.

70 ¡Quo

MARCO POLO

Después de leer

A. Expansión de vocabulario

Palabras relacionadas (verbos y sustantivos)

Busque en el articulo las palabras que faltan en cada par de verbo-sustantivo (*verb-noun*).

1. ___*adquirir*___ adquisición

2. asociarse _____

3. buscar _____

4. _____ colección

5. colaborar _____

6. conocer _____

7. enriquecer _____

8. existir _____

9. _____ obligación

10. _____ promoción

B. ¡Dígame quién habla!

Mire las ilustraciones y también la lista de asociaciones españolas. Luego, diga qué asociaciones representan las personas que dicen las siguientes frases.

Lista de algunas asociaciones españolas

Aficionados al jazz, Amigas del vino, Amigos de los castillos, Real federación taurina (de toros), Grupo filatélico, Club de bisiestos (people born on February 29), Amigos de la mula, Federación de coleccionistas de pins, Amigos del baile, Amigos de la capa (*People Who Like To Wear Capes*), Amigos del vehiculo antiguo

MODELO ¿Cuánto vale el rojo con la cabeza de Carlos V? ¿Está todavía pegado al sobre? *Grupo Filatélico*

1. Mi cumpleaños viene una vez cada cuatro años. ¡Nunca voy a ser viejo!
2. Ay, ¡qué suaves esas notas del saxofono!
3. Mmmmm, me parece un poco seco con sabor a fresas, pero delicioso.
4. ¡Olé!
5. ¿Te gusta? Me queda un poco grande porque era de mi bisabuelo que era altísimo. ¿Quieres probarla?
6. Aprieta, a ver, hasta dónde puede llegar este motor....
7. ¡Pobre animal indefenso!
8. Mire éste de verde y blanco que traigo en el abrigo. Lo conseguí en Istanbul el año pasado.
9. ¡Escucha! Es el fantasma del duque que murió en esta habitación hace 300 años.

C. Encuesta (*Survey*) sobre las asociaciones y los clubes

Trabaje con otra persona para contestar las siguientes preguntas.

1. En tu opinión, ¿que tipo de persona va a asociaciones o clubes?
   _____ Personas muy extrovertidas y sociables
   _____ Personas tímidas que buscan amigos o amigas
   _____ Los dos tipos de gente van a asociaciones
   _____ Otra opinión: _____
2. ¿Por qué hay muchas asociaciones hoy día?
   _____ Porque la gente no va tanto a la iglesia
   _____ Porque las familias no son muy unidas (*close*)
   _____ Porque muchas personas tienen miedo de estar solas
   _____ Otra razón: _____
3. ¿Que le parecen las asociaciones «altruistas», las que están organizadas en pro de causas sociales o ecológicas?
   _____ Son una pérdida del tiempo porque no cambian nada.
   _____ Son buenas y es una manera de expresar nuestros valores.

_____ Algunas son buenas como _____ y otras malas como _____.

_____ Otra reacción: _____

4. MENSA es la asociación británica de «genios». Sólo pueden pertenecer a este grupo las personas con un cociente intelectual (*I.Q*) de 140 o más. ¿Qué piensas de esta asociación?

_____ No es justa porque esta asociación excluye a la mayoría de la gente.

_____ Es natural porque la gente super inteligente necesita amigos también.

_____ Es ridículo y yo no querría ir a un club con personas tan arrogantes.

_____ Otra opinion: _____

D. ¡Vengan a nuestro club!

Trabaje en un grupo. Escojan una de las asociaciones de las ilustraciones o de la lista de la página 70 (o escojan algún club, real o ficticio). Luego, preparen un anuncio de publicidad para animar a las otras personas de la clase a ir a una reunión de su club o asociación. Incluyan: el nombre, el objetivo, una descripción de los miembros y de las actividades, el lugar, la fecha, la hora, y—lo más importante de todo—por qué todo el mundo debe ir.

SELECCIÓN TRES

LA VIDA CONTRADICTORIA DE EVA PERON

Antes de leer

Para abrir el tema

Los grupos y asociaciones tienen importancia social, pero a veces un solo individuo puede dejar un gran impacto en la historia. Por el poder de su personalidad, sus ideas y acciones, o simplemente por la suerte de encontrarse en cierta posición en un momento crítico, estos individuos se convierten en símbolos o mitos. Su imagen suele ser una paradoja: una mezcla de contradicciones. Así es el caso de Eva Perón.

Siempre es difícil separar el mito de la verdad. La vida de Eva Perón ha inspirado películas, programas de televisión, una obra musical y muchos libros. A veces la presentan como ángel y otras veces como demonio. ¿Quién fue, realmente, Eva Perón? A continuación veamos un breve resumen de su vida para tratar de comprender por qué inspira emociones tan contradictorias.

LA VIDA CONTRADICTORIA DE EVA PERÓN

Niñez

owner or manager of a cattle ranch (Arg.) / arrangement

seamstress

hija... nacida fuera del matrimonio

Eva Perón nació en 1919 en un pequeño pueblo de las pampas de Argentina. Su madre Juana era amante de un estanciero,° Juan Duarte, padre de Eva y de sus cuatro hermanos. Juan tenía su familia legítima en otro lugar pero visitaba y ayudaba a su «segunda familia» con dinero y cariño, un tipo de arreglo° que era común en aquellos tiempos. Juan murió y la familia se mudó a un pueblo más grande, donde doña Juana trabajó como costurera.° La familia era pobre y en la escuela Eva, por ser hija natural,° sufrió los insultos de sus compañeros. A los quince años, salió de su casa y se fue a Buenos Aires para realizar su sueño de ser actriz.

Los primeros años en Buenos Aires

boarding houses

aventuras amorosas

La joven provinciana llegó a la gran ciudad. Al principio vivió en pensiones° pobres y trabajó en el cine y en la radio en papeles menores. Tuvo amoríos° con actores y productores. Empezó a tener éxito en las radionovelas y su situación económica mejoró. En 1944, llegó el día que cambiaría su vida: conoció al coronel Juan Domingo Perón. Según la leyenda, alguien los presentó, Perón le estrechó la mano° y Eva le dijo: «Coronel, gracias por existir.» Fue el flechazo.° La linda actriz (de 26 primaveras) y el poderoso militar (de 48 otoños) se casaron al año siguiente.

le... *shook her hand / love at first sight (Cupid's arrow wound)*

La nueva política de Juan y Eva Perón

sources

grupo de gente rica / ranchos (en Argentina) / pobreza abyecta

combinación

labor unions / trabajadores pobres (lit., hombres sin camisas)

En 1946, Juan Perón llegó a ser presidente de Argentina, un país rico pero muy dividido. Según algunas fuentes,° toda la tierra pertenecía a menos de 2.000 personas. La oligarquía° vivía en gran lujo de las rentas de sus estancias,° pasando seis meses en Buenos Aires y seis meses en París. En contraste, la mayoría de la gente vivía en la miseria.° Antes, el gobierno había estado en manos de la clase alta, pero Perón triunfó con el apoyo de la clase baja. Eva colaboró con su marido y se hizo muy popular. El programa peronista era una mezcla° de ideas fascistas (su gran héroe era Mussolini) y socialistas. Perón creía en el poder absoluto del gobierno y tenía poco respeto por la libertad de palabra o de prensa. Por otra parte, nacionalizó los bancos y los ferrocarriles y apoyó los sindicatos° y los derechos de los «descamisados°», logrando así cierta redistribución de la riqueza. También, concedió por primera vez el voto a las mujeres argentinas.*

5

10

15

20

25

---

*Perón no tenía gran interés en darles el voto a las mujeres, pero Eva lo convenció, señalando que así el partido peronista ganaría la mitad de todos los votos en las próximas elecciones y su triunfo estaría asegurado.

Juan y Eva Perón, el 10 de octubre de 1950

El trabajo con los pobres

Eva creó la Fundación Eva Perón para apoyar a los pobres. Durante los seis   30
primeros meses de 1951, su Fundación donó a los más necesitados 25.000 casas y
tres millones de paquetes que contenían ropa, muebles, medicamentos, bicicletas y
juguetes. Gente que nunca había tenido nada de repente se encontró con una casa.
Se construyeron asilos para huérfanos,° escuelas, hospitales, estadios de fútbol.
Los pobres la adoraban y todos los días llegaban a su oficina. Eva trabajó largas   35
horas y practicó la ayuda social directa, regalando zapatos, máquinas de coser y
muchas otras cosas. Abrazó y besó a la gente, aun a los leprosos y sifilíticos y por
eso se empezaba a correr la voz° de que Eva era santa.

    Por otra parte, como primera dama, Eva se vistió con gran lujo, usando pieles,°
joyas carísimas, y ropa de Christian Dior. A menudo, usaba la policía para asustar   40
o castigar a sus críticos y exigía donaciones «voluntarias» para su Fundación. No

niños sin padres

correr... *to spread the rumor / furs*

accounts /
expenditures /
surplus /
bankruptcy

llevaba cuentas° ni de sus gastos° ni de sus obras de caridad. En pocos años el gobierno argentino iba a pasar del estado económico de superávit° a la bancarrota.°

Enfermedad y muerte

Eva no estaría allí para ver la bancarrota ni la rebelión militar que vendría en 1955,
mandando a Perón al exilio. En 1951, Eva se enfermó de cáncer. Al principio, se   45

se puso flaca

negó a descansar y siguió trabajando. Enflaqueció° y sufrió mucho en los últimos
meses. Se murió el 26 de julio de 1952. En Uruguay, miles de refugiados argentinos bailaron de alegría en las calles. En Buenos Aires, a puertas cerradas, mucha

relief
grief

gente de la clase media y alta sintió alivio.° Pero en millones de hogares humildes,
lloraban en un duelo° profundo las multitudes argentinas que tanto querían a   50
«Evita», su santa y protectora.

El funeral de Eva Perón, el 13 de agosto de 1952, Buenos Aires

Comprensión

Escriba **C** (cierto) o **F** (falso) para cada frase. Corrija las frases falsas.

1. _____ Eva Perón nació en 1919 en Buenos Aires.

2. _____ Su madre era la esposa de un estanciero rico.

3. _____ En la capital Eva trabajó como costurera.

4. _____ En 1994 conoció al coronel Juan Perón.

5. _____ Perón llegó a ser presidente con el apoyo de la oligarquía.

6. _____ Las argentinas ganaron el voto por primera vez bajo el gobierno peronista.

7. _____ La Fundación Eva Perón donó muchas cosas a los pobres.

8. _____ Eva gastó mucho dinero en ropa y joyas.

9. _____ Se puso enferma en 1951 y dejó de trabajar en seguida.

10. _____ Se murió a los 33 años, y todos los argentinos entraron en duelo.

Después de leer

A. Opiniones

1. ¿Por qué fue Eva Perón tan querida por los pobres?
2. ¿Por qué fue tan odiada por la clase alta y la clase media?
3. ¿Qué contradicciones hay en su personalidad y en sus acciones?
4. ¿Cree Ud. que necesitamos crear mitos sobre las personas famosas? ¿Por qué sí o no?

B. Mitos y realidades

 Trabajando con otro(s), piensen en algunas figuras históricas sobre las cuales se han desarrollado mitos (como Abraham Lincoln, Che Guevara, Jacqueline Kennedy, Elvis Presley, Mae West, Mao Tse Tung, la princesa Diana etc.). Llenen el cuadro de evaluación sobre dos o tres de estas personas. Después, compartan sus opiniones con la clase.

CUADRO DE EVALUACIÓN

NOMBRE	MITOS	¿POR QUÉ ERA IMPORTANTE?
George Washington	Taló un árbol de su papá pero era tan honesto que lo confesó después. Nunca mintió.	Fue el primer presidente de EE. UU. Sirve como modelo de la persona honesta.
1.		
2.		
etcétera		

SELECCIÓN TRES—PARTE B

LA RAZÓN DE MI VIDA (SELECCIONES)

Antes de leer

Para abrir el tema

Estas tres selecciones son de *La razón de mi vida*, la «autobíografía» de Eva Perón, publicada en Argentina en 1951. En realidad, Eva Perón no la escribió, aunque lleva su nombre. Como muchas autobiografías de personas famosas, el libro fue escrito por autores anónimos (*ghost writers*).* Sin embargo, *La razón de mi vida* tiene un papel importante en la imagen y leyenda de Evita. Durante años, era lectura obligatoria en las escuelas de Argentina. Busque en Internet sitios sobre Eva Perón para ver si todavía la gente se interesa en ella.

Trabajando solo(a) o con otro(s), mire las fotos de las páginas 73 y 77, y conteste las siguientes preguntas antes de leer las selecciones.

1. ¿Cree Ud. que Eva dejó un impacto en la historia por sus ideas y acciones? ¿o quizás por su aspecto físico? ¿Habría tenido el mismo impacto una mujer vieja, fea o mal vestida? Explique.
2. ¿Qué piensa Ud. en general de las «autobiografías» de personas famosas? ¿Qué podemos aprender de ellas?

A. El vocabulario

Detective de palabras

Busque las palabras en cada sección de la lectura, según los indicios (*clues*), y escríbalas en los espacios en blanco.

MODELO («Evita») un verbo que empieza con la letra *s* y quiere decir *están acostumbrados a*   <u>suelen</u>

1. (Evita) una palabra que empieza con la letra *p* y se usa en Argentina para hablar de un niño o una niña _____

---

*La primera versión de *La razón de mi vida* fue escrita en 1950 por el periodista español Manuel Penella da Silva quien recibió 50,000 pesos por ella. Dicen que una parte conmovió tanto a Evita que se echó a llorar de emoción. Pero, a Perón no le gustó el manuscrito y se lo pasó a su amigo Raúl Méndez quien lo cambió mucho.

2. (Además de la justicia) una palabra que se refiere a los hombres pobres que no tienen ni una camisa (los) _____

3. (Además de la justicia) una palabra que empieza con *m* y quiere decir «hecho sobrenatural, cosa extraordinaria que la razón no puede explicar» _____

4. (El dolor de los humildes) otra manera de decir *no se preocupe*, usando un verbo que empieza con *a* _____

B. El texto

Vista previa de la organización

La razón de mi vida está escrita en forma de monólogo, como si Eva estuviera hablando. El estilo es personal porque la narradora revela sus sentimientos y emociones. Mire rápidamente las tres secciones y encierre (*circle*) el número de la sección que incluye el detalle indicado de la vida íntima de Eva.

MODELO una referencia a las cartas que recibía del pueblo   1   ②   3

1. una descripción de cómo lloran los pobres   1   2   3
2. la descripción de la «corazonada» (*impulse*) que   1   2   3
   empezó su obra social
3. una lista de títulos honoríficos y pretenciosos que   1   2   3
   no le gustaron a Eva

Ahora, lea Ud. el texto con mayor atención y conteste las preguntas que siguen cada sección.

En 1996, Madonna hace el papel principal en la película *Evita*.

LA RAZÓN DE MI VIDA (SELECCIONES)

Eva Perón

(1)* «Evita»

Cuando elegí ser «Evita» sé que elegí el camino de mi pueblo.

excepto
líderes
ambassadors
/ *negocios*

Nadie sino° el pueblo me llama «Evita». Solamente aprendieron a llamarme así los «descamisados». Los hombres de gobierno, los dirigentes° políticos, los embajadores,° los hombres de empresa,° profesionales, intelectuales, etc., que me visitan, suelen llamarme «Señora»; y algunos incluso me dicen públicamente   5

muy honrada
contraste

«Excelentísima o Dignísima° Señora» y aun, a veces, «Señora Presidenta».

Los descamisados, en cambio,° no me conocen sino como «Evita».

humble people
trabajador
manual

Cuando un pibe me nombra «Evita» me siento madre de todos los pibes y de todos los débiles y humildes° de mi tierra.

Cuando un obrero° me llama «Evita» me siento con gusto «compañera» de   10
todos los hombres que trabajan en mi país y en el mundo entero.

Fatherland

Cuando una mujer de mi Patria° me dice «Evita» yo me imagino ser hermana de ella y de todas las mujeres de la humanidad.

Comprensión

1. ¿Quiénes usaban el nombre «Evita»?
   a. los intelectuales   **b.** los hombres de empresa   **c.** los embajadores
   d. los descamisados
2. A Eva Perón le gustó que la gente la llamara «Evita» porque se sentía:
   a. muy joven, como todos los pibes.   **b.** como una «Dignísima Señora».
   c. conectada con la gente por lazos de familia y amistad.   **d.** superior a todas las mujeres de la humanidad.

Interpretación

¿Qué le parece a Ud. el uso de los apodos (*nicknames*) para las personas importantes? ¿Cuándo los usamos? ¿Por qué? ¿Tiene Ud. apodo?

(2) Además de la justicia

puse cerca /
noté

Desde el día que me acerqué° a Perón advertí° que su lucha por la justicia social sería larga y difícil...   15

Yo sabía por el mismo Perón que la justicia no se realizaría en todo el país de un

de... *overnight*

día para otro.° Y los argentinos, sin embargo, los «descamisados», los humildes,

que... *that they
were expecting
everything from
him*

creían tanto y tan ciegamente en su Líder que todo lo esperaban de él,° y todo «rápidamente», incluso aquellas cosas que sólo pueden arreglarse con milagros.

---

*Los números han sido agregados para facilitar la referencia. Estas secciones están presentadas aquí en forma ligeramente abreviada.

empresa... programa de justicia / **me...** era mi responsabilidad
acto impulsivo / **Me...** Salí / **fueron...** went around spreading the news

Era indudable que mientras Perón se disponía a trabajar con alma y vida en su empresa justicialista° había que hacer algo más.

Yo sentía que ese algo más me tocaba a mí,° pero francamente no sabía cómo hacerlo.

Por fin un día me animé . . . me animé a hacer . . . ¡una corazonada!°

Me asomé° a la calle y empecé a decir más o menos esto:

—Aquí estoy. Soy la mujer del Presidente. Quiero servir a mi pueblo para algo.

Los descamisados que me oyeron fueron pasándose la noticia° unos a otros.

Empezaron a llegar hasta mí; unos, personalmente y otros, por carta.

En aquellas cartas ya empezaron a llamarme «Evita».

Así empezó mi obra de ayuda social.

que... that it was born inside of me

No puedo decir que nació en mí.°

En cambio me parece más exacto decir que nació de un entendimiento mutuo y simultáneo entre mi corazón, el de Perón y el alma grande de nuestro pueblo.

Es una obra común.

Y así la sentimos: obra de todos y para todos.

20

25

30

35

Comprensión

1. Eva decidió hacer «algo más» porque:
   a. la minoría rica no creía en su Líder.   **b.** la gente pobre esperaba todo y rápidamente.   **c.** la justicia iba a realizarse muy pronto.   **d.** necesitaba ganar dinero.
2. Un día ella se animó a:
   a. escribir una carta al Servicio Social.   **b.** abrir una oficina.   **c.** dar un discurso en el Teatro Colón.   **d.** salir a la calle y hablar con la gente.

Interpretación

Imagine Ud. a la esposa del presidente de EE. UU. (o del primer ministro de Canadá) en las circunstancias descritas por Eva. ¿Qué pasaría si ella anduviera por las calles, hablando con la gente de sus necesidades? ¿Cree Ud. que el papel de la esposa de un político (o del esposo de una mujer política) debe limitarse a las ceremonias? Explique.

(3) El dolor de los humildes

Pero una cosa quiero repetir aquí antes de seguir adelante.

sensitivity

Es mentira de los ricos eso de que los pobres no tienen sensibilidad.°

Yo he oído muchas veces en boca de «gente bien», como ellos suelen llamarse a sí mismos, cosas como éstas:

no... it wouldn't be advisable if they did! become aware

—No se aflija tanto por sus «descamisados». Esa «clase de gente» no tiene nuestra sensibilidad. No se dan cuenta de lo que les pasa. ¡Y tal vez no convenga del todo que se den cuenta!°

Yo no encuentro ningún argumento razonable para refutar esa mentira injusta.

40

No puedo hacer otra cosa que decirles:

—Es mentira. Mentira que inventaron ustedes los ricos para quedarse tranqui-los. ¡Pero es mentira!   45

Si me preguntasen por qué yo tendría solamente algo que decirles, muy poca cosa. Sería esto:

Yo... *I have seen humble people cry / gratitude*

—Yo he visto llorar a los humildes° y no de dolor, ¡que de dolor lloran hasta los animales! ¡Yo los he visto llorar por agradecimiento!°   50

¡Y por agradecimiento, por agradecimiento sí que no saben llorar los ricos!

Comprensión

1. Según los ricos, los pobres no sufren mucho porque no tienen:
   a. dolor **b.** sensibilidad **c.** cuentas. **d.** argumentos.
2. Eva cree que los ricos inventaron esta mentira para:
   a. estar tranquilos. **b.** ayudar a los pobres. **c.** tener algo que decir.
   d. Llorar de agradecimiento.

Interpretación

¿Cree Ud. que los pobres tienen las mismas expectativas de la vida que los ricos?

Después de leer

Colaboraciones para el análisis

Trabajando con tres o cuatro compañeros(as), analicen una de las tres secciones de *La razón de mi vida* y llenen el formulario. Después, algunos leerán su análisis a la clase.

FORMULARIO DE ANÁLISIS DE *LA RAZÓN DE MI VIDA*

1. Nombres de las personas en nuestro grupo: _____
2. Título de la selección para analizar: _____
3. ¿Qué partes de esta sección les había gustado a los «descamisados»? Escriba tres citas (*quotes*).
   a. _____
   b. _____
   c. _____
4. ¿Qué habrán pensado de estas partes los argentinos que pertenecen a la clase media o alta?
   _____
   _____

5. Piensen un momento en estas secciones como propaganda. En su opinión, ¿qué tipo de imagen de Evita querían proyectar los autores anónimos del libro? ¿Qué cualidades querían mostrar en ella?

6. Juzgando de las secciones y del resumen de su vida, ¿qué piensan Uds. de Eva Perón? Pongan una X delante de las frases que la describen mejor.

_____ la esperanza de los desafortunados

_____ una idealista ignorante pero con buenas intenciones

_____ una inspiración para la humanidad

_____ una mujer frívola y extravagante

_____ una oportunista que manipuló al pueblo

_____ una fuerza más positiva que negativa

_____ otra descripción: _____

7. En fin, ¿qué opinan Uds. de Eva Perón?

Comentario sobre el dibujo

Lea la tira cómica de Mafalda, y coméntela con un(a) compañero(a). Contesten estas preguntas.

- ¿Qué diferencia hay entre las ideas de Mafalda (la niña de pelo negro) y Susana (la niña de pelo rubio)?
- ¿Con quién estás de acuerdo? ¿Por qué?

Mafalda

SELECCIÓN CUATRO

VICENTE FOX: ¿UN CAMBIO PARA MÉXICO?

Antes de leer

Para abrir el tema

¿Puede Ud. imaginar un partido político que dure más de 70 años en el poder del gobierno? Así era el PRI (Partido Revolucionario Institucional) hasta el año 2000. El gobierno de México no se podía describir como dictadura porque siempre mantenía *el principio de la no reelección*, según el cual ningún presidente podía gobernar más de seis años. Este principio ha sido consagrado por los mexicanos desde los días de la revolución.* Es tan importante que existe una calle en la capital con el nombre, *Calle de la No Reelección.*

Sin embargo, mucha gente cree que, entre el gobierno "democrático" de México de la mayor parte del siglo XX y una dictadura, había poca diferencia. Aunque siempre había elecciones y campañas con candidatos de otros partidos, todo el mundo sabía de antemano que el candidato del PRI iba a ganar siempre, sin excepciones.

En el siguiente artículo, un joven mexicano habla de las últimas elecciones mexicanas del pasado milenio y lo que pueden significar para su país.

- Para Ud., ¿qué circunstancias son necesarias para decir que una nación es realmente una democracia?
- ¿Ha habido elecciones en Canadá o en EE.UU. que no han sido totalmente justas?

A. Vocabulario

Detective de palabras

Busque en el artículo las siguientes palabras y frases. Generalmente, se da la primera letra como indicación.

MODELO (Primera parte) letras que se usan delante del nombre de alguien para indicar

que tiene un título universitario: L _____ Lic. _____

1. (Primera parte) sinónimo de *gozar*: d _____

---

*La revolución mexicana (1910–1920) fue un movimiento popular, a veces violento, en contra de la dictadura y a favor de los derechos humanos. Después, se realizaron algunas reformas, pero no cambió mucho la injusta distribución de tierra y riquezas.

2. (Primera parte) letras usadas para representar el nombre completo de una organización o institución: s _____

3. (Niñez y juventud) abreviatura de la ciudad de México: el _____

4. (Niñez y juventud) nombre del curso que se estudia en la universidad para aprender a dirigir un negocio: a _____ d _____ e _____

5. (Un gobernador diferente) grupo de personas que actúan como consejeros al presidente: g _____

6. (Un gobernador diferente) frase de dos palabaras que quiere decir «la revelación de todas las propiedades y finanzas que nos pertenecen»: p _____ p _____

7. (Mirando hacia el futuro) verbo (en forma del infinitivo) que quiere decir «hacer más grande»: a _____

B. El texto

Identificar el punto de vista

Mire rápidamente el articulo y conteste estas preguntas: ¿Qué punto de vista tiene el autor con respecto al presidente Fox? ¿Cómo lo sabe Ud.?

a. _____ Está a favor de él. b. _____ Está en contra de él. c. _____ No tiene opinión al respecto.

VICENTE FOX, ¿UN CAMBIO PARA MÉXICO?

Armando Sánchez Lona

El año 2000 no significó para todos nosotros los mexicanos tan sólo la llegada de un año más, un nuevo siglo, o aun más, un nuevo milenio. El año 2000 siempre será recordado por ser un año que nos llenó de esperanzas. Gracias al último presidente del milenio en México, el Lic. Ernesto Zedillo Ponce, pudimos disfrutar del sabor° de unas elecciones presidenciales limpias y justas (por primera vez en mucho tiempo) donde se pudo ver palpado° ampliamente° el deseo del pueblo, y ese deseo fue el término° de un monopolio político de más de 70 años sin interrupción donde el Partido Revolucionario Institucional (con siglas P.R.I.) tuvo el poder político en los Estados Unidos Mexicanos (México).

Así es cómo ganó las elecciones presidenciales en México el 2 de julio Vicente Fox Quesada, miliante° del Partido Acción Nacional (con siglas P.A.N.), ante la sorpresa de todos, prometiendo, «hoy, hoy, hoy! un cambio, un México mejor.»

gusto
realizado / de
manera
completa /
fin

miembro

5

10

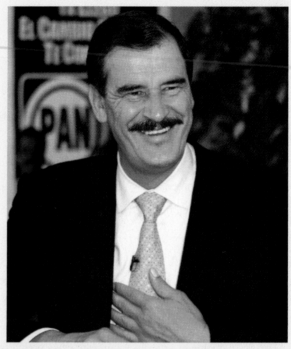

Vicente Fox en entrevista de prensa, marzo 2000

Niñez y juventud

Fox nació el 2 de julio de 1942 en el Distrito Federal. Sus padres son José Fox (fi-
nado°) y Mercedes Quesada, que nació en España. Su abuelo paterno era inmigrante de Irlanda. Desde niño vivió con su familia, incluyendo a sus cinco hermanos, en un rancho donde las actividades productivas de los Fox consistían en la
crianza de ganado° y en el cultivo de la agricultura. Estudió en la ciudad de León,
estado de Guanajuato, y en el Distrito Federal, donde más tarde obtuvo su título de
licenciado° en administración de empresas. También cursó° un diplomado en alta
dirección° en la Universidad de Harvard, en Estados Unidos. Después trabajó para
la compañía Coca Cola, donde empezó como supervisor de ruta y terminó como
presidente de la compañía para México y Latinoamérica.

Un gobernador diferente

Ya en el ambiente político, Fox llegó a ser gobernador del estado de Guanajuato en
1995 con el 54% de los votos, donde fue polémico° desde el primer día en que tuvo
el mando.° Fox hizo las cosas de manera diferente:

- Incluyó en su gabinete a dos personas que no eran de su partido, el PAN, sino del
  PRI.

difunto
(muerto)

crianza... *cattle
raising*

graduado /
estudió para
management

fue... provocaba
controversias /
poder

15

20

25

grupos
- Hizo presentación pública de sus declaraciones patrimoniales.
- Estaba en permanente confrontación con las fracciones° opositoras en el
Congreso.

deseo
squished
- Tenía afán° de viajar dentro y fuera del Estado, pues, como él mismo dijo: «No
me voy a quedar aplastado° detrás de un escritorio».

se... es notable

Hay otro aspecto en el que Fox se destaca° como diferente: ganó la presidencia de
un país muy católico a pesar de estar divorciado, y luego se casó con su secretaria de
prensa, Marta Sahagún. El hecho de que haya ganado la presidencia a pesar de este
aspecto no muy tradicional de su vida personal demuestra que el pueblo mexicano

actitudes de
poca tolerancia
se ha liberado de muchos prejuicios.° Fox es padre, de cuatro hijos, de nombres Ana
Cristina, Vicente, Paulina y Rodrigo, y le gusta pasar su tiempo libre con ellos.

Mirando hacia el futuro

level

average
Durante su término como gobernador, Fox logró llevar al estado de Guanajuato a
ser la quinta economía de importancia del país y a tener el nivel° de desarrollo arriba del promedio° nacional. Algunos de sus objetivos como presidente es aumentar
el crecimiento de la economía nacional hasta 7% para la creación de nuevos empleos y mejores salarios, cambiar el sistema de combate antidrogas, y lograr una
política neutral con Estados Unidos.

single-party
Todos los mexicanos sabemos que Vicente Fox no va a poder cambiar en seis
años lo que el sistema monopartidario° hizo en más de 70, pero tener un cambio de
partido es un buen comienzo. ¡Ojalá Fox pueda traernos algunos cambios verdaderos y positivos! El punto está en hacer cada uno de nosotros el esfuerzo que
nos corresponde, y hacer de México un país diferente, «un México mejor».

30

35

40

45

Después de leer

A. Opiniones múltiples

Escoja la mejor respuesta, según el texto.

1. El autor le da gracias a Zedillo, el último presidente mexicano del milenio,

porque... a. creó muchos nuevos empleos. b. facilitó elecciones justas y limpias.

c. puso fin a la corrupción del gobierno.

2. Las siglas del partido del presidente Fox son... a. PAN. b. DF. c. PRI.

3. El padre de Vicente Fox era... a. político. b. ranchero. c. profesor.

4. Fox estudió en... a. México. b. Estados Unidos. c. México y Estados Unidos.

5. Como gobernador del estado de Guanajuato, fue... a. tradicional. b. polémico. c. tranquilo.

6. Uno de los objectivos de Fox como presidente es... a. mejorar la economía nacional. b. romper relaciones diplomáticas con Estados Unidos. c. crear un monopolio político para su partido.

B. Haciendo las cosas de manera diferente

Con otra persona, discutan las siguientes preguntas, usando la forma de tú.

1. ¿Qué les parecen las «cosas diferentes» que hizo Vicente Fox como gobernador (líneas 84–85)? ¿Cuáles de estas cosas haría el gobernador (la gobernadora) de sus estados o provincias? ¿Cuáles no haría? ¿Por qué?
2. Si tú fueras gobernador(a), ¿qué harías?
3. ¿Es importante la vida familiar de un(a) candidato(a) en las campañas de tu país? ¿Podría elegirse un hombre divorciado o una mujer divorciada y con hijos? ¿Una persona soltera o «gay»?
4. ¿Qué buscas tú en un candidato o en una candidata para jefe del gobierno?

C. Minidebates: Campañas y elecciones

Discuta los siguientes puntos con otras personas en un grupo y decidan si están de acuerdo o no. Traten de llegar a una opinión unánime (de todo el grupo).

1. No se deben hablar de divorcios, aventuras amorosas, ni otros aspectos de la vida personal de los candidatos. Esto no tiene nada que ver con su capacidad política. ¿De acuerdo o no? ¿Por qué?
2. Las encuestas (*opinion polls*) son malas porque no sólo reflejan la opinión pública, sino que determinan la opinión pública. Todo el mundo quiere votar por el ganador. ¿De acuerdo o no? ¿Por qué?
3. En las elecciones de hoy, el candidato con más dinero es él que gana. ¿De acuerdo o no? ¿Por qué?

¿QUÉ LES PARECE?

¿De qué conquista hablamos?

Mire Ud. esta foto de la fotógrafa mexicana Lourdes Grobet y piense en qué representa. (La foto es de una série de fotos entitulada *¿De qué conquista hablamos?*) Trabajando con otros, discutan estos temas.

1. **El título de la serie** *¿De qué conquista hablamos?* ¿Creen Uds. que se refiere a una conquista militar, cultural, artística o comercial? Expliquen.
2. **Las tres banderas** ¿Pueden Uds. identificarlas? ¿Qué representan?
3. **Las transnacionales** ¿Qué opinan Uds. de las compañías transnacionales y su impacto en las diversas culturas del mundo? ¿Es buena o mala esta influencia? ¿Por qué?
4. **El mensaje de la foto** ¿Qué opinan Uds. de la foto? En palabras sencillas, ¿cuál es su mensaje?

CONECTÉMONOS

La Política

La política es un tema muy importante para los hispanoamericanos y españoles. Escoja uno de los siguientes temas políticos y después de leer un poco de información desde el punto de vista hispanohablante, haga una de las siguientes actividades individualmente o si prefiere, puede trabajar con un(a) compañero(a).

- la política de Vicente Fox, el nuevo presidente de México
- la situación política del Perú respecto a la presidencia del país
- la resolución del problema con los mayas y la guerra civil en Guatemala
- la situación política en Chile respecto a Pinochet
- la situación económica y política en el nuevo gobierno civil de la Argentina

1. Dibuje una tira cómica o una caricatura política (*political cartoon*) sobre algún aspecto del tema que escogió. Luego muéstrela a un(a) compañero(a) y escuche su reacción.
2. Copie una tira cómica o una caricatura política sobre su tema y añada (*add*) o cambie las palabras para reflejar lo que Ud. cree sobre la situación. Comente su trabajo con un(a) compañero(a).
3. Compare el contenido de un artículo de un periódico o una revista estadounidense y uno publicado en el extranjero sobre un aspecto del tema que escogió. Puede trabajar en un grupo pequeño, en pareja o individualmente.
4. En las páginas editoriales de un periódico del país escogido, lea una de las opiniones y luego escriba un párrafo de ocho a diez oraciones que refleje su reacción a lo que leyó. Busque un(a) compañero(a) que esté de acuerdo con Ud. y uno(a) que tenga otra opinión o reacción.

SELECCIÓN CINCO

«GUERNICA» DE PABLO PICASSO: UNA PINTURA DE PROTESTA

Antes de leer

Para abrir el tema

La política no es la única manera de efectuar cambios sociales. A veces los artistas producen un gran impacto en la sociedad, como se ve con el ejemplo de *Guernica* del pintor español Pablo Picasso. En 1937, la exhibición de este cuadro en París logró atraer la atención internacional a la despiadada intervención de Hitler en la Guerra

Civil Española. *Guernica* es uno de los cuadros más famosos del arte moderno y es una pintura de protesta. (Mírelo en la página 94). Miles de personas llegan todos los años a Madrid para verlo. Casi todas se llevan un choque rudo, pues el cuadro es violento y perturbador, aun para la sensibilidad de hoy. Para comprenderlo, hay que saber un poco sobre la historia.

El texto

Localización de datos importantes

¿Cuánto sabe Ud. de la historia militar de este siglo? Llene los espacios en blanco con los datos apropiados. Busque en el artículo los datos que no sabe.

1. Las fechas de la Guerra Civil Española: de 19_____ hasta 19_____

2. Los dos bandos que se oponían en la guerra: los _____ y los

   _____

3. Dos países extranjeros que intervinieron de manera decisiva en la Guerra Civil

   Española: _____ y _____

4. El nombre del dictador que gobernó España por muchos años después de la

   guerra: _____

5. El tipo de gobierno en España hoy: _____

«GUERNICA» DE PABLO PICASSO: UNA PINTURA DE PROTESTA

La España actual

La España actual es una nación democrática y moderna que, desde 1986, pertenece a la UE (Unión Europea, inicialmente la Comunidad Europea). Su gobierno es una monarquía constitucional con un rey popular y un primer ministro elegido del pueblo español, que en el momento de publicar este libro es José María Aznar de un partido centrista. Todo esto representa un enorme progreso, pues durante los años 40 y 50 del siglo XX España era un país pobre y atrasado. Mucha gente no se da cuenta de la pobreza y represión en que vivieron los españoles por muchos años, una situación que tuvo sus raíces en tres horrorosos años de guerra civil.

5

La España actual es un país libre y próspero, donde la gente habla de todo, incluso de la política.

La Guerra Civil Española

La Guerra Civil Española fue un preludio militar y político a la Segunda Guerra   10
Mundial. También fue un conflicto cruel que dividió a familias cuando hermano
luchaba contra hermano y padre contra hijo. Irónicamente la guerra tuvo sus orígenes inmediatos en la fundación en 1931 de un gobierno liberal: la Segunda
República. Este gobierno reformista pronto fue atacado por conservadores y radicales, y durante cinco años España pasó por una época de terrorismo y caos. En   15
1936 se levantó un grupo de militares que querían restablecer el orden, la seguridad
y las tradiciones. Su bando se llamaba «los nacionales», e incluía los militares, la
Iglesia Católica, los monárquicos y un número pequeño de seguidores de la
Falange, el partido fascista español. El otro grupo, «los republicanos», estaba compuesto de personas que, por diversas razones, deseaban mantener una república: 20
liberales, socialistas, anarquistas y un número pequeño de comunistas. Muchos

vascos (un grupo étnico del norte) lucharon al lado republicano, a pesar de ser muy católicos, porque la República les había prometido la independencia de su región.

Las influencias externas

Trágicamente, la intervención de Hitler y de Stalin produjo una gran polarización e hizo que el conflicto se convirtiera en una lucha entre el fascismo y el comunismo, a pesar de que pocos españoles profesaban esas ideologías. El resultado fue un aumento astronómico en la potencia destructiva, pues los nacionales obtuvieron armas y ayuda técnica de Alemania, y los republicanos recibieron apoyo moral y técnico de Rusia. Voluntarios de todas partes del mundo acudieron a combatir, sumándose al número de las víctimas.

Durante la guerra, los dos bandos cometieron atrocidades. Una de las más horrorosas fue el bombardeo por los nacionales en 1937 de Guernica, un pequeño pueblo sin ninguna importancia militar en el norte de España. Por tres horas los aviones alemanes de la *Luftwaffe* bombardearon Guernica, destruyendo gran parte del pueblo más antiguo de los vascos y el centro de su tradición cultural. Este bombardeo, el primero contra una población civil indefensa que utilizara métodos de guerra moderna, produjo gran consternación en el mundo entero. Ese mismo año Picasso pintó en París su cuadro *Guernica*, que se convirtió en un símbolo de protesta contra los métodos de la guerra moderna y un homenaje a las víctimas inocentes.

Del franquismo a la democracia

En 1939, la guerra terminó con el triunfo de los nacionales y se estableció en España una dictadura militar bajo el general Francisco Franco que iba a durar casi cuarenta años. Había un solo partido, La Falange, y una sola religión oficial: el catolicismo. Durante y después de la Segunda Guerra Mundial, el «generalísimo» controló una sociedad profundamente herida por la guerra civil, con represión y censura. Sin embargo, a partir de los 60, se logró cierto nivel de industrialización y un notable progreso económico.

Después de la muerte de Franco en 1975, empezó la transición a la democracia y monarquía parlamentaria que existe hoy. Se promulgó una nueva constitución que concedió la autonomía a la región vasca y a cualquier otra región que la quisiera. Esto alivió la mayoría de los problemas regionalistas, pero el grupo vasco ETA sigue pidiendo la independencia completa, y comete actos de violencia con el fin de obtenerla. Muchos otros cambios han ocurrido, y la España de hoy es una sociedad liberal que permite el divorcio, el aborto, la existencia de partidos políticos de diversas tendencias y la libertad de palabra y de prensa.

El cuadro y su mensaje universal

Durante los años de Franco, *Guernica* estuvo en Nueva York en el Museo de Arte Moderno. Luego, en septiembre de 1981, se la envió a España, donde ahora se exhibe en el Museo Reína Sofía de Arte Moderno. Así, los EE.UU. cumplió con los deseos del gran pintor ya difunto, quien había pedido que se enviara la pintura a su patria en cuanto se volviera a establecer allí la democracia.

Hay muchas interpretaciones posibles del cuadro, sobre todo con respecto al simbolismo que tienen las varias figuras, pero no cabe duda de que Picasso ha captado para siempre la agonía y el terror de una familia rural y de todo pueblo que haya sufrido la guerra.

60

Después de leer

A. Los dos bandos

Trabaje con un(a) compañero(a) y escriban en la columna apropiada las siguientes palabras para mostrar las grandes divisiones que existían durante la guerra.

anarquistas	la Falange	socialistas	militares
fascistas	la Iglesia	liberales	marxistas
monárquicos	comunistas	vascos	rojos

Republicanos   **Nacionales**

_____izquierda_____   _____derecha_____

_____   _____

_____   _____

_____   _____

_____   _____

_____   _____

B. Opiniones

1. Trabajando con tres o cuatro compañeros(as), discutan los siguientes temas.
   a. *Las guerras civiles.* ¿Por qué son especialmente horribles, en comparación con otras clases de guerra?
   b. *La intervención de Hitler y de Stalin en la Guerra Civil Española.* ¿Qué consecuencias tuvo? ¿Es siempre malo intervenir en la guerra de otra nación? Expliquen.

c. *El pueblo de Guernica.* ¿Qué pasó en este pueblo en 1937? ¿Qué simbolismo tiene *Guernica* hoy?

d. *El triunfo de Franco.* ¿Fue bueno o malo para España la victoria militar de los nacionales en 1939? ¿Por qué?

2. ¿Qué otras pinturas de protesta conoce Ud.? ¿Qué otras obras de arte, piezas de música, literatura o películas conoce Ud. que se hayan creado como protesta social? ¿Qué opina Ud. de este método de protestar?

C. Interpretación de un cuadro

Trabajando solo(a) o con otra persona, mire Ud. el cuadro en la página 94 y trate de interpretarlo. Recuerde que no hay una sola interpretación definitiva.

1. ¿Cuáles son sus primeras impresiones del cuadro? ¿Qué emociones le comunica a Ud.?

2. ¿Por qué cree Ud. que Picasso pintó el cuadro en colores oscuros?

3. ¿Qué evidencias de guerra hay?

4. ¿Dónde ocurre la escena, dentro o fuera de una casa? ¿Cómo sabemos que es un ambiente rural?

5. Para Ud., ¿qué representa la figura que entra desde afuera? ¿la mujer con el niño? ¿la figura en pedazos (*pieces*) sobre el suelo?

6. La figura más enigmática y la única no herida es la del toro. Picasso mismo ha dicho: «El toro es un toro... El público puede ver [en el toro] lo que quiera ver». ¿Qué ve Ud.?

7. Brevemente, ¿qué cree Ud. que es el mensaje del cuadro?

Vocabulario auxiliar

las armas	*weapons*	**la invencibilidad**	
el bien y el mal	*good and evil*	**las llamas, la luz**	*flames,*
el caos		**la maternidad**	*light*
los civiles	*civilians*	**el miedo, el terror**	
los colores oscuros,	*dark, somber*	**el mundo externo**	
sombríos	*colors*	**el soldado**	*soldier*
destruir, la destrucción		**sufrir, el sufrimiento**	
la espada	*sword*	**el susto**	*scare,*
el fascismo			*shock*
la fuerza	*strength*	**la tragedia** (*adj.*	
la gallina	*hen*	**trágico**)	
gritar, los gritos	*to scream,*	**la tristeza** (*adj.* **triste**)	
	screams	**la vida familiar,**	
la guerra mecanizada		**doméstica**	
indefenso	*defenseless*	**la vulnerabilidad** (*adj.*	
la inutilidad (*adj.* **inútil**)	*futility* (*futile*)	**vulnerable**)	

Guernica por Pablo Picasso (mayo–junio de 1937), óleo, 350 × 782 cm. © copyright ARS,NY. En 1981 fue enviado a España por el Museo de Arte Moderno de Nueva York. Ahora se encuentra en el Museo Nacional Centro de Arte Reina Sofía, Madrid, España.

Otra perspectiva más:

Una cuadro surrealista de Salvador Dalí

Picasso no era el único artista español que proyectó los horrores de la Guerra Civil en una pintura inolvidable. Salvador Dalí, que tenía trece años menos que Picasso y también vivía en París, representó lo que pasaba en su patria en un cuadro también famoso, *Construcción blanda con cocido de judías: Premonición de la Guerra Civil, 1936.*

Dali era surrealista y como tal tenía una actitud diferente de la de Picasso. Se dedicaba totalmente al arte y siempre decía que era «apolítico», sin gran interés en la política. Sin embargo, pintó su obra unos pocos meses antes del comienzo de la guerra en julio de 1936. El surrealismo era un movimiento que trataba de penetrar en la subconsciencia para unirla con la realidad externa y crear así una *superrealidad*. Los surrealistas usaban mucho el ambiente del sueño porque allí está donde la lógica y las convenciones se suspenden, revelando los instintos, deseos, y fantasías de la subconsciencia.

El cuadro de Dalí, por supuesto, muestra el macabro humor de su creador en su título porque el monstruoso cuerpo humano se presenta como «carne» y por eso, conviene servirlo «con judías». El cuerpo parece estar en agonía y se ataca a sí mismo. En el fondo hay un paisaje geológico que posiblemente simboliza la indiferencia de la naturaleza al sufrimiento humano. Pero, ¿qué representará el cuerpo y por qué está tan deformado y feo?

Salvador Dalí: *Construcción blanda con cocido de judías: Premonición de la Guerra Civil, 1936.*

Formulario de comparación

Trabaje con otra(s) persona(s) para llenar este formulario.

1. Nuestra interpretación de la pintura de Dalí. (Pueden explicar qué representa el cuerpo, por qué está deformado y feo, y por qué el cuadro parece surrealista. O pueden simplemente describir sus observaciones y reacciones.)

2. Como expresión de los horrores de una guerra civil, nosotros preferimos:

   ____ *Guernica* de Pablo Picasso
   ____ *Construcción blanda con cocido de judías: Premonición de la Guerra Civil,* 1936 de Salvador Dalí.
   Preferimos esta pintura porque _____.

SELECCIÓN SEIS

POESÍA DE IDENTIDAD DE LA REPÚBLICA DOMINICANA (SELECCIONES)

Antes de leer

En años recientes, uno de los grandes cambios societales ha sido el *multiculturalismo*, la gradual integración en la cultura dominante de grupos minoritarios que antes estaban excluidos. Este fenómeno ha ocurrido, y está ocurriendo en muchos países, siempre con repercusiones políticas, económicas, psicológicas y artísticas.

Blas R. Jiménez es un poeta afrodominicano quien ha vivido una profunda evolución espiritual con respecto a su identidad en una sociedad donde participan principalmente tres grupos culturales: negros, indígenas y españoles. Jiménez nació en 1949 en Santo Domingo. Fue educado hasta la edad de ocho años por sus abuelos paternos en Bayona, una comunidad negra en las afueras de la ciudad. Los estudios básicos los hizo en las escuelas del

sistema público, el nivel secundario en agricultura en una escuela experimental, el nivel universitario en Texas A&M y el postgrado en Ciencias Políticas en la Universidad Nacional Pedro Henríquez Ureña en la República Dominicana.

Además de ser un excelente poeta y ensayista, Jiménez es gerente de negocios y periodista. Tiene una columna semanal en el periódico *Hoy*, en la que trata de dar una visión afrocéntrica a la realidad dominicana. Los dos poemas que se dan a continuación son de sus libros *Aquí otro español* y *Exigencias de un cimarrón* (*en sueños*).

Para abrir el tema

Piense un momento en el concepto de la identidad personal. ¿Cómo respondería Ud. a la pregunta: «¿quién soy yo?» Trabajando solo(a) o con otro(s), conteste estas preguntas.

1. ¿Se identifica Ud. más con su nación, con una región particular o con una comunidad? Explique.
2. ¿Qué otros factores son importantes para determinar quiénes somos? ¿La familia? ¿El trabajo? ¿La religión? ¿La escuela? ¿La raza? ¿El aspecto físico? ¿Los deportes, pasatiempos o clubes? ¿Los gustos y preferencias? En su opinión, ¿cuál es el factor más importante? ¿Por qué?

A. Vocabulario

Adivinar los antónimos

Antes de leer los poemas, aprenda estas palabras claves. Use sus conocimientos de cognados, su intuición o el proceso de eliminación para escoger un antónimo para cada uno.

1. esclavo   _____ adelante

2. fuera   _____ esperanzado

3. atrás   _____ dentro

4. servil   _____ libre

5. desesperado   _____ orgulloso

B. El texto

Identificación de las emociones principales

En la poesía, las emociones importan tanto como las ideas. Mire rápidamente los dos poemas y diga cuál de las siguientes frases describe las emociones de cada poema.

_____ 1. «Tengo»   _____ 2. «Letanía No. 1»

a. el deseo y la esperanza de tener mejores condiciones en el futuro
b. orgullo y afirmación de una parte de la identidad personal que antes se había
    escondido

POESÍA DE IDENTIDAD

Blas R. Jiménez

Tengo

Tengo que sentirme negro

ocasiones — por las tantas veces° que fui blanco

tengo que sentirme negro

por las tantas veces que fui indio

tengo que sentirme negro   5

porque soy negro.

Soy la contradicción de mi historia

soy el llamado a re-escribirla

re-escribir la historia de esta tierra

y si me llaman racista   10

le diré que soy racista

le diré que no soy.

Tengo que sentirme negro

aunque sea por un tiempo

tengo que sentirme negro   15

porque soy negro

ahora que soy hombre

tengo que sentirme negro

ahora que conozco la verdad

la verdad de la historia presente   20

presente en la presencia de mi ser

sufrir — presente en un diario padecer.°

sugar cane — Entre cañas°
(fields)

en el café

boilers — en las calderas°   25
(industria)

en cárceles

encarcelado dentro de una realidad que

throw out — hay que echar° fuera

para ser.

Tengo que sentirme negro   30

porque soy el trabajo

sweat — soy el sudor°

soy la esperanza

soy el amor

tengo que sentirme negro   35
porque soy negro-humano
     que siente
     que crea
     que crece.

identidad negra Tengo que sentirme negro   40
vivir la negritud°
vivir, vivir, vivir

dejar... *(I) leave* hasta dejar atrás° el ser negro
behind y ser
para ello, tengo que sentirme negro   45
por las tantas veces que fui blanco
por las tantas veces que fui indio
dejé... *I stopped* por las tantas veces que dejé de ser°
being

Comprensión

1. Segun los cuatro primeros versos, ¿cómo ha escondido el poeta su origen afrodominicano?
2. ¿Qué quiere hacer con la historia de su tierra? ¿Por qué?
3. ¿Cuáles son los cuatro lugares que menciona el poeta con relación al «diario padecer» de su raza? ¿Qué representan?
4. ¿Cuándo podra «dejar atrás el ser negro»? ¿Cómo interpreta Ud. esta idea?

Letanía No. 1

Por los hijos de quienes tenían miedo
hijos que no tienen miedo.
Por los hijos de quienes fueron esclavos
hijos que no son esclavos.
Por los hijos de mujeres que fueron violadas   5
hijas que no son violadas.
Por los hijos de negros serviles
negros que no son serviles.
Por los hijos de quienes tenían complejos de inferioridad
hijos sin complejos.   10
Por los hijos de los desesperados
hijos que esperan trabajar.
Por los hijos de quienes no tenían historia
hijos que hacen historia.
Por los hijos de quienes no tenían patria   15
hijos que son la patria.
Por los hijos de quienes no tenían orgullo
hijos orgullosos.

                        AMÉN.

Comprensión

1. ¿Qué problemas del pasado se mencionan en el poema? ¿Cuáles existen todavia?
2. Tradicionalmente, una letanía es una forma de oración repetitiva en la cual se le hacen a Dios peticiones. En «Letanía» ¿qué se le pide a Dios, básicamente?

Después de leer

A. DISCUSIÓN

Discuta las siguientes preguntas con otra persona o en grupos pequeños. Luego, compartan sus ideas con la clase.

1. ¿De qué secciones de la sociedad estaban excluidos varios grupos en el pasado? ¿Por qué? ¿Y ahora?
2. ¿Qué grupos sufren discriminación y exclusión ahora? ¿Por qué?
3. ¿Que piensas de la idea de «pasar» por alguien distinto, como, por ejemplo, por una persona más vieja o más joven, más rica o más pobre, o de otra raza o grupo? ¿Por qué lo hacen algunas personas?
4. En tu opinión, ¿es fácil o difícil formar buenas amistades con gente de otras razas y nacionalidades? ¿Es posible? Explica.

B. COMPOSICIÓN

Trabajando solo(a) o con otro(s), haga Ud. una lista de los problemas y crisis en el mundo de hoy. Escriba un poema en forma de letanía, siguiendo el modelo de «Letanía No. 1» e incluyendo referencias a algunos de estos problemas.

MODELO Por los pobres que viven en la calle porque no tienen casas
          casas lindas y bien construidas
          Por...

SELECCIÓN SIETE

POESÍA DE COMPASIÓN DE UNA CHILENA EXTRAORDINARIA

Antes de leer

Para abrir el tema

El grupo más grande de personas que viven en la pobreza en Estados Unidos y en Canadá (dos de los países más ricos del mundo) son los niños. En muchas partes del mundo hay niños sin casa que viven de la basura que encuentran en las calles. Algunos los llaman «los olvidados» o «los desechables» (*the throw aways*). No tienen voz y cuando los adultos los pasan en la calle, apartan la mirada.

El problema no es nuevo. Una persona que alzó su voz en defensa de los niños del mundo a mediados del siglo pasado fue la poeta chilena, Gabriela Mistral. A continuación se presenta un breve resumen de su vida, junto con uno de sus poemas. Piense un momento en este problema y conteste las preguntas.

- ¿Hay personas famosas hoy que hablan en defensa de los niños o de ciertos grupos de niños?
- ¿Qué canciones, libros, películas o poemas conoce Ud. sobre el problema de los niños pobres o sin hogar?

Vocabulario

Detective de palabras

Busque las siguientes palabras o frases en la biografía y el poema, según las indicaciones.

MODELO (primer párrafo de la bio) una palabra que empieza con *s* y quiere decir

«nombre adoptado por razones literarias o artísticas» <u>*seudónimo*</u>

1. (segundo párrafo de la bio) abreviatura de la Organización de Naciones Unidas

   _____

2. (tercer párrafo de la bio) sinónimo de *cariño* o *afecto* que empieza con la letra *t*

   _____

3. (tercer párrafo de la bio) palabra que quiere decir «los que están dejados sin nada»

   d_____

4. (poema) adjetivo para describir un hombre que no puede (o no quiere) ver

   c_____

5. (poema) adjetivo para describir caminos y tiene dos sentidos: «sin curvas» y

   «honestos» r_____

EL TEXTO

El uso del doble diminutivo para expresar ternura (nota lingüística)

En el poema, Mistral usa un diminutivo y un doble diminutivo para establecer una conexión afectiva entre nosotros y los niños pobres. Todos sabemos que el idioma español usa ciertas terminaciones Llamadas diminutivos para indicar la calidad de ser pequeño, por ejemplo, casita (casa pequeña). Pero el español es muy expresivo y a veces se usan los diminutivos para agregar un tono de cariño y ternura. En la segunda estrofa (*stanza*) se usa un diminutivo para referirse a la planta (*sole*) de los pies sangrientos de los niños que andan sin zapatos, y para expresar la compasión que siente.
1. Esta palabra es: _____

También se puede usar un doble diminutivo (como, por ejemplo, chico, chiquito, *chiquitico*) para intensificar más el cariño o la lástima que se siente. 2. Esto se usa en el título del poema y en el primer verso: p_____ y quiere decir «pies muy muy pequeños y débiles».

POESÍA DE COMPASIÓN DE UNA CHILENA EXTRAORDINARIA

Ahora, lea la biografía y el poema de Gabriela Mistral para ver por qué mucha genta la considera una persona extraordinaria.

Lucila Godoy Alcayaga nació en 1889 en un pueblito del norte de Chile. A los 15 años empezó a enseñar en una pequeña escuela rural. Trabajó después en otras escuelas y al mismo tiempo estudiaba y escribía poesía. En 1914, recibió la más alta distinción en el concurso de poesía llamada los Juegos Florales celebrado en Santiago, con tres «Sonetos de la Muerte», usando el seudónimo de Gabriela Mistral que usó de allí en adelante.

Gabriela Mistral, Poeta singular

A pesar de estos comienzos tan humildes, Gabriela Mistral llegó a ser la fundadora del movimiento de poesía moderna en Chile y, en 1945, era la primera persona de Latinoamérica que recibió el Premio Nóbel de Literatura. A través de su vida, sin abandonar su carrera literaria y de educadora, se desempeñó como representante cultural y diplomática de Chile en España, Suiza, Portugal, Brasil y Francia. Dio conferencias sobre la educación en muchos países y sirvió en comités sociológicos y culturales en la Liga de las Naciones y la ONU. En aquella época era casi inaudito que una mujer tuviera una carrera internacional, y mucho menos una maestra de un pequeño pueblo.

El suicidio de su amante, cuando era muy joven, le inspiró a Gabriela para varios poemas. Se cree que este hecho le hizo permanecer soltera durante toda su vida y en su poesía hay una melancólica ansia de ternura maternal. Su interés en la naturaleza y la humanidad se refleja en sus versos pero los destituidos y los niños eran su principal inspiración. Con una voz emocionalmente poderosa y muy suya, convierte coloridas imágenes en versos que le han dado reconocimiento mundial. Murió el 10 de enero de 1957 en Hempstead, Nueva York. En su testamento, donó todos los derechos de sus obras que se publiquen en América del Sur a los niños del pueblo Monte Grande.

Piececitos*...

Gabriela Mistral

Oh, tiny little feet / muy azules / *cómo... how can (people) see you and not cover you /* dañados piedras

ofendidos / *por*

muddy places

Piececitos° de niño,
   azulosos de frío,°
cómo os ven y no os cubren,°
   ¡Dios mío!
¡Piececitos heridos°
por los guijarros° todos.
ultrajados° de° nieves
   y lodos!°

por... *wherever you go*

you leave behind

the little sole of your bleeding foot / tuberose (kind of plant)

   El hombre ciego ignora
que por donde pasáis,°
una flor de luz viva
   dejáis;°
   que allí donde ponéis
la plantita sangrante,°
el nardo° nace más
   fragante

---

*En el poema, Mistral usa el dialecto peninsular, según la costumbre para poetas de aquellos tiempos. Así que emplea los pronombres y verbos en la forma de "vosotros", como la hacen en España. En vez de decir "los" (para indicar *you plural* en inglés), ella dice *os*. En vez de decir (ustedes) "marchan", ella dice (vosotros) "marcháis".

Sed... *Be then, since you are walking /* **honestos /** **como...** *as you are*	Sed, puesto que marcháis° por los caminos rectos,° heroicos como sois° perfectos.
	Piececitos de niño, dos joyas sufrientes,
cómo... *how they pass by without seeing you*	¡cómo pasan sin veros° las gentes!

Después de leer

A. Comprensión

Escriba C (cierto) o F (falso) para cada frase. Corrija las frases falsas, según el texto.

1. _____ La poeta nació en Santiago, la capital de Chile, en 1889.

2. _____ Empezó a trabajar como maestra rural cuando tenía quince años.

3. _____ Ganó el Premio Nóbel de Literatura en 1914, la primera persona latinoamericana para recibir este honor.

4. _____ Viajó mucho y trabajó primero para La Liga de las Naciones y luego, para la ONU.

5. _____ La principal inspiración para su poesía eran los niños y la gente muy pobre.

B. Opiniones

1. ¿Por qué era Gabriela Mistral una mujer extraordinaria para sus tiempos?
2. ¿Por qué nunca se casó?
3. ¿Cree Ud. que su vida era feliz o trágica? ¿Por qué?
4. En el poema se habla de «el hombre ciego». ¿Está realmente ciego? Explique.

C. Una metáfora y un mensaje

En el poema, Mistral contrasta la indiferencia de la gente con la compasiva reacción de la naturaleza cuando dice que «el nardo nace más fragrante» en la tierra después de pasar los niños. También utiliza la linda metáfora de la «flor de luz viva» dejada en la tierra o en la nieve por los pies sangrientos de los niños pobres. En su opinión, ¿qué quería lograr Gabriela Mistral con estas imágenes? ¿Cuál es su mensaje en la tercera estrofa para los niños? ¿Cuál es su mensaje en el poema para el mundo?

CONECTÉMONOS

El arte y la literatura

Dalí, Picasso, Jiménez, Mistral y Denevi no son los únicos artistas/escritores que comentan la situación social o política de su tiempo. Hay otros artistas (autores, pintores, escultores y hasta actores de teatro y cine) que también expresan sus opiniones a través de su arte. Escoja una de las actividades sugeridas y hágala con un(a) compañero(a) o en grupo pequeño.

1. Vaya al sitio en la red electrónica de algún museo o galería de arte y busque arte del siglo XX que reaccione a alguna situación social o política. Escoja un cuadro y describa cómo el pintor usó el arte para mostrarnos esa situación.
2. Busque una obra escrita de algún escritor hispano (un poema o trozo de un cuento, drama o novela). Léala y luego comente el punto de vista que la obra expresa. ¿Está de acuerdo con el punto de vista u opinión?
3. Escoja una película en español de España o América Latina de tema político o social y después de verla, discuta con los compañeros que también la vieron la situación que presenta.
4. En Internet o en un museo local, busque una escultura o pieza de arte extraordinaria que presente algún hecho histórico. Dé su interpretación de la obra según el ambiente que comenta.

SELECCIÓN OCHO

APOCALIPSIS*

Antes de leer

La siguiente selección es un «microcuento», una historia muy breve, escrita por un autor famoso por su habilidad de sugerir mucho con pocas palabras.

---

*El último libro del Nuevo Testamento. Muchas veces se usa el término para significar una revelación o «advertencia» (*warning*).

Para abrir el tema

¿Cómo imagina Ud. la causa del fin de la humanidad? ¿una guerra atómica? ¿la colisión cósmica con un asteroide? ¿o tal vez una epidemia causada por un microbio superresistente? Explique cuál de estos fines le parece más probable y por qué. Aquí se presenta una versión diferente.

APOCALIPSIS

Marco Denevi*

La extinción de la raza de los hombres se sitúa aproximadamente a fines del siglo XXXII. La cosa ocurrió así: las máquinas habían alcanzado tal perfección que los hombres ya no necesitaban comer, ni dormir, ni hablar, ni leer, ni escribir, ni pensar, ni hacer nada. Les bastaba° apretar° un botón y las máquinas lo hacían todo por ellos. Gradualmente fueron desapareciendo las mesas, las sillas, las 5
rosas, los discos con las nueve sinfonías de Beethoven, las tiendas de antigüedades, los vinos de Burdeos,° las golondrinas,° los tapices flamencos,° todo Verdi, el ajedrez,° los telescopios, las catedrales góticas, los estadios de fútbol, la *Piedad* de Miguel Ángel, los mapas, las ruinas del Foro Trajano,° los automóviles, el arroz, las sequoias gigantes, el Partenón. Sólo había máquinas. Después los hombres em- 10
pezaron a notar que ellos mismos iban desapareciendo paulatinamente° y que en cambio las máquinas se multiplicaban. Bastó poco tiempo para que el número de los hombres quedase reducido a la mitad y el de las máquinas se duplicase. Las máquinas terminaron por ocupar todos los sitios disponibles.° No se podía dar un paso ni hacer un ademán° sin tropezarse con° una de ellas. Finalmente los hombres 15
fueron eliminados. Como el último se olvidó de desconectar las máquinas, desde entonces seguimos° funcionando.

Les... Era suficiente / *to push*

Bordeaux / swallows / **tapices...** *Flemish tapestries / chess /* **Foro...** *Trajan's Forum /* gradualmente / utilizables / movimiento pequeño / **tropezarse...** encontrar / continuamos

---

*Marco Denevi (*n.* 1922), novelista y cuentista argentino de gran originalidad.

Después de leer

A. Preguntas

1. ¿Por qué se extinguió la raza humana en el siglo XXXII?
2. ¿Qué objetos desaparecieron gradualmente? ¿Qué pasó con los hombres? ¿Por qué?
3. Al final, ¿qué descubrimos de la identidad del «autor» del cuento?
4. ¿Qué peligro se muestra aquí con respecto al poder creador humano?

B. Composición

Apocalipsis significa *advertencia*. Escriba Ud. una advertencia basada en el cuento, y compártala con la clase.

Don Gregorio

capítulo **3**

EL HOMBRE Y LA MUJER

Mujeres, trabajando.

El tango, al estilo de Buenos Aires

La cantante colombiana Shakira, 2000

VOCABULARIO PRELIMINAR

Estudie estas palabras y haga el ejercicio antes de empezar la selección sobre las semejanzas y diferencias entre los hombres y las mujeres. Luego utilice este vocabulario durante su estudio del capítulo.

capacidad, la	habilidad, aptitud de una persona para hacer algo; *adj.* **capaz,** *pl.* **capaces**
cerebro, el	parte superior de la cabeza que sirve para controlar y coordinar las acciones mentales y físicas
competencia, la	rivalidad entre varias personas que aspiran a obtener la misma cosa; *adj.* **competitivo(a)**
criar (se)	educar, cuidar en la niñez; desarrollarse, hacerse hombres o mujeres, *s.* **crianza, la**
distinto(a)	diferente, no semejante
escoger	elegir, optar por
hembra, la	persona o animal del sexo femenino; mujer
jerarquía, la	organización en categorías de personas o cosas; orden
machista, el, la	sexista, persona que practica o defiende **el machismo** o discriminación sexual basada en la superioridad del hombre
macho, el	animal del sexo masculino; *adj.* fuerte, viril
papel, el	*fig.* función, empleo, rol; **hacer el papel:** ¿Qué papel hace la mujer en la sociedad moderna?
semejanza, la	similitud, analogía, afinidad; *adj.* **semejante**
tarea, la	obra, trabajo; deber
varón, el	persona del sexo masculino, hombre

Sinónimos

Busque sinónimos para las palabras en itálica.

Los científicos han encontrado muchas *similitudes* entre el *hombre* y la *mujer*, pero al mismo tiempo han observado que somos *diferentes* desde muy jóvenes. Por ejemplo, en algunos estudios se ha confirmado que muchas niñas prefieren jugar con muñecas o charlar, mientras que los niños *optan por* juegos o actividades en que hay más *rivalidad* o en que se puede establecer *un orden de categorías*. En otros estudios, se ha notado que los dos sexos demuestran distintas *habilidades* basadas en su utilización de los hemisferios de *la parte superior de la cabeza*. Los hombres parecen poseer más aptitud para *trabajos* visuales-espaciales, mientras que las mujeres demuestran mayores talentos verbales. ¿Pero qué o quién influye más en determinar nuestra *función* o *rol* en la vida? ¿Es nuestra composición genética o es la sociedad en que nos *educamos?* ¿O son las dos cosas? Quizás algún día se halle una respuesta definitiva. Por ahora, ¡viva la diferencia!

SELECCIÓN UNO

EL HOMBRE Y LA MUJER: ¿SEMEJANTES O DIFERENTES?

Antes de leer

Para abrir el tema

Miren la foto de la cantante colombiana Shakira de la página 109. Así es cómo se describe uno de los momentos máximos de su vida:

> En un restaurante de Buenos Aires, en enero del año pasado, Shakira estuvo a punto de perder la respiración. En el extremo opuesto del salón su mirada se detuvo en un joven. «¡Wow! Éste podría ser el hombre de mi vida», pensó. (de la revista *People en español*)

Shakira no esperó. Terminó su cena, se levantó y fue a la mesa de aquél desconocido. Usó «todas sus armas de seducción» y lo conquistó. Cuatro meses más tarde empezó a planear su boda con ese hombre, Antonio de la Rúa, el hijo del presidente de Argentina.

Como Shakira, todos tenemos por dentro una imagen de lo que son *el hombre perfecto* y *la mujer perfecta*. ¿Cómo es él? ¿Cómo es ella? ¿Son idénticos estos dos ideales o diferentes? Trabaje con otra persona y escojan las tres descripciones más importantes para cada ideal.

Algunas descripciones: atractivo(a) / bondadoso(a) / comprensivo(a) / generoso(a) / inteligente / organizado(a) / simpático(a) / tiene buen sentido de humor / tiene éxito / tiene mucha confianza / tiene suficiente dinero / tranquilo(a) y estable / escucha a los demás / tiene linda voz / me gusta su olor / tiene buena profesión....

El hombre ideal—¿cómo es?   **La mujer ideal—¿cómo es?**

1. _____   1. _____

2. _____   2. _____

3. _____   3. _____

Comparen sus ideales con los de otras personas. ¿Son semejantes o diferentes el hombre ideal y la mujer ideal?

Lea la siguiente selección para saber más sobre este tema.

EL HOMBRE Y LA MUJER: ¿SEMEJANTES O DIFERENTES?

El hombre y la mujer. ¿Cuáles son las semejanzas entre nosotros y cuáles son las diferencias? Estas preguntas son —y han sido— los temas de investigación y discusión entre psicólogos, biólogos, feministas, lingüistas y poetas. ¿Se pueden atribuir las diferencias más a factores biológicos o al ambiente (los factores socioculturales)? No hay ninguna respuesta cierta, pero sí hay muchas opiniones al respecto.

5

La teoría sociocultural

Hasta hace muy poco estaba de moda la teoría sociocultural en que se atribuyen las distintas características al papel que le enseñan al niño o a la niña desde que nace. Los padres educan a sus hijos esperando cosas distintas de cada sexo.

Rius

Comprensión

1. Según la teoría sociocultural, ¿por qué son distintos los niños y las niñas?
2. ¿Qué ejemplos de esto ofrece el dibujo de Rius?

Opinión

¿Qué piensa Ud. de lo que dicen los personajes del dibujo?

Dos sexos, dos formas de pensar diferentes*

Estas dos fotografías han causado sensación en todo el mundo. Las imágenes por resonancia magnética (IRM)° demuestran por primera vez que el hombre y la mujer no utilizan su cerebro de la misma forma.

Los científicos presentaron a dos grupos de hombres y mujeres una serie de palabras y les pidieron que las hiciesen rimar.° Lógicamente, al ser todos diestros,° fue la zona izquierda la que se activó. Sin embargo, apareció una diferencia: en la mayoría de las mujeres se encendió° otra región en el lado derecho, prueba° que la mujer tiene la capacidad de utilizar información de varias regiones del cerebro simultáneamente. A la actividad del hemisferio izquierdo, sede° del lenguaje y de la lógica analítica, las mujeres añadieron una zona derecha, en la que predomina el campo de lo visual, de lo espacial, el tratamiento de la información y quizás, el de la emoción. Es decir, al carácter racional del lenguaje, la mujer añadiría un velo° de emoción lo que puede ayudarla a interpretar los motivos de otras personas, en fin, a «intuir».°

(notas al margen:)
(*MRI*, en inglés)

que... *to make them rhyme /* *right-handed /* iluminó / evidencia

base

poco

usar la intuición

(números de línea:) 10   15   20

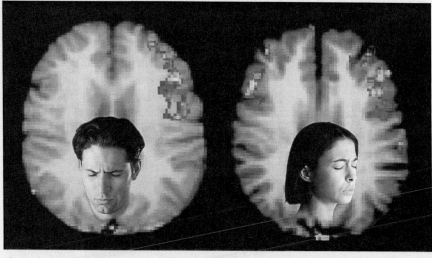

¿Qué partes distintas del cerebro utilizan el hombre y la mujer al hacer la misma tarea?

Por otra parte, los hombres, con su mayor capacidad de usar un solo hemisferio (sin la distracción del otro), realizan° con más éxito tareas visuales-espaciales, como leer un mapa sin necesidad de moverlo según cambios de dirección. ¿Pero no hay mujeres capaces de hacer tareas visuales-espaciales, y hombres comprensivos y sensibles° que entiendan los motivos de otros? ¿Cómo influye el proceso de socialización en determinar las diferencias entre los sexos?

(notas al margen:)
hacen

sensitive

(número de línea:) 25

—————

Fotografías y texto de la revista española *Muy interesante*.

Comprensión

1. ¿Qué tuvieron que hacer los hombres y las mujeres que participaron en un experimento científico?
2. ¿Qué partes distintas del cerebro utilizaron? ¿Qué demuestra esto, según algunos científicos?

Opinión

¿Qué diferencias ha visto Ud. en la manera de pensar entre hombres y mujeres? Dé algunos ejemplos de su experiencia personal.

Los juguetes infantiles: ¿Cuestión de biología?

¿Por qué prefieren los niños jugar con coches, camiones y juguetes mecánicos las niñas con muñecas y artículos de hogar? Los investigadores teorizan que la hormona masculina, la testosterona, produce una personalidad agresiva y que por eso los niños optan por juegos activos y competitivos. Es interesante que en un estudio de niñas con niveles abnormalmente altos de testosterona (recuerde que cada sexo produce pequeñas cantidades de la hormona del sexo opuesto), estas niñas también escogieron los coches y camiones como juguetes. Naturalmente otros estudios en el pasado han demostrado una gran influencia social en la selección de juguetes por niñas y niños. Los padres, los amigos, los programas de televisión, los anuncios comerciales—todos influyen en las preferencias del niño y la niña, según esta perspectiva.

30

35

Comprensión

1. Según algunos estudios, ¿por qué prefieren los niños jugar con camiones y juguetes mecánicos?
2. ¿Qué han mostrado otros estudios en el pasado?

Opinión

1. ¿Qué programas de televisión influyen en los niños?
2. ¿Cree Ud. que los anuncios comerciales manipulan a los niños? Explique.

Después de leer

Comentario sobre el dibujo

¡Atención, hombres de la clase! ¿Se identifican con el hombre del dibujo? ¿Por qué? Y las mujeres de la clase, ¿están Uds. de acuerdo con la mujer? Expliquen.

¡Atencíon, los dos sexos! Hagan un nuevo dibujo, con un hombre que dice: «En verdad, no exijo mucho de una mujer, sólo que sea... » Completen el comentario del hombre.

A.   ¿Semejantes o diferentes?

Trabaje con otra persona para contestar estar preguntas. ¿Es más probable que el hombre o la mujer haga las siguientes cosas? ¿Son factores biológicos los responsables de estas diferencias o semejanzas? ¿O es el ambiente?

	Hombre	Mujer	Los dos iguales
1. hablar (participar) en clase	____	____	____
2. escuchar en una conversación	____	____	____
3. cometer actos agresivos y antisociales	____	____	____
4. dormir en un lugar incómodo	____	____	____
5. ser fiel en una relación amorosa	____	____	____
6. hacer cálculos matemáticos	____	____	____
7. ayudar a un desconocido	____	____	____
8. cumplir con responsabilidades/ tareas desagradables	____	____	____
9. defender a su patria (nación)	____	____	____
10. someterse a la cirugía cosmética	____	____	____

B. Juego imaginativo: El desempleo en dos barrios

Trabajando con otro(s) estudiante(s), preparen dos descripciones o dibujos (*drawings*) distintos, uno de Barrio A, otro de Barrio B, según las instrucciones.

Barrio A.   Imaginen que Uds. están en un barrio en que la mayoría de *las mujeres* no trabajan fuera de casa.
1. ¿Qué ven Uds. en las calles y las casas/los apartamentos?
2. ¿Qué hacen las mujeres?

Barrio B.   Ahora, imaginen que están en un barrio en que la mayoría de *los hombres* no trabajan fuera de casa.
1. ¿Qué ven Uds. en las calles y las casas/los apartamentos?
2. ¿Qué hacen los hombres?

¿Qué diferencias existen entre las dos escenas? ¿Por qué?

C. Entrevistas espontáneas

Imagine que tres o cuatro miembros de la clase trabajan para el canal 5, WESP(añol). Cada uno(a) entrevista a dos o tres compañeros de clase, y luego prepara un informe para presentar a la clase en forma de las noticias del día en la televisión.

¿Cree Ud. que...? ¿Por qué?

1. los programas más populares de televisión muestran estereotipos exagerados de las mujeres? ¿y de los hombres?
2. la mayoría de las mujeres secretamente (en sus corazones) desean conocer a un hombre muy «macho»?
3. los hombres necesitan desarrollar sus cualidades «femeninas» y las mujeres sus cualidades «masculinas»?
4. los niños (varones) que no tienen padres en casa deben participar en programas como Hermanos Mayores (*Big Brothers*) o en deportes con hombres que sirvan como modelos?
5. ¿?

Comentario sobre el dibujo

Con otra persona, lean la tira cómica sobre Turey, el Taíno. (Véase la descripción de esta tira en la página 28.) ¿Qué estereotipos se muestran aquí del hombre casado? ¿y de la mujer casada? ¿Creen Uds. que hay un «granito de verdad» en esto? Y si no, ¿por qué nos reímos?

SELECCIÓN DOS

LA VENTAJA DE SER MUJER

Antes de leer

Uno de los cambios más significativos en las últimas décadas es la creciente participación de la mujer en la fuerza laboral. Sin embargo, muy pocas mujeres ocupan puestos de alto mando. ¿Por qué? El artículo que sigue explica dos estilos de dirección ejecutiva (*management*) muy diferentes: el masculino y el feminino. En el pasado el estilo masculino ha predominado. Pero, como el título implica, los tiempos están cambiando y hoy día es cada vez mejor ser mujer. Vamos a ver las razones.

Para abrir el tema

Mire Ud. la foto. ¿Cuál de las personas es jefe? ¿Cree Ud. que hay hombres que no se sientan cómodos trabajando para una mujer? ¿Hay mujeres así también? ¿Ha trabajado Ud. en los negocios o le gustaría hacerlo? ¿Para qué tipo de jefe (o jefa) quisiera trabajar?

Hoy día las mujeres forman parte de la dirección ejecutiva de muchas compañías.

A. Vocabulario

Sinónimos en contexto

Complete las frases, escogiendo el término en paréntesis que es un *sinónimo* de la palabra en itálica.

En el mundo de los negocios es verdad que...

1. Las *empresas* (compañías, clubes) establecen *reglas* (historias, regulaciones) para el funcionamiento de los distintos departamentos: mercadotecnia (*marketing*), finanzas, producción, etcétera.
2. Los ejecutivos (subalternos, gerentes) efectivos saben motivar y *conducir* (liderar, obedecer) al *personal* (los miembros de la junta directiva, los demás empleados).
3. Si una empleada siempre *logra* (obtiene, pospone) sus objetivos, probablemente *ascenderá* (recibirá una promoción, bajará de categoría) a una posición de *liderazgo* (inferioridad, superioridad).

B. El texto

Buscar información

Lea rápidamente, sin consultar el diccionario, el primero y segundo párrafo (líneas 1 a 18) del artículo. Busque la siguiente información.

Según la perspectiva de la autora:

1. Tres características de las organizaciones/compañías de hace 20 años son...

    a) _____

    b) _____

    c) _____

2. Tres características de las organizaciones/compañías más modernas son...

a) _____

b) _____

c) _____

Ahora, lea el artículo para ver las diferencias entre dos estilos de dirigir una empresa.

LA VENTAJA DE SER MUJER*

María Eugenia Estenssoro

Hace tan sólo viente años, varios pensadores —hombres y mujeres— sostenían que el mundo público y más específicamente el de los negocios eran un terreno «no apto para mujeres». Las organizaciones, explicaban, eran estructuras basadas en el modelo militar y respondían a las reglas de la competencia que los hombres habían aprendido desde la infancia, practicando deportes como el fútbol. Para las mujeres ésta era una cultura extraña porque de niñas habían «perdido» el tiempo jugando con muñecas y leyendo novelitas rosa,° actividades inapropiadas para el mundo de la acción. Si una mujer quería triunfar en los negocios, había que familiarizarse con la estrategia militar y los deportes masculinos. Es decir, actuar de acuerdo a los códigos de los hombres.

Por suerte, eso ya es historia vieja. A medida que° más y más mujeres llegan a posiciones de liderazgo en la sociedad, se comprueba que no es necesario travestirse° para triunfar en la vida pública. Y en la medida en que la era postindustrial descarta° las organizaciones piramidales, autoritarias y rígidas por modelos más flexibles y horizontales, valores femeninos como el cuidado de las relaciones humanas y el ambiente de trabajo, el diálogo, la participación, el espíritu de equipo° y hasta la intuición son conceptos muy frecuentes entre los expertos y expertas en *management*.

Hay un elemento clave° que permite comprender por qué si antes la mujer parecía tan inadecuada para la acción hoy resulta muy apropiada. Es el hecho de que ella conduce de acuerdo a un arquetipo maternal o docente,° sumamente eficaz en la era de conocimiento, ya que el rol fundamental del líder o gerente° de hoy es ser un transmisor de información y un motivador por excelencia. El modelo tradicional masculino, basado en el modelo militar, del jefe que da órdenes y subalternos que obedecen sin pensar, está perimido.°

Desde hace varios años, las empresas han reducido sus niveles jerárquicos dramáticamente, tratando de armar° estructuras más horizontales, donde la información fluya en todas las direcciones. En un estudio de casos de ejecutivas exitosas, se demuestra que las mujeres lideran armando organizaciones planas° y cir-

Glosses (margin):
románticas
A... As
vestirse como hombre / elimina
grupo que trabaja junto
importantísimo
educativo
director
obsoleto
establecer
horizontales

Line numbers: 5, 10, 15, 20, 25

_____

*De *Mujeres & Compañía*, una revista para mujeres profesionales de Argentina.

El sexo del management

El estilo tradicional o masculino	El estilo moderno o femenino
Da órdenes	Da ejemplos
Arma pirámides	Arma círculos
Se basa en el arquetipo militar	Se basa en el arquetipo docente
Manda y controla	Autoriza y delega
Impone disciplina	Valora la creatividad
Acapara la información	Comparte la información
Es jerárquico	Es horizontal
Es impersonal	Enfatiza el contacto personal
Prioriza la cuenta de resultados	Prioriza todo el proceso

culares, en lugar de las viejas pirámides. La líder generalmente se instala en el centro del círculo y se ve a sí misma como el núcleo de esta estructura orbital, no como la cabeza. El círculo no encajona° a nadie. Ni la jefa está aislada, ni el personal queda distanciado. Al contrario, la autoridad de la líder deviene de su estrecha vinculación° y comunicación directa con todo el grupo.

Este enfoque no utilitario y más humanista en la relación con el personal es otro de los aportes° que las mujeres están introduciendo en el mundo de los negocios. Conciliar la eficiencia con los valores humanos es particularmente importante en una economía competitiva como la actual,° en donde la inteligencia, el compromiso° y el entusiasmo del personal son más decisivos para el éxito de una empresa de lo que fueron en el pasado. Uno de los casos más elocuentes en este aspecto es, sin duda, «The Body Shop», una empresa inglesa de cosméticos naturales que uti-

encierra

estrecha... *close ties*

contribuciones

presente
commitment

30

35

40

Cork

liza sus tiendas para hacer proselitismo en favor del medio ambiente, los derechos humanos y los desprotegidos. Los empleados deben dedicar horas de trabajo semanales a alguna causa humanitaria, como cuidar ancianos o enfermos de Sida,° o visitar presos.° La compañía está reinventando el paradigma empresarial al servir como un poderoso vehículo para el cambio social.

AIDS
prisioneros

45

En el mundo de hoy se le presenta a la mujer una oportunidad única como líder y conductora. Las mujeres tienen su propia forma de liderar y en esa identidad hay enormes ventajas. ¡Señores, si quieren mantener sus empleos, presten atención!

Después de leer

A. Comprensión: Puntos de contraste

El artículo presenta un contraste entre dos estilos de dirección ejecutiva: el masculino y el feminino. Escriba una **M** delante de las características del estilo masculino y una **F** delante de las características del estilo femenino. Después, decida cuál de los dos estilos Ud. prefiere para un negocio. ¿O es que le gustan algunas características de los dos?

1. ambiente autoritario y rígido _____*M*_____

2. arquetipo maternal y docente _____

3. competencia _____

4. cuidado de las relaciones humanas _____

5. diálogo y participación _____

6. enfoque humanista _____

7. enfoque utilitario _____

8. espíritu de equipo _____

9. estructura basada en un modelo flexible _____

10. estructura basada en un modelo militar _____

11. intuición _____

12. niveles de jerarquías _____

13. organización horizontal en forma de círculo _____

14. organización vertical en forma de pirámide _____

15. reglas definidas como las de los deportes _____

B. DISCUSIÓN

Trabajando con otro(s) estudiante(s), comenten los siguientes temas. Luego, comparen sus comentarios con los de otro grupo.

1. ¿Por qué se pensaba en el pasado que el mundo de los negocios no era apto para las mujeres? ¿Cree Ud. que los papeles de madre y ama de casa pueden preparar a una mujer para ser buena gerente o no? Explique.
2. ¿Cómo es distinta la empresa inglesa «*The Body Shop*» de la mayor parte de las empresas? ¿Qué hacen las tiendas? ¿los empleados? ¿Conoce otros negocios que hacen lo mismo? ¿Qué piensa de estas prácticas?
3. ¿Qué es el «techo de cristal» (*glass ceiling*)? En su opinión, ¿por qué existe?
4. Hagan juntos un dibujo o una pequeña escena dramática para ilustrar uno de los estilos de dirección ejecutiva. A ver si sus compañeros de otro grupo pueden adivinar qué estilo es.

C. Interpretación del cuadro

Lo que ganan las mujeres

En el mundo laboral, los sueldos de las mujeres siguen siendo más bajos que los de los hombres. En España, ganan como media un 26% menos.

SUELDO MEDIO RESPECTO A LOS HOMBRES (%)	
Dinamarca	88
Suecia	87
Luxemburgo	84
Alemania	83
Bélgica	83
Finlandia	82
Francia	77
Italia	76
España	74
Reino Unido	74
Austria	74
Irlanda	73
Portugal	72
Países Bajos	71
Grecia	68

HF INFOGRAFÍA

Fuente: Focus, 2000.

Trabajando solo(a) o con otra persona, mire el cuadro y conteste las preguntas.

1. ¿En qué país gana más la mujer respecto a los hombres?
2. ¿En qué país gana menos?
3. ¿Le sorprende a Ud. la posición del Reino Unido? ¿Por qué sí o no?
4. ¿Qué factores pueden explicar las diferencias?

D. Encuesta

¿Qué opina Ud. sobre el hombre y la mujer de hoy? Después de participar en la encuesta, explique sus respuestas a otra persona y trate de determinar si hay una diferencia entre las respuestas de los hombres y las mujeres de la clase.

	ESTOY DE ACUERDO	*NO ESTOY DE ACUERDO*	*DEPENDE DE LAS CIRCUNSTANCIAS (DÉ UNA BREVE EXPLICACIÓN.)*
1. La mujer que tiene hijos pequeños no debe trabajar fuera de casa.	☐	☐	_____
2. El esposo debe compartir las tareas domésticas y el cuidado de los hijos aun cuando su esposa no trabaja fuera de casa.	☐	☐	_____
3. Una mujer no debe vestirse de una manera muy *sexy* si quiere que la tomen en serio en el mundo de los negocios.	☐	☐	_____
4. El acoso (*harassment*) sexual no es un gran problema en el mundo laboral.	☐	☐	_____
5. No importa que una mujer gane más dinero que su marido.	☐	☐	_____

Comentario sobre el dibujo

Con otra persona, miren el dibujo del dibujante argentino Caloi. ¿Les parece un ejemplo del acoso sexual o no? ¿Por qué?

Caloi

CONECTÉMONOS

Las diferencias y semejanzas entre los sexos

Escoja una o más de las actividades para investigar distintas maneras en las que se reflejan tanto las diferencias como las semejanzas entre los sexos.

1. En Internet, busque un periódico en línea de dos países distintos que tengan anuncios de puestos profesionales. Lea varios de ellos y luego escoja uno que busca (o Ud. cree que va dirigido a) un varón y otro que busca (o que va dirigido según su opinión a) una mujer. Analice el contenido de cada anuncio. ¿Qué información le indica el sexo de la persona que se busca? Explique las diferencias y similitudes que se ven en los dos anuncios. ¿Qué significado social tienen estas diferencias o similitudes? Compare lo que Ud. encontró con los anuncios de un(a) compañero(a).

2. En Internet, en la televisión en español o en una revista en español, estudie algunos anuncios de almacenes o tiendas de niños para juguetes que están en rebaja (*reduced*) por alguna razón. Luego de leerlos, escriba una corta descripción de su anuncio favorito dándole su propio título que al mismo tiempo indique a qué sexo va dirigido. Si prefiere, puede trabajar con un(a) compañero(a).

3. Con un(a), compañero(a), busquen un sitio en Internet donde hay descripciones o dibujos de las modas actuales. Luego impriman algún dibujo o recorte de una revista o periódico en español si no logran encontrar eso en la red electrónica, y escriban una pequeña narración que explique el rol del sexo de la persona perfecta para el producto.

SELECCIÓN TRES

TIENES UN EMAIL

Antes de leer

Para abrir el tema

¿Cree Ud. en el destino? ¿Le parece que hay una sola persona en todo el universo destinada a ser el amor de su vida? La siguiente lectura es una historia verdadera de un amor poco probable, tomada de la revista argentina *Viva*. Cuenta como dos personas, Alicia y Bruce, se encontraron y formaron una relación de pareja a pesar de vivir en diferentes continentes, hablar diferentes idiomas y pertenecer a diferentes culturas. ¿Cómo lo hicieron? Por Internet. Trabajando solo(a) o con otra persona, conteste estas preguntas:

1. ¿Adónde va la gente hoy si busca una relación amorosa?
2. ¿Qué ventajas hay en buscar el amor por Internet? ¿Qué desventajas hay?
3. ¿Lo haría Ud. o no? ¿Por qué?

A. Vocabulario

Adivinar el significado de frases en contexto

Trate de adivinar el significado de las frases en itálica, usando el contexto.*

MODELO   _b_ Se conocieron vía Internet cuando ambos *habían cruzado la barrera de los 50...* (línea 1)
   a. habían vencido 50 problemas
   b. tenían más de 50 años
   c. buscaban el programa 50

1. _____«...no hay tiempo para besos ni abrazos. Sólo para hablar. Te *conocés de adentro para afuera*». (línea 14)
   a. primero a solas y luego en el trabajo y la vida social
   b. primero con familiares y amigos y luego sin ellos
   c. primero las ideas y emociones y luego el contacto físico
2. Días después, unas amigas *fueron a navegar*. (línea 16)
   a. llegaron para surfear Internet
   b. salieron a buscar comida
   c. buscaron un vestido para Alicia
3. La ambigüedad, *los silencios cargados de sentidos*, comenzaron a intensificar los mails. (líneas 30–31)
   a. hablaron de su amor y también de sus dudas
   b. no sentían amor y por eso discutían otros temas
   c. no hablaron de su amor pero estaba insinuado
4. [palabras de la hija, Natalia, a su madre] «...*Te veía tipo adolescente*, encerrada todo el día con la compu, con un amor cibernético...» (líneas 38–39)
   a. Tu conducta me parecía un poco loca y muy infantil.
   b. Creía que tú estabas muy hermosa como una niña joven.
   c. Pensaba que tú estabas enamorada de un chico adolescente.
5. Clavada en la nuca, intensa y fuerte, *sintió su presencia*. (línea 50)
   a. Ella vio a Bruce y sabía que él era su amor.
   b. Ella tuvo la intuición de que Bruce estaba allí.
   c. Ella escuchó el paso firme y vigoroso de Bruce.

*Para leer ejemplos de cómo se usa el contexto para adivinar el significado de palabras, véase la página 21.

B. Vocabulario

Buscar los regionalismos

En Buenos Aires, un hombre toma mate, un té
especial que se sirve en una calabaza (*gourd*) a
veces con una bombilla (*straw*) de plata.

La selección es de una revista de Buenos Aires que usa el modo de hablar de esa
región. En vez de la forma de *tú*, los argentinos usan la forma de *vos* con sus amigos,
y los verbos tienen cambios como consecuencia. Generalmente, se trata sólo de un
cambio de acento. Busque en la lectura los siguientes regionalismos.

MODELO En vez de decir: *Te conoces de adentro para afuera*, en Argentina se dice:
_____*Te conocés de adentro para afuera*_____

1. En vez de decir: *¿Por qué no te sumas a un chat en inglés?*, en Argentina se dice:

   _____

2. En vez de decir *Métete acá*, en Argentina se dice: _____
3. El verbo *ser* tiene formas diferentes con el *vos*. En vez de decir: *Eres la persona
   con la que más me gustaría estar*, en Argentina se dice: _____
4. También hay un verbo especial que se refiere a la costumbre de tomar mate.
   (Véase la foto en esta página.) En vez de decir: *Aquí están ahora, tomando mate*,
   en Argentina se dice: _____

El texto

El uso de cláusulas de negación implícita para mostrar sorpresa

Las cláusulas de negación implícita (*contrary-to-fact clauses*), introducidas por la conjunción **si**, requieren el pluscuamperfecto del subjuntivo. Las dos primeras frases de la historia usan estas cláusulas para mostrar que pasó algo muy raro y sorprendente. La primera frase se refiere a Bruce. La segunda se refiere a Alicia. Lea las frases y conteste las preguntas.

1. Si le hubieran dicho (*If anyone had told him*), allá en el extremo norte, en Canadá, que alguna vez dejaría su país y cambiaría de idioma por una mujer, lo hubiera considerado una locura.
   a. ¿Dónde vivía Bruce antes de conocer a Alicia?
   b. ¿Qué dejó Bruce después? ¿Qué cambió?
   c. Hace unos años, ¿qué hubiera pensado él de estos cambios?
2. Si le hubieran dicho (*If anyone had told her*), aquí, en el extremo sur, en Buenos Aires, que, tras 24 años de casada, 6 de separada, volvería a casarse a los 52, también hubiera dicho: «Una locura».
   a. ¿Cuál era el estado civil de Alicia?
   b. ¿Qué hizo cuando tenía 52 años?
   c. Hace unos años, ¿qué hubiera pensado ella de este cambio?

Las dos últimas frases de la historia también usan cláusulas de negación implícita pero con un contexto diferente.

Ahora, lea esta historia de amor cibernético.

TIENES UN EMAIL*

Se conocieron vía Internet cuando ambos habían cruzado la barrera de los 50.   1
Alicia en la Argentina y Bruce, en Canadá, pensaron: «Es una locura». Y se atre-
se... tuvieron el   *vieron a° vivirla.*
valor de

Si le hubieran dicho, allá en el extremo norte, en Canadá, que alguna vez dejaría su país y cambiaría de idioma por una mujer, lo hubiera considerado una locura. Si le   5
hubieran dicho, aquí, en el extremo sur, en Buenos Aires, que, tras 24 años de casada, 6 de separada, volvería a casarse a los 52, también hubiera dicho: «una
distantes   locura». Allí estaban sin embargo, detrás de un monitor, ajenos° uno a otro, uno en
el... la suerte   cada extremo de América, beneficiados por el azar° el destino, congraciados por

---

*De la revista argentina *Viva*.

a... muy cerca /
una avenida en
Buenos Aires
tener relaciones

Dios. Aquí están ahora, mateando a metros° de la avenida Garay,° casados, felices,   10
sin computadoras de por medio, conmovedoramente reales.

«Internet está cambiando el modo de relacionarse° de las parejas —reflexiona la
profesora de inglés Alicia Díaz: no hay tiempo para besos ni abrazos. Sólo para
hablar. Te conocés de adentro para afuera».

Todo empezó en junio del 98, cuando Pablo, hijo de Alicia, conectó Internet en   15
casa de su madre. Días después, unas amigas fueron a navegar. «¿Por qué no te
sumás a un chat en inglés?», preguntó una de ellas. Alicia se negaba, y cuando ac-

consintió /
atraían
exploraron
screen
entra

cedio,° sólo encontraba canales que no la tentaban.° *Cybersex, Hemos vencido a
Cristo: únete a Satán...* Ellas insistieron, recorrieron° las opciones y, mientras
Alicia decía *¿Ven...? Es todo basura*, una de sus amigas llevó un dedo a la pantalla°   20
y dijo: «Metete° acá». Un site para recién separados. Un grupo de apoyo sin fronteras. Alicia envió un mensaje.

Después, allí, en su máquina, casi por milagro, apareció Bruce Milmine: a punto

cambiar de
domicilio

de mudarse,° no quería recibir más cartas. «Sólo una», había insistido un amigo. Al
poco tiempo, Alicia y Bruce chateaban en privado. Músicas, lecturas, visiones de la   25
vida. Demasiadas cosas en común. Experto en computación, él diseñó luego una
página exclusiva para ellos y allí marcaron récords en chateo: 14 horas ininte-
rrumpidas y seis meses, día a día, con un promedio° de cinco horas diarias. Sus

average
pasaban

vidas transcurrían° ya en común. Al llegar a casa, ella corría, antes que nada, al escritorio. «Era como si Bruce me estuviera esperando». La ambigüedad, los silen-   30

saturados /
significados

cios cargados° de sentidos,° comenzaron a intensificar los mails. Un día, él cruzó el

Bruce y Alicia juntos en su nuevo hogar

límite: «Sos la persona con la que más me gustaría estar» escribió. Alicia: silencio. Él preguntó: «¿Y el mail de ayer?» Ella respondió: «Si te digo que se me aceleró el corazón es suficiente».

El viaje se volvía inevitable. Sus amigos una vez más insistieron. En una se-   35
mana corrió como nunca en su vida en pos° de pasaje° y visa. Antes del viaje, no obstante, una dificultad: Natalia, su hija de 24 años. ¿Qué decir? El temor fue vano.° «Me realivia,° ma» Natalia dijo. «Me estabas preocupando. Te veía tipo adolescente, encerrado todo el día con la compu, con un amor cibernético. Quizás haya que internarla,° pensé. «Esto va a ser más concreto».   40

En el avión sola, Alicia pensó: «Qué bien me vendría° tener un amigo al lado que me diga ‹Está todo bien›». Abrió, entonces, *El alquimista*,° de Paulo Coelho, que llevaba consigo, y leyó: «Cuando una persona sigue los impulsos del corazón, el universo entero conspira para que se cumplan° sus sueños». Guardó el libro. Fue como tener ese amigo. Durante las eternas horas que el avión voló sobre América   45
para llevar por apenas tres días sus sueños de *amor hacia* un sitio jamás pisado,° Alicia no durmió. El aeropuerto al llegar estaba repleto,° Bruce en ningún lado. Lejos, desde otro acceso, él corría, desesperado, entre la gente. Había errado° la entrada y llegaba tarde. Alicia, en tanto, miraba el girar° de las valijas° ajenas sobre la cinta. Entonces sucedió. Clavada en la nuca, intensa y fuerte,° sintió su presencia.   50
Se dio vuelta. Él llegaba corriendo. Lo miró a los ojos y—cuentan—no hizo falta más nada.° No se habían equivocado.

En el departamento° de él, cruzada la puerta, se abrazaron y, sin planearlo, se sorpendieron, diciendo, al unísono,° en inglés: «Por fin juntos otra vez». Ella se quedó tres días y luego, en noviembre, él vino a conocer Argentina. Enero, febrero   55
y marzo, también juntos. Esta vez allá, gran parte del tiempo, en Quebéc, de luna de miel anticipada.° Antes del regreso, ella lo ayudó a levantar° su casa, enviaron todo por barco y, ya aquí, se casaron el 24 de noviembre. Bruce lidia° hoy con los trámites° de residencia, sin la cual aún no puede trabajar. Afortunadamente, explica, cuenta con su jubilación° de la Fuerza Aérea Canadiense, en la cual trabajó   60
hasta 1991. «Afortunadamente también», concluye Alicia, «mis hijos aceptaron nuestra relación y se llevan muy bien con él. De no haber sido así, no obstante, sé que no me hubiera frenado.° Hubiese sido más doloroso, pero no me hubiera frenado».

---

busca / boleto
sin realidad
alivia mucho

mandarla a un hospital para enfermos mentales
Qué… Cómo me gustaría
Alchemist (título de un libro)
realicen
visitado
lleno de gente
hecho un error
con
moverse en redondo / maletas
Clavada… *With a piercing feeling on the nape of the neck*
No… Nada más fue necesario
apartamento
al… los dos al mismo tiempo
de… *on an early honeymoon / pack up*
lucha / actos oficiales para obtener papeles
pensión

dejado la relación

Después de leer

A. Expansión de vocabulario: Palabras relacionadas

Llene los espacios con palabras de la lectura, relacionadas a las palabras en itálica.

MODELO Era una idea *loca*. Era una *locura*.

1. Este amor era un *beneficio*. Los dos estaban _____.
2. Los dos sentían emociones *intensas*. Empezaron a _____ los mails.
3. Hablaron sin *interrupción*. Chatearon 14 horas _____.
4. Alicia se *encerró*. Su hija se preocupó porque su mamá estaba _____ con la compu.
5. Bruce sintió *desesperación*. Corrió _____ entre la gente.
6. Alicia habría sentido *dolor* si sus hijos no hubieran aceptado su relación con Bruce. Eso habría sido muy _____.

B. Comprensión: Opciones múltiples

Complete cada oración con la mejor opción.

1. La persona que le encontró a Alicia el site en Internet para recién separados fue su (hija / amiga / vecino).
2. Alicia y Bruce descubrieron que tenían muchas cosas en común, como, por ejemplo, (música / lecturas / visiones de la vida / todo esto y más).
3. ¿Quién «cruzó el límite» y declaró su amor? (Alicia / Bruce / los dos al mismo tiempo).
4. Cuando su mamá le habló de sus planes para ir a Quebéc, Natalia se sintió (aliviada / enojada / muy feliz).
5. En el avión, Alicia sentía dudas y recibió apoyo de (su compañera de asiento / la foto de Bruce / un libro).
6. ¿Cómo resolvieron el problema de la distancia? (Alicia se mudó a Canadá. / Bruce se mudó a Argentina. / Los dos se mudaron a Nueva York.)

C. ¡Vamos al chateo!

La clase se dividirá en pequeños grupos para hacer tres de las siguientes tareas.

1. Comenten Uds. el papel de los amigos y amigas en buscar una relación amorosa. ¿Cómo ayudaron a Alicia sus amigas? ¿Y a Bruce, sus amigos? ¿Es típico esto? Hagan una lista de las diferentes acciones de nuestros amigos o amigas que nos ayudan o estorban (causan dificultades) para formar relaciones románticas.

2. Comenten las palabras de Alicia cuando entró a Internet: «¿Ven? Es todo basura». ¿Hay basura en Internet? Mucha gente cree que se debe implementar un sistema de control sobre el ciberespacio. Preparen dos argumentos a favor o en contra de esta idea.

3. ¿Hay que decir toda la verdad en Internet? ¿Qué tipo de «mentiritas» son permisibles? Hagan una lista de las mentiras que Uds. creen que son las más comunes en las conversaciones cibernéticas. ¿Por qué se dicen?

4. ¿Existe el flechazo (amor a primera vista)? Cuando Alicia y Bruce se encontraron por primera vez en el aeropuerto, supieron que «no se habían equivocado». ¿Cómo? Imaginen que Uds. escriben una columna en el periódico, *Consejos para enamorados*. Una chica les manda esta carta: «Llevo cinco meses saliendo con mi novio y me propone matrimonio. Me gusta, pero no sé si realmente estoy enamorada. ¿Cómo puedo saberlo?» Contesten su carta.

5. ¿Es egoísta Alicia? Ella dice que aun si Bruce no les hubiera caído bien a sus hijos, no habría terminado su relación con él. ¿Qué les parece esta actitud? ¿Tienen los hijos algún interés en las relaciones amorosas de sus padres que están separados o divorciados? ¿O sólo es así cuando los hijos son pequeños? Escriban unas *Reglas para los padres separados o divorciados con hijos*. (¿Qué deben hacer? ¿Qué no deben hacer nunca?)

D. Juego imaginativo

Use su imaginación para escribir sobre uno de estos temas.

1. Alicia y Bruce en cinco años.

2. Un email de Natalia en la que le describe a una amiga la relación de su mamá con Bruce.

3. Mi romance cibernético con una persona muy rara y «diferente».

SELECCIÓN CUATRO

UNDERWOOD

Antes de leer

Se ha dicho que la salud, el dinero y el amor —en ese orden— son las tres cosas más importantes de la vida. ¿Está Ud. de acuerdo? Algunos dirían que el amor es lo más esencial y que sin él, uno no puede existir. La siguiente historia explora los extremos a los que un individuo llega para preservar una relación amorosa. La historia se cuenta desde la perspectiva del hombre, y nos ofrece una gran sorpresa —¡prepárese ahora!— al final.

Para abrir el tema

¿Es muy importante para Ud. tener una novia (un novio)? Trabajando solo(a) o con otro(s), explique por qué sí o no. ¿Qué hace Ud. para conocer a gente nueva? Si rompe con alguien en una relación amorosa, ¿cuál de las siguientes reacciones es más típica de Ud. y por qué?

a. Participo en muchas actividades para siempre estar ocupado(a).

b. Trato de restablecer la relación con mi amado(a), y a veces hago cosas un poco locas.

c. Me deprimo, no tengo energía para nada, no salgo de casa.

d. Juro (*I swear*) nunca más en esta vida enamorarme de nadie.

A. Vocabulario

Sinónimos en contexto

Estudie la lista, y luego diga qué palabra o frase de la lista es un sinónimo para las palabras en itálica en el párrafo.

amar(se)   querer(se)

angustiado(-a)   en un estado nervioso o preocupado

esposos   personas que están casadas, la una con la otra

la hoja   una página, un papel para escribir

el (la) mentiroso(a)   la persona que dice mentiras (falsedades)

la relación   conexión entre dos personas; por ejemplo, relaciones amorosas

sonriente   con una sonrisa

teclear   escribir a máquina

la vergüenza   humillación, deshonor

volver a + *infinitivo*   hacer algo otra vez

María Luisa tiene un empleo fascinante. Escribe guiones para las telenovelas, guiones de dramas emocionantes. Todos los días ella pone *un papel* en su máquina de escribir y *teclea* furiosamente de niños *con grandes sonrisas*, de mujeres *nerviosas y preocupadas*, de *personas casadas* y amantes que *se quieren*, de gente honrada y de *los que dicen mentiras*, de *conexiones entre personas* escandalosas y bondadosas. Las historias se repiten día tras día. Mañana María Luisa *escribirá otra vez* un drama con los mismos personajes.

B. El texto

Buscando pistas (clues)

Trabajando solo(a) o con otro(s), conteste estas preguntas.

1. Mire Ud. el dibujo en la página 136. ¿Qué es? ¿Qué usamos hoy? ¿Por qué cree Ud. que alguna gente prefiere usar tecnología antigua?
2. Mire la línea 11. ¿Cuál es el mensaje de la carta? ¿Cuántas personas cree Ud. que figuran en el cuento? ¿Cuál es su relación? (Mire Ud. la última palabra del primer párrafo.) ¿Están juntos ahora? ¿Cree Ud. que es una relación pacífica o conflictiva? ¿Por qué?
3. Lea rápidamente los dos primeros párrafos. ¿Quién lee la carta, el esposo o la esposa? ¿Quién escribió la carta, él o ella? ¿Quién llega el viernes?
4. ¿Adónde podría llegar ella? Busque los dos lugares mencionados en el tercer párrafo. _____ y _____

Ahora, en sus propias palabras, haga un resumen de lo que sabe de la historia hasta ahora. ¿Qué cree Ud. que va a pasar?

UNDERWOOD

Enrique Jaramillo Levi*

tardado mucho
unfolded / se...
blurred |
uniéndose /
lloro, lágrimas
dripped on
he hesitated /

limpia

todavía

He crumpled /
smooth it out
peticiones /
outline
pedido con
fervor / conciso

La carta había demorado° en llegar. La tenía ahora frente a los ojos, des-
dobladada,° convulsa entre sus dedos. No lograba iniciar la lectura. Las letras se
desdibujaban° fundiéndose° unas con otras como si el llanto° las hubiese escu-
rrido.° Pero no lloraba. Hacía mucho tiempo que no se daba esa satisfacción. En
cambio vacilaba,° temeroso de la respuesta que había guardado en secreto durante   5
lo que ya parecía una vida. Se concentró, haciendo un esfuerzo enorme, y las letras
fueron recuperando sus pequeñas estaturas, la separación breve y nítida° que carac-
terizaba a la Underwood portátil que él mismo le había comprado poco después de
la boda.

Todo el contenido podía resumirse en la última línea: 10

TE AMO AÚN.° LLEGO EL VIERNES.

Arrugó° la hoja. Casi en seguida volvió a estirarla.° Sus ojos recorrieron ávidos
las disculpas, los ruegos,° el esbozo° de planes que habrían de realizar juntos. Ella
había tenido la culpa de todo, aseguraba. Pero no volvería a ocurrir. Y luego venía
la reafirmación de lo que él había rogado° todas las noches. Y el anuncio escueto°   15
de su llegada. Al buscar la hora en su reloj, notó sorprendido que ya era viernes.

10

15

20

---

*Enrique Jaramillo Levi (1944–), nacido en Panamá, es escritor y profesor. Escribe en sus cuentos de las
posibilidades fantásticas que esconde la realidad y del desarraigo del hombre contemporáneo que lucha
inútilmente por encontrarse.

regret / Rompía el día

Corrió hasta el auto anticipando el abrazo, sintiendo contra su cuerpo el arrepentimiento° de ella, su vergüenza. Amanecía.°

confusas

nada... no sería

Esperó largas horas en la estación. Sus ideas se perdían en las más enmarañadas° conjeturas. Recordó de pronto que no sabía a qué hora llegaría. Ni cómo viajaría hasta él. Hasta podía llegar en avión, nada tendría de° raro. Entones, ¿por qué estaba él en la estación, esperando quién sabe qué autobús? Sin darse cuenta manejó hasta allí, guiado quizá por la forma que había tomado tantas veces aquel sueño. Siempre la miraba bajar sonriente, buscándolo con la vista, hasta que lo veía de pie junto a° la columna que ahora sostenía su peso. Se dijo, angustiado, que era un imbécil.

junto... al lado de

rápido

se...*was thickening* / respiraciones llegada

Por suerte traía la carta. La desdobló presuroso.° No había ningún indicio de cómo se transportaría hasta la ciudad. Pasaron los minutos y la incertidumbre se iba espesando° en sus jadeos.° ¿Cómo no se le ocurrió explicar claramente la hora y el lugar de su arribo°? No había cambiado. Sigue siendo tan irresponsable como siempre. Tendrá que tomar un taxi hasta la casa porque él no puede hacer nada más. Allá la esperaría.

De... Era inútil

La noche se hizo densa y angustiosa. De nada le sirvió° leer durante el día las revistas que lo rodeaban. Tampoco se distrajo escuchando la radio ni saliendo al balcón a cada rato. Pronto serían las doce y entonces la llegada del sábado se encargaría° de probar° otra vez lo que él siempre sospechó: era una mentirosa, la más cruel de las farsantes.°

se... trataría / demostrar con convicción mentirosas

A la una de la mañana confirmó que ya nunca más le creería una sola palabra. Aunque llegaran mil cartas pidiéndole perdón o volviera a escuchar su voz suplicante por teléfono. Caminó hasta la pequeña Underwood, insertó un papel, tecleó a prisa. Las letras salían débiles, destintadas.° Cambió la cinta.° Escribió:

faint / *ribbon*

Querido Ramiro:

fail

Tienes que perdonarme. Perdí el avión el viernes. Iré la próxima semana, sin falta.° Ya te avisaré. Te amo. Debes creerme...

Después de leer

A. Comprensión: Recapitulación de la historia.

Para resumir la historia, complete las oraciones con sus propias palabras.

1. Ramiro había esperado ansiosamente la carta _____.
2. Él y su esposa habían tenido dificultades en su matrimonio y ella _____.
3. Según la carta, su esposa admite _____.
4. Al recibir la carta, Ramiro fue a la estación de autobús para _____.
5. Ramiro cree que ella no llegó porque _____.
6. Él vuelve a su casa y _____.

7. Pero ella _____.
8. Las dos cartas en el cuento fueron escritas por _____.

B. DISCUSIÓN

Trabajando solo(a) o con otro(s), conteste estas preguntas.

1. ¿Qué tipo de relación tienen Ramiro y su esposa, en su opinión? Y Ud., ¿qué piensa? ¿Por qué habrá escrito Ramiro las cartas?
2. ¿Es posible que no exista la esposa? Explique.
3. ¿Existen hombres o mujeres como Ramiro? ¿Puede Ud. pensar en algunos ejemplos de películas, libros o la vida real?

—Siempre juntos, hasta que el matrimonio nos separe.

C. Juego imaginativo: ¡Somos autores!

 Por lo que *no* dice, este cuento deja mucho a la imaginación. Entonces, Uds. también pueden ser autores, creando las partes del cuento que faltan. La clase se dividirá en tres grupos. Cada grupo escogerá uno de los siguientes temas y preparará algo para compartir con la clase.

1. Según Ramiro, su mujer tiene la culpa de todo y cuando ella vuelva, todavía lo amará y tendrá vergüenza por lo que ha hecho. Pero nunca tenemos la perspectiva de ella. ¿Qué diría ella de Ramiro?
2. Es obvio que la esposa de Ramiro lo dejó porque algo había ocurrido o porque había problemas en la relación. ¿Qué habría pasado antes de que comenzara la historia? Invente un párrafo para dar un fondo a la historia (*background*).
3. Cuando termina la historia, Ramiro esta escribiendo otra carta. ¿Pero qué le pasa a él después? ¿Escribe más cartas? Invente un párrafo para terminar el cuento.

D. Ud. es consejero(a)

Trabaje con otra persona, haciendo papeles. Uno(a) de Uds. es consejero(a) para la agencia «Estamos contigo». La otra persona es Humberto (o Hortensia), un(a) cliente que llama con un tremendo problema. Inventen una conversación telefónica entre Uds. dos, usando uno de los problemas de la lista (o inventando otro). Luego, quizás Uds. querrán usar la conversación como una presentación para la clase.

1. ¿Qué puedo hacer? Mi novia(o) vino a vivir conmigo y tiene una fuerte alergia a mi gato Micifuz. No quiero perder a mi amor, pero no puedo abandonar a mi querido Micifuz.
2. No tengo amigos. Nadie quiere estar conmigo y no sé por qué. Algunas personas dicen que siempre repito las mismas palabras. Pero no sé. Es que no tengo amigos y no sé por qué.
3. ¡Qué barbaridad! Mi vida es insoportable. Mi esposa(o) y yo vivimos con mi suegra (*mother-in-law*). Es muy mandona y siempre me grita. También, pasa el día entero cantando canciones románticas y canta tan mal...

E. Composición

El correo electrónico (email) de su amante

Ud. ha pasado todo el día en el aeropuerto esperando a su amante que vive en San Francisco. Hace varios meses que Uds. no se ven. Supuestamente él/ella iba a llegar hoy, pero nunca aparece. Cuando por fin vuelve Ud. a casa, hay un mensaje esperándolo(la) en su computadora. Lea el mensaje y escriba su respuesta:

| Send | Address | Detach | Reply | Reply All | Forward | Store | Print | Delete |

Subject
From

Querido(a) _____
Lo siento, pero después de todo no puedo venir a
visitarte, ni siquiera puedo explicarte por qué. Tienes
que creerme. Mándame un e-mail pronto, mi amor.

Un beso _____
          X

CONECTÉMONOS

La importancia de la tecnología en nuestras relaciones románticas

Las relaciones amorosas son un tema muy importante para la mayoría de los seres humanos. Con la incorporación de la tecnología en nuestra vida, ésta ha tenido un impacto en la manera en que las personas manejan sus relaciones sociales o amorosas.

1. Busque en un periódico en la red o en una revista electrónica la sección de anuncios personales. Lea la sección hasta encontrar algún anuncio que le interese en el que alguien busca una relación amorosa de algún tipo. Después de estudiar la información en el anuncio, dibuje o describa al individuo que lo escribió.

2. Busque en un periódico en la red o en una revista electrónica la sección de anuncios personales. Lea la sección hasta encontrar algún anuncio que le interese en el que alguien busca una relación amorosa de algún tipo. Después de estudiar la información en el anuncio, respóndale a la persona que escribió el anuncio explicándole por qué debe comenzar una relación usando correo electrónico.

3. Después de leer algunos anuncios personales de varios tipos en periódicos o revistas de unos cuantos países hispanoparlantes, escriba su propio anuncio. No olvide de incluir la información necesaria para poder encontrar la persona perfecta para su propósito.

4. Compare la información de los anuncios personales de un periódico o una revista estadounidense y uno(a) publicado(a) en el extranjero. Puede trabajar en un grupo pequeño, en pareja o individualmente. ¿Qué información se encuentra en ambos anuncios? ¿En qué aspecto(s) difieren?

¿QUÉ LES PARECE?

La cirugía plástica

Imagínense un regalo de cumpleaños que cuesta miles de dólares. Según noticias recientes en la prensa Argentina, es común que las adolescentes de 14, 15 y 16 años pidan regalos así de costosos. ¿Qué son? Cirugía estética para corregir la nariz, el busto y otras partes del cuerpo. Según Horacio García y Garza, presidente de la Sociedad de Cirugía Plástica de Buenos Aires: «Las adolescentes quieren tener cuerpo de adultas y las mujeres adultas quieren tener cuerpo de adolescentes; hay una mezcla rara, esta sociedad consume cosas que nadie entiende. . . Nosotros estamos desorientados.»

Por otra parte, hay personas como Joan Rivers (vista en la foto arriba) que se han operado muchas veces para corregir ciertos aspectos de su físico y están muy contentos con los resultados. ¿Quiénes tienen razón? ¿Hay un problema con el uso de la cirugía plástica o no? Trabajando en grupos pequeños, discutan las siguientes preguntas.

Joan Rivers, ardiente partidaria de la cirujía plástica; ella ha tenido muchas operaciones de este tipo en su cara y cuerpo.

- ¿Qué piensas de las chicas argentinas de 14 o 15 años que usan la cirugía cosmética? ¿Hay riesgos? Crees que se debe poner una edad mínima como requisito para la cirugía cosmética o no? ¿Por qué?
- Cada año, más hombres se operan por razones estéticas. ¿Qué te parece esta tendencia entre los hombres? ¿Por qué crees que está tan de moda la cirugía plástica? ¿Es necesario para tener éxito? ¿En qué profesiones?
- Bueno, ¿qué piensas tú de la idea de operarte para transformar tu aspecto físico? ¿Sería una manera de conseguir la felicidad? Si tuvieras el dinero, ¿lo harías o no? Explica.

SELECCIÓN CINCO

LAS DIVERSAS CARAS DEL AMOR

Antes de leer

Una de las preguntas más difíciles de contestar es: ¿Qué es el amor? ¿Es obsesión? ¿pasión? ¿posesión? ¿armonía ¿celos (*jealousy*)? ¿miedo? ¿desilusión? ¿belleza? ¿tristeza? ¿adoración? ¿la unión de dos almas (*souls*)? ¿alegría? O, ¿sigue siendo uno de los grandes misterios de la vida? Sin duda la poesía es una de las máximas expresiones de las diversas caras de este sentimiento. A continuación encontramos algunas expresiones poéticas de este fascinante fenómeno.

Para abrir el tema

¿Se enamora Ud. facilmente? ¿Está enamorado(a) ahora? Trabajando solo(a) o con otro(s), amplifique un poco sus respuestas. De las palabras mencionadas en el párrafo anterior, ¿cuál le parece a Ud. la mejor para describir el amor? ¿Y cuál *no* asocia con el amor? Explique.

A. El texto

Predicción

Los poemas que siguen fueron escritos por tres hombres y dos mujeres. ¿Cree Ud. que hay diferencias esenciales entre lo que quieren las mujeres y los hombres del amor? Trabajando solo(a) o con otro(s), escriba sus opiniones.

Las mujeres quieren _____

_____

Los hombres quieren _____

_____

Compare sus respuestas con las de otros estudiantes. Ahora, mientras lee los poemas, verifique si el/la poeta ha expresado los deseos o esperanzas que Ud. ha anticipado. También, mire los dibujos y los títulos de los poemas antes de leerlos y trate de inferir o predecir los temas principales.

B. Vocabulario

La poesía

Para hablar de la poesía, estudie bien los siguientes términos.

la estrofa (*stanza*)	la imagen	el poema	el/la poeta
la rima	simbolizar	el símbolo	el verso (*line*)

Con la ayuda de su profesor(a), prepare una lista de otras expresiones útiles para expresarse mejor sobre los poemas a continuación.

RIMA XXIII

Gustavo Adolfo Bécquer*

Por una mirada, un mundo;
por una sonrisa, un cielo;
por un beso. . . ¡yo no sé
qué te diera por un beso!

Comprensión

1. Trabajando solo(a) o con otro(s), busque Ud. referencias a lo finito (pequeño) y lo infinito (grande) en el poema. ¿Qué progresión ve?
2. ¿Son novios ya el poeta y la mujer? Explique. ¿Qué emociones expresa él hacia ella?
3. ¿Cree Ud. que es una visión idealista o realista del amor? Explique.

EL AMOR Y EL DESEO

Judith Guzmán Vea*

El amor y el deseo,
son sentimientos hermanos
que no van siempre de la mano,
y causan confusión al humano.
El deseo es una flama,   5
que arrasa° todo a su paso,
obstinado y caprichoso,°
cree que muy dentro ama...
El amor, que nace dentro,
es apacible° y hermoso,   10
tiene paciencia y su gozo
es hacer feliz al amado...
Cuando estos dos se conjugan,
se oyen sonidos divinos,
y se amalgama el destino   15
de dos almas en una sola.

Glosses (left margin):
arrasa° — arruina, aplasta
caprichoso° — sin razón o lógica
apacible° — tranquilo

---

*Gustavo Adolfo Bécquer (1836–1870), el más famoso de los poetas románticos de España. En sus *Rimas* evoca con fina sensibilidad el mundo íntimo del hombre, sus amores, sus sueños y su búsqueda del ideal.

*Judith Guzmán Vea, escritora contemporánea que nació en Guadalajara, México. Su afición por la poesía empezó a una edad temprana, pues escribió su primer verso a la edad de diez años.

Comprensión

1. Trabajando solo(a) o con otro(s), explique cómo se diferencian el amor y el deseo, según la poeta. ¿Está Ud. de acuerdo?
2. ¿Por qué cree Ud. que estos dos sentimientos «causan confusión al humano»?
3. ¿Es posible una verdadera relación amorosa entre dos personas con sólo uno de estos sentimientos? Explique.

VICEVERSA

*Mario Benedetti**

Tengo miedo de verte
necesidad de verte
esperanza de verte
ansiedades   desazones° de verte

encontrarte   tengo ganas de hallarte°   5
preocupación de hallarte
certainty   certidumbre° de hallarte
pobres dudas de hallarte

tengo urgencia de oírte
alegría de oírte   10
buena suerte de oírte
y temores de oírte

o sea
resumiendo
arruinado   estoy jodido°   15
(expresión
vulgar en   y radiante
algunos países)   quizá más lo primero
que lo segundo
y también
viceversa.   20

Comprensión

1. En cada estrofa el poeta usa palabras de contraste. Trabajando solo(a) o con otro(s), identifique estas palabras y explique el contraste.
2. ¿Cómo explica estas palabras el título (y el último verso)?
3. En su opinión, ¿son palabras que describen el amor? ¿Por qué?

---

*Mario Benedetti, que nació en Uruguay en 1920, es uno de los más destacados escritores de nuestra época. No sólo es poeta, sino también novelista, dramaturgo, ensayista y cuentista.

QUÉ MÁS DA

Luis Cernuda*

Qué... *What difference does it make if it's*

Qué más da° el sol que se pone o el sol que se levanta
La luna que nace o la luna que muere.

aparecer

mists

Mucho tiempo, toda mi vida, esperé verte surgir° entre las
                             nieblas° monótonas,

marvel, wonder / fuego

Luz inextinguible, prodigio° rubio como la llama;°   5
Ahora que te he visto sufro, porque igual que aquéllos
No has sido para mí menos brillante

transitorio

que aparecen por turnos

Menos efímero° o menos inaccesible que el sol y la luna
                             alternados.°

Más yo sé lo que digo si a ellos te comparo,   10
Porque aun siendo brillante, efímero, inaccesible,

cuerpos celestes

Tu recuerdo, como el de ambos astros,°

Es suficiente

cubre, encierra

Basta° para iluminar, tú ausente, toda esta niebla que me
                             envuelve.°

Comprensión

1. ¿Qué objetos en el cielo menciona el poeta? ¿Qué cualidades tienen estos objetos? (Busque unos adjetivos que los describen.)
2. ¿Qué cualidades tiene el amado? (Busque unos adjetivos.) ¿Cuál es el único aspecto del amado que le queda al poeta al final del poema?
3. ¿Puede Ud. completar esta analogía?: El sol y la luna dan luz o iluminan temporalmente el cielo nublado. De la misma forma, el hombre amado... del poeta. ¿Es lindo el poema, en su opinión?
4. El poeta amó, pero luego perdió su amor. Para Ud., ¿es mejor amar y perder que nunca amar? ¿Por qué?

REGLAS DEL JUEGO PARA LOS HOMBRES QUE QUIERAN AMAR A MUJERES MUJERES

Gioconda Belli*

I

El hombre que me ame

abrir / cortinas... curtains of my skin

deberá saber descorrer° las cortinas de la piel°

---

*Luis Cernuda (1902–1963), poeta y crítico español cuya obra expresa el abismo entre lo que uno desea y lo que uno puede conseguir o realizar. El poema «Qué más da» es de su colección *Los placeres prohibidos*, que describe sus encuentros amorosos con otros hombres.

*Gioconda Belli (n. 1948) poeta nicaragüense que se destaca por sus lindas evocaciones del amor, del erotismo y de los valores sociales y humanos. Esta selección es la primera parte de un poema de su libro *De la costilla de Eva*.

encontrar la profundidad de mis ojos
y conocer lo que anida° en mí,
nests
la golondrina° transparente de la ternura.°   5
swallow (bird) | afecto

II
El hombre que me ame
no querrá poseerme como una mercancía,°
producto para comprar
ni exhibirme como un trofeo de caza,°
trofeo... hunting trophy
sabrá estar a mi lado
con el mismo amor   10
conque yo estaré al lado suyo.

III
El amor del hombre que me ame
será fuerte como los árboles de ceibo,°
silk-cottonwood
protector y seguro° como ellos,
constante
limpio como una mañana de diciembre.   15

Comprensión

1. Para Ud. ¿qué significa la repetición de la palabra *mujeres* en el título? En el
   poema una mujer da reglas para el hombre que quiera amarla. Según la regla

que describe en la primera estrofa, ¿qué tendrá que encontrar el hombre? ¿Qué tendrá que conocer?

2. Al principio de la segunda estrofa, la mujer describe el tipo de hombre que *no* quiere como amante. ¿Qué hace el hombre que ella *no* quiere? En contraste, ¿qué sabrá hacer el hombre que ella quiera?

3. En la tercera estrofa, la mujer describe el amor del hombre que ella desea. ¿Cómo será?

4. Realmente, ¿hay hombres que tratan a su mujer como mercancía o trofeo? ¿Hay mujeres que tratan así a su hombre? ¿Es una buena idea tener reglas para el amor? ¿Qué reglas tiene Ud. para el amor?

Después de leer

A. Sus ideas sobre el amor

Con otra persona, comenten las siguientes preguntas, luego comparta sus respuestas con la clase.

Estoy enamorada de otro, pero eso no cambia las cosas... Tú puedes seguir saliendo conmigo y haciéndome regalos como antes.

1. ¿Cuál de los poemas te gustó más? ¿Por qué?
2. ¿Crees que es posible el amor romántico hoy día? ¿Es algo positivo o no? ¿Qué películas recientes presentan una historia de amor romántico? ¿Te gustan estas películas? Elabora un poco.
3. ¿Qué tipo de amor quieres Ud.?

B. COMPOSICIÓN

Escriba un poema sobre cualquier aspecto del amor o de la persona amada. Puede inventar su propia forma o seguir una de las formas a continuación.

1. *¿Por qué, oh, por qué?*
   Este tipo de poema se dirige a un individuo, una idea o un objeto y plantea muchas preguntas.

   Verso 1   la preposición *a* y un sustantivo
   Verso 2   *¿Por qué?* seguido de una pregunta
   Verso 3   *¿Por qué?* seguido de una pregunta
   Verso 4   *¿Por qué?* seguido de una pregunta
   Verso 5   *¿Por qué?* seguido de una pregunta
   Verso 6   *¿Por qué?* repetido tres veces
   Verso 7   espacio en blanco
   Verso 8   una pregunta final (sin el *¿Por qué?*) que resuma los sentimientos o contenido de las otras preguntas.

   MODELO: Al amor
       ¿Por qué te escondes de mí por tanto tiempo?
       ¿Por qué no te reconozco a veces?
       ¿Por qué de repente llegas como un huracán?
       ¿Por qué luego desapareces?
       ¿Por qué? ¿Por qué? ¿Por qué?
       ¿No sabes que te necesito todos los días?

2. *Un poema concreto*
   Escoja cualquier sujeto / objeto y escriba un poema usando la forma concreta del objeto como bosquejo (*outline*).

¡Qué misterio! Mi corazón es fascinante. ¡Abre y cierra y abre!

3. *Un poema con aliteración* (Cada palabra empieza con el mismo sonido.)
   Verso 1 un nombre
   Verso 2 el nombre extendido
   Verso 3 el nombre extendido con un verbo
   Verso 4 el nombre extendido, verbo y un adverbio

   Ejemplo: Betina
             Betina Benítez
             Betina Benítez besa
             Betina Benítez besa bien.

CONECTÉMONOS

El arte y la literatura

Hay muchos autores, pintores, escultores, músicos y artistas en diversos puestos cinematográficos y teatrales que expresan sus opiniones y/o sentimientos sobre el amor mediante su arte. Escoja una de las actividades sugeridas y hágala con un(a) compañero(a) o en un grupo pequeño.

1. Vayan al sitio en la red electrónica de algún museo o galería de arte y busquen arte del siglo XIX o XX que muestre cómo ve el amor u otra relación sentimental el individuo que creó la obra, ya sea pintura, escultura, etcétera. Escojan una obra que les afectó emocionalmente y describan cómo el artista usó su arte para mostrarnos su estado emocional o punto de vista.
2. Busquen una obra escrita por algún escritor hispano (un poema o trozo de un cuento, drama o novela). Léanla y luego comenten la relación que la obra expresa. ¿Están de acuerdo con el punto de vista u opinión? Expliquen.
3. Escojan una película en español de España o América Latina que trate las relaciones entre los sexos y después de verla, discutan la situación que presenta la película y cómo ésta difiere de las experiencias de Uds. Algunas posibles películas son: *Fresas y chocolate* de Cuba (*Strawberries and Chocolate*); *Como agua para chocolate* de México (*Like Water for Chocolate*); *Mujeres al borde de un ataque de nervios* y *Átame* de España (*Women on the Verge of a Nervous Breakdown* and *Tie Me Up, Tie Me Down*). Hay muchas más, así que no tienen que limitarse a las que están en la lista.
4. En Internet o en la radio o televisión de habla española, busquen una pieza de música que exprese algún sentimiento o punto de vista sobre el amor, ya sea fiel o infiel. Den su interpretación de la obra según la situación o relación que comenta.

SELECCIÓN SEIS

EL MACHISMO EN MÉXICO

Parte 1

Antes de leer

Todo el mundo ha oído mencionar el *machismo*. Es un fenómeno que afecta no sólo las relaciones entre hombres y mujeres sino que representa toda una filosofía de vida, según muchos sociólogos y psicólogos.

En el siguiente artículo, un escritor mexicano analiza el machismo en su país. Presenta las ideas del famoso poeta y ensayista mexicano Octavio Paz (Premio Nóbel, 1990), quien cree que el machismo tiene sus orígenes en la historia, específicamente en la conquista de México por los españoles en el siglo XVI. Para facilitar la comprensión del artículo, está dividido en tres partes, con ejercicios de prelectura y comprensión para cada parte.

Pero antes de explorar la historia, hablemos del machismo en general.

Sylvester Stallone en la película *Cliffhanger.*

Parte 1
Antes de leer

Para abrir el tema

Ya sabemos que la palabra *macho* quiere decir masculino (pero en el sentido animal). Un *macho* es un hombre supermasculino en este sentido. ¿Cree Ud. que el hombre de la foto es muy macho? ¿Por qué? ¿Qué hombres famosos —actores, atletas, personajes de la tele— considera Ud. muy machos? ¿y poco machos? Entonces, ¿qué es el machismo? ¿Cómo afecta las relaciones entre los hombres y las mujeres? ¿Cuál es su causa, en su opinión?

Vocabulario

Adivinar el sinónimo

De la lista a continuación, escoja el sinónimo que corresponde a cada palabra en itálica en las oraciones.

dominada	el combate	provocan furia en	beber
comprar	abuelos	libre	compañeros
alegran	exclusivo	la reconciliación	mostrar su propia importancia o fuerza

En el artículo leemos que...
1. El machismo no es *privativo* de México.
2. El machista es muy hombre a la hora de *ingerir* licores y en el momento de *la pelea*.
3. Las acciones del machista *enfadan* a las mujeres.
4. El machista quiere que la mujer se encuentre *sometida*.
5. El machista trata de *autoafirmarse* delante de sus *prójimos*.

Ahora lea para aprender más sobre el machismo mexicano y para ver cómo la historia puede influir en la psicología.

EL MACHISMO EN MÉXICO*

Salvador Reyes Nevares

I. La conducta y psicología del machista

El machismo es una característica de ciertos mexicanos. No vale para definir a toda la población del país. Por otra parte, esta singular obsesión no es privativa de México. Puede sospecharse que ciertos españoles o griegos, o franceses o italianos están poseídos de ella.°

¿Qué es el machismo? ¿Cómo es el individuo contaminado de machismo?   5

El machista es un hombre que se da importancia, pero no de cualquier modo: su importancia proviene° de su poderío° sexual. Puede conceder que intelectualmente no descuella gran cosa,° puede estar de acuerdo en que no tiene una habilidad en el trabajo, en que es mediocre para todo, menos en su papel de macho.

El machista es muy hombre con las mujeres, pero también es muy hombre a la   10
hora de ingerir licores y en el momento de la pelea. La borrachera° del varón despierta en las mujeres reacciones: las aterroriza, las escandaliza, las enfada. Lo que hay en el fondo de la conducta machista es una frase: «Para que vean que no me importa lo que ella quiera. Yo hago lo que me da la gana°». Hay un propósito° obsesivo de probar que se es libre respecto a° la mujer y que ésta se encuentra absoluta-   15
mente sometida.

El machista pretende autoafirmarse. ¿Delante de quién? Delante de sus prójimos que lo contemplan. ¿Respecto a quién? Respecto a una mujer.

---

*De *Mundo Nuevo*, revista argentina publicada en París durante los años 60.

Marginal glosses:

it, (se refiere a la obsesión)

viene / poder
descuella... se distingue mucho

estado que resulta de tomar mucho alcohol

me... deseo hacer / intención
respecto a *with regard to*

Ahora bien, ¿cuál es el tipo de reacción que se establece entre el hombre y la mujer, para que aquél se convierta en un machista? Por debajo de las autoafirmaciones es fácil distinguir una radical conciencia de debilidad. Ese hombre que bebe para demostrar que es muy macho y que hace lo que le da la gana, en realidad tiene serias dudas. Sospecha que es débil y que está a merced° de la mujer. El machista se percata° de esa realidad pero no quiere confesarse a si mismo que se ha percatado. Él es el fuerte. Es el macho, el jefe, el que manda. Y entonces monta su rudimentario mecanismo de prueba: hace lo que a la mujer no le gusta que haga.

El machista puede tener muy mal gusto, pero logra lo que se propone: la derrota lacrimosa° de la hembra. Se consuma° con esa derrota, una especie de venganza° oscura. Voy a explicarme con más rigor.

a... at the mercy
se... está consciente

derrota... tearful defeat / *Se...* Se completa / vengeance

Comprensión

1. ¿Qué es un machista? ¿Qué poderío superior cree tener?
2. ¿Qué acciones son típicas del machista?
3. ¿Qué dudas tiene? ¿Qué logran sus acciones?

Parte II
Antes de leer

Trabajando solo(a) o con otro(s), estudie el siguiente dibujo y el texto para conocer a tres figuras importantes: La Malinche, Hernán Cortés y Cuauhtémoc. Luego, complete las frases con la opción más apropiada.

Según Octavio Paz, la conquista fue para los mexicanos una violación de su tierra y de sus mujeres. El símbolo de esta violación es una mujer, la Malinche, la amante indígena (india) del jefe español Hernán Cortés, que luego de ayudarlo, se casó con uno de sus soldados y se fue a España. La contraparte de ella es Cuauhté-

20

25

30

35

moc, el joven y heroico emperador azteca que prefirió morir torturado antes de cooperar con los españoles. El mexicano contemporáneo siente ambivalencia hacia la parte india de su ser: vergüenza por la capitulación de la traidora *(traitor)* Malinche; orgullo por el heroismo de Cuauhtémoc.

Al mismo tiempo, la figura del español tiene una doble cara: por un lado, el mexicano odia al conquistador por invadir su tierra; por otro, admira la fuerza y agresividad de los españoles victoriosos. El resultado de todos estos sentimientos conflictivos da origen al machismo, que es una combinación de orgullo y duda, amor y furia, victoria y derrota (conquista).

Comprensión

1. La mujer indígena llamada «la Malinche»...
    a. cooperó con los españoles.
    b. era amante de Cuauhtémoc.
    c. se quedó con el español Hernán Cortés toda su vida.
2. El joven Cuauhtémoc...
    a. cooperó con Hernán Cortés.
    b. era emperador maya.
    c. murió torturado por los españoles.
3. El mexicano contemporáneo siente...
    a. total admiración y orgullo hacia la parte india de su ser.
    b. emociones contradictorias —positivas y negativas— hacia las dos partes de su ser.
    c. sólo odio y rencor hacia la parte española de su pasado.

Ahora, lea la segunda parte para aprender cómo la historia influye en la psicología del pueblo mexicano.

II. El origen histórico del machismo: El papel femenino y masculino

La historia de México se inicia con un acto de fecundación° entre los españoles y los indígenas.* De esta conjunción surgió° un nuevo pueblo. Lo curioso del caso es que nosotros en México hemos elegido a uno de los troncos° de nuestra ascendencia° para atribuirle nuestro cariño y nuestro respeto. Nos hemos declarado indígenas. A pesar de esto, tenemos sentimientos ambivalentes hacia nuestro pasado indio, igual que hacia los españoles.

Experimentamos° rencor hacia lo ibérico° por haber invadido nuestra cultura indígena. «...la conquista —dice Octavio Paz— fue también una violación,° no solamente en el sentido histórico, sino en la carne misma° de las indias.» Como consecuencia de esta violación original, el mexicano siente un temor enfermizo, violento

*Aquí se refiere a la conquista española. La combinación de españoles e indios creó una raza nueva: los mestizos.

por todo lo que pueda mancillar° la integridad de sus mujeres: su madre, su esposa, su hermana, su hija.

Por otro lado, lo ibérico reside también en nosotros. Lo español fue el elemento activo y predominante en la conquista, así representando la parte masculina. Lo indígena hace la parte femenina en aquel trance° de fecundación. El mexicano de hoy, pues, se ve compelido a probar su masculinidad, para no asociarse con la parte femenina de la conquista. Dedica todos sus actos a ese propósito fundamental de no permitir que se dude de él.

Aunque el mexicano siente cariño y respeto por lo indígena, también experimenta vergüenza.° En la figura de la Malinche, la madre universal del mexicano, Octavio Paz ve «el símbolo de la entrega°». Dice que repudiamos a la Malinche, pero es un repudio a medias.° Al renegar° de la Malinche, en realidad renegamos a la parte india de nuestro ser. Pero, no obstante, en Cuauhtémoc la reverenciamos y la admiramos. El mexicano oscila entre estos dos sentimientos —repudio y admiración— siempre que vuelve la cara hacia su pasado indígena.

Amor contrariado° es, pues, el primer motor° del machismo. Amor y vergüenza y una rabia° de siglos. El machismo implica un acto de afirmación de la masculinidad. El acto erótico constituirá la prueba por antonomasia.° Mi conducta al volante° de un automóvil, o al frente de un grupo de subordinados, o en una reunión de condiscípulos,° o en una fiesta será siempre una conducta machista. Con ese fin gritaré y reiré más que los otros, y provocaré alguna riña° para que reparen en mí;° y sobre todo, mantendré uncida° a mi mujer a una disciplina que la preserve a ella y a mí me reafirme en mi condición de jefe de la casa.

Left margin glosses:
deshonrar

momento crítico

shame
capitulación
a... parcial / negar vigorosamente

frustrado / *motivating force* furia
por... por excelencia
steering wheel compañeros
combate, pelea / **reparen...** me observen / *yoked*

Line numbers: 55, 60, 65, 70, 75

Comprensión

1. ¿Cuáles son los dos troncos de la ascendencia mexicana? ¿A cuál le dan cariño y respeto los mexicanos de hoy?
2. ¿Qué emociones contradictorias sienten muchos mexicanos hacia los españoles? ¿hacia los indígenas?
3. ¿Qué representa la Malinche? ¿y Cuauhtémoc?
4. ¿Cómo actúan muchos hombres mexicanos a causa de esta inseguridad cultural?

Opiniones

¿Cree Ud. que muchos niños crecen con un complejo de frustración o resentimiento a causa de injusticias que les pasaron a sus antepasados (*ancestors*)? ¿Qué hacen como consecuencia?

Parte III
¿De qué se trata?

Trabajando solo(-a) o con otro(s), estudie el texto abajo, y el dibujo en la página 156. Luego conteste la pregunta.

El machista necesita una mujer con cualidades exageradamente femeninas. ¿Qué cualidades ve Ud. en la hembrista?

Antes de leer

Piense un momento en el efecto de la violenta historia de México sobre los hombres. ¿Qué efecto cree Ud. que esta historia habrá tenido sobre las mujeres mexicanas? ¿Cómo será la «hembrista», la mujer «super feminina»?

La contrapartida: El hembrismo°

exaggeratedly feminine actions and attitudes

coin / características

adversidad / sweetness

El machismo supone el otro lado de la medalla,° el hembrismo. Los rasgos° de la feminidad son normalmente pasivos: la paciencia, la fidelidad, la resistencia ante los infortunios,° la dulzura°...

80

sacrificada

a... a tal extremo

boasts / descortesías

obediente / avizorar... ver una solución / atenerse... aceptar / existe

Pues bien, la «abnegada° mujer mexicana» es una suma de tales virtudes, pero llevadas a lo alto° que acaban por ser ridículas. El hombre machista necesita una mujer así. Para los alardes° de virilidad insaciable, la mujer que resiste todas las infidelidades es ideal; para exabruptos,° y demás actos de tiranía, una mujer inmensamente pasiva, sumisa° y resistente es indispensable.

85

Es posible avizorar una curación.° Se trata de atenerse a° la dualidad que nos preside.° En el momento en que no subsistan ni la nación del indio ni la del español, sino solamente la del mexicano, en ese momento México se sentirá de una sola pieza, y el machismo se habrá quedado entonces sin base.   90

Comprensión

1. ¿Qué características tiene la mujer hembrista? ¿Por qué necesita el hombre machista una mujer así?
2. ¿Qué curación sugiere el autor para el machismo mexicano?

Después de leer

A. Opciones múltiples

1. El machista cree que es muy importante mostrar su habilidad...
   a. intelectual.   **b.** amorosa.   **c.** económica.
2. El machista se emborracha y pelea para probar que tiene...
   a. gran respeto por la mujer.   **b.** miedo de otros hombres.
   c. libertad absoluta de acción.
3. En realidad el machista...
   a. no trata de autoafirmarse.   **b.** duda de su fuerza.
   c. obedece a su mujer.
4. A causa de la violencia que sufrieron los indios durante la conquista española, el mexicano de hoy está obsesionado con...
   a. la pureza de las mujeres de su familia.   **b.** la cultura española.
   c. el miedo de entrar en peleas.
5. ¿Qué siente el mexicano contemporáneo hacia la parte india de su ser?
   a. admiración sin límites   **b.** indiferencia absoluta
   c. emociones contradictorias
6. Como prueba de su masculinidad, el machista *no*...
   a. grita en las fiestas.   **b.** permite que su mujer tenga libertad.
   c. maneja el auto rápidamente.

B. Actividad: ¿Existen el machismo y el hembrismo en nuestra sociedad?

Traiga a clase o una revista para hombres o una para mujeres del tipo que se puede comprar en el supermercado. Trabaje en un grupo para escribir ejemplos de objetos, temas y publicidad que Uds. encuentran, y contestar las preguntas. (Si las revistas están en inglés, no se olviden de traducir el título y los nombres de los objetos al español.) Contesten las preguntas y comparen sus respuestas con las de otro grupo.

1. ¿Ven Uds. muchas diferencias entre las revistas para hombres y las para mujeres? Expliquen.
2. ¿Qué semejanzas ven? ¿Creen Uds. que hay hombres que leen revistas para mujeres y viceversa? ¿Por qué?
3. Para Uds., ¿qué evidencia de hembrismo o de machismo hay?

	Revistas para hombres	**Revistas para mujeres**
1. títulos	_____	_____
2. objetos, imágenes	*motocicletas*	*maquillaje*
3. temas	*el béisbol*	*cómo bajar de peso*
4. publicidad	*coches*	*perfumes*

C. DISCUSIÓN

Buscando la psicología en la historia

Trabajando con otro(s), discutan uno de los siguientes temas. Luego, cada persona debe escribir un párrafo sobre el tema que más le interesa.

1. El escritor canadiense Pierre Berton cree que algunas de las diferencias entre el pueblo estadounidense y el canadiense se deben a la historia. Por ejemplo, la mayor incidencia de violencia en Estados Unidos (mucho más alta que en Canadá) puede ser el resultado de las distintas maneras de colonización. En EE.UU., los colonos *(settlers)* siempre avanzaban primero, y luego vino la ley. El orden se mantenía por el alguacil *(sheriff)*, con un par de pistolas. En Canadá, la ley llegaba primero a los nuevos territorios en forma de la policía real *(Royal Canadian Mounted Police)*. Luego, llegaron los colonos. ¿Qué piensan Uds. de esta idea? ¿Qué otros factores son responsables de la violencia? ¿la glorificación de los mafiosos en el cine y la tele? ¿los juegos electrónicos? ¿el sistema de enseñanza? Expliquen.
2. ¿Creen Uds. que hay gente en ciertas regiones de Estados Unidos que todavía sienten emociones conflictivas a causa de ciertos hechos históricos (por ejemplo, La Guerra Civil [1863–1865] o la industria de la esclavitud)? O, en Canadá y Estados Unidos, ¿el robo de las tierras indígenas? ¿Existe alguna relación entre estos incidentes del pasado y la discriminación y el prejuicio de hoy? ¿Cuánto tiempo duran las consecuencias de la injusticia? ¿Creen Uds. que se transmiten a través de las generaciones emociones como resentimiento, culpabilidad, confusión, baja autoestima, pesimismo? Expliquen.

D. Análisis de una escultura

El escultor mexico-americano Emanuel Martínez de Denver, Colorado hizo la escultura que se ve en la foto. Trabajando solo(a) o con otro(s), comente estos puntos.

"Warriors" (Guerreros) una obra del escultor mexico-americano, Emanuel Martínez de Denver, que muestra un punto de vista diferente sobre la conquista.

- la presentación original: ¿Por qué es diferente esta presentación de la conquista española?
- el mensaje: Para Ud., ¿qué quiere comunicarnos el escultor?

CONECTÉMONOS

El machismo y el hembrismo

Después de leer las selecciones del texto, pase un poco de tiempo pensando en los conceptos del machismo y su contraparte, el hembrismo. Con un(a) compañero(a) o en un pequeño grupo, discutan si estos conceptos tan «hispanos» existen en los países angloparlantes como los Estados Unidos y el Canadá. Cuando lleguen a una conclusión o a un acuerdo, busquen ejemplos usando la red electrónica que apoyen *(support)* su punto de vista. Éstos pueden ser anuncios, artículos, dibujos, obras de arte o cualquier otra cosa. Para finalizar el proyecto, hagan una breve presentación al resto de la clase para que todos puedan compartir los ejemplos y los puntos de vista. ¿Están todos los miembros de la clase de acuerdo? ¿Ha logrado su grupo convencer a los individuos que piensan de manera diferente?

E. COMPOSICIÓN

Algunas personas opinan que sin el machismo y el hembrismo, la vida pierde mucho de su emoción y romanticismo. ¿Cree Ud., como consecuencia, que la vida norteamericana es menos interesante y feliz que la de ciertas otras culturas?

capítulo 4

CUESTIONES ÉTICAS

El tres de mayo, del pintor español, Francisco de Goya y Lucientes (1746–1828)

Jaguar en una jaula

Quetzalcóatl (Serpiente
emplumada), un dios de los aztecas

VOCABULARIO PRELIMINAR

Estudie el vocabulario antes de empezar la sección sobre dos cuestiones éticas difíciles. Luego utilice este vocabulario como medio de consulta durante su estudio del capítulo.

crear	producir, hacer, establecer
derecho, el	autoridad de actuar o pedir algo; **tener derecho a** *to have a right to*
ética, la	parte de la filosofía que trata de la moral y de las obligaciones del individuo; *adj.* **ético**
peligro, el	una dificultad inminente, algo que puede causar consecuencias graves; *adj.* **peligroso**
piedad, la	compasión, caridad, bondad; *adj.* **piadoso**
probar	experimentar, verificar, investigar; *s.* **prueba, la**
represión	control, a veces excesivo, dominio; *adj.* **represivo**
resaca, la	en lo sociopolítico, una reacción negativa o violenta que se opone fuertemente a otra acción (*backlash*)
ser humano, el	hombre o mujer, persona, individuo
tomar una decisión	decidir o resolver algo, formar juicio definitivo sobre algo dudoso o discutible
tener la culpa	ser moralmente responsable de algo, ser la causa de una situación; *adj.* **culpable**

¡Pirámide de $10.000!

El/La profesor(a) le da a cada estudiante 4 tarjetas. Cada tarjeta tiene una palabra del **Vocabulario preliminar** (y otros términos útiles). Luego la clase se divide en grupos de dos: Jugador A y Jugador B. El Jugador A empieza con una definición de su palabra, ¡pero sin mencionar la palabra! El Jugador B trata de adivinar cuál es la palabra.

MODELO	Jugador A	Es una dificultad inminente, un...
	Jugador B	¡El examen final!
	Jugador A	No, no. Algo con consecuencias potencialmente graves, como caminar solo a las tres de la mañana en la ciudad.
	Jugador B	¡Un peligro!
	Jugador A	Sí. Eres brillante.

Cuando el Jugador A termina con sus 4 palabras, el Jugador B empieza con las suyas. Al terminarse las 8 palabras, se pueden intercambiar las tarjetas con otro grupo.

SELECCIÓN UNO

DOS CUESTIONES DIFÍCILES

Cada día se nos presentan situaciones que requieren una decisión moral. Generalmente son decisiones difíciles y polémicas, porque no todos tienen la misma opinión. A continuación examinamos dos de estas cuestiones.

CUESTIÓN UNO: EL USO DE ANIMALES EN LOS EXPERIMENTOS CIENTÍFICOS

Antes de leer

Para abrir el tema

Trabaje con otra persona. Miren la foto y su comentario tomados de la revista española *Quo*. Luego, discutan sus reacciones completando las siguientes oraciones con la mejor opción.

Cuestión de cálculo
Según estudios de la Universidad de Columbia (Estados Unidos), los monos son capaces de hacer cálculos que hasta ahora parecían imposibles para cualquier animal que no fuera el hombre. Al parecer, son capaces de ordenar números del uno al nueve, habilidad que utilizan principalmente para delimitar las jerarquías de un grupo y reordenarlas si muere el líder.

1. Algunos científicos han descubierto que los monos son capaces de
   a. sentir emociones.   b. hacer cálculos.   c. hablar español.

2. Los monos usan esta capacidad para reordenar la jerarquía entre ellos
   a. después de la muerte de un líder.
   b. cuando no hay suficiente comida.
   c. si se encuentran en contacto directo con los hombres.
3. Un descubrimiento como éste muestra que los monos
   a. nunca van a aprender mucho.
   b. pueden ser útiles en la industria de computación.
   c. se parecen a nosotros más de lo que pensábamos.

¿**E**s cruel o necesaria la experimentación con animales? Es un tema que provoca bastante controversia estos días. A continuación se encuentra una presentación gráfica de los principales tipos de experimentos.

Lea Ud. el texto* rápidamente con el fin de *identificar el uso básico de los animales en cada categoría.*

Espacio. *Monos, perros, ratas... se envían al espacio para tratar de resolver las graves enfermedades físicas y trastornos psíquicos que padecen los astronautas durante los viajes muy largos.*

Biotecnología. *Ya se pueden patentar —y comercializar— seres vivos manipulados genéticamente. Esto es una clara muestra del enorme dominio que ejerce el hombre sobre la naturaleza.*

Toxicología. *Las industrias farmacéuticas y de cosmética están obligadas a probar sus productos, una y otra vez, en dos especies distintas de animales como mínimo, antes de lanzarlos al mercado.*

Cirugía. *Perros, cerdos y caballos son elegidos por los científicos para estudiar las nuevas técnicas quirúrgicas, el problema de los trasplantes o para que los médicos nóveles hagan manos.*

Defensa. *Se estima que más del 80 por ciento de los animales de experimentación van a parar a centros militares. ¿Con quién se prueban los nuevos proyectiles, armas convencionales, biológicas...?*

Neurología. *Se va frenando el uso de primates superiores —como el chimpancé y el orangután— para explorar el cerebro. El dolor en estos ensayos puede alcanzar cotas inimaginables.*

*El texto y las ilustraciones son de la revista *Muy interesante*, publicada en España.

Después de leer

A. Identificación

Identifique el uso principal de los animales en cada categoría.

Los animales: chimpancés, perros, cerdos (*pigs*), caballos, monos (*monkeys*), ratas, gatos, vacas

MODELO

Categoría	**El uso básico**
___a___ defensa	a. probar armas nuevas
	b. explorar el cerebro

Categoría	**El uso básico**
_____ 1. espacio	a. probar proyectiles, armas convencionales
_____ 2. biotecnología	
_____ 3. toxicología	b. ayudar al entrenamiento (*training*) de los médicos, investigar nuevas técnicas médicas
_____ 4. cirugía (*surgery*)	
_____ 5. defensa	c. explorar el cerebro
_____ 6. neurología	d. probar productos cosméticos y farmacéuticos antes de venderlos
	e. manipular animales genéticamente; por ejemplo, criar vacas que producen cantidades máximas de leche
	f. curar enfermedades de los astronautas

B. En su opinión

Con otra persona, comenten las siguientes preguntas. Luego, compartan sus respuestas con la clase. Consulten el vocabulario de la actividad A.

1. ¿Qué usos de los animales te parecen necesarios o justificables? ¿Por qué?
2. ¿Qué usos te parecen crueles o injustos? ¿Por qué?

C. ¿Tienen derechos los animales?

Aquí tiene Ud. algunos argumentos a favor y en contra de la experimentación con animales.

PRO	CONTRA
● Hay que probar las vacunas (*vaccines*) primero en los animales. Así se conquistaron la polio y la viruela (*smallpox*). ¿Es preferible experimentar en seres humanos?	● Lo que sucede en los laboratorios es asesinato y nada menos. El animal es un ser vivo que tiene derecho a la vida.
● El ser humano es una especie (*species*) distinta, con capacidades superiores	● El ser humano es animal también, pero abusa de los animales no humanos. No es cuestión de superioridad o inferioridad, sino de la coexistencia de las especies.

¿Qué argumentos defiende Ud.? ¿Qué argumentos ataca? Explique sus respuestas a otro(a) estudiante o a la clase.

D. Entrevista

Entreviste a un(a) compañero(a) sobre los siguientes usos de los animales. Después, explique sus opiniones en un breve resumen oral o escrito.
¿Qué piensas tú de estos usos de los animales? ¿Se deben permitir o prohibir? ¿Por qué?

- los abrigos de piel (*fur*)
- la caza (*hunting*)
- comer carne de animal
- los perros que buscan drogas ilícitas
- usos terapéuticos; por ejemplo, ayudar a los enfermos, viejos, ciegos (*blind*) y sordos (*deaf*)

- experimentar con animales de alta inteligencia (cerdos, delfines, simios, ratones)
- llevar zapatos de piel (*leather*)
- la producción masiva de pollos, manteniéndolos en jaulas (*cages*) muy pequeñas

Comentario sobre el dibujo

¿Qué dirían los toros? Trabajando solo(a) o con otro(s), escriba las palabras del toro. ¿Qué piensa él de la corrida de toros?

CUESTIÓN DOS: ¿TENEMOS EL DERECHO A MORIR?

Antes de leer

Para abrir el tema

En Estados Unidos y Canadá hoy es muy común que la gente se muera en el hospital. Con otra persona, miren la página 170 y comenten la foto de una persona agonizante (en el proceso de morirse), con estas preguntas.

1. En tu opinión, ¿cómo se siente la persona de la foto? ¿Por qué? ¿Qué cosas le estarán molestando?
2. ¿Qué estará pensando la persona que está con él?
3. Si el paciente sufre de una enfermedad incurable y quiere morirse, ¿crees que él tiene derecho a escoger su muerte? ¿Deben los médicos ayudarle a hacerlo? ¿Bajo ciertas circunstancias? ¿Nunca? Explica tu opinión.

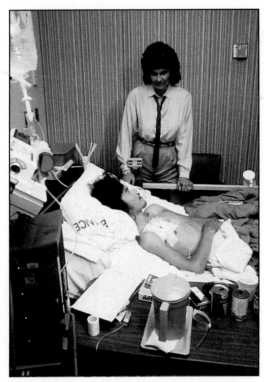

Actualmente, la mayoría de la gente muere en el hospital.

Mucha gente cree que hay una tendencia en los países anglosajones a negar la muerte. Una viuda de Los Ángeles se quejó de que su marido murió y después ninguno de los vecinos ni los amigos habló de él. Como ella era inmigrante de México, estaba acostumbrada a la celebración cada año del Día de los Muertos cuando las familias se reúnen (viajando muchas veces de muy lejos para estar juntos), visitan los cementerios y hablan de sus queridos difuntos (personas muertas), mirando fotos de ellos y recordando los buenos tiempos. Pero esto no pasa en Estados Unidos y Canadá donde las costumbres son diferentes. Lea el siguiente texto de la revista mexicana, *Muy interesante*, y conteste las preguntas.

Vocabulario útil: **calacas** figuras de la muerte; **alfeñiques** *thin sugar wafers;*
calaveras *skulls;* **cenizas** ashes; **módicos** económicos.

Así nos enfrentamos a la muerte

La fiesta de muertos en México es conocida en todo el mundo por su colorido y originalidad: gastronomía, arte y religiosidad (cristianismo y ritos prehispánicos) se fusionan en esta fecha.

México. Los días 1° y 2 de noviembre, el pueblo se reúne en los cementerios para esperar el regreso de los familiares muertos. Se les ofrece pan, mole, chocolate, tamales, frutas... Se fabrican calacas de cartón, alfeñiques y las mundialmente famosas calaveras de azúcar. Una gran fiesta que recuerda a los muertos y celebra la vida.

EE. UU. En la Unión Americana está poniéndose de moda lanzar las cenizas de los muertos al espacio y congelar los cuerpos y posteriormente extraerles el agua para conservarlos incorruptibles. Todo esto por módicos 25.000 dólares.

Después de leer

A. Comprensión

1. ¿Qué ritos funerarios se practican en México?
2. Según el texto, ¿qué ritos están de moda en Estados Unidos? ¿Qué piensa Ud. de éstos?
3. ¿En cuál de las dos culturas cree Ud. que la muerte es un fenómeno más aceptado? Explique.

B. ¡A la pared!

Su profesor(a) escribirá las siguientes frases en un papel (una frase por cada hoja) y los colgará en la pared (con distancia entre las dos hojas). Los estudiantes se levantarán de su asiento para colocarse a lo largo de la pared debajo de la posición que favorecen o en cualquier punto entre los dos extremos, según sus creencias. Después, cada estudiante le preguntará a un(a) compañero(a) *¿Por qué estás aquí?* y varios estudiantes explicarán su posición a la clase.

Dice la nieta de una mujer que murió en el hospital:

«La muerte de mi abuela en el hospital fue un infierno mecánico—la cosa más deshumanizante que jamás podrías imaginar».

Dicen los médicos:

«Es nuestra responsabilidad moral mantenerla así (conectada a unas máquinas) mientras sigan funcionando sus órganos vitales».

C. Encuesta

A continuación encontrará algunas declaraciones sobre el tratamiento médico de enfermos y viejos. Trabajando en grupos pequeños, averigüen (*find out*) con cuáles están de acuerdo (o no están de acuerdo) los otros del grupo y por qué. Compartan sus respuestas con la clase.

	Sí	No	No sé
1. El «medicidio», el suicidio asistido por un médico, no debe ser legalizado. El doctor que participa en esto es un criminal.	☐	☐	☐
2. Un anciano que mata a su esposa que sufre del mal de Alzheimer es un asesino.	☐	☐	☐
3. Se debe legalizar el uso de la marihuana en casos médicos.	☐	☐	☐
4. El paciente es la única persona que debe tomar decisiones importantes (o en persona o en un *Testamento en vida*) sobre su vida y muerte.	☐	☐	☐
5. No se deben publicar libros o guías que den instrucciones explícitas para el suicidio.	☐	☐	☐

D. Otras cuestiones éticas

1. *¿Fumar o no fumar?*

En Costa Rica aparecen en los restaurantes y otros lugares públicos estas tarjetitas dirigidas a los fumadores y los no fumadores. Son notables por su tono civil y cortés. ¿Cuál es su reacción al concepto de *La cortesía de elegir?* ¿Sería aceptado en los restaurantes y lugares públicos de nuestro país?

En grupos pequeños, lean el texto y luego expresen su opinión. Preparen su propio documento explicando cuatro o cinco derechos específicos de los fumadores y los no fumadores. Entonces lean su documento a la clase.

2. Pequeñas entrevistas espontáneas

Imagínese que Ud. es un(a) periodista que solicita opiniones sobre los temas que se dan a continuación u otros de interés actual. La clase debe dividirse en grupos de cinco personas. Una persona hace las preguntas, otra persona toma apuntes y las otras dos o tres contestan las preguntas. Luego, el/la secretario(a) de cada grupo compartirá las opiniones con la clase.

«Buenos días. Soy periodista del famoso periódico _____. ¿Qué piensa Ud. de...»

- la gente que exagera sus calificaciones o aumenta con información falsa su currículum vitae, su solicitud de trabajo, sus credenciales profesionales, etcétera?
- la venta en este país de la píldora RU-486 (que provoca el aborto espontáneamente)?
- un programa federal para pagar dinero a las víctimas del SIDA?

- los estudiantes universitarios que beben tragos rápidos (cuatro–ocho bebidas en una hora)?
- ¿ ? (su propio tema)

Comentario sobre el dibujo

¿Es uno más culpable que el otro? ¿O es que, en realidad, no hay ningún problema aquí? Explique.

¿QUÉ LES PARECE?

La comida transgénica

El 30% (por ciento) de las tierras cultivadas del planeta ya están sembradas con semillas (*seeds*) modificadas por la ingeniería genética. Esta técnica científica se ha desarrollado muy rápidamente en los últimos años. Se producen así los *alimentos transgénicos*, nueva invención que muchos llaman «la comida del futuro». Algunos alimentos prometidos son los siguientes: papas que se pueden freír sin que absorban aceite, frutas y verduras que podrán guardarse por mucho tiempo, plátanos que te protegen contra la hepatitis. También, se supone que con estos cultivos no será necesario usar los insecticidas que ahora presentan tanto peligro para el medio ambiente y para la salud humana.

Suena muy lindo, ¿no? Sin embargo, hay mucha gente que está en contra de la producción y la venta de la comida transgénica. Algunas personas han organizado protestas en las puertas de los supermercados. No se confían en la ciencia ni en los negocios que controlan estos nuevos cultivos. Tienen miedo de la técnica que combina genes de diferentes especies de plantas. ¿No se podrán crear plantas monstruosas (tipo *Frankenstein*) y dañinas? Sería mejor esperar hasta hacer una investigación completa de esta nueva técnica y sus posibles consecuencias. Claro, hay compañías grandes que ahora ganan mucho dinero con estos nuevos productos y ellas no quieren esperar.

Con otra(s) persona(s), contesten las siguientes preguntas.

1. ¿Qué comidas mencionadas le podrían interesar a Ud.? ¿Por qué?
2. ¿Qué le parecen en general los alimentos transgénicos? ¿Cree que son «la comida del futuro»?
3. ¿Hay un peligro en esta nueva técnica? ¿Qué piensa de la idea de un moratorio en la venta de alimentos transgénicos? Explique.

CONECTÉMONOS

Cuestiones difíciles

A través del mundo hay organizaciones dedicadas a cuestiones éticas para levantar la conciencia de la gente y prevenir que continúen o se vuelvan a repetir atrocidades contra personas, animales y la Tierra misma. Hay organizaciones cuyos miembros trabajan para mejorar cómo se trata a los distintos animales en los laboratorios científicos, en los circos, parques zoológicos y otros sitios. También hacen esfuerzos para proteger ciertas especies de animales que están al borde de la extinción o porque sus números son tan bajos ahora o porque se van destruyendo los ámbitos donde viven. También existen aquéllas que advierten los peligros asociados con fumar tabaco, beber alcohol, tomar drogas ilícitas y hasta comer ciertas comidas. Otros individuos trabajan por los derechos de las minorías, ya se basen éstas en la sexualidad del individuo, el color de su piel, su religión o su edad. Lo que todos estos grupos tienen en común es su preocupación por cuestiones éticas que nos afectan a todos por ser miembros de la raza humana.

Con un(a) compañero(a), viajen por la red electrónica (sugerimos el uso del buscador *Yahoo en español* y visiten algunos de los sitios que estas organizaciones mantienen para hablar de su trabajo y reclutar (*recruit*) nuevos miembros entre las personas interesadas en el tema.

1. Junto con su compañero(a), para cada grupo que encuentran interesante, apunten (*jot down*) el nombre del grupo, su propósito o sus metas principales, sus principales actividades y dónde existen grupos asociados.
2. Lean sus apuntes y escojan dos grupos de diferente tipo y escriban un pequeño reporte sobre los éxitos que cada grupo ha tenido, lo que todavía desea lograr y también sus fracasos (*failures*) si los han tenido.
3. Júntense con tres otros pares de compañeros que escogieron diferentes organizaciones y preparen una mesa redonda (*roundtable discussion*) para presentar la información que han obtenido a los otros miembros de su clase.

SELECCIÓN DOS

EL DIECINUEVE

Antes de leer

Para abrir el tema

El Estado contra el individuo. Represión. Muerte. Mire la pintura hecha por el pintor español Francisco de Goya en 1808, página 162. ¿Cómo representa Goya la fuerza militar y mecanizada del Estado? ¿Cómo representa a las víctimas?

Los años pasan pero los conflictos humanos se repiten. En las décadas de los años 70 y 80 del siglo pasado, Argentina, Chile y Uruguay fueron gobernados por juntas militares muy represivas que emplearon la tortura y el asesinato para eliminar cualquier oposición. La represión llegó a influir en todo, hasta en el lenguaje, pues el verbo *desaparecer* se convirtió en un verbo transitivo (un verbo que toma objeto). El gobierno *desaparecía* a muchas personas, usando distintos métodos. Un método común fue llevarlas en avión y «desaparecerlas», empujándolas por la puerta sin paracaídas.

Afortunadamente, esto terminó y los tres países volvieron a la democracia. ¿Pero qué pasa después?

- ¿Será posible llevar a todos los culpables a la justicia?
- ¿Es necesario implementar la amnistía, olvidarse del pasado y buscar la paz?
- ¿Qué opina Ud.? Explique su punto de vista.

A continuación hay un cuento del famoso escritor uruguayo Mario Benedetti en el que presenta el encuentro de un militar culpable de atrocidades con una de sus víctimas.

Marzo 2000. El nuevo presidente de Uruguay, Jorge Batlle, saluda a algunas señoras que votaron por él.

A. Vocabulario

Buscar el sinónimo

Use Ud. su conocimiento del español o su intuición para identificar el sinónimo (o breve definición) de cada una de las palabras tomadas del cuento. (Puede escribir el sinónimo en el libro o en la hoja de un cuaderno.)

MODELO aflojarse _____*relajarse*_____

Palabras del cuento		Lista de sinónimos
1. aflojarse	_____	prisionero
2. coraje	_____	volver a la vida
3. disparates	_____	relajarse
4. espectro	_____	entrar
5. fallecer	_____	valor
6. ingresar	_____	decir que no
7. mar	_____	morir
8. negarse	_____	fantasma
9. preso	_____	océano
10. resucitar	_____	ideas ridículas

B. El texto

La mayor parte del cuento se desarrolla a través del diálogo. Es de notar que la manera más típica de mostrar diálogo en español es con el uso de guiones [—] en vez de comillas [«—»]. En las líneas 1–18, busque la siguiente información.

1. La identidad de los dos hombres que conversan. ¿Sabemos cómo se llaman?
2. ¿Por qué cree Ud. que los presenta así el autor?
3. ¿Qué opina Ud.? ¿Va a terminar el cuento en violencia, en perdón o en amistad? ¿Cuál es su predicción?

Lea el cuento ahora para ver qué pasa entre asesino y víctima.

EL DIECINUEVE*

Mario Benedetti

— ¿Capitán Farías?   1
— Sí.
— ¿No se acuerda de mí?
— Francamente no.

_____

*Mario Benedetti, poeta y cuentista uruguayo de gran renombre. Este cuento es de *El buzón del tiempo*, una colección de cuentos publicada en 1999.

— ¿No le dice nada el número 19?   5
— ¿Diecinueve?
— El preso 19.
— Ah.
— ¿Recuerda ahora?
— Eran tantos.   10
— No siempre. En el avión éramos pocos.
— Pero usted...
— ¿Estoy oficialmente muerto?
— No dije eso.
— Pero lo piensa. Para su información le diré que no soy un espectro. Como puede   15
    comprobarlo,° estoy vivo.
— No entiendo nada.
— Sí, es difícil de entender. Y sepa que no le voy a contar cómo sobreviví. Parece
    imposible ¿verdad? Ustedes trabajaban a conciencia,° y con todas la garantías.
    Pero un vuelo es un vuelo y el mar es el mar. En el mundo hay varios mares,   20
    pero en el mar hay varios mundos.
— No me venga con disparates. Esto no puede ser.
— Sí que puede.
— ¿A qué° vino? ¿Qué quiere?
    Farías estaba recostado° en el cerco° de su jardincito. El 19 estaba de pie, ape- 25
nas a un metro de distancia.
— Nada en especial. Sólo quería que me viera. Pensé: de pronto le quito un peso
    de la conciencia.° Un muerto menos, ¿qué le parece? Aunque deben quedarle
    algunos otros que aún no contrajeron el vicio de resucitar.
— ¿Es dinero lo que pretende°?   30
— No, no es dinero.
— Entonces ¿qué?
— Conocer a su familia. Por ejemplo a su señora, que justamente es de Tucumán
    como yo. Y también a los chicos.
— Eso nunca.   35
— ¿Por qué no? No voy a contarles nada.
— Oiga, no me fuerce a sumir una actitud violenta. Ni a usted ni a mí nos haría
    bien.
— ¿A mí por qué? Nada hay más violento que ingresar al mar como yo ingresé.
— Le digo que no me obligue.   40

Comprensión

1. ¿Por qué no recuerda al 19 el capitán Farías?
2. ¿Cómo explica su escape el 19?
3. ¿Para qué vino? ¿Busca dinero?

Interpretación

¿Quiénes son estos dos hombres? ¿Cómo se conocieron?

Marginal glosses:

confirmarlo

a... con dedicación

A... Por qué

reclinado / fence

le... I'll take a weight off his conscience
quiere

— Nadie le obliga. Eso que hizo antes, hace ya tantos años, ¿fue por obligación, por disciplina o adhesión espontánea?

— No tengo que dar explicaciones. Ni a usted ni a nadie.

balls (vulgar, i.e. courage)

— Personalmente no las necesito. Lo hizo por una razón no tan extraña: no tuvo cojones° para negarse.   45

— Qué facil es decirlo cuando los cojones son de otro.

— Vaya, vaya. Una buena frase. Lo reconozco.

El otro se aflojó un poco. Se le notó sobre todo en la tensión del cuello.

hogar... home sweet home (irónico)
los... su familia
lo... nuestro secreto acción

— ¿No me va a hacer entrar en su hogar dulce hogar?° Ya le dije que a los suyos° no les contaré «lo nuestro°», y yo suelo cumplir lo que prometo.   50

Por primera vez, Farías lo miró con cierta alarma. Algo vio en los ojos del 19.

— Bueno, venga.

— Así me gusta. No se me oculta que este gesto° suyo incluye algo de coraje.

De pronto, el 19 se encontró en un living, sencillo, arreglado con modestia pero también con mal gusto.   55

Farías llamó: «¡Elvira!» Y Elvira apareció. Una mujer con cierto atractivo, todavía joven.

perturbado de la misma región

— Este amigo— dijo Farías más o menos atragantado°—es coterráneo° tuyo.

— ¿Ah si?—la mirada de la mujer se alegró un poco.

— ¿Es de Tucumán?   60

— Sí, señora.

— ¿Y de dónde se conocen?

— Bueno—dijo Farías,—hace mucho que no nos veíamos.

— Sí, unos cuantos años—, dijo el 19.

bueyes... one thing and another
repartió... besó a los niños (según la costumbre hispana)
Se... She drowned.

Hablaron un rato de bueyes perdidos y encontrados.° Entraron los niños. El 19   65
repartió besos,° les hizo las preguntas rituales.

— ¿Usted es casado?—preguntó ella.

— Viudo.

— Caramba, lo siento.

— Hace cinco años que falleció mi mujer. Se ahogó.°   70

— ¡Qué terrible! ¿En la playa?

— Cerca de una playa.

Comprensión

1. ¿Qué explicación da el capitán Farías por sus acciones hace tantos años? ¿Qué explicación da el 19?
2. ¿Qué promesa le da el 19 a Farías con tal de poder entrar en su hogar?
3. ¿Cómo se llama la mujer de Farías? ¿Cómo es ella? ¿Cómo trata al 19?

Interpretación

¿Qué aprendemos de la familia del 19? ¿Cómo cree Ud. que murió su esposa?

Frío / way to
break it
tarea para la
escuela

Siguió un silencio helado.° Farías encontró una salida.°
— ¡Vamos chicos! A hacer los deberes,° que ya es tarde.
— Y usted ¿vive solo?—preguntó Elvira.   75
— Sí, claro.
    No le preguntó si tenía hijos, temiendo que también se hubieran muerto.

se... dusted off
the cuffs of his
trousers
causarles
problemas
cheek
lo... que le pasó
a
a... about to
explode
gate
sin... without
any warning /
empezó

hablándole de
tú / eres

    Con un movimiento casi mecánico, sólo por hacer algo, el 19 se sacudió con la
mano los bajos del pantalón.°
— Bueno, no quiero molestarlos.° Además, tengo que estar en Plaza Italia a las   80
    siete.
    Cuando el 19 apretó la mano de Elvira, tuvo una sensación extraña. Entonces
ella se acercó más y lo besó en la mejilla.°
— Siento mucho lo de° su esposa.
— ¡Vamos! —dijo Farías, a punto de estallar.°   85
— Sí, vamos—apoyó con calma el 19.
    El dueño de casa lo acompañó hasta la verja.° Allí miró fijamente al 19, y de
pronto, sin que nada lo hubiera anunciado,° rompió° a llorar. Era un llanto incontenible, convulsivo. El 19 no sabía qué hacer. Ese diluvio no figuraba en su programa.   90
    De pronto el llanto cesó bruscamente, y Farías dijo, casi a gritos, tuteándolo:°
— ¡Sos° un fantasma! ¡Un fantasma! ¿Eso es lo que sos!

El 19 sonrió, comprensivo, dispuesto a hacer concesiones. Y también se incorporó al tuteo.

—Por supuesto, muchacho. Soy un fantasma. Al fin me has convencido. Ahora límpiate los mocos° y andá a llorar en el hombro de tu mujercita. Pero a ella no le digas que soy un fantasma, porque no te lo va a creer.

límpiate... *wipe your nose*

95

Comprensión

1. ¿Cómo se despidió Elvira del 19? ¿Por qué?
2. ¿Qué hizo el capitán al acompañar afuera a su invitado? ¿Qué le gritó después?

Interpretación

Al final, ¿cómo responde el 19 al capitán Farías: con compasión, con amistad o con un insulto?

Después de leer

A. Opiniones

Con otra(s) persona(s), háganse las siguientes preguntas.

1. ¿Cómo sabe el preso 19 que la esposa de Farías es, como él mismo, de la ciudad de Tucumán?
2. Para ti, ¿quién es realmente el preso 19? ¿Es un fantasma o es real? Explica.
3. ¿Por qué vino a visitar a Farías? ¿Al fin, obtuvo el 19 lo que quería?
4. En tu opinión, ¿por qué habrá escrito este cuento Benedetti?

B. En el teatro

Como el cuento *El diecinueve* contiene mucho diálogo, es fácil imaginarlo como una pieza de teatro. Trabajando en un grupo, preparen una de las siguientes tres partes del cuento como una escena para presentar a la clase. Una persona del grupo es el(la) director(a) y tiene la responsabilidad de designar papeles (*roles*), servir como narrador(a) y arreglar vestuario (ropa), objetos necesarios para la acción y efectos sonoros. Primero, hay que discutir qué emociones se expresan en la escena. Luego, hay que ensayar (*rehearse*). Los actores pueden usar sus libros pero tienen que aprender sus papeles para poder pronunciar bien las palabras, usar los gestos correctos y expresar las emociones apropiadas. El(La) director(a) los ayudará.

1. El encuentro (líneas 1–40)

   Tres personas: el(la) narrador(a) (que presenta a los actores, explica un poco la acción o el ambiente y lee todo lo que no es diálogo), el 19 y el capitán.

2. La visita (líneas 49–74)

   Cuatro a seis personas: el(la) narrador(a), el 19, el capitán, Elvira y posiblemente dos niños. (Éstos tendrán que inventar sus palabras y gestos).

3. La despedida (líneas 75–97)

   Cuatro personas: el(la) narrador(a), el 19, Elvira y el capitán.

C. Uds. son el jurado: ¿Quiénes tienen la culpa?

La clase se divide en tres grupos. Cada grupo hace el papel del jurado (*jury*) en uno de los siguientes juicios (*trials*). Discutan el caso hasta tomar una decisión unánime. Luego, preparen una declaración explicando su decisión, y léanla a la clase.

1. *Los soldados que obedecían órdenes.* Durante diez años de un gobierno represivo, los soldados y policías «desaparecían» (y a veces torturaban) a miles de personas. Ahora las familias de las víctimas quieren justicia. ¡Que los culpables vayan a la cárcel y que el gobierno les diga la verdad!

   Algunos representantes del gobierno mantienen que es necesario declarar una amnistía. «Ahora es imposible probar qué es lo que pasó. Empezar investigaciones podría provocar problemas y hasta violencia. Además, muchos soldados y policías eran muy jóvenes y no tenían opciones. Dice uno: «Era torturar o ser torturado. No me atrevía a negarme a las órdenes de mi comandante».

   ¿Quiénes son los culpables? ¿Debe castigarse a los soldados y policías que obedecían órdenes? ¿O a los oficiales más altos? ¿O es mejor la amnistía?

2. *¿Arte comprado o arte robado?* En muchos museos del mundo se exhiben artefactos de diversas culturas que fueron conseguidos por exploradores, coleccionistas y antropólogos. Ahora, un grupo indígena pide que le den todas las estatuas y alfarería (*pottery*) de su cultura que se encuentran en los museos. Dicen que son cosas sagradas y que ellos mismos pueden construir un museo para mostrarlas. La administración de los museos mantiene que se compraron esos artefactos en buena fe y que les pertenecen. Además, si no los hubiera comprado el museo, estarían perdidos o desconocidos.

   ¿Quién tiene razón? ¿Son estos artefactos cosas compradas o cosas robadas?

3. *Un caso de abuso.* Un grupo de 300 ex alumnos de una escuela han llevado un pleito (*lawsuit*) contra la organización caritativa que administraba la escuela, pidiendo millones de dólares de indemnización. En cinco casos hay pruebas de que hace 30 años hubo abuso sexual y físico de los alumnos. En los otros casos es cuestión de la palabra del ex alumno contra la palabra de los profesores, varios de los cuales ya han muerto. La organización caritativa mantiene que esos cinco casos eran la excepción, no la norma. Si tienen que pagarles dinero a todos, ya no podrán seguir haciendo las numerosas obras buenas que hacen.

   ¿A quiénes debe pagar la administración de la escuela? ¿Tienen los administradores de hoy la culpa de lo que se hizo hace 30 años?

SELECCIÓN TRES

EL FASCINANTE MUNDO OCULTO DE LOS MAYAS

Antes de leer

Desde el comienzo de la historia, el ser humano ha expresado su creencia en un ser superior (o varios seres superiores). Para venerar a esta deidad, cada sociedad o grupo de personas ha organizado un sistema de fe y adoración, es decir, ha creado una religión. Hoy día existen muchas religiones en el mundo, algunas muy antiguas. ¿Cómo se diferencian? ¿Cuáles son sus orígenes? ¿Hay una que sea «más correcta» que las otras o son todas igualmente válidas? Piense en estas preguntas mientras lee el siguiente artículo sobre la vieja religión de los mayas.*

Para abrir el tema

Trabajando solo(a) o con otro(s), conteste estas preguntas.

1. Para Ud., ¿qué es un dios o una diosa?
2. ¿Por qué creemos en Dios?
3. ¿En qué ocasiones especiales vamos a la iglesia o al templo o celebramos otros ritos religiosos?
4. ¿Qué sabe Ud. de la religión/del dios de los indígenas?

A. Vocabulario

Palabras en contexto

De la lista de palabras a continuación, busque el sinónimo apropiado para las palabras en itálica tomadas de los primeros párrafos del artículo.

diaria   apoyo   planeta   controlaban   deseos

1. Los mayas eran una de las más extraordinarias culturas del *orbe*.
2. Los dioses mayas causaban la vida y muerte y *regían* el movimiento y el tiempo.
3. Los mitos y la religión son un reflejo de la vida *cotidiana* de la gente, de sus temores y *anhelos*.
4. Dios es también una manifestación de esperanza, un *sostén* para comprender la vida.

---

*Para más información sobre los mayas, véase *El indio y los animales* en la página 45.

B. El texto

Anticipar el contenido

Mire las fotografías y lea la primera frase de cada párrafo, luego decida si las siguientes declaraciones son ciertas (C) o falsas (F).

_____ 1. El artículo sólo habla de los dioses de los mayas.

_____ 2. Había un solo dios maya y era perfecto.

_____ 3. Los mayas observaban ritos religiosos en ciertas ocasiones especiales de su vida.

_____ 4. Los mayas eran, entre otras cosas, arquitectos, astrónomos y pensadores.

EL FASCINANTE MUNDO OCULTO DE LOS MAYAS*

Helena Rivas López

being

Para el ser° humano, su existencia y la del propio Universo se presentan todavía como un enigma. Desde tiempos inmemoriales, los dioses surgieron como seres causantes de la vida y de la muerte que regían el movimiento y el tiempo.

Egipcios, griegos, hindúes, japoneses, chinos, árabes, judíos, romanos, cada civilización creaba sus propios seres extraordinarios: Ra, Zeus, Visnú, Buda, Alá,   5

«El castillo», una pirámide de las ruinas mayas de Chichén Itzá en el Yucatán, México.

_____

*Del periódico bilingüe publicado en Cancún, México, *Caribbean News.*

Jehová, Júpiter. Los mitos, las leyendas y la religión son un reflejo de la vida cotidiana de todo pueblo, de sus anhelos, temores, costumbres, estructura social y ámbito geográfico. Los dioses, o el Dios, son también una manifestación de esperanza,
un sostén para comprender la vida.

Para los mayas —una de las más extraordinarias culturas del orbe— los dioses
crearon y destruyeron varias veces el mundo, con el fin de encontrar un ser que
los venerara y sustentara;° así el hombre es hecho primero de tierra y destruido
por falta de inteligencia, luego de madera y finalmente elaborado con pasta° de
maíz.

Las deidades no eran seres perfectos como en otras religiones, ni autosufi-
cientes. Para poder seguir existiendo necesitaban de los hombres y del culto° y
cuando por alguna razón no se les invocaba, llegaban a padecer «hambre» y atraer
desgracias.° Podían ser a la vez masculinos y femeninos, jóvenes y viejos, benéfi-
cos o maléficos. Se representaban como a seres que compartían las características
de los humanos, de los vegetales y de los animales, y que tenían la facultad de
repartir en el mundo sus regalos o plagas.°

Los principales dioses entre los mayas fueron los siguientes:

- *Itzamná*, dios del cielo que tiene forma de serpiente y presidía° a los demás
  dioses. También era dios del fuego y del hogar e inventó la escritura° y los
  libros.*
- *Kukulkán*, la serpiente emplumada; es la versión maya del Quetzalcóatl de
  los mexicas y toltecas.† Era el garante° de la descendencia real y su imagen
  en forma de cetro° la ostentaban los soberanos.°
- *Kinich Ahau*, dios del Sol.
- *Ixchel*, o la Luna. La tradición cuenta que su esposo, el Sol, le arrancó° un ojo
  en castigo a una infidelidad y a partir de entonces brilla mucho menos que él.
- *Chaac*, dios de la lluvia, tenía una nariz como trompa de elefante. Era muy
  venerado en las zonas áridas.

Los ritos religiosos se practicaban principalmente cuando el nacimiento, con
la imposición del nombre conforme al calendario de 260 días; la pubertad (rito
llamado *caputzihil*), a partir de la cual se estaba en posibilidad de contraer nupcias;° el matrimonio y la muerte. No hay indicios de que hayan creído en un
paraíso feliz después de la muerte, aunque sí en una supervivencia sin sufri-
mientos.

Junto con los zurvanitas de Irán, los mayas son el único pueblo que se conoce
haya rendido° un culto religioso a la eternidad del tiempo. Creían que era un pro-

---

*Es interesante notar que los mayas adoraban a un dios de la escritura y los libros, puesto que era la
única cultura del Nuevo Mundo que tenía un sistema de escribir.
†Los mexicas (otro nombre para los aztecas) y los toltecas eran dos civilizaciones que, como los
mayas, habitaban la región que hoy es México en tiempos pasados.

(marginal glosses)

que... *that would venerate and sustain them*
cornmeal
adoración
infortunio
desastres
era jefe
sistema de escribir
persona que garantiza
gobernadores
sacó violentamente
cotraer... casarse
dado

Chac Mool, dios de la lluvia para los mayas

combinados
de los hombres
religiosos
tenía

ceso cíclico continuo y de carácter divino. Los conocimientos científicos que se hallan fundidos° en su mitología, es la característica distintiva de esta religión. La clase sacerdotal° llevaba a cabo el estudio y culto de la astronomía, escritura, arquitectura y detentaba° un gran poder. Estudiaron cuidadosamente el movimiento de las estrellas y calcularon con precisión el año solar de 365 días (con la astronomía moderna hay una diferencia de 17,28 segundos), así como la aparición de los eclipses, el año lunar y la órbita de Venus.

    Los palacios eran la residencia de los sacerdotes y gobernantes y formaban parte de los centros ceremoniales. Tikal, Palenque, Chichén Itzá, Tulum, Uxmal, son sólo algunos ejemplos del esplendor y magnificencia alcanzada por esta civilización para honrar a sus dioses.

45

50

Después de leer

A. Recapitulación: El mundo de los mayas

Trabajando solo(a) o con otro(s), lea los párrafos siguientes acerca de los mayas y escriba la letra de la palabra apropiada en cada espacio. ¡OJO! Hay más palabras en la lista que espacios en los párrafos.

a. paraíso feliz
b. mitología
c. sacerdotal
d. los dioses
e. México, Guatemala, Honduras

f. pasta de maíz
g. los sacerdotes y
   los gobernantes
h. calendario
i. la muerte

j. tiempo
k. Chaac
l. animales
m. la escritura

Los mayas vivían en una parte de las Américas que hoy se llama _____(1). Para ellos, la religión, la _____(2) y la ciencia eran muy importantes en la vida diaria. _____(3) crearon y destruyeron el mundo varias veces; al fin, hicieron al ser humano con _____(4). Los mayas adoraban a muchos dioses: algunos jóvenes, otros viejos algunos con características de seres humanos y otros de _____(5).

Los ritos religiosos eran importantes cuando celebraban el nacimiento, la pubertad, el matrimonio y _____(6). La clase _____(7) estudiaba arquitectura, astronomía y _____(8) en los templos. Los mayas eran uno de solamente dos pueblos antiguos que reconocían la eternidad del _____(9). _____(10) vivían en los palacios y tenían mucho poder e influencia. En realidad, la religión era el centro de la vida de los mayas.

B. Semejanzas y contrastes culturales

Escriba la información necesaria para completar el gráfico. Compare sus respuestas con las de otro(a) estudiante.

	LOS MAYAS	NUESTRA CULTURA
1. número de dioses	_____	_____
2. número de creaciones	_____	_____
3. hay vida después de la muerte	_____	_____
4. características «humanas» de los dioses/del Dios	_____	_____

5. concepto del   _____   _____
   tiempo   _____   _____

C. DISCUSIÓN

Trabajando solo(a) o con otro(s), conteste estas preguntas.

1. ¿Por qué cree Ud. que los mayas tenían tantos dioses? ¿Qué opina Ud. de esto?
2. Los mayas practicaban un rito religioso (*caputzihil*) al iniciarse la pubertad. ¿Qué otras religiones practican esto? ¿Qué símbolos o prácticas en nuestra cultura indican que uno ya es «adulto»? ¿Son positivos o negativos? Explique.

Comentario sobre el dibujo

Describa lo que pasa en el dibujo. ¿Cuál es el mensaje del dibujante? ¿Está Ud. de acuerdo? Explique. ¿Qué otros «dioses» adoramos hoy?

Comentario sobre el dibujo

Con un(a) compañero(a), lean y comenten la tira cómica de Turey el Taíno. ¿Cómo se presenta allí el concepto de Dios sin mencionar la palabra? Cada persona tiene su propia interpretación de Dios. ¿Te parece que la vida es más fácil para la gente que cree en Dios o para la gente que no cree en Dios? ¿Por qué?

SELECCIÓN CUATRO

WALIMAI*

Isabel Allende

Introducción

Isabel Allende es una de las novelistas latinoamericanas más leídas del mundo. Su primera novela, *La casa de los espíritus*, encabezó la lista de *bestsellers* en varios países después de publicarse en 1982 y fue traducida a muchos idiomas. Allende nació en Perú en 1942, pero es de nacionalidad chilena, sobrina del ex presidente socialista Salvador Allende. Empezó su carrera profesional como periodista, después trabajó en la televisión. En su obra literaria se combinan elementos reales y mágicos para producir una mezcla de crítica social, autobiografía y fantasía.

La renombrada autora chilena, Isabel Allende

«Walimai» es de su colección de cuentos *Los cuentos de Eva Luna* (1990). Relata la historia de un joven indígena, Walimai, que cae preso de los caucheros blancos (*rubber plantation workers*). En el campamento conoce a otra prisionera que ha

---

*Una advertencia: el tema del cuento es fuerte y polémico. Algunos profesores o estudiantes podrían sentirse incómodos al leer y discutirlo.

sufrido muchos abusos. Walimai entonces ayuda a la mujer a liberarse por un método cruel. Es una historia sencilla pero provoca una cuestión ética difícil: ¿está bien hacer mal para conseguir un bien? «Walimai» es la lectura más larga de este libro. Para facilitar su lectura y su discusión, se ha dividido el cuento en cuatro secciones, con algunos ejercicios correspondientes. Se debe leer el cuento dos veces: la primera vez para seguir la trama (*plot*) y hacer los ejercicios en cada sección; la segunda vez, para participar en las actividades al final y debatir las distintas reacciones que el cuento seguramente provocará.

Antes de leer

Para abrir el tema

Trabajando solo(a) o con otro(s), describa la vida hoy día de los indígenas de este país. ¿Dónde viven? ¿Cómo subsisten? ¿Qué cosas valoran? ¿Hay algunas noticias recientes sobre ellos? ¿Cree Ud. que se han asimilado a la cultura dominante o que son sus víctimas? Explique.

WALIMAI

Mirada rápida Parte 1

A. ¿De qué se trata?

Trabajando solo(a) o con otro(s), mire los dibujos y describa lo que ve. Después, trate de hacer un resumen de la acción de este fragmento del cuento.

B. Palabras importantes

En la columna B busque la definición de las palabras en la columna A.

A	B
_____ 1. arco y flechas	a. bosque denso
_____ 2. selva	b. hombre que busca y mata animales para comer
_____ 3. extranjeros	c. instrumentos para matar animales
_____ 4. cazador	d. personas desconocidas, de otra región

El nombre que me dio mi padre es Walimai, que en la lengua de nuestros hermanos del norte quiere decir *viento*. Puedo contártelo, porque ahora eres como mi propia hija* y tienes mi permiso para nombrarme, aunque sólo cuando estamos en familia. Se debe tener mucho cuidado con los nombres de las personas y de los seres vivos, porque al pronunciarlos se toca su corazón y entramos dentro de su fuerza vital. Así nos saludamos como parientes de sangre. No entiendo la facilidad de los extranjeros para llamarse unos a otros sin asomo° de temor, lo cual no sólo es una falta de respeto, también puede ocasionar graves peligros. He notado que esas personas hablan con la mayor liviandad,° sin tener en cuenta que hablar es también ser. El gesto y la palabra son el pensamiento del hombre. No se debe hablar en vano, eso le he enseñado a mis hijos, pero mis consejos no siempre se escuchan. Antiguamente los tabúes y las tradiciones eran respetados. Mis abuelos y los abuelos de mis abuelos recibieron de sus abuelos los conocimientos necesarios. Nada cambiaba para ellos. Un hombre con buena memoria podía recordar cada una de las enseñanzas recibidas y así sabía cómo actuar en todo momento. Pero luego vinieron los extranjeros hablando contra la sabiduría° de los ancianos y empujándonos° fuera de nuestra tierra. Nos internamos cada vez más adentro de la selva, pero ellos siempre nos alcanzan,° a veces tardan años, pero finalmente llegan de nuevo y entonces nosotros debemos destruir los sembrados,° echarnos a la espalda° a los niños, atar° los animales y partir. Así ha sido desde que me acuerdo: dejar todo y echar a correr como ratones y no como los grandes guerreros° y los dioses que poblaron este territorio en la antigüedad. Algunos jóvenes tienen curiosidad por los blancos y mientras nosotros viajamos hacia lo profundo del bosque para seguir viviendo como nuestros antepasados,° otros emprenden° el camino contrario. Consideramos a los que se van como si estuvieran muertos, porque muy pocos regresan y quienes lo hacen han cambiado tanto que no podemos reconocerlos como parientes.

Dicen que en los años anteriores a mi venida al mundo no nacieron suficientes hembras° en nuestro pueblo y por eso mi padre tuvo que recorrer largos caminos para buscar esposa en otra tribu. Viajó por los bosques, siguiendo las indicaciones

Marginal glosses:

indicio

frivolidad

conocimiento
forzándonos

llegan
tierras
cultivadas
echarnos...
*throw on our
backs / to tie*
soldados
valientes
predecesores /
toman

mujeres

Line numbers: 5, 10, 15, 20, 25, 30

*Walimai le cuenta su historia a una mujer joven, Eva Luna.

de otro lugar

waterfall
causarle miedo
prey
gestos
sin...
abiertamente
dado /
satisfacción
loca
pueblo muy
pequeño

de otros que recorrieron esa ruta con anterioridad por la misma razón, y que volvieron con mujeres forasteras.° Después de mucho tiempo, cuando mi padre ya comenzaba a perder la esperanza de encontrar compañera, vio a una muchacha al pie de una alta cascada,° un río que caía del cielo. Sin acercarse demasiado, para no espantarla,° le habló en el tono que usan los cazadores para tranquilizar a 35 su presa,° y le explicó su necesidad de casarse. Ella le hizo señas° para que se aproximara, lo observó sin disimulo° y debe haberle complacido° el aspecto del viajero, porque decidió que la idea del matrimonio no era del todo descabellado,° Mi padre tuvo que trabajar para su suegro hasta pagarle el valor de la mujer. Después de cumplir con los ritos de la boda, los dos hicieron el viaje de regreso a 40 nuestra aldea.°

Bosque lluvioso en la región del río Amazonas

wounded / hole

Yo crecí con mis hermanos bajo los árboles, sin ver nunca el sol. A veces caía un árbol herido° y quedaba un hueco° en la cúpula profunda del bosque, entonces veíamos el ojo azul del cielo. Mis padres me contaron cuentos, me cantaron canciones y me enseñaron lo que deben saber los hombres para sobre- vivir sin ayuda, sólo con su arco y sus flechas. De este modo fui libre. Nosotros, 45 los Hijos de la Luna, no podemos vivir sin libertad. Cuando nos encierran entre

steel bars /
volvemos
ciegos... sin
capacidad de ver
u oír
separa / *bones*

paredes o barrotes° nos volcamos° hacia adentro, nos ponemos ciegos y sordos° y en pocos días el espíritu se nos despega° de los huesos° del pecho y nos aban- dona. A veces nos volvemos como animales miserables, pero casi siempre prefe- rimos morir. 50

paredes
separar
suspendemos

monkeys /
animal de
Sudamérica
eaves
precipicios
Boa... lugares
colonizados por
los extranjeros

dar de comer

Por eso nuestras casas no tienen muros,° sólo un techo inclinado para detener el viento y desviar° la lluvia, bajo el cual colgamos° nuestras hamacas muy juntas porque nos gusta escuchar los sueños de las mujeres y de los niños y sentir el aliento de los monos,° los perros y las lapas,° que duermen bajo el mismo alero.°

Los primeros tiempos viví en la selva sin saber que existía mundo más allá de los acantilados° y los ríos. En algunas ocasiones vinieron amigos visitantes de otras tribus y nos contaron rumores de Boa Vista y de El Platanal,° de los extranjeros y sus costumbres, pero creíamos que eran sólo cuentos para hacer reír. Me hice hombre y llegó mi turno de conseguir una esposa, pero decidí esperar porque prefería andar con los solteros, éramos alegres y nos divertíamos. Sin embargo, yo no podía dedicarme al juego y al descanso como otros, porque mi familia es numerosa: hermanos, primos, sobrinos, varias bocas que alimentar,° mucho trabajo para un cazador.

55

60

Comprensión

Indique si las siguientes oraciones son ciertas (**C**) o falsas (**F**). Si alguna oración es falsa, corríjala.

_____ 1. Walimai creció con sus hermanos en la selva, bajo el sol brillante.

_____ 2. Sus padres le contaron cuentos y le enseñaron cómo sobrevivir sin ayuda.

_____ 3. Era cazador y utilizaba arco y flechas para matar a los animales.

_____ 4. Walimai se casó joven y vivía con su esposa e hijos.

Interpretación

¿Qué importancia tenía la libertad para Walimai y los Hijos de la Luna?
¿Qué ocurre cuando pierden esta libertad?

Mirada rápida Parte II

A. ¿De qué se trata?

Trabajando solo(a) o con otro(s), mire los dibujos y describa lo que ve. Después, trate de hacer un resumen de la acción de este fragmento del cuento.

B. Palabras importantes

Elija el sinónimo apropiado para reemplazar las palabras en itálica.

1. Los hombres pálidos cazaban sin *destreza* ni valor; apenas podían moverse en la selva.

   a. habilidad   **b.** armas   **c.** entusiasmo

2. Los hombres pálidos no eran misioneros ni soldados; querían la tierra y buscaban *piedras*.

   a. animales exóticos   **b.** joyas preciosas   **c.** tierras fértiles

3. Walimai se echó a descansar y le *cogieron* los soldados.

   a. vieron   **b.** captaron   **c.** abandonaron

4. En un extremo del campamento los blancos habían instalado una *choza* grande donde mantenían a las mujeres.

   a. casa bonita   **b.** clínica médica   **c.** cabaña rústica

Un día llegó un grupo de hombres pálidos a nuestra aldea. Cazaban con pólvora,° desde lejos, sin destreza ni valor. Eran incapaces de trepar° a un árbol o de clavar° un pez con una lanza en el agua. Apenas podían moverse en la selva, siempre enredados en sus mochilas,° sus armas y hasta en sus propios pies. No se vestían de aire, como nosotros, sino que tenían unas ropas empapadas y hediondas.° Eran sucios y no conocían las reglas° de la decencia, pero estaban empeñados° en hablarnos de sus conocimientos y de sus dioses. Los comparamos con lo que nos habían contado sobre los blancos y comprobamos la verdad de esos chismes.°

Pronto nos enteramos de que éstos no eran misioneros, soldados ni recolectores de caucho.° Estaban locos, querían la tierra y llevarse la madera; también buscaban piedras. Les explicamos que la selva no se puede cargar° a la espalda y transportar como un pájaro muerto, pero no quisieron escuchar razones. Se instalaron cerca de nuestra aldea. Cada uno de ellos era como un viento de catástrofe, destruía a su paso todo lo que tocaba, dejaba un rastro de desperdicio,° molestaba a los animales y a las personas. Al principio cumplimos con° las reglas de cortesía y les dimos el gusto, porque eran nuestros huéspedes,° pero ellos no estaban satisfechos con nada, siempre querían más, hasta que, cansados de esos juegos, iniciamos la guerra con todas las ceremonias habituales. No son buenos guerreros, se asustan con facilidad y tienen los huesos blandos. No resistieron los garrotazos° que les dimos en la cabeza. Después de eso abandonamos la aldea y nos fuimos hacia el este, donde el bosque es impenetrable, viajando grandes trechos° por las copas° de los árboles para que no nos alcanzaran° sus compañeros. Nos había llegado la noticia de que son vengativos y que por cada uno de ellos que muere, aunque sea en una batalla

gunpowder
subir / *spear*

enredados...
tangled up in their knapsacks
empapadas...
soaked and smelly / normas
interesados
rumores

recolectores...
rubber gatherers
llevar

rastro... *trail of waste*
cumplimos...
observamos / invitados

golpes

distancias / partes de arriba / **para...** *so that (they) couldn't find us*

65

70

75

80

85

limpia, son capaces de eliminar a toda una tribu, incluyendo a los niños. Descubrimos un lugar donde establecer otra aldea. No era tan bueno. Las mujeres debían caminar horas para buscar agua limpia pero allí nos quedamos porque creímos que nadie nos buscaría tan lejos. 90

trail | tigre americano

confundido

Al cabo de un año, en una ocasión en que tuve que alejarme mucho siguiendo la pista° de un puma,° me acerqué demasiado a un campamento de soldados. Yo estaba fatigado y no había comido en varios días, por eso mi entendimiento estaba aturdido.° En vez de dar media vuelta cuando percibí la presencia de los extranjeros, me eché a descansar. Me cogieron los soldados. Me llevaron a trabajar con 95 los caucheros, donde había muchos hombres de otras tribus, a quienes habían vestido con pantalones y obligaban a trabajar, sin considerar para nada sus deseos. El caucho requiere mucha dedicación y no había suficiente gente por esos lados,

a... by force

por eso debían traernos a la fuerza.° Ese fue un período sin libertad y no quiero hablar de ello. Me quedé sólo para ver si aprendía algo, pero desde el principio 100 supe que iba a regresar donde los míos. Nadie puede retener por mucho tiempo a un guerrero contra su voluntad.

bleeding

quitarles... take away their lives

drop by drop

condensarlo

rubber

sweat

tin cans

latas

Se trabajaba de sol a sol, algunos sangrando° a los árboles para quitarles gota a gota la vida,° otros cocinando el líquido recogido para espesarlo° y convertirlo en grandes bolas. El aire libre estaba enfermo con el olor de la goma° quemada y el 105 aire en los dormitorios comunes lo estaba con el sudor° de los hombres. En ese lugar nunca pude respirar a fondo. Nos daban de comer maíz, plátano y el extraño contenido de unas latas,° que jamás probé porque nada bueno para los humanos puede crecer en unos tarros.° En un extremo del campamento habían instalado una choza grande donde mantenían a las mujeres. Después de dos semanas trabajando 110

jefe

pedazo

eché

Hice... I waited in line

con el caucho, el capataz° me entregó un trozo° de papel y me mandó donde ellas. También me dio una taza de licor que yo volqué° en el suelo, porque he visto cómo esa agua destruye la prudencia. Hice la fila,° con todos los demás. Yo era el último y cuando me tocó entrar en la choza, el sol ya se había puesto y comenzaba la

estrépito... ruido de animales y pájaros

noche, con su estrépito de sapos y loros.° 115

Comprensión

Indique si las oraciones son ciertas (**C**) o falsas (**F**). Si alguna oración es falsa, corríjala.

_____ 1. Los blancos que llegaron a la aldea de Walimai querían llevarse la madera de la selva.

_____ 2. Después de cortar los árboles, sembraban otros, pues se preocupaban del medio ambiente.

_____ 3. En la guerra entre indios y blancos, ganaron los indígenas.

_____ 4. Los blancos se fueron de la selva.

_____ 5. Walimai y los otros indígenas trabajaban voluntariamente con los caucheros.

_____ 6. A las mujeres del campamento cauchero las forzaron a servir de prostitutas.

Interpretación

¿Cómo eran los hombres pálidos? ¿Cómo cambiaron la vida de Walimai y los otros indígenas?

Mirada rápida Parte III

A. ¿De qué se trata?

Trabajando solo(a) o con otro(s), mire los dibujos y describa lo que ve. Después, trate de hacer un resumen de la acción de este fragmento del cuento.

B. Palabras importantes

A continuación hay una descripción de las mujeres de la tribu de los Ila (líneas 116 a 128). Trabajando solo(a) o con otro(s), mire las categorías de palabras indicadas en el triángulo, luego busque los términos en el texto que van debajo de las categorías y escríbalas en el triángulo. Por fin, prepare un dibujo de una Ila típica y muéstreselo a unos compañeros de clase.

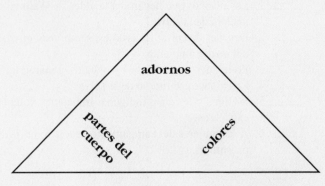

Ella era de la tribu de los Ila, los de corazón dulce, de donde vienen las muchachas más delicadas. Algunos hombres viajan durante meses para acercarse a los Ila. Les llevan regalos y cazan para ellos, en la esperanza de conseguir una de sus mujeres. Yo la reconocí a pesar de su aspecto de lagarto,° porque mi madre también era una Ila. Estaba desnuda sobre un petate,° atada por el tobillo° con una cadena° fija en el suelo, aletargada,° como si hubiera aspirado por la nariz el «yopo»° de la acacia. Tenía el olor de los perros enfermos y estaba mojada por el rocío° de todos los hombres que estuvieron sobre ella antes que yo. Era del tamaño de un niño de pocos años, sus huesos sonaban como° piedrecitas en el río. Las mujeres Ila se quitan todos los vellos° del cuerpo, hasta las pestañas,° se adornan las orejas con plumas y flores, se atraviesan palos pulidos en las mejillas y la nariz,° se pintan dibujos en todo el cuerpo con los colores rojo del onoto,° morado° de la palmera y negro del carbón. Pero ella ya no tenía nada de eso. Dejé mi machete en el suelo y la saludé como hermana, imitando algunos cantos de pájaros y el ruido de los ríos. Ella no respondió. Le golpeé° con fuerza el pecho, para ver si su espíritu resonaba entre las costillas,° pero no hubo eco, su alma estaba muy débil y no podía contestarme. En cuclillas° a su lado le di de beber un poco de agua y le hablé en la lengua de mi madre. Ella abrió los ojos y me miró largamente. Comprendí.

Antes que nada me lavé sin malgastar° el agua limpia. Me eché un buen sorbo° a la boca y lo lancé en chorros° finos contra mis manos, que froté° bien y luego empapé° para limpiarme la cara. Hice lo mismo con ella, para quitarle el rocío de los hombres. Me saqué los pantalones que me había dado el capataz. De la cuerda que me rodeaba la cintura° colgaban mis palos° para hacer fuego, algunas puntas de flechas, mi rollo de tabaco, mi cuchillo de madera con un diente de rata en la punta y una bolsa de cuero° bien firme, donde tenía un poco de *curare*.° Puse un poco de esa pasta en la punta de mi cuchillo, me incliné sobre la mujer con el instrumento envenenado y le abrí un corte en el cuello.° La vida es un regalo de los dioses. El cazador mata para alimentar a su familia. Él procura° no probar la carne de su presa° y prefiere la que otro cazador le ofrece. A veces, por desgracia, un hombre mata a otro en la guerra, pero jamás puede hacer daño° a una mujer o a un niño. Ella me miró con grandes ojos, amarillos como la miel, y me parece que intentó sonreír agradecida.° Por ella° yo había violado el primer tabú de los Hijos de la Luna y tendría que pagar mi vergüenza con muchos trabajos de expiación. Acerqué mi oreja a su boca y ella murmuró su nombre. Lo repetí dos veces en mi mente para estar bien seguro pero sin pronunciarlo en alta voz, porque no se debe mentar° a los muertos para no perturbar su paz, y ella ya lo estaba, aunque todavía palpitara su corazón. Pronto vi que se le paralizaban los músculos del vientre,° del pecho y de los miembros, perdió el aliento,° cambió de color, se le escapó un suspiro° y su cuerpo se murió sin luchar, como mueren las criaturas pequeñas.

De inmediato sentí que el espíritu se le salía por las narices° y se introducía en mí, aferrándose a mi esternón.° Todo el peso° de ella cayó sobre mí y tuve que hacer un esfuerzo para ponerme de pie. Me movía con torpeza,° como si estuviera bajo el agua. Doblé su cuerpo en la posición del descanso último, con las rodillas tocando el mentón,° la até° con las cuerdas del petate, hice una pila con los restos

120

125

130

135

140

145

150

155

lizard

mat
ankle | chain
narcotizada
«yopo»... sustancia alucinante /líquido/
sonaban... *sounded like /*
pelos
eyelashes
se... *they pierce their cheeks and nose with sticks* / una planta / purpúreo
I tapped
resonaba... *was vibrating in her ribs* / **En...** *Squatting /* wasting
porción de agua / *streams* / *I rubbed* / *I drenched*
me... *circled my waist / sticks* piel de animal / veneno.

neck
trata de / *prey harm*

con gratitud / **Por...** *For her sake*

nombrar

estómago
respiración
sigh

nostrils
aferrándose... *clinging to my breast bone /* weight clumsiness chin / *I tied*

straw
hoguera... *fire was burning*
trepé... *I climbed the fence / she (her spirit, which is now inside him)*

de la paja° y usé mis palos para hacer fuego. Cuando vi que la hoguera ardía° segura, salí lentamente de la choza, trepé el cerco° del campamento con mucha dificultad, porque ella° me arrastraba hacia abajo, y me dirigí al bosque. Había alcanzado los primeros árboles cuando escuché las campanas de alarma.

160

Comprensión

Trabajando solo(a) o con otro(s), conteste las siguientes preguntas.

1. ¿Por qué la mujer del campamento no se arregla ni se pinta como las mujeres de su tribu?
2. ¿Por qué ella no se alegra ni reacciona al ver a Walimai?
3. ¿Qué le pide la mujer sólo con los ojos?
4. ¿Cumple Walimai el deseo de la mujer?
5. ¿Qué hace Walimai con el cuerpo de la mujer?
6. ¿Qué hace con el espíritu de la mujer?

Interpretación

Con otro estudiante, escoja *la frase más importante* de esta sección y justifique su selección. Comparta la frase con otros de la clase para ver si ellos han escogido la misma frase.

Mirada rápida Parte IV

A. ¿De qué se trata?

Trabajando solo(a) o con otro(s), mire los dibujos y describa lo que ve. Después, trate de hacer un resumen de la acción de este fragmento del cuento.

B. Palabras importantes

Adivine el significado de las palabras en itálica según su contexto. Elija una de las tres posibilidades.

1. El guerrero que carga el peso de otra vida humana debe *ayunar* por diez días, así se debilita el espíritu del difunto.

   a. beber   **b.** no comer   **c.** hacer ejercicio

2. El espíritu debilitado del difunto *se desprende* del guerrero y se va al territorio de las almas.

   a. se separa   **b.** se enamora   *c.* se acerca

3. Durante *una vuelta completa de la luna* Walimai se internó en la selva.

   a. un día   **b.** una semana   **c.** un mes

día

muerto

liver

donde... *where she never would be found*
tenía el sabor /
putrefacto
ácido / comer

pesaba... *was growing heavier*
reverbera

adversidades

quité

fuego

frotándola...
rubbing her with ash /
pulverizadas
exacto

small stream /
shelter
parte exterior de un árbol o planta
master / de... *of his own*

Toda la primera jornada° caminé sin detenerme ni un instante. Al segundo día fabriqué un arco y unas flechas y con ellos pude cazar para ella y también para mí. El guerrero que carga el peso de otra vida humana debe ayunar por diez días, así se debilita el espíritu del difunto,° que finalmente, se desprende y se va al territorio de las almas. Si no lo hace, el espíritu engorda con los alimentos y crece dentro del hombre hasta sofocarlo. He visto algunos de hígado° bravo morir así. Pero antes de cumplir con esos requisitos yo debía conducir el espíritu de la mujer Ila hacia la vegetación más oscura, donde nunca fuera hallado.° Comí muy poco, apenas lo suficiente para no matarla por segunda vez. Cada bocado en mi boca sabía° a carne podrida° y cada sorbo de agua era amargo,° pero me obligué a tragar° para nutrirnos a los dos.

Durante una vuelta completa de la luna me interné selva adentro llevando el alma de la mujer, que cada día pesaba más.° Hablamos mucho. La lengua de los Ila es libre y resuena° bajo los árboles con un largo eco. Nosotros nos comunicamos cantando, con todo el cuerpo, con los ojos, la cintura, los pies. Le repetí las leyendas que aprendí de mi madre y de mi padre, le conté mi pasado y ella me contó la primera parte del suyo, cuando era una muchacha alegre que jugaba con sus hermanos. Por cortesía, no mencionó su último tiempo de desdichas° y de humillaciones. Cacé un pájaro blanco, le arranqué° las mejores plumas y le hice adornos para las orejas. Por las noches mantenía encendida una pequeña hoguera,° para que ella no tuviera frío y para que los jaguares y las serpientes no molestaran su sueño. En el río la bañé con cuidado, frotándola con ceniza° y flores machacadas,° para quitarle los malos recuerdos.

Por fin un día llegamos al sitio preciso° y ya no teníamos más pretextos para seguir andando. Allí la selva era tan densa que en algunas partes tuve que abrir paso rompiendo la vegetación con mi machete y hasta con los dientes, y debíamos hablar en voz baja, para no alterar el silencio del tiempo. Escogí un lugar cerca de un hilo de agua,° levanté un techo° de hojas e hice una hamaca para ella con tres trozos largos de corteza.° Con mi cuchillo me afeité la cabeza y comencé mi ayuno.

Durante el tiempo que caminamos juntos la mujer y yo nos amamos tanto que ya no deseábamos separarnos, pero el hombre no es dueño° de la vida, ni siquiera de la propia,° de modo que tuve que cumplir con mi obligación. Por muchos días no

sips | A... As
separando
insubstancial
steps

puse nada en mi boca, sólo unos sorbos° de agua. A medida° que mis fuerzas se de-
bilitaban ella se iba desprendiendo° de mi abrazo, y su espíritu, cada vez más
etéreo,° ya no me pesaba como antes. A los cinco días ella dio sus primeros pasos°
por los alrededores, mientras yo dormitaba, pero no estaba lista para seguir su viaje   205
sola y volvió a mi lado. Repitió esas excursiones en varias oportunidades, aleján-
dose cada vez un poco más. El dolor de su partida era para mí tan terrible como una

burn
valentía, fuerza
de... back again
pájaro tropical
de poco peso

quemadura° y tuve que recurrir a todo el valor° aprendido de mi padre para no lla-
marla por su nombre en alta voz atrayéndola así de vuelta° conmigo para siempre.
A los doce días soñé que ella volaba como un tucán° por encima de las copas de los   210
árboles y desperté con el cuerpo muy liviano° y con deseos de llorar. Ella se había
ido definitivamente.

branch | I
skewered
con una punta | I
comí
escamas...
scales and tail

    Cogí mis armas y caminé muchas horas hasta llegar a un brazo° del río. Me
sumergí en al agua hasta la cintura, ensarté° un pequeño pez con un palo afilado° y
me lo tragué° entero, con escamas y cola.° De inmediato lo vomité con un poco de   220
sangre, como debe ser. Ya no me sentí triste. Aprendí entonces que algunas veces la
muerte es más poderosa que el amor. Luego me fui a cazar para no regresar a mi
aldea con las manos vacías.

Comprensión

Escoja la mejor respuesta, según el texto.

1. Walimai debe ayunar por diez días...
   a. porque no encuentra qué comer en la selva.   **b.** para que el espíritu de la
   mujer que carga se desprenda de él.   **c.** porque necesita purificar su cuerpo
   después del asesinato.

2. Antes de ayunar, el guerrero necesitaba...
   a. llevar al espíritu a un lugar especial, de vegetación densa.
   b. bañarse en el río.   **c.** decir unas oraciones de los Ila.

3. Durante el viaje Walimai y la mujer Ila...
   a. hablaron sobre su vida.   **b.** permanecieron en silencio.
   c. disputaron mucho.

4. Durante el tiempo que caminaron juntos, Walimai y la mujer...
   a. se hacen amigos.   **b.** se enamoran.   **c.** se hacen enemigos.

5. Al final de la historia Walimai decide...
   a. volver a trabajar con los caucheros.   **b.** regresar a su tribu.
   c. quedarse en ese lugar.

Interpretación

En esta sección aparecen varios elementos mágicos o de fantasía. Recuerde de la
parte III: ¿Qué hizo Walimai con el cuerpo de la mujer? Entonces en esta parte,
¿con qué parte de la mujer se comunica? ¿Qué crea en su imaginación? ¿Qué pasó
al final con el alma de la mujer? ¿Es real todo esto, dentro de sus tradiciones?

Después de leer

A. A contestar

Con otra persona, comenten las siguientes preguntas, luego compartan sus respuestas con la clase.

1. ¿Cuál es la reacción de Ud. a lo que hizo Walimai? ¿Fue un acto inmoral e imperdonable? ¿O un acto compasivo y necesario? Explique.
2. ¿Cuál era la característica definitiva de los Hijos de la Luna (vea la línea 45)? ¿y de los Ila (vea las líneas 116–117)? ¿Qué acciones del hombre blanco amenazaron (*threatened*) o destruyeron esta identidad básica? ¿Qué piensa Ud. de la llegada de los blancos? ¿Qué peligros hay ahora para las culturas indígenas?

B. Juego imaginativo: ¿Culpable o inocente?

Dice Walimai: «A veces, por desgracia, un hombre mata a otro en la guerra, pero jamás puede hacer daño a una mujer o a un niño... Por ella yo había violado el primer tabú de los Hijos de la Luna...». ¿Es culpable o inocente Walimai?

La clase dramatizará el caso de Walimai en un tribunal. Cinco o más personas presentan argumentos y al final afirman la inocencia o culpabilidad de Walimai.

Las figuras centrales:
1. el espíritu de la mujer de los Ila
2. un cauchero
3. el padre de la mujer de los Ila
4. los Hijos de la Luna
5. Walimai

También participan un juez y miembros del jurado (*jury*), que pueden ser los demás estudiantes de la clase.

Se pueden usar las preguntas a continuación en la preparación de su argumento.

- ¿Por qué es culpable o no Walimai de la muerte de la mujer?
- ¿Ha matado Walimai a la mujer? ¿En qué sentido?
- ¿Hay testigos (*witnesses*) de la matanza? ¿Qué saben?
- Si es culpable Walimai, ¿cuál debe ser su castigo?
- Si no es culpable, ¿cómo se pueden explicar sus acciones a la familia de la mujer o a las autoridades del campamento cauchero?

C. Composición

1. Escriba una carta a Walimai defendiendo / criticando sus acciones.
2. Desde el punto de vista de Walimai, describa y comente la imagen de los indígenas en el cine, la televisión y otras áreas de la vida contemporánea.

¡CONECTÉMONOS!

Cuestiones éticas y las artes

Muchos escritores se preocupan por temas éticos del pasado y de la actualidad. Vaya a la biblioteca o a Internet y busque unas cuantas piezas de arte o música u obras literarias de escritores o artistas latinoamericanos o españoles que traten un tema ético que nos preocupa hoy día. Seleccione la obra que más le gustó o con la que está más de acuerdo. Dé el título de la obra, el nombre del autor o artista, de dónde es y la época en que vivió y, si se sabe, por qué escribió o pintó la obra. Usando los siguientes criterios analice la obra escogida.

1. el tema del que trata la obra
2. el punto de vista expresado en la obra (¿es la del individuo que la creó o de otra persona? Si de otra persona, ¿quién es?)
3. el significado que tiene la obra para la sociedad que representa o que pretende representar
4. su interpretación de la obra
5. la efectividad o falta de efectividad del mensaje de la obra

SELECCIÓN CINCO

¿NACEN O SE HACEN?*

Antes de leer

En años recientes los derechos y la presencia de los gays han llegado a ser un tema cada vez más visible en los medios de comunicación, las legislaturas cortes las universidades y colegios de nuestra sociedad. Ahora la ciencia ha abierto un nuevo enfoque al tema, con evidencia de que la orientación sexual podría tener un componente genético. En el siguiente artículo de la revista *Muy interesante*, publicada en México,

---

*El título se refiere a la cuestión de cómo se origina nuestra identidad. En otras palabras, *¿nacemos* gays o heterosexuales? O, más bien, *¿nos hacemos* gays o heterosexuales por la influencia del medio ambiente?

el autor describe las nuevas investigaciones científicas y sus posibles ramificaciones sobre el público mexicano y norteamericano.

Para abrir el tema

Una ley reciente en la provincia de Navarra (*La Ley Foral para la Igualdad Jurídica de las Parejas Estables* de 2000) permite por primera vez en España la adopción de niños por parejas gay o lesbianas. Mire la foto y, con otra persona, contesten y comenten estas preguntas.

Una pareja de lesbianas con su hijo adoptivo, y una amiga

1. ¿Creen Uds. que la pareja en la foto podrían ser una buena familia para el bebé? ¿Por qué sí o no?
2. ¿Debería haber una diferencia entre la adopción de varones o hembras con respecto a las parejas gay o lesbianas? Expliquen.

3. Si Uds. fueran los directores de una agencia de adopción, ¿darían preferencia a los matrimonios sobre las parejas de hecho *(common-law couples)* o las parejas gay o lesbianas? ¿O piensan que lo que importa es el carácter de las personas más que su estado civil u orientación sexual?

A. Vocabulario: Palabras relacionadas

Un grupo de palabras relacionadas forma una *familia*, por ejemplo: *investigar, investigación, investigador, investigado*. En la columna A abajo hay algunas palabras relacionadas a ciertos términos en *¿Nacen o se hacen*. Busque Ud. en el artículo una palabra (verbo o sustantivo) de la misma familia que el término en la columna A y escríbala en la columna B.

A	B
Palabra relacionada	**En el texto**
MODELO descubrimiento	descubrirse
sustantivo	*verbo*
1. predisposición	1.
2. valor	2.
3. herencia	3.
verbo	*sustantivo*
4. discriminar	4.
5. esclarecer	5.
6. desmitificar	6.

B. El texto: Buscar información

Trabajando solo(a) o con otro(s), busque la siguiente información en los párrafos indicados.

1. ¶ 1 la contribución de la ciencia al tema del origen biológico de la homosexualidad
2. ¶ 2 el descubrimiento de 1993 y quién lo descubrió
3. ¶ 2 el nombre de la región del cromosoma X que se asocia con la homosexualidad

¿NACEN O SE HACEN?

Gonzalo Casino

heredity /
papel... rol
principal
contribuido /
faltaba
demostración,
evidencia
tocar... *draw to
a close*
apareció
gene
grupo de
científicos

Antes de descubrirse las leyes de la herencia° y el papel rector° del cerebro de la conducta humana, ya existían explicaciones mitológicas y poco rigurosas sobre el origen biológico de la homosexualidad. Ahora, la ciencia ha aportado° algo de lo que antes se carecía:° pruebas.° Según las últimas investigaciones neurológicas y genéticas, la conducta homosexual podría transmitirse por la herencia. Si se confirma esta teoría, la discriminación podría tocar a su fin.°   5

En julio de 1993 saltó° por sorpresa a la prensa el llamado *gen° gay*. Sí, por fin parecía que se había hallado una prueba genética de la homosexualidad. En realidad, lo que habían identificado Dean Hamer y su equipo° del Instituto del Cáncer de Estados Unidos no era ningún gen, sino una región entera del cromosoma sexual X, en   10 concreto la *Xq28*, que parecía predisponer hacia la homosexualidad masculina.

El paso dado por Hamer era sin duda histórico. El propio científico valoraba su trabajo como «la mayor evidencia de que la orientación sexual tiene un componente genético». Incluso° ciertos grupos gay norteamericanos dieron la bienvenida°

Even
dieron...
welcomed

a la primera gran prueba de la base biológica de la orientación sexual. Algunos homosexuales salieron a la calle en Washington con camisetas que decían «Xq28.   15 Thanks, Mom» (Xq28. Gracias, mamá), pues de los dos cromosomas sexuales del hombre (XY) el X se hereda de la madre.

Cinco actores aceptan el premio *Emmy 2000*, de *Best Comedy Series*, por *Will and Grace*, un programa sobre las vidas de cuatro amigos: dos heterosexuales y dos homosexuales. (Actores, desde la izquierda: Shelley Morrison (Rosario), Eric McCormack (Will), Debra Messing (Grace), Megan Mullally (Karen), Sean Hayes (Jack).

Muchos homosexuales, no todos, lejos de molestarse,° se sienten aliviados con toda nueva prueba biológica de su orientación sexual. Para ellos, su homosexualidad no es una elección perversa, sino una forma de ser inmutable,° una identidad natural que la biología o la genética vienen a avalar.° Como habían observado los sexólogos Masters y Johnson en los años cincuenta, ningún homosexual se hace heterosexual con el tiempo.

De todos es sabido que en nuestra° cultura ser homosexual supone cargar con° un estigma vergonzante que conduce a la discriminación y la marginación. Muchos encubren sus inclinaciones sexuales o las tienen reprimidas. De ahí° que no sea nada fácil conocer qué porcentaje de la población participa de esta identidad. Aunque en la mayoría de los estudios se acepta una cifra° que oscila entre el 1% y el 5%, no se puede fijar a ciencia cierta. En cualquier caso, las encuestas° muestran un heterogéneo panorama de la sexualidad humana, en el que la atracción por el otro sexo parece ser la norma, una minoría notable se siente atraída sólo por personas del mismo sexo, y otros, en grado variable, por hombres y mujeres.

No es fácil desligar° lo natural de lo cultural, el instinto biológico de los condicionantes educativos, religiosos y legales en el comportamiento humano, y especialmente en la conducta sexual. Si definitivamente se confirma la investigación de Hamer, sería la primera vez que se consigue identificar un gen implicado en un rasgo° importante de la conducta humana. A pesar de la sólida evidencia que se creía tener, hasta ahora no ha sido posible encontrar una base genética para el alcoholismo, la esquizofrenia ni la depresión.

En el caso de la homosexualidad, el esclarecimiento° de su base biológica podría alejar° algunos prejuicios y tabúes, pero también podría abrir la puerta a otros peligros. Como apuntó Eric Juengst, del Centro Nacional para la Investigación del Genoma°

Dos filósofos griegos—Aristóteles y Platón—que consideraban el amor homosexual como parte natural de la vida humana.

Glosas (margen):

lejos... *far from being upset*

inalterable

apoyar, garantizar

se refiere a la cultura mexicana

cargar... llevar el peso de

De... *Consequently*

número

cuestionarios para conocer la opinión del público

separar

característica

aclaración, explicación

poner lejos

características genéticas

arma... *double-edged sword*

Humano de Estados Unidos, «la investigación del gen gay es un arma de doble filo.° Puede ser usada en beneficio de los gays y lesbianas, pues este rasgo por el que son discriminados no es peor que el color de la piel. Pero, por otro lado, podría ser interpretado en el sentido de que esta diferencia es patológica. Incluso podría nacer la idea de que se trata de una «enfermedad» curable mediante terapia génica.° 65

terapia... tratamiento que permite reemplazar genes defectuosos por otros sanos

Para los homosexuales, sin embargo, el principal problema no es el origen de su conducta. «La homosexualidad no es algo que deba ser justificado y explicado, sino algo que debería ser aceptado» sostiene la Alianza de Gays y Lesbianas contra la Difamación, de los Estados Unidos. En México, volvemos al caso de los números, nadie sabe con certidumbre cómo responde estadísticamente la población nacional a la presencia homosexual en la sociedad. Aunque las perspectivas no son muy optimistas: una gran parte la rechaza° por considerarla *antinatural*. Pero no todo es oscuridad, en las sociedades conservadoras, incluso la mexicana, se han abierto canales de comunicación y desmitificación. Y ya nada podrá ser como antes. 70 75

niega, no acepta

Después de leer

A. Opciones múltiples

Según el artículo...

1. En tiempos pasados se aclaraba el origen biológico de la homosexualidad con...
   a. explicaciones muy rigurosas.   **b.** explicaciones mitológicas.
   c. explicaciones religiosas.

2. En México la persona gay...
   a. es discriminada y marginada.   **b.** puede expresar su orientación sexual libremente.   **c.** es aceptada.

3. El porcentaje de la población mexicana que participa en la identidad homosexual...
   a. es un número exacto.   **b.** representa la mayoría.   **c.** es pequeño.

B. Preguntas

1. ¿Cómo reaccionaron algunos gays ante el trabajo de Hamer y otros sobre la orientación sexual?

2. ¿Qué otros factores (no biológicos) mencionados en el artículo pueden influir en la conducta sexual?

3. Explique, en sus propias palabras, por qué se cree que la investigación del gen gay es «un arma de doble filo».

4. ¿Cómo interpreta Ud. la última frase del artículo: «Y ya nada podrá ser como antes»? ¿Está Ud. de acuerdo?

C. Encuesta

Trabajando con otro(a) estudiante, contesten las siguientes preguntas. Luego, compartan sus opiniones con la clase.

¿Crees que los gays deben tener derecho a...

	Sí	No	No sé
• formar clubes o alianzas en los colegios (*high schools*)?	☐	☐	☐
• formar clubes o alianzas en las universidades?	☐	☐	☐
• entrar legalmente en el servicio militar?	☐	☐	☐
• casarse legalmente?	☐	☐	☐
• formar parte de la educación sexual en las escuelas públicas?	☐	☐	☐
• hacer una declaración de ingresos en común (*joint income tax return*) con su compañero(a)? (Los impuestos de una pareja son más bajos que los de dos individuos solteros.)	☐	☐	☐
• gozar de los mismos derechos que los demás con respecto al empleo y la vivienda?	☐	☐	☐

SELECCIÓN SEIS

GÉNESIS

Marco Denevi

Antes de leer

En la Biblia Cristiana «Génesis» describe la creación del universo. ¿Pero también podría referirse al fin de la civilización tal como la conocemos? El microcuento del renombrado novelista y cuentista argentino Marco Denevi (*n.* 1922) ofrece una pers-

pectiva interesante sobre el tema. Lea Ud. el cuento y decida por su propia cuenta—
«génesis»: ¿comienzo o fin?

A. Para abrir el tema

Trabajando solo(a) o con otro(s), conteste estas preguntas.

1. ¿Cree Ud. que la Tierra es eterna o que un día desaparecerá?
2. ¿Qué elementos o factores de la vida contemporánea podrían acelerar «el fin del mundo»?
3. ¿Qué podemos hacer para preservar la humanidad?

B. Vocabulario: Antónimos

En el texto aparecen los antónimos de las siguientes palabras. ¿Cuáles son?

1. paz _____   4. encontrarse _____

2. reír _____   5. anciano _____

3. silencio _____

C. Juego imaginativo

Piense un momento en una persona que Ud. admira: un(a) compañero(a) de escuela, colega, pariente, vecino(a), amigo(a), tu escritor(a) o actor favorito(a), un(a) artista, etcétera. ¿Cómo reaccionaría Ud. si de repente descubriera que él o ella no es heterosexual? ¿Cambiaría de opinión sobre esa persona? Explique.

incinerado
nave...
*spaceship / herbs
stunned*
gritar

se... se
disolvieron

GÉNESIS

Con la última guerra atómica, la humanidad y la civilización desaparecieron. Toda la tierra fue como un desierto calcinado.° En cierta región de Oriente sobrevivió un niño, hijo del piloto de una nave espacial.° El niño se alimentaba de hierbas° y dormía en una caverna. Durante mucho tiempo, aturdido° por el horror del desastre, sólo sabía llorar y clamar° por su padre. Después sus recuerdos se oscurecieron, se disgregaron,° se volvieron arbitrarios y cambiantes como un sueño,

5

scolded
wrapped

su horror se transformó en un vago miedo. A ratos recordaba la figura de su padre, que le sonreía o lo amonestaba,° o ascendía a su nave espacial, envuelta° en fuego y en ruido, y se perdía entre las nubes. Entonces, loco de soledad, caía de rodillas y le rogaba que volviese. Entretanto la tierra se cubrió nuevamente de vegetación: las   10
plantas se cargaron de flores: los árboles, de frutos. El niño, convertido en un

pájaro / wolf

muchacho, comenzó a explorar el país. Un día vio un ave.° Otro día vio un lobo.° Otro día inesperadamente, se halló frente a una joven de su edad que, lo mismo que

ruina

él, había sobrevivido a los estragos° de la guerra atómica.
—¿Cómo te llamas? —le preguntó.   15
—Eva, —contestó la joven—. ¿Y tú?
—Adán.

Después de leer

A. Cronología

Indique el orden correcto.

_____ 1. Sobrevivió un niño que lloraba y gritaba por su padre.
_____ 2. El muchacho conoció a una joven de su edad.
_____ 3. La vegetación empezó a crecer de nuevo sobre la tierra.
_____ 4. Una guerra horrible dejó la tierra en ruinas.
_____ 5. En los recuerdos, el padre ascendía a una nave espacial y desaparecía.

B. Preguntas

1. En cierta región de Oriente, ¿quién sobrevivió a la destrucción del mundo? Con el tiempo, ¿qué pasó con los recuerdos de su vida anterior?
2. ¿Por qué pensaba en su padre? ¿Qué recuerdos guardaba de él?
3. ¿Qué hizo el niño convertido en muchacho? ¿A quién conoció?
4. En la nueva civilización, ¿a quién podría representar el padre de los recuerdos de Adán?

C. La moraleja (*moral*)

Si «Génesis» tuviera una moraleja, ¿cuál sería, en su opinión? Si no encuentra una que sea apropiada de la lista a continuación, invente su propia moraleja. Siempre justifique su selección.

1. El mensaje de la Biblia es eterno.
2. El Bien predomina sobre el Mal.
3. El amor siempre triunfará.
4. ¿?

D. Los avances

En grupos pequeños, preparen un avance (*preview*) de dos minutos para anunciar (*advertise*) «Génesis». El avance debe consistir en una narrativa breve que hable de los aspectos extraespeciales de la historia, con referencias entusiasmadas a momentos dramáticos/románticos de la trama (*plot*). Cada grupo presentará su avance, con un(a) narrador(a) y actores.

E. Juego imaginativo: Anticipando el futuro

¿Cómo serán Adán y Eva en 25 años? Invente una continuación.

Comentario sobre el dibujo

¿Cuál es el mensaje del dibujo? ¿Está Ud. de acuerdo? En vez de «optimismo», ¿qué palabra escribiría Ud.?

capítulo **5**

ARTE Y FANTASÍA

La pintora mexicana Frida Kahlo, 1939

Retrato del papa Inocencio X por Diego
Velázquez, Roma, Galeriá Doria-Pamphile

Cartel de cine de *El mariachi*

Antonio Banderas en la película
El desesperado

VOCABULARIO PRELIMINAR

Estudie estas palabras y haga los ejercicios antes de leer el ensayo sobre los dos artistas. Luego, utilice esta lista como medio de consulta durante su estudio del capítulo.

alcanzar	conseguir, lograr; llegar a cierto punto
cuadro, el	representación pictórica, pintura
entretener	divertir, distraer, ocupar la atención; *adj.* **entretenido** divertido, ocupado
estilo, el	manera de expresarse, carácter original de un(a) artista, época, moda, etcétera
impedimento, el	limitación física o mental
ingenio, el	habilidad para inventar o resolver dificultades; talento
mensaje, el	comunicación enviada de una persona a otra; significado de una obra o de un escritor o artista
merecer	ser digno(a) de algo
obra, la	cosa hecha o producida por alguien; producción artística o literaria; **obra maestra** ejemplo excelente o perfecto
personaje, el	ser humano verdadero o simbólico que se representa en una obra literaria; persona notable
posmodernismo, el	una clasificación general del arte de la segunda parte del siglo XX (a partir de la explosión de la bomba atómica). Se caracteriza por el rechazo (*rejection*) de la tradición clásica y la celebración de una visión fragmentada y abierta de la existencia humana. Los artistas posmodernos combinan elementos de su vida personal y de la cultura popular con elementos intelectuales y abstractos, usan mucha ironía y presentan múltiples realidades en sus obras; *adj.* **posmoderno(a)**
retrato, el	representación de una persona en dibujo, pintura o fotografía

A. Sinónimos

Dé palabras de la lista anterior que, en algún sentido, pueden servir como sinónimos para las siguientes.

1. talento
2. limitación
3. pintura
4. lograr

5. moda
6. aviso
7. divertir
8. rechazo de la tradición clásica

B. Palabras relacionadas

¿Puede Ud. adivinar el significado de las siguientes palabras que están relacionadas con palabras de la lista? Conteste las preguntas.

1. ¿Qué ejemplo puede Ud. dar de una persona **ingeniosa**?
2. ¿Qué cosas desea Ud. que no son **alcanzables** ahora?
3. ¿Qué les pasa a veces a los **mensajeros** que traen malas noticias?
4. ¿Cree Ud. que en general los criminales **llevan su merecido** o no? Explique.
5. ¿Qué edificio es **posmoderno** —la Casa Blanca de Washington o el Museo Guggenheim de Nueva York?

QUICO...!

SELECCIÓN UNO

DOS ARTISTAS Y SUS CIRCUNSTANCIAS
Antes de leer

Para abrir el tema

¿Qué tipo de arte prefiere Ud.? ¿el impresionismo? ¿el cubismo? ¿el arte abstracto o el arte medieval? La tradición del arte hispano es muy variada. Desde las más antiguas pinturas de las cuevas de Altamira en el norte de España (15.000 a. de J. C.), hasta los magníficos cuadros de hoy, que se venden por millones de dólares, el arte hispano representa un tesoro cultural. ¿Qué temas se presentan en esta tradición? Mirando los cuadros, ¿podemos ponernos en contacto con las emociones e ideas de sus creadores? Vamos a examinar la vida y la obra de dos artistas muy diferentes: Diego Velázquez, pintor español clásico y realista, y Frida Kahlo, pintora mexicana posmoderna, cuya obra está llena de sopresas.

- ¿Dónde están las pinturas más antiguas de España?
- ¿Cuánto valen los cuadros de famosos pintores hoy día? ¿Qué piensa Ud. de estos precios?
- ¿Cómo se llaman los dos pintores que vamos a estudiar? ¿De dónde son?

Diego Velázquez, español (1599–1660): su vida y obra

España ha producido un gran número de artistas de fama mundial: El Greco, Goya, Dalí, Miró y Picasso, entre muchos otros.* Uno de los más notables es Diego Rodríguez de Silva y Velázquez. Sus cuadros están en los mejores museos del mundo y valen cantidades inimaginables. Considerado como uno de los realistas más grandes de todos los tiempos, Velázquez es el pintor clásico por excelencia. Pintaba lo que veía, ni más, ni menos. Siempre mantenía una distancia entre su «yo» y la escena o persona que pintaba. Por eso, en su obra nos ha dejado una buena representación de la sociedad de sus tiempos, pero de él mismo—de su vida, personalidad, emociones u opiniones—sabemos muy poco.

Diego Velázquez, autorretrato (detalle de *Las meninas*), Madrid, Museo del Prado

---

*Véase un cuadro de Salvador Dalí en la página 95 de este libro, y un cuadro de Picasso en la página 94.

Velázquez nació en Sevilla en 1599 y empezó a pintar a la edad de once años. Se casó cuando tenía 18 años con la hija de su maestro y poco después se fue a Madrid a la Corte del rey Felipe IV. Pronto se hizo famoso por sus maravillosos retratos del monarca y su familia. Era pintor oficial pero también era cortesano y por eso no disfrutaba de mucho tiempo para pintar. No participaba mucho en las intrigas de la Corte. Pasó su vida pintado y sirviendo al rey hasta su muerte por enfermedad a la edad de 61 años. Su mujer se murió seis días más tarde.

A primera vista las obras de Velázquez parecen convencionales. Pero la persona que las observa con cuidado descubre que casi todas contienen un secreto: un mensaje sutil y original. Además, mediante la manipulación de luz y sombra, Velázquez alcanzó a representar a las figuras sin necesidad de trazarlas con líneas. Por eso, se le considera un precursor del impresionismo. Siglos después de su muerte, Manet y otros pintores impresionistas hicieron viajes especiales de Francia a Madrid para estudiar su obra. Vamos a examinar algunos de sus cuadros para buscar sus mensajes secretos.

5

10

15

Comprensión

1. ¿Por qué podemos decir que Velázquez era realista y clásico?
2. ¿Qué circunstancias de su vida lo ayudaron a ser un gran pintor?
3. ¿Por qué es necesario mirar atentamente los cuadros de Velázquez?
4. ¿En qué sentido es un precursor?

Hoy día, con la facilidad de la fotografía, nos olvidamos de la importancia que tenía la pintura en el pasado como modo de conservar los recuerdos de momentos históricos. El enorme cuadro *La rendición de Breda* fue pintado para conmemorar la victoria militar española de 1625 contra los holandeses. Pero, ¡qué sorpresa! El cuadro no es típico de las pinturas militares porque evita la violencia, la guerra y el orgullo nacional. En cambio, evoca un sentido de tranquilidad y compasión humana. La fuerza militar está simbolizada por una fila de lanzas, y la destrucción de la ciudad solamente está insinuada. La atención del observador está dirigida a las relaciones humanas entre el vencedor y el vencido: entre el general español y el general holandés que le entrega la llave de la ciudad de Breda. La obra celebra las cualidades de reconciliación, generosidad y cortesía, y los soldados menores están representados como individuos, preocupados con sus propios pensamientos.

20

25

Comprensión

1. ¿Para qué pintó Velázquez *La rendición de Breda?*
2. ¿Cómo sería una típica pintura en honor de una victoria militar? ¿En qué sentido es original y diferente la pintura de Velázquez?
3. Mire Ud. a los soldados menores en la pintura. ¿Están representados como soldados convencionales o como individuos? Explique.

La rendición de Breda por Diego Velázquez, Madrid, Museo del Prado

Interpretación

Mire bien el cuadro. ¿Qué objeto hay en el centro exacto de la pintura? En su opinión, ¿por qué lo ha puesto allí el pintor?

A Velázquez le interesaba el ser humano en toda su variedad. Pintaba a reyes y princesas, pero también a pobres, mendigos, borrachos y a la gente con impedimentos físicos o mentales, que se empleaban en la Corte como bufones o compañeros para los niños reales. Es importante recordar que un buen retrato no es simplemente una copia de apariencias externas; exige imaginacíon e intuición porque el artista observa a su sujeto durante horas para escoger la expresión, la postura y los gestos más apropiados. El papa Inocencio X era uno de los hombres más poderosos del mundo y también uno de los más feos.* Velázquez revela sin piedad la astucia y crueldad de su carácter. En el retrato de don Sebastián de Morra aparece uno de los enanos (personas muy pequeñas) que entretenían en la Corte. Lo que sorprende es la mirada irónica y triste, llena de inteligencia.

30

35

---

*Según el crítico Paul Westheim, «El papa Inocencio X era tan repulsivamente feo que en el Cónclave de 1546 se había discutido si era posible elegir papa a un hombre de ese 'aspecto de sátiro torvo (terrible) y brutal'».

Retrato del papa Inocencio X por Diego Velázquez, Roma, Galería Doria-Pamphile, detalle.

Retrato de don Sebastián de Morra por Diego Velázquez, Museo del Prado

Comprensión

1. ¿A quiénes pintaba Velázquez? ¿Por qué?
2. ¿Por qué es necesario tener imaginación e intuición para pintar un buen retrato?
3. ¿Qué cualidades negativas son evidentes en el retrato del papa Inocencio X? ¿Qué cualidades hay en el retrato de Sebastián de Morra?

Una de las pinturas principales de Velázquez es la fascinante y misteriosa *Venus del espejo*, el primer desnudo no religioso de la pintura española. No se sabe mucho del cuadro. El tema es una vista íntima de la diosa de amor romana, Venus, acompañada de su hijo Cupido. Seguramente se trataba de un encargo privado porque el «Santo Oficio» de la Inquisición no habría permitido el uso del cuerpo desnudo, ni siquiera para un tema mitológico. Velázquez ha representado a la bella mujer como delgada, modesta y con dignidad, en contraste con las figuras voluptuosas y lascivas que se veían en la pintura italiana de aquellos tiempos.

40

45

Comprensión

1. ¿Cuál es el tema de *La Venus del espejo?*
2. ¿Cómo sabemos que este cuadro tenía que ser un encargo privado?

Venus y Cupido (*La Venus del espejo*) por Diego Velázquez, The National Gallery, London

Interpretación

¿Qué piensa Ud. del cuadro? ¿Cree que la representación de una mujer desnuda es insultante a las mujeres o no? Explique.

Sin duda alguna, la obra maestra de Velázquez es *Las Meninas* en la cual el pintor alcanzó a hacer presente un ambiente particular por la hábil manipulación de luz y sombra. El cuadro representa una escena de la vida cotidiana de la Corte. Velázquez mismo (con una cruz en el pecho) está presente, en un cuarto grande, pintando. La joven princesa acaba de entrar, acompañada de sus meninas (damas de honor), una dama enana que sirve de compañera y un niño. También hay una monja, un guardia y un perro. Todas son figuras típicas pero cada una parece individual. Un hombre noble se asoma a la puerta en el fondo. Pero, ¿a quién está pintando el Velázquez representado en el cuadro? Pues, a los reyes, por supuesto. ¿Y dónde están los reyes? La respuesta está en el cuadro. Mírelo bien, porque su composición es una de las más originales e ingeniosas de toda la historia del arte.

50

55

Comprensión

1. ¿Qué representa *Las meninas*?
2. ¿Qué personajes aparecen en el cuadro y qué hacen?
3. ¿Dónde están los reyes? ¿Cómo lo sabe Ud.?

Las Meninas por Diego Velázquez, Madrid, Museo del Prado

Interpretación

En su opinión, ¿por qué pintó así a los reyes Velázquez?

Después de leer

A. Discusión

1. ¿Podemos decir que Velázquez era convencional? ¿original? Explique.
2. ¿Cuál de los cuadros de Velázquez le parece a Ud. el más bello? ¿el más interesante? ¿Por qué?

B. Su opinión

Trabajando con otra persona, expliquen brevemente por qué Ud. está de acuerdo o no con las siguientes opiniones.

1. Hoy día, un pintor realista como Velázquez no tendría mucho valor porque tenemos la fotografía.
2. El empleo en las Cortes del siglo XVII de enanos, y de otras personas con impedimentos, para entretener a los nobles o servir como compañeros era una costumbre mala.

C. Juego imaginativo: Retratos inventados

En parte, Velázquez es importante porque sus pinturas nos dan una visión bastante exacta de las personas importantes y representativas de su tiempo. Ahora bien, si Velázquez viviera hoy, ¿a quiénes pintaría? ¿En qué ambiente y con qué objetos? ¿Qué cualidades mostraría en las caras y posturas? Trabajando en un grupo pequeño, imaginen tres retratos de personas actuales, pintados por Velázquez para representar nuestra sociedad. Llene el siguiente formulario para cada retrato.

Retrato 1 (2, 3)

Persona retratada: _____

Título: _____

Ambiente: _____

Objetos: _____

Cualidades: _____

Comentario sobre el dibujo

- ¿Cuál es el mensaje de esta tira cómica de Quico?
- ¿Qué personas famosas de hoy están asociadas con productos comerciales? ¿Qué opina Ud. de esto?

QUICO

¿QUÉ LES PARECE?

El arte de Velázquez distorsionado por Francis Bacon

Estudio del Retrato del papa Inocencio X de Velázquez, hecho por Francis Bacon, 1953

Muchas veces las pinturas clásicas les sirven de inspiración a los pintores más modernos, aun varios siglos después. Pablo Picasso, por ejemplo, pintó 58 cuadros inspirados en *Las Meninas* de Velázquez. (Véase la página 223.) Otra pintura de Velázquez fue la inspiración de una serie de más de 25 cuadros del pintor británico Francis Bacon (1909–1992): el *Retrato del papa Inocencio X*, que se ve en las páginas 214 y 221. Este cuadro le fascinó tanto a Bacon que una vez dijo que durante años se sentía «obsesionado» por él.

Las imágenes violentas y distorsionadas de Francis Bacon provocan reacciones distintas. Bacon mismo explicó que con estas imágenes quería «abrir las válvulas de las emociones». Muchos lo consideran uno de los pintores más importantes del posmodernismo: sus pinturas están en los mejores museos y se venden a precios astronómicos.

Comparación de dos retratos

Trabaje Ud. con un(a) compañero(a) y completen el cuadro para hacer una comparación de la figura central (el Papa) en las dos representaciones, separadas por 300 años. Después, contesten la pregunta.

	Apariencia ¿Cómo es?	Cualidades ¿Qué cualidades parece tener?	Emociones ¿Qué emociones siente?
1. El retrato de Velázquez (pág. 214)			
2. El retrato de Bacon (pág. 225)			

¿Cuál de los dos retratos les parece mejor? Explíquen.

FRIDA KAHLO, MEXICANA (1907–1954): SU VIDA Y OBRA

La rica y antigua tradición artística de México incluye, entre muchas otras obras, las bellas estatuas precolombinas y los magníficos murales revolucionarios de Orozco, Siqueiros y Rivera. En tiempos recientes, una de las artistas mexicanas más famosas es Frida Kahlo. Su obra es posmoderna. Kahlo no pertenece a la tradición clásica y realista. Por eso no se conserva en sus pinturas la distancia entre el «yo» de la artista (vida, personalidad, emociones y opiniones) y la persona o escena que pinta. Al contrario, la presencia de la artista está en todas partes: su propia figura, sus amores, sus celos, sus penas físicas y emocionales, y hasta sus opiniones políticas.

Kahlo nació en Coyoacán, en México, en 1907. Su madre era mestiza y su padre un inmigrante alemán judío, quien trabajaba como fotógrafo. Frida sufrió toda su vida de impedimentos físicos causados por la polio que contrajo como niña, y por un horrendo accidente de autobús que ocurrió cuando tenía 18 años. Su columna vertebral fue fracturada en tres partes. En el hospital empezó a pintar para entretenerse. A los 20 años conoció al célebre muralista Diego Rivera, quien tenía 41 años, y se casó con él. La pareja llevó una vida tempestuosa, viajando por México, Europa y Estados Unidos, y participando activamente en el movimiento socialista. Se divorciaron en 1939 pero volvieron a casarse al año siguiente. Kahlo se murió a la

5

edad de 47 años, sin haberse nunca recuperado completamente del accidente.

Frida Kahlo poseía un espíritu libre, ingenioso y apasionado, y una gran valentía. Su obra muestra la influencia del paisaje y de la mitología indígena de México, y a veces presenta crítica social. Pero ella misma es el tema más común de sus cuadros, junto con sus propias emociones y los dolores e impedimentos que sufría. Sin embargo, cada día su fama crece y hay más personas que encuentran en su arte un valor universal.

Diego y yo, autorretrato de Frida Kahlo, 1949, colección privada

Comprensión

1. Muchos creen que los artistas llevan una vida triste, llena de sufrimiento. ¿Cómo describiría Ud. la vida de Frida Kahlo?
2. ¿Qué circunstancias de su vida la ayudaron a ser una famosa pintora?
3. ¿Cómo es la obra de Frida Kahlo? ¿Cuál es su tema preferido? ¿Qué opina Ud. de esto?

En 1933, mientras su esposo trabajaba en un mural para el Centro Rockefeller en Nueva York, Kahlo pintó *Allá cuelga mi vestido*. A primera vista se nota la visión humorística que ofrece de Nueva York, representando las obsesiones norteamericanas por la limpieza y por los deportes con dos pedestales que llevan un inodoro y un trofeo monumentales. En el centro de todo se encuentra el tema personal: el vestido mexicano de Frida, colgado entre los grandes edificios. La artista proyecta en su obra la nostalgia que siente por su patria, insinuando que la parte esencial de su ser no esta *allí* porque ella no se identifica con Nueva York.

Al mismo tiempo, una observación cuidadosa revela que la pintura también presenta un mensaje social: una crítica de las condiciones en los Estados Unidos durante los años de la gran crisis económica. Hay un contraste entre la riqueza de los rascacielos y los miles de pobres que aparecen como pequeños puntos bajo las es-

Allá cuelga mi vestido, collage, por Frida Kahlo, 1933, Hoover Gallery

tatuas de George Washington y de la Libertad y el dibujo publicitario de la actriz Mae West. También hay un enorme basurero con un extraño contenido.

Comprensión

1. ¿Qué simbolizan el inodoro y el trofeo monumentales?
2. ¿Cómo se puede explicar el título del cuadro?

Interpretación

¿Qué mensaje social presenta esta pintura sobre Nueva York? ¿Qué piensa Ud. de Nueva York? Explique.

Muchos cuadros de Kahlo están pintados en un estilo que combina el realismo y la fantasía. En parte, esta tendencia se debía a la influencia surrealista que era tan popular entonces. Influidos por Freud, los surrealistas buscaban penetrar en la subconsciencia para unirla con la realidad externa y crear así una realidad más com-

Retrato de Luther Burbank por Frida Kahlo, 1931, colección privada

El venadito por Frida Kahlo, 1946, colección de Carolyn Farb, Houston

pleta. Vemos a Luther Burbank en un paisaje de sueño que sugiere su trabajo como inventor de las plantas híbridas. Con humor irónico, la artista ha presentado al 50
famoso botánico mismo como un híbrido: medio hombre, medio árbol. El tema de la muerte aparece en las raíces que se nutren de un cadáver humano. Pero la mayoría de los cuadros de Kahlo son autorretratos. En *El venadito*, se representa a sí misma con típica ironía en forma de un pobre venado herido por flechas que simbolizan sus heridas físicas y también sus penas psicológicas. En el habla popular, 55
una persona «lleva cuernos» cuando su amante le es infiel, así que los grandes cuernos son una alusión obvia a las infidelidades de Diego. El bosque participa en sus dolores porque los árboles están rotos y destruidos.

Comprensión

1. ¿Qué buscaban hacer los surrealistas?
2. ¿Qué elementos de fantasía hay en el *Retrato de Luther Burbank?*
3. ¿Por qué se retrata Kahlo a sí misma como un venado herido?

Frida Kahlo tenía un carácter especial y a veces era difícil comprender sus acciones. En 1938, aceptó un encargo de la política norteamericana Claire Boothe 60
Luce para pintar de memoria un retrato de Dorothy Hale, una amiga mutua, después de su suicidio. Deprimida por problemas amorosos, la famosa modelo se había tirado de un alto edifício. Sintiendo compasión por la madre de Dorothy, la señora Boothe Luce quería regalarle un retrato de su hija como consuelo. ¡Qué susto experimentó cuando vio el retrato hecho por Frida! El cuadro muestra a la 65

El suicidio de Dorothy Hale por Frida Kahlo, 1939, Phoenix Art Museum

bella Dorothy en tres momentos. Arriba su figura aparece, pequeña, en la ventana. En el centro su cuerpo está suspendido en un espacio irreal y nebuloso y, al pie del cuadro, su cadáver está representado con un gran realismo aumentado por la extensión del pie y una mancha de sangre que sale fuera del marco.

Comprensión

¿Para qué encargó Claire Boothe Luce un retrato de Dorothy Hale? ¿Por qué experimentó un susto después?

Interpretación

1. ¿Cree Ud. que Kahlo hizo bien o mal cuando aceptó el encargo y pintó un retrato de ese tipo? ¿Era una acción egoísta y cruel, o simplemente la libertad artística? Explique.
2. En su opinión, ¿cuál es el mensaje de esta pintura?

El abrazo de amor del universo por Frida Kahlo, 1949, colección privada.
Fotografia cortesía The Vergel Foundation.

La influencia de la tradición mexicana es evidente en la pintura *El abrazo de amor del universo*. Frida misma está en el centro del cuadro, sosteniendo en sus faldas a Diego, desnudo, como si fuera un niño. De esta manera expresa el aspecto materno del amor que sentía por su marido y, al mismo tiempo, el deseo frustrado de tener su hijo. Entre los ojos de Diego aparece un tercer ojo en la frente, que simboliza su gran talento artístico. Detrás de estas figuras y abrazándolas, hay una enorme diosa-montaña, en forma de un ídolo indígena con pelo de cacto, que representa la tierra mexicana. Detrás hay otra diosa aun más grande, la fuerza creadora del universo, mestiza y dividida en dos partes de luz y sombra. En contraste con esta grandeza cósmica, se ve el toque personal y humorístico, típico de Kahlo, en la presencia de su perro, «el señor Xolotl», que duerme a sus pies.

Comprensión

1. ¿En qué aspectos de este cuadro vemos la influencia mexicana?
2. ¿Cómo representa la artista a su marido? ¿Por qué ¿Qué piensa Ud. de esta representación?

Interpretación

En su opinión, ¿qué quiere comunicar Frida Kahlo en esta pintura?

Después de leer

A. Discusión

1. ¿Cuál de los cuadros de Kahlo le parece a Ud. el más bello? ¿el más ingenioso? ¿el más interesante? ¿Por qué?
2. ¿Considera Ud. feminista el arte de Frida Kahlo o no? ¿Por qué? Y el arte de Diego Velázquez, ¿es machista? Explique.
3. En su opinión, ¿cuál de estos artistas merece mayor respeto? ¿Por qué?

B. Su opinión

Trabajando solo(a) o con otra persona, explique brevemente por qué Ud. está de acuerdo o no con las siguientes opiniones.

1. Si no fuera por sus impedimentos físicos, Frida Kahlo no sería una pintora famosa.
2. Las pinturas de Frida Kahlo muestran más imaginación que las de Diego Velázquez.

C. Hablando del arte...

¿Para qué miramos el arte? A continuación hay algunas de las reacciones positivas que a veces sentimos ante un cuadro. Hable en un grupo con tres o cuatro compañeros, y conteste la siguiente pregunta: ¿a cuál o cuáles de los cuadros de Diego Velázquez o de Frida Kahlo aplicaría Ud. las siguientes descripciones? Explique sus opiniones.

1. Presenta una nueva manera de ver la realidad.
2. Me hace reír (o sonreír).
3. Expresa emociones con las que me identifico.

4. Me gustaría tenerlo en mi casa.

5. Me enseña algo interesante sobre la historia.

6. Revela aspectos intrigantes de la naturaleza humana.

7. Transmite un mensaje importante.

8. Expresa un punto de vista que me agrada.

9. Es bello.

10. ¿ ?

D. Composición: Comparaciones

1. Haga una lista de diferencias y semejanzas entre las vidas de los dos artistas.

2. Escriba una comparación entre un cuadro de Velázquez y un cuadro de Kahlo.

E. Refranes

Comente Ud. uno de los siguientes refranes, relacionándolo con Velázquez, con Kahlo o con la vida de hoy en general.

No corre más el que más camina, sino el que más imagina.

Lo que se piensa es lo que se vive.

De ilusiones vive el hombre.

La necesidad inventó el arte.

Quien tiene arte va por todas partes.

Comentario sobre el dibujo

Mire Ud. la tira cómica de Quico y coméntela con otra persona. ¿Por qué compró el cuadro el señor? ¿Qué piensa Ud. de la compra y venta del arte? ¿Qué tipo de cuadro compra la mayor parte de la gente?

QUICO

¡CONECTÉMONOS!

El arte

Con un(a) compañero(a) y usando un buscador español como *www.yahoo.es* busquen uno o dos sitios sobre el arte de artistas latinoamericanos o españoles que han obtenido fama internacional por su obra con sabor a fantasía. Escojan dos cuadros y comparen los aspectos fantásticos que se encuentran en cada uno de ellos. Preparen una corta presentación, de cuatro a cinco minutos, para explicarles a los compañeros por qué escogieron estos cuadros.

SELECCIÓN DOS

EL MARIACHI ¡UN ÉXITO FÍLMICO A BAJO COSTO!

Antes de leer

Para abrir el tema

«El arte en movimiento». Así es como se ha descrito el cine, la expresión artística que nació a fines del siglo XIX. Hoy día abundan películas en español de todos típos, producidas en España y Latinoamérica. El siguiente artículo habla de una película que se filmó bajo condiciones muy extrañas y limitadas, y sin embargo triunfó.

- ¿Va Ud. al cine mucho? ¿Cuántas veces al mes, más o menos?
- ¿Qué películas ha visto en una lengua extranjera?
- ¿Qué piensa Ud. de las películas con subtítulos? ¿Le molestan o no? Explique.
- ¿Qué tipo de película le gusta más: las películas cómicas, las románticas, las dramáticas, las de misterio, las de horror o las de acción? ¿Por qué?

A. Vocabulario

Adivinar por el contexto

El contexto le ayudará a adivinar el sentido de las palabras en itálica tomadas del relato.

1. Tuvieron que hacer el filme (la película) con un *presupuesto* bajo porque no tenían mucho dinero.
   a. aparato mecánico para sacar fotos
   b. colección de ropa para actores
   c. dinero disponible para un proyecto
2. Para ganar dinero, el joven Rodríguez participó en unos experimentos como *conejillo de Indias*, y los científicos le pagaron bien.
   a. pequeño animal que se usa en los laboratorios
   b. director importante que hace filmes
   c. negociante que maneja el financiamiento
3. El director quería encontrar el actor *idóneo* para el papel del héroe.
   a. más conocido   b. menos difícil   c. perfecto
4. Escribió el *guión* para la película en pocas semanas.
   a. novela basada en la historia de una película
   b. publicidad que anuncia los nombres de los actores
   c. texto e instrucciones para filmar una película
5. El músico llevaba su guitarra en un *estuche* negro.
   a. caballo   b. caja   c. carro
6. El *cineasta* quería crear un filme diferente con un héroe mexicano.
   a. persona que hace filmes
   b. persona que va al cine
   c. persona que quiere ser actor

B. El texto

Corre corre, búsqueda de datos

Trabaje con otra persona para buscar rápidamente los siguientes datos en el artículo. ¿Quiénes serán los primeros en hallarlos todos?

1. el costo total de filmar *El Mariachi*
2. cuánto cobró la actriz principal, Consuelo Gómez, por su trabajo
3. cuántas tomas (*takes*) se hacían de cada escena
4. nombres de las dos personas que escribieron el guión
5. el nombre del festival de cine que convirtió el filme en un éxito

EL MARIACHI ¡UN ÉXITO FÍLMICO A BAJO COSTO!*

Oscar Orgállez

¿**Q**ué ha llevado a *El Mariachi,* una película de bajo costo, a alcanzar su gran popularidad? Drama, acción, comedia y romance, pero, sobre todo, el genio creativo de Robert Rodríguez, un joven mexicano-americano de Texas....

*De *Mundo 21*, una revista internacional.

NUESTROS TALENTOS

"EL MARIACHI" ¡UN EXITO FILMICO A BAJO COSTO!

Por OSCAR R. ORGALLEZ
Fotografías: Columbia Pictures / Wide World

¿Qué ha llevado a «El mariachi», una película de bajo costo, a alcanzar su gran popularidad...? Drama, acción, comedia y romance, pero, sobre todo, el genio creativo de Robert Rodríguez, un joven mexicano–americano de Texas...

Si le dijeran que un director pretende filmar una gran producción en Hollywood con un presupuesto de 7,000 dólares seguramente se reiría y pensaría que *está totalmente loco*. Es de esperarse que se piense

Roberto Rodríguez, guionista, director, productor y camarógrafo de «El mariachi», da instrucciones al actor Carlos Gallardo, protagonista del filme.

100

101

Si... *If someone were to tell you* / tiene el plan de
de... normal

Si le dijeran° que un director pretende° filmar una gran producción en Hollywood con un presupuesto de 7.000 dólares, seguramente se reiría y pensaría que *está totalmente loco*. Es de esperarse° que se piense así.... Y si le dijeran que hubo un joven que no solamente lo intentó, sino que lo logró, tuvo gran éxito y cautivó a Hollywood, entonces habría que hablar de algo muy parecido a *un fenómeno*....

«Nunca imaginé que los estudios de Hollywood pudieran interesarse en mi película», afirma Robert Rodríguez, director, editor y coproductor de *El Mariachi*. «Mi idea inicial era mostrar lo que podía hacer con un presupuesto bajo, pero no se me occurió pensar que querrían comprarla», dice sonriendo el estudiante de la Universidad de Austin (Texas, Estados Unidos). Y es que todo lo relacionado con este filme y su concepción parece extraordinario... también la forma en que Rodríguez consiguió° el dinero: ofreciéndose como conejillo de Indias en un centro de investigaciones en Texas para someterse° durante un mes a probar° nuevos medicamentos. «Era una forma rápida de obtener dinero honestamente...», continúa diciendo el joven. «Al salir tenía 3.000 dólares en la mano. Con ese dinero comencé la búsqueda de los actores idóneos para desarrollar el guión... Digo actores, pero lo cierto es que no se trataba de estrellas de cine ni mucho menos, todos eran amigos míos. La actriz principal, Consuelo Gómez, cobró 225 dólares por su trabajo».

alcanzó
participar / experimentar con

Una idea genial adquiere forma... con unos centavos

La filmación del *El Mariachi* es tan interesante como la película. Los actores trabajaban solamente un par de horas al día para que, según el propio director, «no tu-

take (with the camera)
coescritor

phonetically, i.e., sounding out each word

vieran tiempo de aburrirse y pensar en el dinero....» A diferencia de las filmaciones *normales* en las que un actor repite varias veces una escena, se utilizan dobles y se edita y vuelve a editar..., en el caso de *El Mariachi* para cada escena se filmaba con una sola toma,° sin repeticiones. «Mi productor y coguionista,° Carlos Gallardo, hizo el personaje principal de *El Mariachi* y a mi amigo Peter Marquardt, el canadiense que conocí en el centro médico mientras éramos conejillos de Indias, le asigné el papel de un cruel criminal mafioso. Nunca en su vida había actuado y no hablaba español. Tuve que enseñarle línea por línea fonéticamente° antes de filmarla... Hizo un trabajo magnífico, teniendo en cuenta que ése no era su idioma».

Arriba: Reinol Martínez y Consuelo Gómez en una escena del filme. A la derecha: Carlos Gallardo en su personaje protagónico. Abajo: el Mariachi camina desprevenidamente por una calle de la ciudad fronteriza mexicano-estadounidense en la cual se desarrolla la acción de la película.

102

filmación / borrowed

Sólo una cámara se usó en el rodaje° y era prestada.° Se trataba de una vieja y barata *Airflex*, de 16 milímetros... Filmamos la película en dos semanas al norte de México, en Acuña, Coahuila. Después de los trabajos de posproducción traté de

por... casi la vendí

venderla en México como una película de video. La mejor oferta que obtuve fue de 17.000 dólares y por poco hasta la vendo.° Por fortuna no lo hice»

Hollywood interviene a tiempo

Robert Rodríguez había dejado una copia en las oficinas de International Creative Management (ICM) una agencia que se ocupa de buscar talentos para Hollywood. «Lo hice sólo con la idea de obtener una evaluación gratis de mi trabajo. Por eso me sorprendió cuando me llamaron para que firmara un contrato». La cinta pasó entonces por otra odisea° en los estudios de Hollywood. Algunos estudios intentaron *comprar la idea* y luego reelaborarla° a su gusto. Hubo un estudio inclusive que quería transformar al *mariachi* en un cantante de rock. Afortunadamente para Rodríguez la Columbia Pictures optó por tomarla como es, pasarla a 35 milímetros sin corregirla ni reformarla.° A diferencia de las superproducciones de Hollywood que cuentan con presupuestos de millones, *El Mariachi* se hizo con 7.000 dólares. Al llegar al Festival de Cine Sundance en Utah, Estados Unidos, se convirtió en un éxito inmediato, y su director en una estrella.

viaje largo
to rework it

cambiarla

Una concepción realmente distinta

Rodríguez, de ascendencia mexicana y uno de diez hijos en un hogar católico de inmigrantes, representa al joven decidido a crear una nueva imagen del latino dentro del cine norteamericano. «En casi todas las películas de Hollywood, los mexicanos y los latinos en general, hemos sido muy maltratados. Creo que mi película será la primera en que los norteamericanos verán en Hollywood a un héroe mexicano», dice este joven cineasta.

de la Frontera
hitman

El Mariachi es una historia de amor que se desarrolla en una ciudad fronteriza° de México. Un músico solitario (*Gallardo*) y un pistolero° coinciden en el mismo pueblo. Ambos se visten de negro y llevan guitarras en estuches iguales... el del mariachi° contiene su preciada guitarra, él del pistolero armas... Cuando los estuches accidentalmente se intercambian,° el mariachi es lanzado a un mundo de violencia e intriga.

el... el estuche del mariachi
get exchanged

¿Está preparado el joven Rodríguez para manejar millones? «Básicamente no quiero dinero para vivir al estilo grande de *Beverly Hills*, ni mucho menos», dice. «Tengo otras prioridades... Me interesa desarrollar mis capacidades, el talento de los que trabajan conmigo, poder crear, materializar° mis ideas, producir lo que bulle° dentro de mí. El dinero que gane con el trabajo me servirá para seguir creando...»

hacer reales
se mueve

Después de leer

A. Comprensión

Con otra(s) persona(s), trabajen en uno de los siguientes temas y preparen una pequeña presentación sobre él para leerlo a la clase.

1. La vida personal de Robert Rodríguez:
   a. dónde vivía y qué hacía cuando pensó en el filme por primera vez,
   b. su familia,
   c. sus razones por hacer el filme,
   d. lo que desea y lo que *no* desea para su futuro.
2. La filmación de la película *El Mariachi:*
   a. cómo Rodríguez consiguió el dinero para empezar el trabajo,
   b. las diferencias entre esta filmación y la *normal* para filmes de Hollywood,
   c. dónde lo filmó y cuanto tiempo le llevó,
   d. qué medidas tomó para economizar dinero.
3. La mercadotecnia (*marketing*) de *El Mariachi:*
   a. la idea inicial que Rodríguez tenía del filme y por que pensaba hacerlo,
   b. dónde trató de venderlo primero y qué pasó,
   c. cómo intervino Hollywood y qué ofertas se hicieron,
   d. la manera de finalmente producir la película y ganar fama.
4. Los personajes y el argumento (*plot*) del filme:
   a. los personajes principales,
   b. los actores que hicieron estos papeles,
   c. las limitaciones que tenía el canadiense Peter y cómo las superaron,
   d. el conflicto principal y el argumento del filme.

B. Discusión

Con un grupo pequeño, discutan Uds. las siguientes preguntas.

1. ¿Qué imagen del mexicano quería crear Robert Rodríguez en su película? ¿Qué imagen se presenta generalmente del mexicano o del latino en las películas de Hollywood? ¿Qué ejemplos hay de esto?
2. Después de hacer *El Mariachi*, Robert Rodríguez ha hecho varias otras películas, incluyendo *Spy Kids*, un filme para familias y *El Desesperado* con Antonio Banderas. (Véase la foto en la página 215.) Ya sabe lo que es la fama y el manejo de millones de dólares. ¿Cree Ud. que Rodríguez va a cambiar Hollywood un poco, o que Hollywood lo va a cambiar a él? Explique.
3. En el año 2000, la película española *Todo sobre mi madre* ganó el premio Oscar para mejor película extranjera, y la película mexicana *Amores perros* ganó el

primer premio en el festival de Cannes. ¿Por qué creen Uds. que triunfan ahora los filmes latinos? ¿Qué filmes han visto en español? ¿Cuáles les han gustado? ¿Por qué?

C. Inventando diálogos

Trabajando sólo(a) o con otra persona, escoja dos de las fotos que acompañan el artículo. Primero, explique lo que Ud. piensa que está pasando en las fotos. Luego, invente un breve diálogo entre las personas o, si hay una sola persona, los pensamientos que podrá tener en mente en ese momento.

D. ¡Vamos a inventar un filme!

Robert Rodríguez lo hizo, ¿por qué nosotros, no? Trabaje en un grupo con otras personas y llenen la siguiente propuesta (*proposal*) para una película. Después, si tienen tiempo, preparen un breve guión de una escena (la más emocionante, por supuesto) de la película para presentarla a la clase, cada persona leyendo uno de los papeles.

Propuesta para una película

1. Típo de película: ___ cómica ___ romántica ___ dramática ___ de misterio ___ de horror ___ de acción ___ animada ___ ciencia ficción ___ ¿otro tipo? (Descríbalo, por favor.) _____

2. Título provisional: (Aquí hay que usar su imaginación.)

   _____

3. Propósito (*Purpose, Goal*) de esta película: _____

4. Descripción de los personajes principales:

   A. héroe: _____

   ¿Qué famoso actor podría hacer este papel? _____

   B. heroína: _____

   ¿Qué famosa actriz podría hacer este papel? _____

   C. malvado(a) (villain) _____

   ¿Qué famoso(a) actor (actriz) podría hacer este papel? _____

5. Descripción de una escena: _____

   _____

¡CONECTÉMONOS!

La televisión y el cine

Solo(a) o con algunos compañeros, vaya(n) a la biblioteca o a una tienda donde alquilan (*rent*) videos y escoja(n) una película en español que demuestre algún aspecto de fantasía (por ejemplo, *Como agua para chocolate*). Después de mirar la película, escriban un corto resumen del argumento. Si es posible ver algún programa televisivo de ciencia ficción o fantasía en español, puede(n) usarlo en vez de una película. ¿Cómo difieren las técnicas cinematográficas de las que emplea un pintor en su lienzo (*canvas*)?

SELECCIÓN TRES

LA TELEADICCIÓN*

Antes de leer

Para abrir el tema

La televisión fue un nuevo arte del siglo XX que ha extendido el alcance de la imaginación humana por el espacio y por el tiempo. Sin duda, ha tenido un gran impacto para el bien y para el mal. El siguiente artículo examina algunos aspectos de este impacto y sus consecuencias en la sociedad española de hoy.

Trabajando solo(a) o con otro(s), conteste estas preguntas.
1. ¿Cuántas horas de televisión ve Ud. cada semana (más o menos)?
2. ¿Cree Ud. que la conversación de una persona que nunca ve televisión es más interesante o menos interesante que lo normal? ¿Por qué?
3. ¿Le gustan a Ud. los programas basados en situaciones «reales», o no le gustan? ¿Por qué? ¿Qué programas mira Ud. a menudo?

A. Vocabulario

Búsqueda de términos

En España se usa la palabra *culebrones*, que quiere decir «serpientes grandes», para hablar de las telenovelas (*soap operas*). En su opinión, ¿por qué usarán este término?

---

*De *Tribuna*, una revista española.

Aprenda más términos relacionados con la televisión. Busque en los seis primeros párrafos del artículo las siguientes palabras en itálica.

1. El verbo que quiere decir *rompiendo la conexión eléctrica* (*de un aparato*)*:*

   _____ (párrafo 1)

2. Una palabra usada en España para indicar los *programas de noticias: los*

   _____ (párrafo 2)

3. En muchos países latinos se habla de *los canales* de televisión, pero en España se

   habla de *las* _____ *de televisión.* (párrafo 2)

4. Una frase de tres palabras que significa el pequeño aparato que se tiene en la

   mano para cambiar de volumen o de programa: *el* _____

   _____ _____ (párrafo 4).

5. Una frase despectiva (negativa y condescendiente) de dos palabras que se usa para

   hablar de la televisión: *la* _____ _____ (párrafo 6)

B. El texto

Hacer predicciones

Después de mirar el título de la selección, los subtítulos y la foto, la clase debe dividirse en grupos de dos o tres personas. La mitad de estos grupos harán una lista de las consecuencias buenas de la televisión y la otra mitad una lista de las consecuencias

malas. Después de cinco minutos, una persona de cada grupo leerá su lista o la escribirá en la pizarra. ¿Cuáles de estas consecuencias cree Ud. que se mencionarán en el artículo? Búsquelas en el artículo para ver si sus predicciones son ciertas.

LA TELEADICCIÓN

Lourdes Muñoz y Natalia Valdés

pequeña ciudad
desconectando
transmitía
ofendida

de hoy día

llega / oficina
(de un abogado)

Hace unos días Santiago M. M., un vecino de la localidad° murciana de Lorca, decidió castigar a su mujer desenchufando° el televisor a la hora en que se emitía° el culebrón *Cristal*. La afrenta acabó en los tribunales con una denuncia por malos tratos presentada por la esposa agraviada.°

La televisión ejerce tal influencia en la sociedad actual° que alguna diferencia de opiniones por ver una telenovela o los informativos que se emiten a la misma hora en otras cadenas ha acabado en los servicios de urgencias de los hospitales.   5

«En el fondo siempre hay una falta de comunicación, pero cuando una pareja acude° a mi despacho° lo que acaba es reprochándose cosas tan pequeñas como: ‹Siempre pone el programa que a él le gusta› o ‹me apagó el televisor›. Esta es una de las causas que hace que actualmente se compren en España tantos segundos televisores», señala Anadón.   10

Lo cierto es que quien tiene en su poder el mando a distancia *lleva los pantalones*.

La «droga que se enchufa»

sus... personas
que la usan

gambling

cualidades
medicamento
que calma

mood /
screen
caja... «boob
tube»
personas que
miran televisión
liberarse

cada semana

La televisión o «droga que se enchufa», como la denomina la socióloga americana Marie Winne, puede crear una gran dependencia entre sus seguidores.° En los casos más extremos es parecida a la dependencia producida por el alcohol, ciertas drogas o el juego,° según el profesor de la Universidad de Nuevo México Robin Smith Jacobvitz. Un estudio publicado por el diario *New York Times* indica que *«los rasgos° más característicos de esta adicción a la televisión son: el uso de ésta como un sedante°, aunque no produzca satisfacción; el sentimiento de culpa al saberse adicto; la nula capacidad de seleccionar los programas y los cambios de humor° cuando hay algo que impide ver la pequeña pantalla°...*   15   20

La pasión por la caja tonta° ha llegado a tales extremos que en algunos países, como Estados Unidos, entre el 2 y el 12 por ciento de los telespectadores,° según los casos, se consideran teleadictos porque no son capaces de *desengancharse*° de este vicio por sí solos, según refleja Jacobvitz, en un estudio realizado entre las personas que ven regularmente la televisión. El profesor señala que cada vez es más frecuente encontrarse con casos como el de un oficial de policía americano con dos hijos a quienes atender, que encuentra tiempo para estar 72 horas semanales° delante de la pequeña pantalla. Para la mayoría de los psicólogos especializados en   25   30

glued
average

este tema, teleadictos son todas aquellas personas que están *pegadas*° a la pantalla una media° de 56 horas semanales, casi 26 horas más que un telespectador considerado normal. La media de tiempo que invierten los españoles delante de la pequeña pantalla es aproximadamente de 20 horas semanales.

35

Tiempo libre

Ocio° y escape

Las películas y las series siguen ocupando los primeros puestos en los índices de audiencia de las diferentes cadenas. Las causas por las que uno enciende la televisión son diversas. La mayoría lo hace con el fin° de pasar un rato entretenido y agradable, pero también hay quienes pretenden° utilizarlo como vía de escape a sus

propósito
intentan

¿Es siempre malo que los niños miren televisión? ¿O hay programas que les traen beneficios?

Mi mejor amigo, segmento de *Bizbirije* de Canal 11.

problemas personales o para superar el estrés. En opinión de Alfredo Calcedo Or-   40
dóñez, psiquiatra del hospital Gregorio Marañón de Madrid, *«la gente cuando tiene
algún tipo de problema intenta distraerse y lo que les entretiene más, por ahora, es
la televisión».*

La pequeña pantalla ocupa cada vez más momentos de ocio en nuestro país. De   45
la misma manera de que las finales futbolísticas° consiguen paralizar la vida, las
grandes series e incluso los dibujos animados° consiguen reunir multitudes delante
de la pantalla.

finales... *soccer championships*
dibujos... *cartoons*

Los más pequeños

El problema de la teleadicción es importante en los más pequeños porque la pequeña pantalla llama su atención con gran facilidad.   50

Lo primero que se deteriora en los niños atrapados por la pequeña pantalla,
según los expertos, es su vitalidad. Se quedan sentados, como ausentes, frente al
televisor. Los niños teleadictos juegan menos, su curiosidad desciende, no pueden
concentrarse bien y—poco a poco—van perdiendo la alegría y la necesidad de co-
municarse con los demás.   55

Después de leer

A. Comprensión

1. ¿Por qué presentó una denuncia contra su esposo la mujer de Lorca?
2. ¿Qué rasgos son característicos de la adicción a la televisión?
3. ¿Cuántas horas pasa cada semana un teleadicto delante del televisor? ¿y Ud.?
4. ¿Cuáles son las tres causas mencionadas por las que encendemos la televisión? ¿Qué opina Ud. de éstas?
5. ¿Qué les pasa a los niños adictos a la pequeña pantalla?

B. Antónimos

Dé antónimos, usados en el artículo, para las siguientes palabras.

1. apaga
2. enchufar
3. aburrido
4. presentes
5. independencia
6. estimulante

C. Discusión: ¿Son comunes las adicciones?

Algunos dicen que las adicciones son cada día más comunes en nuestra sociedad. Con un pequeño grupo, discutan Uds. las siguientes preguntas. Después, comparen sus opiniones con las de otros grupos.

1. Además de la televisión, ¿qué otras cosas pueden crear una fuerte dependencia en ciertas personas? Escoja de esta lista: el alcohol, el tobaco, las compras, la computadora, las drogas, el ejercicio, los estudios, Internet, el juego *(gambling)*, los juegos electrónicos, el sexo. En su opinión, ¿cuáles de estas cosas son realmente adictivas, y cuáles no? Explique.
2. ¿Por qué cree Ud. que tantas personas son adictas en la sociedad actual? ¿Hay más tensiones que en el pasado o más oportunidades? ¿O hay más aceptación social de las adicciones?
3. ¿Qué debe hacer una persona adicta? ¿Pueden ser peligrosas las adicciones? ¿Hay buenos programas para curarse? ¿Siempre es necesario curarse o es posible vivir con una adicción? Explique sus opiniones.

D. Casos y soluciones

Con un grupo de compañeros, lean los siguientes casos y completen las evaluaciones. Comparen sus opiniones con las de los otros grupos.

1. Un padre se preocupa cuando hay disputas entre sus tres hijos, su mujer y él porque todos quieren ver distintos programas de televisión. Por eso, decide comprar cinco televisores para que cada persona pueda ver lo que le dé la gana.
   Esta solución es   ☐ buena / ☐ mala porque _____
2. Una madre ve que una de sus hijas no tiene buenas notes en la escuela. Entonces, le prohibe a esta hija que mire televisión por dos meses. La otra hija puede mira televisión las horas que quiera.
   Esta solución es   ☐ buena / ☐ mala porque _____
3. Dos jóvenes de 13 y 14 años saben arreglar su televisor para poder ver todas las cadenas. Cuando sus padres salen, siempre ven las películas «prohibidas» porque creen que la censura es estúpida y es necesario ver la realidad de la vida.
   Esta decisión de los jóvenes es   ☐ buena / ☐ mala porque _____

Comentario sobre el dibujo

Comente Ud. la tira cómica de Quico. ¿Es «horrible» su pesadilla o es simplemente la realidad del futuro? ¿Qué le parece esta visión del futuro?

Quico

E. Los mensajes directos o indirectos

Trabaje Ud. con otra persona y analicen los siguientes dibujos. Éstos representan imágenes visuales del tipo que se ven en la televisión en los programas para niños. Para cada dibujo, contesten estas preguntas.

1. ¿Qué pasa?
2. ¿Qué tipo de programa es?
3. ¿Cuál es el mensaje?

SELECCIÓN CUATRO

LA GUITARRA

Antes de leer

Para abrir el tema

¿Ha oído Ud. música flamenca? Es un estilo de música de guitarra, danza y canto del sur de España donde viven muchos gitanos (*gypsies*) y donde todavía permanece la influencia árabe. Tradicionalmente, el arte de tocar flamenco se aprende por oído, imitando a los maestros, y no en la escuela. Se necesita cierta participación entre el guitarrista y el público. Los espectadores comentan y dan palmadas (*clap their hands*) y poco a poco se va creando una atmósfera en la cual la música flamenca «ocurre». Dicen que, además del dominio técnico del instrumento, hay que tener *ángel* o *duende*, una cualidad inexplicable que pertenece principalmente a los gitanos.

Trabajando solo(a) o con otro(s), describa los siguientes puntos.

1. La música que más me gusta escuchar. ¿dónde? ¿cómo? ¿cuándo?
2. La música que más me gusta para bailar. ¿dónde? ¿cómo? ¿cuándo?
3. La importancia de la música en mi vida.

El texto

Relacionar el sonido con el significado

En el siguiente poema, García Lorca nos describe la guitarra flamenca al mismo tiempo que nos transmite su música en los ritmos de los versos y en los sonidos de las palabras. Escuche el poema recitado (por su profesor, por un disco o por un amigo). Luego, léalo Ud. en voz alta y escoja la mejor manera de terminar estas frases.

1. Para dar énfasis, el poeta repite los versos...
   a. 1 y 2.   **b.** 10 y 11.   **c.** 17 y 18.   **d.** 21 y 22.
2. Para expresar la llegada de la luz después de la noche, el poema usa la imagen de...
   a. pájaros muertos.   **b.** camelias rojas   **c.** vasos rotos.   **d.** blancas nevadas.
3. ¿Qué sonidos usa el poeta para imitar el gemir (*moaning*) del agua y del viento?
   a. s y z.   **b.** l y p.   **c.** i y e.   **d.** o y a.

LA GUITARRA

Federico García Lorca*

La pintura *El Jaleo* de John Singer Sargent, 1882, representa una bailarina española de Flamenco, Museo de Isabella Stewart Gardener, Boston

cry of grief	Empieza el llanto°
	de la guitarra.
vasos para el vino	Se rompen las copas°
comienzo del día	de la madrugada.°
	Empieza el llanto
	de la guitarra.
silenciarla	Es inútil callarla.°
	Es imposible
	callarla.
	Llora monótona
	como llora el agua,
	como llora el viento
caída de nieve	sobre la nevada.°
	Es imposible
	callarla.
que están lejos	Llora por cosas lejanas.°
Sand	Arena° del Sur caliente
	que pide camelias blancas.

5

10

15

---

*Federico García Lorca (1898–1936), poeta y dramaturgo español de gran renombre, murió trágicamente al principio de la guerra civil española.

arrow / target	Llora flecha° sin blanco,°
	la tarde sin mañana,
	y el primer pájaro muerto
branch	sobre la rama.°
	¡Oh guitarra!
pierced	Corazón malherido°
swords	por cinco espadas.°

20

25

Después de leer

A. Análisis del significado

Trabajando solo(a) o con un(a) compañero(-a), conteste las siguientes preguntas.

1. ¿Qué referencias a la naturaleza hay en el poema?
2. En su opinión, ¿por qué llora la guitarra? ¿Qué parte de la vida humana representa?
3. ¿Qué quiere decir el verso «Es imposible callarla»?
4. Los últimos versos presentan una de las metáforas más conocidas de Lorca. En España se usa la palabra *corazón* para referirse al pequeño círculo abierto de la guitarra, pero ¿qué son las «cinco espadas»? Explique la comparación.

B. Recital de poesía

Trabaje Ud. con un(a) compañero(a) y preparen una sección del poema (de cuatro o cinco versos) para recitarla. Practiquen en voz alta la pronunciación y la expresión. Luego, hagan un «recital» con la participación de todos.

C. Actividad: Escuchar y sentir

Traiga discos compactos, videos (como *Carmen o Bodas de Sangre* con Antonio Gadés o *Strictly Ballroom*) o cintas de música flamenca a la clase. Escuche o mire por diez minutos en un grupo con cuatro o cinco compañeros. Después, llenen Uds. el cuestionario y comparen sus respuestas. (Si no es posible hacer esto en la clase, háganlo en casa.)

Cuestionario sobre su experiencia con la música flamenca

Nombre del artista o del grupo: _____

Nombres de piezas o canciones: _____

Medio: ☐ disco compacto   ☐ cinta   ☐ disco   ☐ video   ☐ en vivo y en
directo (*live*)

El ritmo

1. ¿Cómo es el ritmo?   ☐ lento   ☐ moderado   ☐ rápido   ☐ agitado

2. ¿Cuántos ritmos hay?   ☐ uno solo   ☐ dos ritmos básicos   ☐ ritmos variados

Los sonidos

3. ¿Qué sonidos escucha?   ☐ guitarras   ☐ voz humana   ☐ zapateo (*tapping of
shoes*)   ☐ castañuelas   ☐ palmadas   ☐ otros sonidos:
_____

4. ¿Qué sonido le parece el dominante? _____

Las emociones

5. ¿Qué emociones están transmitidas en la música?

   ☐ alegría   ☐ tristeza   ☐ pena   ☐ serenidad   ☐ pasión   ☐ protesta

   ☐ enojo   ☐ inspiración   ☐ frustración   ☐ ambición   ☐ anhelo (deseo
   intenso)   ☐ miedo   ☐ esperanza   ☐ desesperanza   ☐ gozo (alegría)

   ☐ otra emoción: _____

6. Tu impresión general: _____

SELECCIÓN CINCO

EPISODIO DEL ENEMIGO

Antes de leer

Para abrir el tema

Piense Ud. un momento en el concepto de *un enemigo*. El siguiente cuento está narrado en primera persona y trata de la llegada de un antiguo enemigo del narrador.

Trabajando solo(a) o con otra persona, conteste estas preguntas.

1. ¿Cree Ud. que todos tenemos enemigos o sólo ciertas personas los tienen?
2. ¿Qué piensa Ud. de una persona que no tenga ningún enemigo?
3. ¿Existen los enemigos en la realidad o en nuestra imaginación? Explique.

A. Vocabulario

Palabras en contexto

Use el contexto, su intuición o el vocabulario al final del libro para comprender el significado de las siguientes palabras del cuento y para terminar cada oración con la frase más apropiada.

1. **huir**
   Los niños estaban **huyendo** de esos hombres porque: **a.** los admiraban.
   b. les tenían miedo.   **c.** no trabajaban con ellos.
2. **anómalo**
   En el museo de la electrónica, el objeto que parecía **anómalo** era: **a.** el televisor.
   b. el radio.   **c.** el zapato.
3. **desplomarse**
   Al llegar a la casa, Marta **se desplomó** en el sofá porque: **a.** estaba cansada.
   b. quería estudiar.   **c.** se sentía contenta.
4. **el sobretodo**
   Alfonso se puso el **sobretodo** porque: **a.** iba a salir.   **b.** hacía calor. **c.** estaba
   aburrido.
5. **misericordioso**
   Mi tío es tan **misericordioso** que siempre: **a.** lee el periódico.   **b.** da dinero a
   los pobres.   **c.** escucha música clásica.
6. **venganza**
   Paco buscaba **venganza** contra los soldados que habían: **a.** ayudado
   b. visto   **c.** matado   a su mejor amigo.

B. El texto

Búsqueda de información

Antes de leer el cuento, busque en el primer párrafo las respuestas a estas preguntas sobre el enemigo.

1. ¿Era joven o viejo? ¿Cómo lo sabe Ud.?
2. Al llegar a la casa, ¿estaba fuerte o débil? ¿Cómo lo sabe Ud.?

3. En la opinión del narrador, ¿a quién se parecía el enemigo? Se parecía a...
   a. su hermano   **c.** Artemidoro
   b. Simón Bolívar   **d.** Abraham Lincoln

El cuento se presta a varias interpretaciones. Léalo ahora para formular su propia interpretación sobre quién es el enemigo y qué significa su visita.

EPISODIO DEL ENEMIGO

Jorge Luis Borges*

Todos sentimos miedo de encontrarnos algún día con un enemigo. Aquí vemos un encuentro de este tipo en «La muerte y la doncella,» la película basada en una obra del escritor chileno Ariel Dorfman.

con dificul-
tades / *hill
cane / staff*

Tantos años huyendo y esperando y ahora el enemigo estaba en mi casa. Desde la ventana lo vi subir penosamente° por el áspero camino del cerro.° Se ayudaba con un bastón° que en viejas manos no podía ser un arma sino un báculo.° Me

*Jorge Luis Borges (1899–1986), escritor argentino que ha tenido una enorme influencia sobre la literatura internacional. Según su visión, lo histórico y lo fantástico coexisten en una misma dimensión, mientras las acciones y las identidades de las personas se repiten continuamente con pequeñas variaciones.

Me... fue difícil	costó° percibir lo que esperaba: el débil golpe contra la puerta. Miré no sin nostal-
forma preliminar / libro erudito	gia, mis manuscritos, el borrador° a medio concluir y el tratado° de Artemidoro 5
	sobre los sueños, libro un tanto anómalo ahí, ya que no sé griego. Otro día perdido,
	pensé. Tuve que forcejar con la llave. Temí que el hombre se desplomara, pero dio
dejó	unos pasos inciertos, soltó° el bastón, que no volví a ver, y cayó en mi cama, ren-
exhausto	dido.° Mi ansiedad lo había imaginado muchas veces, pero sólo entonces noté que
	se parecía, de un modo casi fraternal, al último retrato de Lincoln. Serían las cuatro 10
	de la tarde.

Me incliné sobre él para que me oyera.

— Uno cree que los años pasan para uno —le dije—, pero pasan también para
los demás.° Aquí nos encontramos al fin y lo que ocurrió no tiene sentido.°

otros	Mientras yo hablaba, se había desabrochado° el sobretodo. La mano derecha es- 15
significado abierto	taba en el bolsillo del saco.° Algo me señalaba° y yo sentí que era un revólver.
chaqueta / **me...** *was pointing at me*	Me dijo entonces con voz firme:
he... *I have appealed*	—Para entrar en su casa, he recurrido° a la compasión. Lo tengo ahora a mi
	merced y no soy misericordioso.
I tried	Ensayé° unas palabras. No soy un hombre fuerte y sólo las palabras podían sal- 20
Alcancé	varme. Atiné° a decir:
causé daño	—Es la verdad que hace tiempo maltraté° a un niño, pero usted ya no es aquel
loco	insensato.° Además, la venganza no es menos vanidosa y ridícula que el perdón.

—Precisamente porque ya no soy aquel niño —me replicó— tengo que matarlo.
No se trata de un acto de venganza sino de un acto de justicia. Sus argumentos, 25
Borges, son meras estratagemas de su terror para que no lo mate. Usted ya no
puede hacer nada.

—Puedo hacer una cosa —le contesté.

—¿Cuál? —me preguntó.

—Despertarme. 30

Y así lo hice.

Después de leer

A. Búsqueda de datos

Trabajando solo(a) o con otro(s), busque la siguiente información.

1. el objeto que el enemigo tenía en la mano derecha
2. el indicio (*clue*) en el primer párrafo que sugiere que Borges estaba soñando
3. el objeto que el enemigo llevaba en el bolsillo del saco
4. la emoción que le ayudó al enemigo a entrar

5. lo que Borges trató de usar primero en su defensa
6. lo que hizo Borges al final para salvarse

B. Discusión

1. En el sueño, Borges dice que la venganza es vanidosa y ridícula. ¿Está Ud. de acuerdo o no? ¿Puede ser dulce a veces la venganza? Explique.
2. En su opinión, ¿cuáles de las siguientes palabras servirían para describir a Borges? ¿Cuáles servirían para describir a su enemigo? *intelectual, apasionado, vengativo, misericordioso, miedoso*
3. ¿Qué podemos aprender de los sueños?

C. Un informe psicoanalítico

Imagine que Ud. forma parte de un equipo de psicoanalistas que tratan de interpretar el sueño de Borges. Trabaje con dos o tres personas para completar el siguiente informe. Después de un rato, comparen su informe con los de sus compañeros de clase.

Informe psicoanalítico: Interpretación del sueño de Borges

1. El enemigo que aparece en el sueño es realmente (su hermano, su hijo, algún aspecto de Borges mismo, un antiguo amigo) _____
2. Este enemigo quiere matar a Borges porque _____ _____
3. Borges sueña que el enemigo se parece a Lincoln porque _____ _____
4. Nuestra sugerencia para Borges es: _____

D. Composición

Describa un sueño que Ud. ha tenido o imaginado.

SELECCIÓN SEIS

CASA TOMADA

Antes de leer

Para abrir el tema

¿Qué importancia tiene una casa? En este cuento, la casa es muy importante y funciona casi como un personaje. Al principio, la casa parece normal: el lugar donde viven el narrador y su hermana Irene en la ciudad de Buenos Aires. Pero, poco a poco la casa llega a convertirse en una fuerza aterradora.

Trabajando solo(a) o con ontro(s), conteste estas preguntas.

1. ¿Cómo explica Ud. las casas embrujadas (*haunted*)?
2. ¿Dónde y cuándo visitan los fantasmas (*ghosts*)? ¿Por qué?
3. ¿Cree Ud. en la existencia del diablo y de los ángeles y en su intervención en la vida humana? Explique.

A. Vocabulario

Habitaciones revueltas

¿Se acuerda Ud. de cómo se llaman las habitaciones de una casa? Los nombres están en el cuadro que sigue, pero con sus letras revueltas (*scrambled*). Escriba la forma correcta de cada palabra. (Todas estas palabras están en el cuento, líneas 27–32.)

LETRAS REVUELTAS	PALABRA CORRECTA	DEFINICIÓN
1. *tabboilice*		habitación donde se guardan los libros
2. *nacico*		habitación donde se prepara la comida
3. *modroce*		habitación para comer
4. *roomitidor*		habitación de dormir
5. *nigvil*		habitación para estar con la familia
6. *lliposa*		corredor, espacio por donde se pasa de una parte a otra
7. *alsa*		habitación donde se recibe a los invitados
8. *nazáug*		entrada

B. El texto

Visualización del ambiente

Lea la descripción de la distribución (*layout*) de la casa (líneas 27–37). ¿Cuál de las dos ilustraciones a continuación es la correcta y cuál es la falsa? ¿Por qué?

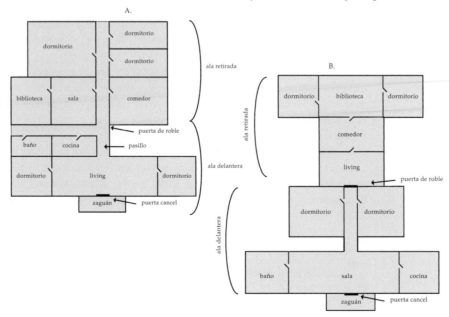

C. El texto

Búsqueda de datos personales

Busque rápidamente en las líneas 4–14 los siguientes datos sobre los personajes.

	El narrador	Irene
nombre:	_____	_____
edad:	_____	_____
estado civil:	_____	_____
profesión:	_____	_____
actividad(es) preferida(s):	_____	_____
a qué hora se levanta:	_____	_____
a qué hora almuerza:	_____	_____

Ahora, lea el cuento con cuidado para ver los misteriosos incidentes que ocurren en la casa de los dos hermanos.

CASA TOMADA

*Julio Cortázar**

Parte A†

además

memories / great-grandparents

getting in each other's way

terminar

agradable

la casa

no... prevented us from getting married / suitors to become engaged

Nos gustaba la casa porque aparte° de espaciosa y antigua guardaba los re-cuerdos° de nuestros bisabuelos,° el abuelo paterno, nuestros padres y toda la infancia.

Nos habituamos Irene y yo a persistir solos en ella, lo que era una locura pues en esa casa podían vivir ocho personas sin estorbarse.° Hacíamos la limpieza por la mañana, levantándonos a las siete, y a eso de las once yo le dejaba a Irene las últi-mas habitaciones por repasar° y me iba a la cocina. Almorzábamos a mediodía, siempre puntuales; ya no quedaba nada por hacer fuera de unos pocos platos su-cios. Nos resultaba grato° almorzar pensando en la casa profunda y silenciosa. A veces llegamos a creer que era ella° la que no nos dejó casarnos.° Irene rechazó dos pretendientes° sin mayor motivo, a mí se me murió María Esther antes que llegáramos a comprometernos.° Entramos en los cuarenta años con la inexpresada

5

10

---

*Julio Cortázar (1914–1984), cuentista y novelista argentino de fama internacional. Sus cuentos, escritos en un estilo natural, crean un mundo de misterio y fantasía. El cuento «Casa tomada» está presentado aquí en forma levemente abreviada.

†El cuento está dividido en dos partes para facilitar su estudio.

idea de que el nuestro, simple y silencioso matrimonio de hermanos, era necesaria
clausura° de la genealogía asentada por los bisabuelos en nuestra casa.

Irene era una chica nacida para no molestar° a nadie. Aparte de su actividad
matinal° se pasaba el resto del día tejiendo° en el sofá de su dormitorio. No sé por
qué tejía tanto. Tejía cosas siempre necesarias, tricotas° para el invierno, medias
para mí, mañanitas° y chalecos° para ella. Los sábados iba yo al centro a comprarle
lana.° Yo aprovechaba° esas salidas para dar una vuelta por las librerías y preguntar
vanamente si había novedades° en literatura francesa. Desde 1939 no llegaba nada
valioso a la Argentina.

Pero es de la casa que me interesa hablar, de la casa y de Irene, porque yo no
tengo importancia. Me pregunto qué hubiera hecho Irene sin el tejido. No nece-
sitábamos ganarnos la vida, todos los meses llegaba la plata° de los campos° y el
dinero aumentaba. Pero a Irene solamente la entretenía el tejido, mostraba una des-
treza° maravillosa y a mí se me iban las horas viéndole las manos. Era hermoso.

Cómo no acordarme° de la distribución de la casa. El comedor, una sala con go-
belinos,° la biblioteca y tres dormitorios grandes quedaban en la parte más retirada.° Solamente un pasillo con su maciza° puerta de roble° aislaba esa parte del
ala delantera° donde había un baño, la cocina, nuestros dormitorios y el living central, al cual comunicaban los dormitorios y el pasillo. Se entraba a la casa por un
zaguán con mayólica,° y la puerta cancel° daba al living. De manera que uno entraba por el zaguán, abría la cancel y pasaba al living; tenía a los lados las puertas
de nuestros dormitorios, y al frente el pasillo que conducía a la parte más retirada;
avanzando por el pasillo se franqueaba° la puerta de roble y más allá empezaba el
otro lado de la casa, o bien se podía girar° a la izquierda justamente antes de la
puerta y seguir por un pasillo más estrecho° que llevaba a la cocina y al baño.
Cuando la puerta estaba abierta advertía° uno que la casa era muy grande; si no,
daba la impresión de un departamento° de los que se edifican ahora, apenas para

Glosas (margen izquierdo):

conclusión
causar
problemas
de la mañana /
knitting
suéteres
chaquetas para
la cama / *vests* /
wool / utilizaba
libros nuevos

dinero / *(rented)
estates*

habilidad

Cómo...
Recuerdo bien
*French
tapestries*
lejos de la calle
sólida / *oak*
ala... *front wing
Mallorcan tile*

puerta... *inner
door*

pasaba por
doblar
narrow
notaba
apartamento

15

20

25

30

35

más... al otro
lado / excepto

innecesarias

pavita... *pot of
mate tea*
medio cerrada /
pasillo
*muffled /
knocking down*
ahogado...
choked whisper
moví / *bolt*

tray

del... más
retirada

moverse; Irene y yo vivíamos siempre en esta parte de la casa, casi nunca íbamos   40
más allá° de la puerta de roble, salvo° para hacer la limpieza.

Lo recordaré siempre con claridad porque fue simple y sin circunstancias inú-
tiles.° Irene estaba tejiendo en su dormitorio, eran las ocho de la noche y de repente
se me ocurrió poner al fuego la pavita del mate.° Fui por el pasillo hasta enfrentar   45
la entornada° puerta de roble, y daba la vuelta al codo° que llevaba a la cocina
cuando escuché algo en el comedor o la biblioteca. El sonido venía impreciso y
sordo,° como un volcarse° de silla sobre la alfombra o un ahogado susurro° de conversación. Me tiré contra la puerta antes de que fuera demasiado tarde, la cerré de
golpe apoyando el cuerpo, felizmente la llave estaba puesta de nuestro lado y
además corrí° el gran cerrojo° para más seguridad.   50

Fui a la cocina, calenté la pavita, y cuando estuve de vuelta con la bandeja° del
mate le dije a Irene:

—Tuve que cerrar la puerta del pasillo. Han tomado la parte del fondo.

Comprensión de la parte A

1. ¿Por qué vivían en aquella casa el narrador y su hermana?
2. ¿Cómo pasaban su tiempo Irene y su hermano?
3. ¿Qué piensa Ud. de su modo de vivir?
4. ¿Qué escuchó el narrador una noche en la parte retirada de la casa?
   ¿Qué hizo después?

Inferencías

A veces aprendemos información importante sobre una persona por sus palabras,
sacando inferencias de lo que dice y de lo que *no* dice. (Por ejemplo, si alguien dice
que es del planeta Marte, podemos inferir que probablemente está loco. Si dice que
ayer murió su madre y *no* expresa ninguna emoción, concluimos que es una persona muy fría.) ¿Qué podemos inferir sobre el narrador y su hermana Irene de las
siguientes citas del cuento?

1. «Nos resultaba grato almorzar pensando en la casa profunda y silenciosa. A
   veces llegamos a creer que era ella la que no nos dejó casarnos.»
   Inferencia: _____
2. «Pero es de la casa que me interesa hablar, de la casa y de Irene, porque yo no
   tengo importancia.»
   Inferencia: _____
3. «Tuve que cerrar la puerta del pasillo. Han tomado la parte del fondo.»
   Inferencia: _____

Parte B

Dejó caer el tejido y me miró con sus graves ojos cansados.

—¿Estás seguro?   55

Asentí.°

—Entonces —dijo recogiendo las agujas°— tendremos que vivir en este lado.

Los primeros días nos pareció penoso° porque ambos° habíamos dejado en la parte tomada muchas cosas que queríamos. Mis libros de literatura francesa, por ejemplo, estaban todos en la biblioteca. Irene extrañaba° unas carpetas,° un par de   60 pantuflas° que tanto la abrigaba° en invierno. Con frecuencia (pero esto solamente sucedió los primeros días) cerrábamos algún cajón° de las cómodas° y nos mirábamos con tristeza.

—No está aquí.

Y era una cosa más de todo lo que habíamos perdido al otro lado de la casa.   65

Pero también tuvimos ventajas.° La limpieza se simplificó tanto que aun levantándose tardísimo, a las nueve y media por ejemplo, no daban las once y ya estábamos de brazos cruzados.°

Irene estaba contenta porque le quedaba más tiempo para tejer. Yo andaba un poco perdido a causa de los libros, pero por no afligir° a mi hermana me puse a re-   70 visar la colección de estampillas° de papá, y eso me sirvió para matar el tiempo. Nos divertíamos mucho, cada uno en sus cosas, casi siempre reunidos en el dormitorio de Irene que era más cómodo. Estábamos bien, y poco a poco empezábamos a no pensar. Se puede vivir sin pensar.

(Cuando Irene soñaba en alta voz° yo me desvelaba° en seguida. Nunca pude   75 habituarme a esa voz de estatua o papagayo,° voz que viene de los sueños y no de la garganta.° Aparte de eso todo estaba callado° en la casa. De día eran los rumores° domésticos. En la cocina y el baño, que quedaban tocando la parte tomada, nos poníamos a hablar en voz más alta o Irene cantaba canciones de cuna.° Muy pocas veces permitíamos allí el silencio, pero cuando tornábamos° a los dormito-   80 rios y al living, entonces la casa se ponía callada. Yo creo que era por eso que de noche, cuando Irene empezaba a soñar en voz alta, me desvelaba en seguida.)

Glosses (left margin):

Díje que sí.

knitting needles

muy difícil / nosotros dos

missed / folders

slippers / protegía *drawer / bureaus*

beneficios

de... con todo el trabajo terminado causar pena *stamps*

soñaba... *talked in her sleep /* **me...** me despertaba *parrot / throat* silencioso sonidos **canciones...** *lullabies* volvíamos

pausing

Es casi repetir lo mismo salvo las consecuencias. De noche siento sed, y antes de acostarnos le dije a Irene que iba hasta la cocina a servirme un vaso de agua. Desde la puerta del dormitorio (ella tejía) oí ruido en la cocina; tal vez en la cocina o tal vez en el baño. A Irene le llamó la atención mi brusca manera de detenerme,° y vino a mi lado sin decir palabra. Nos quedamos escuchando los ruidos, notando claramente que eran de este lado de la puerta de roble, en la cocina y el baño, o en el pasillo mismo, casi al lado nuestro. 85

I squeezed

sin... without looking back

No nos miramos siquiera. Apreté° el brazo de Irene y la hice correr conmigo hasta la puerta cancel, sin volvernos hacia atrás.° Los ruidos se oían más fuerte pero siempre sordos, a espaldas nuestras. Cerré de un golpe la cancel y nos quedamos en el zaguán. Ahora no se oía nada. 90

—Han tomado esta parte —dijo Irene.

—¿Tuviste tiempo de traer alguna cosa? —le pregunté inútilmente. 95

—No, nada.

lo... what we had on

Estábamos con lo puesto.° Me acordé de los quince mil pesos en el armario de mi dormitorio. Ya era tarde ahora.

reloj... wristwatch

salir sewer | No... Heaven forbid that

se... entrara

Como me quedaba el reloj pulsera,° vi que eran las once de la noche. Rodeé con mi brazo la cintura de Irene (yo creo que ella estaba llorando) y salimos así a la calle. Antes de alejarnos° tuve lástima, cerré bien la puerta de entrada y tiré la llave a la alcantarilla.° No fuese que° a algún pobre diablo se le ocurriera robar y se metiera° en la casa, a esa hora y con la casa tomada. 100

Comprensión de la parte B

1. ¿Cómo se adaptaron Irene y su hermano a la pérdida de la parte retirada de su casa?
2. ¿Por qué hablaban en voz alta cuando estaban en la cocina o el baño?
3. ¿Qué le parecen a Ud. las reacciones de los dos hermanos ante su nueva situación?
4. ¿Qué pasa después para interrumpir su tranquilidad? ¿Cómo reaccionan?

Después de leer

A. Entrevista con Irene

Haga una entrevista con un(a) compañero(a). Una persona hace el papel de Irene y la otra el papel de un(a) periodista que la entrevista para la televisión sobre los extraños incidentes que pasaron en su casa. Naturalmente, es posible que Irene cuente una historia muy diferente de la de su hermano.

B. El comité de interpretaciones

¿Quiénes «toman» la casa y por qué? Discutan esta cuestión en un comité de cuatro o cinco personas, evaluando las siguientes interpretaciones de 1 a 4 (con 4 para la que más les guste y 1 para la que menos). Una persona es el director y llama a los otros por turno para que lean cada interpretación en voz alta y den su opinión sobre ella. Después, escriban una continuación para la interpretación que más les ha gustado. Comparen su evaluación con las de los otros comités.

_____ **Interpretación psicológica.** Irene y su hermano son dos neuróticos que tienen miedo a la vida real y quieren permanecer en la infancia (simbolizada por la casa). Los ruidos que oyen son realmente...

_____ **Interpretación bíblica.** Irene y su hermano representan a Adán y Eva, y la casa es el paraíso. La misteriosa presencia que habita el fondo de la casa representa...

_____ **Interpretación política.** Irene y su hermano representan la clase media de Buenos Aires de los años 40 y la casa simboliza Argentina cuando se mantenía «neutral» durante la segunda guerra mundial y tenía un gobierno pro-nazi. El grupo que está al otro lado de la puerta es...

_____ **Interpretación sobrenatural.** Irene y su hermano viven en una casa embrujada por los fantasmas de sus antepasados. Estos fantasmas empiezan a hacer ruidos porque...

C. Juego imaginativo: Voces escondidas

Trabaje Ud. con otra persona y escriba un diálogo sobre uno de los siguientes temas.

1. **Al otro lado de la puerta.** Imaginen que Uds. son dos de los seres (fantasmas, personas, animales o lo que sea) que se han tomado una parte de la casa. Inventen un diálogo en el que se describan las acciones de Irene y su hermano.
2. **Un mensaje desde el futuro.** En su opinión, ¿qué efecto tendrá la salida de la casa sobre los personajes del cuento? ¿Será una catástrofe o una liberación? Inventen Uds. un diálogo que tienen Irene y su hermano cinco meses después de salir de la casa «tomada».

SELECCIÓN SIETE

LA LUZ ES COMO EL AGUA

Antes de leer

Para abrir el tema

COSAS. OBJETOS. PRODUCTOS. Vivimos en un mundo de productos, con la propaganda comercial por todas partes. Hoy día el deseo de obtener nuevas cosas es tan fuerte que ejerce un poder especial, casi mágico, sobre nuestras vidas. El siguiente cuento presenta el ejemplo de dos niños, Totó y Joel, que desean ciertas cosas locamente y las consiguen, pero con consecuencias inesperadas.

Trabajando solo(a) o con otro(s), conteste estas preguntas.

1. ¿Cuál fue el primer objeto comercial que Ud. deseaba intensamente? ¿Cuántos años tenía entonces?
2. ¿Cree Ud. que los padres deben comprarles a sus hijos los objetos que desean mucho? Explique.
3. ¿Qué pasa si conseguimos las cosas que deseamos? ¿Nos traen la felicidad?

A. El texto

Documentar la acción repetida

Tres veces en el cuento Totó y Joel piden cosas y sus padres les dicen que no. Luego, los niños prometen hacer algo para obtener la cosa deseada. Lea las líneas 1–17 y llene los espacios en blanco del siguiente recuadro (*box*) sobre el primer objeto deseado.

Documentación 1

1. Es Navidad y el objeto que desean los niños es un _____.
2. Desean este objeto con sus dos accesorios atractivos: un
   _____ y una _____.
3. Para merecer este objeto, Totó y Joel prometen que van a
   _____.
4. En mi opinión, este objeto (es / no es) apropiado para los niños porque
   _____.

Busque en el texto los otros recuadros que se refieren a las cosas que piden Totó y Joel. Antes de leer cada parte, llene los blancos para comprender mejor la manipulación psicológica que forma la base del cuento.

B. Vocabulario

Verificación de sustantivos

Verifique si Ud. comprende los siguientes sustantivos (*nouns*) importantes del cuento. Use el contexto para completar cada frase con la palabra apropiada. Si Ud. tiene dudas, busque las frases en el cuento o en el vocabulario al final del libro.

bomberos   cascada   grifo (faucet, tap)
bombilla   condiscípulos   premiación

1. Sin embargo, la tarde del sábado siguiente los niños invitaron a sus

   _____ para subir el bote por las escaleras...

2. Los niños... cerraron puertas y ventanas, y rompieron la

   _____ encendida de una lámpara de la sala.

3. La luz es como el agua—le contesté—: uno abre el _____ y

   sale.

4. En la _____ final los hermanos fueron aclamados como ejemplo para la escuela, y les dieron diplomas de excelencia.

5. El miércoles siguiente,... la gente que pasó por el paseo de la Castellana vio una

   _____ de luz que caía de un viejo edificio....

6. Llamados de urgencia, los _____ forzaron la puerta del

   quinto piso....

C. El texto

Analizar la intervención del autor

Gabriel Garcia Márquez usa un truco posmoderno* en este cuento para introducir la fantasía: el autor «entra» en su historia y «habla» con un personaje, y sus palabras determinan la acción que sigue. Lea las líneas 33–37 y conteste estas preguntas.

1. ¿Con quién habla García Márquez en esta parte?
2. ¿Qué le pregunta este personaje?
3. ¿Qué respuesta le da el autor?

_____

*La intervención o participación del autor en la acción de su historia es característica de muchas obras posmodernas pero no es típica de García Márquez, Sin embargo, las obras de este renombrado autor suelen sorprender por su originalidad y vuelo imaginativo.

4. Claro, lo que dice el autor llega a ser «realidad» en su cuento (como lo que pronuncia Dios llega a ser realidad en el universo). ¿Cree Ud. que las palabras del autor van a tener buenas o malas consecuencias para los niños? ¿Por qué?

Ahora, lea el cuento para ver lo que puede pasar cuando «la luz es como el agua».

LA LUZ ES COMO EL AGUA

Gabriel García Márquez*

bote... *rowboat*

En Navidad los niños volvieron a pedir un bote de remos.°
—De acuerdo —dijo el papá—, lo compraremos cuando volvamos a Cartagena.†
Totó, de nueve años, y Joel, de siete, estaban más decididos de lo que sus padres creían.

a... *juntos*

—No —dijeron a coro°—. Nos hace falta ahora y aquí.
—Para empezar —dijo la madre—, aquí no hay más aguas navegables que la que sale de la ducha.

pier / bay

crowded together

decir que no

compass

si... *if they could pass third grade*

opuesta

deudas... *debts for amusements*

hilo... *golden stripe*

no... es imposible moverlo

utilizable

Tanto ella como el esposo tenían razón. En la casa de Cartagena de Indias había un patio con un muelle° sobre la bahía,° y un refugio para dos yates grandes. En cambio aquí en Madrid vivían apretujados° en el piso quinto del número 47 del Paseo de la Castellana. Pero al final ni él ni ella pudieron negarse,° porque les habían prometido un bote de remos con su sextante y su brújula° si se ganaban el laurel del tercer año de primaria,° y se lo habían ganado. Así que el papá compró todo sin decirle nada a su esposa, que era la más reacia° a pagar deudas de juego.° Era un precioso bote de aluminio con un hilo dorado° en la línea de flotación.
—El bote está en el garaje —reveló el papá en el almuerzo—. El problema es que no hay cómo subirlo° ni por el ascensor ni por la escalera, y en el garaje no hay más espacio disponible.°
Sin embargo, la tarde del sábado siguiente los niños invitaron a sus condiscípulos para subir el bote por las escaleras, y lograron llevarlo hasta el cuarto de servicio.°

cuarto... *maid's room*

—Felicitaciones —les dijo el papá—. ¿Y ahora qué?

Lo... *The only thing*

—Ahora nada —dijeron los niños—. Lo único° que queríamos era tener el bote en el cuarto, y ya está.

---

*Gabriel García Márquez (n. 1928), famoso y prolífico escritor colombiano que ganó el Premio Nóbel en 1982. Muchos de sus cuentos y novelas están clasificados como ejemplos del *realismo mágico* porque mezclan escenas realistas con escenas fantásticas. Entre sus novelas más conocidas se destacan *Cien años de soledad* y *El amor en los tiempos del cólera*.
†Ciudad costeña de Colombia.

dueños... *lords and masters*
lit / flood
depth | hands deep | turned off

comentario frívolo
se... *got turned on with only the touch of a switch*

La noche del miércoles, como todos los miércoles, los padres se fueron al cine.* Los niños, dueños y señores° de la casa, cerraron puertas y ventanas, y rompieron la bombilla encendida° de una lámpara de la sala. Un chorro° de luz dorada y fresca como el agua empezó a salir de la bombilla rota, y lo dejaron correr hasta que el nivel° llegó a cuatro palmos.° Entonces cortaron° la corriente, sacaron el bote y navegaron a placer por entre las islas de la casa.

Esta aventura fabulosa fue el resultado de una ligereza° mía cuando participaba en un seminario sobre la poesía de los utensilios domésticos. Totó me preguntó cómo era que la luz se encendía con sólo apretar un botón,° y yo no tuve el valor de pensarlo dos veces.

—La luz es como el agua —le contesté—: uno abre el grifo, y sale.

30

35

Documentación 2

Lea las líneas 40–46 y llene los espacios en blanco.

1. Unos meses más tarde, el objeto deseado por los niños es un

   _____.

2. Desean este objeto con todos sus cuatro accesorios: _____,
   _____, _____ y _____.

3. Para merecer este objeto, Totó y Joel prometen que van a

   _____.

Ahora veremos que hacen los niños con este equipo...

sailing
manejo... *manera de usar*
de... *on dry land*
equipo... *underwater fishing outfit / fins /*
escopetas... *compressed air guns*
diving
gardenia... *gold gardenia (i.e., top honors)*
ni... *even a nail*
duty / silly gadget

De modo que siguieron navegando° los miércoles en la noche, aprendiendo el manejo° del sextante y la brújula, hasta que los padres regresaban del cine y los encontraban dormidos como ángeles de tierra firme.° Meses después, ansiosos de ir más lejos, pidieron un equipo de pesca submarina° con todo: máscaras, aletas,° tanques y escopetas de aire comprimido.°

—Está mal que tengan en el cuarto de servicio un bote de remos que no les sirve para nada —dijo el padre—. Pero está peor que quieran tener además equipos de buceo.°

—¿Y si nos ganamos la gardenia de oro° del primer semestre? —dijo Joel.

—No —dijo la madre, asustada—. Ya no más.

El padre le reprochó su intransigencia.

—Es que estos niños no se ganan ni un clavo° por cumplir con su deber° —dijo ella—, pero por un capricho° son capaces de ganarse hasta la silla del maestro.

40

45

50

_____

*Muchos edificios de apartamentos en ciudades españolas o latinoamericanas tienen un guardián. Es probable que antes de salir los padres hayan avisado al guardián o a sus vecinos para que vigilen que nadie entre a hacerles daño a sus hijos.

sin... *without them having to ask again / diving / wrapping fathoms*
tiburones... *tame sharks*
rescataron... *salvaged from the bottom*

Los padres no dijeron al fin ni que sí ni que no. Pero Totó y Joel, que habían sido los últimos en los dos años anteriores, se ganaron en julio las dos gardenias de oro y el reconocimiento público del rector. Esa misma tarde, sin que hubieran vuelto a pedirlos,° encontraron en el dormitorio los equipos de buzos° en su empaque° original. De modo que el miércoles siguiente, mientras los padres veían *El último tango en París*, llenaron el apartamento hasta la altura de dos brazas,° bucearon como tiburones mansos° por debajo de los muebles y las camas, y rescataron del fondo° de la luz las cosas que durante años se habían perdido en la oscuridad.

Documentación 3

Lea las líneas 60–66 y llene los espacios en blanco.

1. En la premiación final de su escuela, los niños fueron aclamados como
   _____

2. Después Totó y Joel no pidieron un objeto; sólo quisieron una
   _____ para _____.

3. El padre cree que esto es una _____ de
   _____.

Ahora veremos que harán los niños...

proclamados

En la premiación final los hermanos fueron aclamados° como ejemplo para la escuela, y les dieron diplomas de excelencia. Esta vez no tuvieron que pedir nada, porque los padres les preguntaron qué querían. Ellos fueron tan razonables, que sólo quisieron una fiesta en casa para agasajar° a los compañeros de curso.

dar placer

El papá, a solas con su mujer, estaba radiante.

maturity
Dios... *May God grant that you're right*

—Es una prueba de madurez°—dijo.

—Dios te oiga°—dijo la madre.

se... *it poured out in torrents down the walls*
un río *overflowing*
cubiertos
piano... *grand piano / shawl / fluttered half submerged*
banda... *marching band*
acuario *swamp*

El miércoles siguiente, mientras los padres veían *La batalla de Argel*, la gente que pasó por la Castellana vio una cascada de luz que caía de un viejo edificio escondido entre los árboles. Salía por los balcones, se derramaba a raudales por la fachada,° y se encauzó por la gran avenida en un torrente dorado que iluminó la ciudad hasta el Guadarrama.°

Llamados de urgencia, los bomberos forzaron la puerta del quinto piso, y encontraron la casa rebosada° de luz hasta el techo. El sofá y los sillones forrados° en piel de leopardo flotaban en la sala a distintos niveles, entre las botellas del bar y el piano de cola° y su mantón° de Manila que aleteaba a media agua° como una mantarraya de oro. Los utensilios domésticos, en la plenitud de su poesía, volaban con sus propias alas por el cielo de la cocina. Los instrumentos de la banda de guerra,° que los niños usaban para bailar, flotaban al garete entre los peces de colores liberados de la pecera° de mamá, que eran los únicos que flotaban vivos y felices en la vasta ciénaga° iluminada. En el cuarto de baño flotaban los cepillos de dientes de

55

60

65

70

75

80

^{condoms /}
botellas
dentadura...
*spare dental
plate /
stern /*
aferrado...
*gripping the
oars
lighthouse
bow
eternalized
flowerpot
flooded*
se... *had
drowned
muy calientes
nativos /* **de...**
landlocked

todos, los preservativos° de papá, los pomos° de cremas y la dentadura de repuesto°
de mamá, y el televisor de la alcoba principal flotaba de costado, todavía encendido
en el último episodio de la película de media noche prohibida para niños.

Al final del corredor, flotando entre dos aguas, Totó estaba sentado en la popa°   85
del bote, aferrado a los remos° y con la máscara puesta, buscando el faro° del
puerto hasta donde le alcanzó el aire de los tanques, y Joel flotaba en la proa° buscando todavía la altura de la estrella polar con el sextante, y flotaban por toda la
casa sus treinta y siete compañeros de clase, eternizados° en el instante de hacer
pipí en la maceta° de geranios, de cantar el himno de la escuela con la letra cambia-   90
da por versos de burla contra el rector, de beberse a escondidas un vaso de brandy
de la botella de papá. Pues habían abierto tantas luces al mismo tiempo que la casa
se había rebosado,° y todo el cuarto año elemental de la escuela de San Julián el
Hospitalario se había ahogado° en el piso quinto del número 47 del Paseo de la
Castellana. En Madrid de España, una ciudad remota de veranos ardientes° y vien-   95
tos helados, sin mar ni río, y cuyos aborígenes° de tierra firme° nunca fueron maestros en la ciencia de navegar en la luz.

Después de leer

A. Clarificación de elementos

Trabaje con un(a) compañero(a) para contestar las preguntas sobre los personajes y el
argumento (*plot*) del cuento.

1. **La familia.** ¿De dónde es originalmente? ¿Piensan los padres volver allí o no? ¿Cree Ud. que la familia es «normal»?
2. **La manipulación.** ¿Qué opina Ud.? ¿Quiénes manipulan a quiénes?
3. **Las noches del miércoles.** ¿Qué hacen los padres las noches del miércoles? ¿Y Totó y Joel? ¿Qué opina Ud. de estas actividades?
4. **Actitudes.** ¿Qué diferencias de actitud hay entre la madre y el padre con respecto a la educación (*upbringing*) de sus hijos? ¿Cuál tiene razón?
5. **El momento culminante.** ¿Qué pasó durante la fiesta? ¿Por qué acabó tan mal?

B. Interpretaciones de una obra «abierta»

Como mucha de la literatura posmoderna, este cuento es una obra *abierta*, es decir, no tiene un solo significado o mensaje. Por eso, es posible interpretar el cuento de varias maneras distintas. Trabaje con un grupo sobre uno de los temas mostrados en el gráfico. El grupo debe contestar la pregunta, inventar su propia interpretación del cuento y hacer un dibujo (*drawing*) para ilustrarla. Después, comparen su interpretación con las de los otros grupos.

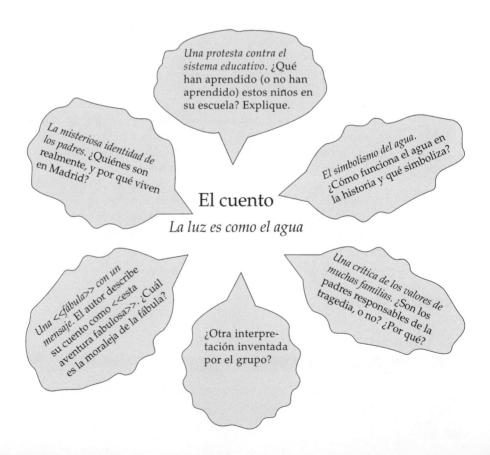

Una protesta contra el sistema educativo. ¿Qué han aprendido (o no han aprendido) estos niños en su escuela? Explique.

La misteriosa identidad de los padres. ¿Quiénes son realmente, y por qué viven en Madrid?

El simbolismo del agua. ¿Cómo funciona el agua en la historia y qué simboliza?

El cuento

La luz es como el agua

Una <<fábula>> con un mensaje. El autor describe su cuento como <<esta aventura fabulosa>>. ¿Cuál es la moraleja de la fábula?

¿Otra interpretación inventada por el grupo?

Una crítica de los valores de muchas familias. ¿Son los padres responsables de la tragedia, o no? ¿Por qué?

C. Actividad: Los objetos más deseados de hoy

¿Qué deseamos hoy? Busque fotos, modelos, ilustraciones o propaganda comercial de revistas y periódicos para mostrar uno o dos de los objetos que Ud. considera «los más deseados de nuestros tiempos». Muestre la ilustración a la clase o a un grupo y explique brevemente por qué la gente desea tener ese objeto. ¿Cree Ud. que el objeto podría ser peligroso?

¡CONECTÉMONOS!

La literatura

Con un(a) compañero(a) vayan a Internet o a la biblioteca y busquen algún artículo sobre la vida y la obra de cualquiera de los tres escritores estudiados en este capítulo. Juntos, escriban un corto ensayo sobre la relación entre la vida y la obra del autor que han escogido. También pueden preparar una pequeña presentación oral para la clase.

«¿Qué es la vida? Un frenesí.
¿Qué es la vida? Una ilusión,
una sombra, una ficción,
y el mayor bien es pequeño;
que toda la vida es sueño,
y los sueños, sueños son.»

De *La vida es sueño*, pieza dramática del siglo XVII de Pedro Calderón de la Barca.

Dibujo de Rogelio Naranjo, dibujante mexicano

capítulo 6

LOS HISPANOS EN LOS ESTADOS UNIDOS Y EL CANADÁ

Las ventanas coloridas de muchas iglesias centroamericanas muestran la herencia indígena de la que sienten orgullo tantos de ellos. También presentan la unión de la cultura española con la indígena.

Los cuadros representan las distintas facetas que forman la identidad de los latinos que hoy día llaman EE.UU. y el Canadá su hogar. Aunque muestran la multiplicidad y complejidad de los puertorriqueños y mexicanos, cualquier latinoamericano puede allí encontrar componentes de su pueblo.

Wilfredo Labiosa además de pintar, es profesor de arte en San Juan, PR.

Las máscaras de las distintas islas del Caribe son un magnífico ejemplo de la contribución africana a la cultura caribeña. Las poblaciones negroides de las islas de habla hispana en el mar Caribe mantienen su cultura originaria mediante máscaras y vestimentos bastante parecidos.

VOCABULARIO PRELIMINAR

Estudie el vocabulario antes de empezar este capítulo sobre los hispanos en Estados Unidos y el Canadá. Luego utilice esta lista como medio de consulta durante su lectura y estudio del material.

anglo, el	el norteamericano estadounidense de piel blanca y que habla inglés
boricua	de Puerto Rico
chicano(a)	mexicano-americano que afirma una determinada conciencia política y cultural y que se identifica con la cultura de México
desarrollo	el acto o resultado del progreso o crecimiento
EE.UU.	la abreviatura para los Estados Unidos de América
emigración, la	el proceso de mudarse de su propio país por su propia cuenta o deseos propios a otro país para vivir allí
exiliado(a), el (la)	la persona que salió o fue forzada a salir de determinado país por razones políticas; el (la) refugiado(a)
frontera, la	la linde o borde entre países
fronterizo(a)	cerca de la frontera
herencia, la	los valores culturales, tradiciones e historia de una nación o grupo de personas
hispano(a), el (la)	la persona de habla española ya sea originaria de un país de habla española o por ascendencia de personas de este origen
hispanohablante, el (la)	la persona de habla española; persona cuya lengua materna es el español; hispanoparlante
inmigración, la	el proceso de entrar a otro país para vivir
inmigrante, el (la)	la persona que entra a otro país para vivir
jíbaro(a), el (la)	un(a) campesino(a) puertorriqueño(a) que vive en la isla de Puerto Rico
latino(a), el (la)	la persona de origen o ascendencia hispanohablante
mojado(a), el (la)	nombre peyorativo para referirse a inmigrantes mexicanos ilegales que han llegado a los Estados Unidos
orgullo, el	el sentido positivo acerca de sí mismo(a) o algún acto o hecho
(madre) patria, la	la tierra o lugar donde uno nació
refugiado(a), el (la)	la persona que fue forzada a abandonar su país natal por razones políticas; exiliado(a)
tener éxito	lograr
ubicarse	mudarse y quedarse en un sitio; encontrarse; localizarse

Sinónimos

Busque un sinónimo de la lista para las palabras en itálica.

Las últimas décadas han visto la llegada a *Estados Unidos* de un enorme número de inmigrantes, entre ellos millones de *personas de habla española* y asiáticos. Han venido por razones económicas, como en el caso de los mexicanos, o por motivos políticos, como los *refugiados* cubanos y centroamericanos. Entre los hispanos, los cubanos se han instalado principalmente en la Florida, los *boricuas* en el noreste y la mayoría de los mexicanos en los estados del suroeste.

Todos los inmigrantes han traído consigo *los valores culturales* de la *tierra donde nacieron* y al mismo tiempo, un deseo fuerte de encontrar una vida mejor. A veces encuentran la resistencia de ciertos individuos de grupos bien establecidos, pero en general tanto los *anglos* como otros grupos raciales y étnicos esperan que la aceptación de los miembros más recientes de la sociedad sea pacífica y total.

SELECCIÓN UNO

LA COMUNIDAD HISPANA EN EE.UU.

Antes de leer

Para abrir el tema

Los Estados Unidos ha llegado a significar la tierra de grandes oportunidades o de oportunidades sin límite. Explique Ud. cuantas razones específicas sabe de por qué han venido tantos inmigrantes. ¿Cree Ud. que es razonable esperar que todos los sueños se cumplen mediante (*by means of*) un cambio geográfico? ¿Se cumplen al trabajar duro y ahorrar dinero sin importar el lugar donde se vive?

Hay muchas personas que piensan que los inmigrantes diluyen la sociedad estadounidense al traer consigo (*with them*) distintas costumbres y tradiciones además de hablar idiomas diferentes. Por eso se han formado grupos que trabajan para establecer el inglés como idioma único del país. ¿Qué opina Ud. de estas personas y sus ideas?

Vocabulario

Cognados y palabras parecidas

Escoja la palabra o frase de la columna **A** que se define en la columna **B**.

Columna A	Columna B
1. población	a. El lugar donde termina un viaje.
2. fronteras	b. Épocas de diez años.
3. minorías	c. Las tierras entre dos países diferentes.
4. décadas	d. Medidas de distancia que se emplean en EE.UU. en vez de kilómetros.

5. millas   e. Grupos de personas que viven en el mismo sitio y que tienen algún rasgo en común.

6. identidad   f. Los individuos que viven en algún sitio.

7. comunidades   g. Las personas que no pertenecen al grupo más numeroso.

8. destino   h. Los rasgos mediante los que se reconocen las personas a sí mismas.

LA COMUNIDAD HISPANA EN EE.UU.

La comunidad hispana en EE.UU. contiene representantes de todos los países hispanohablantes aunque la mayoría de la población proviene de México, Puerto Rico y Cuba. A fines del siglo XX, una gran cantidad de víctimas de guerras civiles centroamericanas comenzó a refugiarse en la república estadounidense, *adding* añadiendo° así otro elemento a la población hispana.

settled   Comprensiblemente, al principio cada grupo se ubicó° en distintas secciones del continente norteamericano. En su mayor parte, los mexicanos se establecieron en la zona del suroeste estadounidense en la región fronteriza con México: Arizona, California, Nuevo México y Texas. Por lo general, los puer- *took advantage* torriqueños se aprovecharon° del bajo costo de vuelos entre Nueva York y San Juan y se ubicaron en Nueva York y los estados cercanos de Connecticut, Nueva Jersey, Nueva Hampshire, Vermont y Massachusetts. A solamente 90 millas de Cuba, la Florida originalmente fue el destino lógico de los cubanos que deseaban escaparse del régimen de Fidel Castro, aunque en las últimas décadas la tendencia ha sido de dispersarse. El grupo que ha mostrado la menor tendencia hacia la dispersión es el mexicano-americano. Más de tres cuartos de los individuos de ascendencia mexicana todavía vive en los estados del suroeste, aunque los que han decidido mudarse hacia el norte han ido a Illinois. El destino de preferencia para los nicaragüenses, guatemaltecos y salvadoreños ha sido California.

La diversidad cultural hispanoamericana

La diversidad cultural de la comunidad hispanoamericana se refleja no sólo en la mezcla de los grupos nacionales tan variados sino también en las raíces cosmopolitas de las culturas latinoamericanas individuales. Las culturas hispanas han experi- *experienced* mentado° la influencia de las tradiciones judía, mahometana, católica, española, africana, asiática e indígena. Muchas personas latinoamericanas son de ascendencia mestiza, es decir, son individuos de sangre europea e indígena mixta, o mulata, de sangre africana y europea.

Después de leer

A. La inmigración y la geografía

Escriba el lugar donde cada grupo se estableció al llegar a EE.UU.

1. los centroamericanos _____

2. los cubanos _____

3. los mexicanos _____

4. los puertorriqueños _____

B. Preguntas de comprensión

Conteste las siguientes preguntas según la lectura.

1. ¿Cuáles son las dos razones principales por las que inmigraron los latinos a EE.UU.?
2. ¿Qué significa ser mestizo?
3. ¿De qué países proviene la mayoría de los inmigrantes latinoamericanos?
4. ¿En qué sección de EE.UU. se estableció la población mexicana?
5. ¿Por qué se ubicaron los puertorriqueños en Nueva York y los estados cercanos?
6. ¿Cuál es el destino de preferencia de los guatemaltecos y salvadoreños?
7. ¿Cómo puede verse la diversidad cultural de la comunidad hispana?
8. ¿Dónde se reflejan las diferencias profundas de los diferentes grupos hispanos?

C. Discusión

Con un(a) compañero(a) o grupo pequeño, comenten algunos de los siguientes temas. Después compartan sus ideas con la clase.

1. Las diferencias entre los grupos hispanos en EE.UU.
2. Las razones por las cuales los hispanos han inmigrado a EE.UU.
3. La importancia de aprender inglés para tener éxito en EE.UU.
4. El abandono (*abandonment*) de su cultura por los latinoamericanos para integrarse a la sociedad estadounidense.

D. Vocabulario

Complete el crucigrama con el vocabulario de la lectura.

Vocabulario: Los hispanos

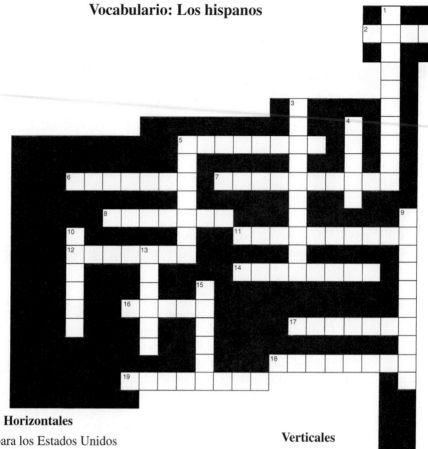

Horizontales

2. abreviatura para los Estados Unidos
5. valores culturales, tradiciones e historia de una nación o grupo de individuos
6. campesinos puetorriqueños que viven en la Isla
7. el resultado del progreso o crecimiento
8. mexicano-americano con determinada conciencia política y cultural y que se identifica con la cultura de México
11. persona que entra a otro país para vivir porque quiere hacerlo
12. sentido positivo acerca de sí mismo o algún acto o hecho
14. linde o borde entre países
16. el departamento del gobierno estadounidense encargado de personas extranjeras
17. de ascendencia puertorriqueña
18. refugiado
19. localizarse; mudarse a otro sitio para vivir

Verticales

1. lograr
3. acto de salir de su propio país a otro para vivir allí
4. norteamericano estadounidense de piel blanca y habla inglesa
5. persona de habla española
9. personas forzadas a salir de su país natal por razones políticas
10. nombre peyorativo para referirse a mexicanos ilegales en los Estados Unidos
13. persona de origen o ascendencia hispanohablante
15. el país donde un individuo nació

¡CONECTÉMONOS!

Los hispanos

Vaya a Internet y busque la ascendencia y el área de trabajo de los hispanos cuyas fotos forman la rueda.

SELECCIÓN DOS

LOS MEXICANOS

Antes de leer

Para abrir el tema

¿Qué sabe Ud. de nuestro vecino hispanohablante directamente al sur? México posee playas divinas (Isla Mujeres, Cozumel), hermosas montañas (la Sierra Morena), volcanes activos (Popocatépetl), una meseta central magnífica, ruinas de los diferentes reinos indígenas que vivieron allí antes de su descubrimiento por los españoles (Chichén Itzá, Tulum, Palenque), colonias de artistas que viven en su propio mundo (San Miguel de Allende) y hasta una ciudad muy parecida a Venecia, Italia, donde los turistas pueden ir de paseo en botes (Xochimilco). Con un(a) compañero(a), compartan la información que Uds. saben de los lugares mencionados o de otros que han visitado o de los cuales han leído. Quizás hayan visto alguna película que tiene lugar en México. Luego, compartan lo que han discutido con los otros compañeros de clase.

Formación de palabras

Todo idioma tiene palabras que se forman de otras palabras más sencillas o de una palabra base con un prefijo (*prefix*) o sufijo (*suffix*). Ud. encontrará las siguientes palabras en la lectura. Divida cada palabra de la lista en las dos más sencillas y trate de adivinar el significado. Después busque los significados usando su diccionario bilingüe para ver si tiene razón.

1. bienvenida   _____

2. norteamericano   _____

3. anglosajona   _____

4. suroeste   _____

5. socioeconómico   _____

6. angloparlante   _____

LOS MEXICANOS

La larga tradición mexicana en el suroeste estadounidense se nota en el mural (el mosaico) del aeropuerto internacional de Denver.

welcome

C uando miles de viajeros desembarcan de su avión en el aeropuerto internacional de Denver les dan la bienvenida° un enorme mosaico y un mural que representan escenas históricas de mexicanos e indígenas en colores brillantes, generalmente identificados con la cultura latina. Las dos piezas de arte celebran la antigua presencia en el suroeste norteamericano de las culturas española e india, que estaban allí antes de la llegada de los ingleses a la costa de Virginia. Mucha gente se sorprende al averiguar° que la primera ciudad de esta nación fue San Agustín fundada en la Florida en 1565. La verdad es que una gran parte de este país fue explorado y poblado° por los españoles y mexicanos siglos antes de la presencia anglosajona en el Nuevo Mundo.

finding out

populated

En seis estados del suroeste (Arizona, California, Colorado, Nuevo México, Nevada y Texas), las personas de ascendencia mexicana hoy componen casi 25 por ciento de la población y algunos son descendientes de los primeros exploradores de la región. Dado que muchos de los inmigrantes no llegaron en grandes números hasta el siglo XX, la larga herencia cultural de más de tres siglos es una característica muy especial de los 18 millones* de mexicanos que residen en EE.UU.

Comprensión

¿Cierto (**C**) o falso (**F**)? Si la información es falsa, corrija la oración.

_____ 1. Las dos obras de arte en el aeropuerto de Denver expresan la presencia de los hispanos en el suroeste desde hace muchos años.

_____ 2. La primera ciudad establecida en EE.UU. fue en Virginia.

_____ 3. Las personas de ascendencia mexicana forman la mayoría de la población del suroeste.

_____ 4. Los otros grupos de inmigrantes llegaron en grandes números antes del siglo XX.

_____ 5. Hay 18 millones de mexicano-americanos en el suroeste.

Antes de 1845 la región del suroeste que fue poblada originalmente por indígenas, pasó a ser territorio español y más tarde mexicano. En ese año EE.UU. «anexó» a Texas y un año más tarde declaró guerra contra México debido a° una disputa de fronteras y a la creencia en el Destino Manifiesto† que prevalecía en esa época. EE.UU. ganó la guerra, y como resultado de la pérdida de casi la mitad de su superficie a su vecino del norte en 1848, unos 100.000 mexicanos permanecieron en los territorios que se convirtieron en los estados del suroeste de EE.UU. La emigración mexicana hacia el norte aumentó a fines del siglo XIX a causa de la expansión agricultora estadounidense y la construcción de los ferrocarriles° en la misma región. Después de la Revolución Mexicana de 1910, el número de emigrantes aumentó. Para fines de la década de 1920 ya había un millón de mexicanos en EE.UU. La Gran Depresión estadounidense de los años 30 creó un ambiente muy hostil para los individuos mexicanos y mexicano-americanos. Muchos de ellos fueron ilegalmente repatriados° y la inmigración del sur disminuyó dramáticamente. Las oleadas de inmigrantes mexicanos volvieron de nuevo a principios de la Segunda Guerra Mundial para disminuir la escasez° de mano de obra agrícola que entonces había en EE.UU. El gobierno estadounidense estableció el «Programa de Braceros» en 1942 y en 1964 se le puso fin al programa parcialmente por la oposición de los sindicatos° estadounidenses. Esta acción produjo un aumento tremendo en la inmigración mexicana ilegal. El Servicio de Inmigración y Naturalización (INS), llamado «la Migra» por los ilegales, comenzó a arrestar a estos trabajadores, a

due to

railroads

mandados de regreso a México
falta

uniones de trabajadores

---

*Las estadísticas de éste y otros párrafos son del *Statistical Abstract of the United States, 1997, Bureau of the Census*. Algunos creen que el número realmente excede 25 millones de habitantes, debido a los muchos mexicanos que no forman parte del Censo.

†La filosofía del Destino Manifiesto se basa en la creencia que era la voluntad de Dios que EE.UU. extendiera sus fronteras y sistema gubernamental a todo territorio entre los océanos Atlántico y Pacífico.

a quienes les daban el nombre peyorativo de «mojados». Los mexicanos y mexicano-americanos que estaban legalmente en el país también sintieron el efecto del prejuicio, lo cual contribuía y continúa a contribuir a un nivel socioeconómico inferior al de la población angloparlante. Este último hecho hizo que muchos se sintieran a favor de las palabras de los líderes radicales que aparecieron durante los años 60, siguiendo las huellas del movimiento de la población negra de Norteamérica. Rodolfo «Corky» Gonzáles, un activista en Colorado, le dio vida al concepto de «la Raza», que proponía, en forma de desafío,° la independencia de la comunidad mexicano-americana del resto de la población. También presentaba un proceso para confrontarse a la sociedad anglo y obtener los objetivos sociales deseados. En otro estado del suroeste, Reyes Tijerina presionaba las autoridades nuevomexicanas para que se les otorgaran° en los tribunales de justicia los derechos que estos hispanos tenían a las tierras que la corona española les había dado a sus antepasados antes de 1848. Tijerina y el movimiento «La Alianza» promovieron incidentes de violencia a diferencia de las acciones de huelga y boicoteo que mostraban los partidarios de César Chávez en California. Chávez organizó a los trabajadores agrícolas y fundó la organización llamada National Farm Workers Organizing Committee. El talento organizador de Chávez se vio cuando organizó y encabezó la exitosa huelga° en los viñedos° de California contra los productores de vino.

El partido político «La Raza Unida», creado a principios de los años 70, se dedicó al adelanto de la causa chicana mediante el voto. Aunque César Chávez alcanzó más prestigio debido a su aproximación no violenta y la base religiosa de sus campañas para ayudar a los trabajadores agrícolas, el término «chicano» nunca logró ser aceptado por toda la población mexicano-americana en EE.UU. por su identificación con un activismo radical izquierdista que muchos de ellos no compartían por su tendencia conservadora.

Los mexicanos y mexicano-americanos no han logrado cambios mediante grandes saltos sino a través de la política y del aprendizaje de tácticas tales como *lobbying* y la identificación y organización del voto hispano. Durante los años 80, gracias al trabajo hecho a nivel local, hubo un gran aumento en el número de mexicano-americanos que captaron puestos gubernamentales.

El problema de la inmigración ilegal continúa creando tensiones nacionales e internacionales, tanto dentro de la comunidad mexicano-americana como entre ella y la comunidad anglo y en las relaciones entre EE.UU. y México. A mediados de los 90, «la Migra» (el INS) estimaba que en Texas se encontraban unos 658.000 inmigrantes indocumentados mientras que en California había más de 1,6 millones de ellos. Las redadas° de «la Migra» continúan causando gran resentimiento sin solucionar el problema.

challenge

dieran

strike
lugares donde crecen viñas / uvas paravino y comida

raids

Comprensión

1. Ponga los siguientes hechos en orden cronológico.
   _____ a. El suroeste pasa a ser territorio estadounidense.
   _____ b. Hay revolución en México.

     _____ c. EE.UU. anexa a Texas.

     _____ d. El suroeste es poblado por indígenas.

     _____ e. EE.UU. declara guerra contra México.

     _____ f. La Gran Depresión crea hostilidad contra los mexicano-americanos en EE.UU.

     _____ g. Los estadounidenses les quitan tierras a muchos mexicanos aunque les habían prometido respetarlas.

     _____ h. Las oleadas de inmigrantes mexicanos vuelven de nuevo a EE.UU. para trabajar en la agricultura.

2. Explique la importancia de las siguientes personas.
   a. Rodolfo «Corky» Gonzáles
   b. Reyes Tijerina
   c. César Chávez

3. Identifique lo siguiente.
   a. «la Migra»
   b. «la Raza»
   c. «los chicanos»
   d. «La Alianza»
   e. «La Raza Unida»

Los obreros mexicanos trabajan en los campos en condiciones difíciles.

Las contribuciones mexicano-americanas

Las contribuciones de la población mexicano-americana pueden verse en una gran variedad de campos: en la política local y nacional, la música, la literatura, el arte y las ciencias. Algunos individuos de ascendencia mexicano-americana elegidos a puestos públicos durante la segunda mitad del siglo XX son Tony Anaya, el gobernador de Nuevo México; Henry Cisneros, el alcalde de San Antonio, Texas; Federico Peña, el alcalde de Denver, Colorado; Loretta Sánchez, la primera mujer en representar el distrito del condado de Orange, California; Henry González, el poderoso congresista de Texas* y Gloria Molina, la primera hispana en la Junta Directiva del condado de Los Ángeles.

Hoy día numerosas universidades ofrecen programas de estudios chicanos, y cada día aumenta la importancia y popularidad de lo mexicano. Aparecen temas mexicanos en libros de autores muy conocidos como Sandra Cisneros, autora de *Woman Hollering Creek and Other Stories, The House on Mango Street*; Clarissa Pinkola Estés, la escritora de *Women Who Run with the Wolves*; y Rudolfo Anaya, el autor de la obra *Bless Me, Ultima*. También se encuentran temas parecidos en películas tales como *Lone Star, Mi familia, El norte* y *Stand and Deliver*. El arte pictórico de Frida Kahlo† y de los muralistas Judy Baca y John Valadez añaden° a las contribuciones culturales mexicano-americanas.

add

dos tipos de música de baile

Las melodías del jarabe tapatío y del corrido° tanto como los mariachis llegaron junto con los inmigrantes durante los años 20 del siglo XX. El gran número de emigrantes después de la Revolución de 1910 dio origen a la popularidad de la música hispana en EE.UU., junto con la ayuda de Hollywood. La música de estilo «tejano» ha llegado a tener gran popularidad, especialmente desde la muerte de la joven y popular cantante Selena Quintanilla Pérez, quien fue asesinada a los 23 años por la jefa de su club de aficionados y de cuya vida se hizo una película que le dio fama a otra latinoamericana, la puertorriqueña Jennifer López.

Además, se notan figuras públicas de ascendencia mexicana que sobresalen en muchos y variados campos y sirven de modelos para la juventud; entre ellos, los actores Edward James Olmos y Salma Hayek; los músicos Carlos Santana, Joan Baez, Rocío Dúrcal (aunque nacida en España es la más conocida intérprete de las rancheras mexicanas y reside en su país adoptivo); los conjuntos musicales Los Lobos, Latin Image y El-Mariachi Cascabel; los deportistas Fernando Valenzuela (béisbol) y Jorge Campos (fútbol); los cómicos «Cheech» Marín (también actor de televisión en el programa «Nash Bridges») y Paul Rodríguez; y la primera astronauta hispana, Ellen Ochoa. Con todo, los mexicanos son ahora el segundo grupo

---

*Henry B. González falleció el 29 de noviembre, 2000 a los 84 años. Se había retirado dos años antes del Congreso Nacional de EE.UU., donde representaba el distrito de San Antonio.

†Aunque Frida Kahlo, la esposa del famoso muralista mexicano Diego Rivera, nació en México, pasó largos períodos de tiempo en el medio-oeste de EE.UU. La influencia de su tiempo en EE.UU. puede verse en los cuadros donde compara México con su vecino del norte.

minoritario más grande de EE.UU., y para el año 2050, junto con los otros grupos hispanos, formarán casi el 25 por ciento de la población del país. Y, como durante toda su historia, continuarán contribuyendo una dimensión propia a la cultura estadounidense.

La identidad mexicano-americana: dos caras de la misma moneda.

Salma Hayek, estrella de cine que ha logrado fama internacional, tiene sangre mexicana.

Selena Quintanilla Pérez, la joven estrella de la música tejana fue asesinada a los 23 años por la jefa de su club de aficionados.

Después de leer

A. Vocabulario

Complete el crucigrama con el vocabulario de la lectura.

La tradición mexicana

Horizontales

1. nombre despectivo para referirse al INS
6. persona que traduce oralmente de una lengua a otra o que da su propia versión de una pieza
8. lindes; líneas imaginarias entre países
9. llegar a saber; buscar información
11. personas jóvenes
12. nombre usado por algunos mexicanos para identificarse
13. haciendo una contribución
14. el líquido rojo que corre en las venas y arterias
15. acciones por la policía o el INS para captar a inmigrantes ilegales
16. seleccionado por el voto

Verticales

2. familiares ya fallecidos (muertos)
3. las personas que viven en un lugar
4. lo que se da a una persona al llegar a un sitio
5. persona que interpreta canciones
7. concepto abstracto de lo que es correcto legalmente
10. palabra para describir a un actor de cine muy famoso

B. Comprensión

1. ¿Cierto (**C**) o falso (**F**)? Si la información es falsa, corrija la oración.
   _____ a. Hoy día muchas universidades ofrecen programas de estudios chicanos, y cada día aumenta la importancia y popularidad de lo mexicano.
   _____ b. Los mexicano-americanos han hecho cambios rápidamente mediante la acción.

_____ c. La música «tejana» ha llegado a tener gran popularidad desde la muerte de Selena Quintanilla Pérez.

_____ d. El INS ha encontrado una solución al problema de la inmigración ilegal.

_____ e. La inmigración ilegal continúa creando tensiones dentro de la comunidad mexicano-americana y entre las comunidades mexicano-americana y anglo.

2. ¿A qué campo pertenecen?
   a. Loretta Sánchez y Henry González
   b. Sandra Cisneros y Rudolfo Anaya
   c. Frida Kahlo, Judy Baca y John Valadez
   d. Jennifer López, Edward James Olmos y Salma Hayek
   e. Carlos Santana, Rocío Dúrcal y Latin Image
   f. Fernando Valenzuela y Jorge Campos
   g. «Cheech» Marín y Paul Rodríguez

¡CONECTÉMONOS!

Los mexicanos

Vaya a la red electrónica y con un buscador de Internet (*search engine*) busque información en español sobre uno de los mexicano-americanos contemporáneos en uno de los siguientes campos y los temas que trata en sus obras. Si le interesa un individuo que no está en la lista, puede buscar información sobre él o ella. Luego comparta la información que encontró con un(a) compañero(a).

Escritores

Rudolfo Anaya
Sandra Cisneros
Clarissa Pinkola Estés
Ramón García
Francisco Jiménez
Elba Sánchez

Pintores y muralistas

Judy Baca
Frida Kahlo
Emanuel Martínez
John Valadez

Chiste

Un mexicano, apenas llegado a EE. UU., va al estadio de Houston a ver un partido de béisbol. Para ver mejor, trepa (*climbs*) el palo de la bandera (*flagpole*). Cuando termina el partido, sus amigos le preguntan:

—José, ¿te gustó? ¿Qué es lo que más te impresionó?

—Me gustó todo—responde José.—¡Y tendrían que ver lo corteses que son los norteamericanos!

—¿Por qué?—le preguntaron.

—Porque al principio del partido, todos se levantan, me miran y se ponen a cantar y dicen: «JOSÉ, CAN YOU SEE?»

SELECCIÓN DOS

ENTRÓ Y SE SENTÓ

Rosaura Sánchez*

Antes de leer

Para abrir el tema

¿Qué le pasa a una persona si abandona sus orígenes humildes para entrar en la clase media? ¿Pierde parte de su identidad o lleva una vida mejor? El cuento de Rosaura Sánchez presenta el dilema de un mexicano-americano que logró superar sus orígenes pobres por medio de una educación universitaria pero no encontró ni la felicidad ni el respeto que esperaba. Ahora, ¿por qué asiste Ud. a la universidad? ¿Lo hace para ampliar sus conocimientos, porque todos los de su grupo social asisten o para conseguir un trabajo interesante? Comparta con un(a) compañero(a) cómo será su vida si no saca un título universitario y si cree que al sacar un título universitario se siente obligado(a) a ayudar a personas menos capacitadas. Explique sus razones.

A. Vocabulario

Sinónimos

Escoja Ud. el sinónimo de la palabra o frase en itálica que aparece en la primera parte del cuento.

1. El protagonista furioso llama a los estudiantes «*bola de desgraciados*».
   a. grupo de personas miserables   **b.** grupo de felices   **c.** grupo de estudiosos
2. Los estudiantes tienen *el descaro* de insultarlo porque no se casó con una mejicana.
   a. la generosidad   **b.** el dolor   **c.** la insolencia

---

*Rosaura Sánchez nació en el barrio mexicano de San Angelo, Texas en 1941. Tal como el protagonista de *Entró y se sentó*, es de padres obreros. Asistió a la Universidad de Texas en Austin, y así como el protagonista, es profesora universitaria (en la Universidad de California en San Diego). Tiende a escribir sobre sus orígenes en sus cuentos y artículos.

3. Él se defiende, diciendo que lo hizo todo por ellos, por *la raza*.
   a. la campaña política   **b.** los chicanos   **c.** los anglos
4. Él tiene muchos *gastos*—gasolina, comida, motel. Se le permiten 22 dólares de *gastos* diarios.
   a. precios   **b.** diversiones   **c.** expensas
5. Ahora los estudiantes querían que los apoyara en su *huelga*.
   a. exámenes que se toman a medio semestre   **b.** protesta en que no asisten a clases   **c.** investigación científica

B. El texto

Aclarar el presente y el pasado

El autor utiliza unos retrocesos (*flashbacks*) para presentar el pasado del personaje central. Vamos a determinar algunos hechos importantes del presente y del pasado. Lea rápidamente las líneas indicadas del texto, luego indique si las siguientes declaraciones son ciertas (**C**) o falsas (**F**).

1. Hoy día el personaje central...
   (*líneas 1 a 36*)
   _____ es profesor universitario.
   _____ se casó con una mujer de su raza.
   _____ asiste a reuniones importantes.
   _____ apoya las demandas de los estudiantes.
2. En los retrocesos al pasado, el personaje central...
   (*líneas 40 a 64*)
   _____ está en un carro perdido en la lluvia.
   _____ es un joven de una familia rica.
   _____ hace trabajos serviles (*menial*).
   _____ no piensa asistir a la universidad.

ENTRÓ Y SE SENTÓ

Rosaura Sánchez

Entró y se sentó frente al enorme escritorio que le esperaba lleno de papeles y cartas. Estaba furioso. Los estudiantes se habían portado° como unos ingratos.

—Bola de infelices, venir a gritarme a mí en mis narices que soy un «Poverty Pimp». Bola de desgraciados. Como si no lo hiciera uno todo por ellos, por la raza, pues.

Llamó a Mary Lou, la secretaria, y le pidió que le trajera café y un pan dulce de canela.°

behaved — portado

cinnamon — canela

5

—Y luego tienen el descaro de insultarme porque no me casé con una mejicana. Son bien cerrados, unos racistas de primera.° Lo que pasa es que no se dan cuenta que yo acepté este puesto para ayudarlos, para animarlos° a que continuaran su e- ducación.

En ese momento sonó el teléfono. Era el Sr. White, el director universitario del departamento de educación. No, no habría más problemas. Él mismo hablaría con el principal Jones para resolver el problema. Era cosa de un mal entendido° que pronto se resolvería.

Mary Lou llegó con el café cuando terminó de hablar. Después de un sorbo° de café, se puso a hacer el informe de gastos para el mes. Gasolina. Gastos de comida con visitantes importantes. Vuelo a Los Ángeles para la reunión de educadores en pro de la educación bilingüe. Motel.

—Para ellos yo sólo estoy aquí porque el sueldo° es bueno. Si bien es verdad que pagan bien y que las oportunidades son muchas, también es verdad que los do- lores de cabeza son diarios. Yo podría haberme dedicado a mi trabajo universitario y no haberme acordado° de mi gente.

Se le permitían 22 dólares de gastos diarios y como había estado 5 días podía pedir 110 dólares. A eso se agregaban° los gastos de taxi. Ahora querían que los apoyara en su huelga estudiantil. Pero eso ya era demasiado. Lo estaban compro- metiendo.°

—Si supieran esos muchachos lo que he tenido que sudar° yo para llegar aquí. Con esa gritería de que hay que cambiar el sistema no llegamos a ninguna parte. No se dan cuenta que lo que hay que hacer es estudiar para que el día de mañana puedan ser útiles a la sociedad.

De repente se apagaron las luces. Afuera comenzaba a tronar° y la lluvia caía en torrentes. Volteó° en su silla rodante y se acercó a la ventana. Primero vio los edifi- cios grises universitarios que se asemejaban a los recintos° de una prisión. Se os- cureció más y más hasta que vio la troca° perdida en la lluvia.

—Con este aguacero° tendremos que parar un rato, hijo. Llegando a la orilla del surco,° nos metemos debajo de la troca hasta que escampe° un poco.

Pesó el algodón pero no vació el costal° arriba porque con la lluvia le estaba dando frío.

—Mira hijo, si te vas a la escuela no sé cómo le vamos a hacer.° Con lo que ganas de *busboy* y lo que hacemos los sábados pizcando,° nos ayudamos bastante. Ya sabes que en mi trabajo no me pagan gran cosa.

Sabía lo que era trabajar duro, de sol a sol, sudando la gorda.° Entonces que no me vengan a mí con cuentos, señores. ¿Qué se han creído esos babosos?° Después de tanto trabajo, tener que lidiar° con estos huevones.° Porque lo que pasa es que no quieren ponerse a trabajar, a estudiar como los meros° hombres.

—Mire, papá, le mandaré parte de mi préstamo° federal cada mes. Verá que no me he de desobligar y ya estando en Austin,° buscaré allá otro trabajito para poder ayudarles.

Glosas marginales:

de... de primera clase
encourage them

mal... error de comprensión

sip

salario

recordado

se... *were added*

poniendo en peligro
trabajar con fatiga

to thunder
He spun around
grounds
pickup truck (Mex.)
lluvia de poca duración / *furrow* (in field)
deje de llover
sack
le... *we are going to manage*
picking (cotton)
sudando...
trabajando duro
idiotas
luchar / perezosos (*vulgar*)
verdaderos
loan
la sede de la Universidad de Texas

Números de línea: 10, 15, 20, 25, 30, 35, 40, 45

help, welfare
la vida dura

Éramos pocos los que estudiábamos entonces. Estos que tienen la chiche° del gobierno no saben lo que es canela.° Sólo sirven para quejarse de que no les den más.

—Yo ya estoy muy viejo, hijo. Cuida a tu mami y a tus hermanos.

Seguía lloviendo y la electricidad no volvía. Afuera relampagueó.°

flashed with lightning
traffic light
empezaba a andar
hood
were honking
se... _avanzaban enojados / obstáculo_
soaked
cursed
drag
se... _sank_
coches viejos
mujer anglo / trabajo
que... _that he risk his career /_
Que es que

El carro se les había parado en la esquina. El semáforo° ya se había puesto verde pero el carro no arrancaba.° Su papá salió, levantó el capacete° y quitó el filtro. Mientras su papá ponía y quitaba la mano del carburador, él pisaba el acelerador. Atrás los autos pitaban° y pitaban. Por la izquierda y la derecha se deslizaban° los _Cadillacs_ y los _Oldsmobiles_ de los rancheros airados° con el estorbo° en plena calle Chadbourne. Su papá estaba empapado° por la lluvia cuando por fin arrancó el carro. Ese día los había maldecido° a todos, a todos los gringos de la tierra que los hacían arrastrar° los costales de algodón por los surcos mientras los zapatos se les hundían° en la tierra arada, a los gringos que les pagaban tan poco que sólo podían comprar aquellas garraletas° que nunca arrancaban. Años después se había casado con una gringa.° Y ahora después de tanto afán,° querían que se rifara el pellejo.° Qu'esque° por la causa. Como si fuera tan fácil cambiar el sistema. No señores, que no contaran con él. Volvió la electricidad y se puso a ver la correspondencia.

—Gracias a Dios que tengo mi oficina aquí en la Universidad, en el sexto piso de esta monstruosidad donde no tengo que ver a nadie. No más le digo a la secretaria que diga que no estoy, así puedo dedicarme al papeleo° que siempre hay que atender. Estos estudiantes del Cuerpo de Maestros° van a tener que sujetarse a° las reglas o si no, pa fuera.° Tiene uno que ponerse duro, porque si no, se lo lleva la chingada.° Alguna vez les contaré mi vida a esta gente... A ver... Bueno mañana no será. Tengo que ir a Washington a la reunión nacional de programas federales de educación para las minorías y luego... a ver... tengo que ir a San Antonio como consultante del programa bilingüe. Vale más llamar a Mary Lou para ver si me consiguió ya el pasaje de avión para mañana. Mary Lou... ah, si mmmhhhmmm, en el Hilton, del 8 al 10 de noviembre. Muy bien. Y ¿qué sabes del vuelo?... ¿Por _Continental o American?_...

paperwork
Cuerpo...
Teacher Corps / obey
get out
se... _you get screwed_

grease

Miró por la ventana y vio a su papá empapado de agua y lleno de grasa.°

50

55

60

65

70

75

80

Después de leer

A. Resumen de la acción

Trabajando solo(a) o con otro(s), termine las siguientes frases, según el cuento.

1. Cuando el profesor entró en su oficina, estaba furioso porque...
2. Él explica que enseña porque...

3. En vez de hablar con los estudiantes, el profesor se interesa más en...
4. Los estudiantes quieren que el profesor apoye... pero él se niega porque cree que...
5. Cuando empieza a llover y tronar, el profesor recuerda...
6. De joven, el protagonista y su familia trabajaban...
7. El padre del protagonista no quería que su hijo asistiera a la universidad porque...
8. El joven prometió a su papá que...
9. Los rancheros ricos se impacientaban con el joven y su padre porque...
10. La última imagen del cuento es...

B. Cuestionario interpretativo

Las siguientes preguntas no dependen de una comprensión literal del cuento, sino de una interpretación individual. Por eso no hay una sola respuesta apropiada. En grupos pequeños, traten Uds. de dar el mayor número posible de interpretaciones.

1. El padre del protagonista se preocupaba del futuro de su familia. ¿Por qué?
2. El hijo quería asistir a la universidad. ¿Por qué?
3. El profesor se casó con una mujer anglo, no con una mexicana. ¿Por qué?
4. Los estudiantes querían cambiar el sistema. ¿Por qué?
5. El profesor prefería esconderse en su oficina y pensar en sus reuniones importantes en vez de ver y hablar con los estudiantes. ¿Por qué?

C. Inferencias

Trabajando con un(a) compañero(a), piensen sobre el fin del cuento y preparen respuestas a estas preguntas.

¿Por qué cree que la autora termina el cuento con el profesor pensando una vez más en su padre? ¿Es probable que cambie su decisión respecto a los estudiantes? ¿Por qué sí o no?

D. Discusión

1. ¿Qué opina Ud. del profesor? ¿Se ha vendido al sistema o realmente trabaja para ayudar a su gente? ¿Cree Ud., como él, que los estudiantes deben cambiar la sociedad por medio de la educación o las leyes, y no con huelgas? Explique.
2. ¿Está Ud. satisfecho(a) con la diversidad de la población de estudiantes y profesores en su universidad? ¿Qué cambios recomienda Ud.?
3. Había un gran contraste entre la vida del padre y la de su hijo, el profesor. En la familia de Ud. o la de sus amigos, ¿hay una gran diferencia entre las generaciones? Describa Ud., por ejemplo, las actitudes de las diferentes generaciones sobre el dinero y el trabajo.

SELECCIÓN TRES

LOS PUERTORRIQUEÑOS

Antes de leer

Para abrir el tema

Piense en lo que sabe de la historia y la población de la isla de Puerto Rico. ¿Quién la descubrió? ¿Cuándo? ¿Cómo es su cultura? ¿A quién pertenece? ¿Cómo es su gente? ¿Tiene algo en común con EE.UU.? Con un(a) compañero(a), hagan una lista de lo que Uds. ya saben acerca del tema y lo que desean aprender. Guarden la lista para consultarla a lo largo de esta sección.

Formación de palabras

Hay varios modos de formar palabras en español que se parecen a la palabra con el mismo significado en inglés. Aquí mostramos las reglas para la formación de cuatro grupos de cognados, todos sustantivos.

Inglés	Español	Inglés	Español
-tion	-ción; -sión	*tradition*	tradición
-y	-ía; -ia	*ecology*	ecología
-ty; -ity	-tad; -dad	*liberty*	libertad
-ence; -ance	-encia	*difference*	diferencia

Aquí hay una lista de palabras en inglés cuyos cognados aparecen en la lectura. Escriba el cognado de la palabra en inglés.

1. election   _____
2. autonomy   _____
3. possibility   _____
4. independence   _____
5. community   _____
6. association   _____
7. economy   _____
8. actuality   _____
9. assistance   _____
10. society   _____
11. population   _____
12. victory   _____

13. identity   _____
14. resistance   _____

LOS PUERTORRIQUEÑOS

Las relaciones entre Puerto Rico y EE.UU.

Los puertorriqueños comparten con otros grupos latinoamericanos una larga tradición que empieza con la llegada de Colón en 1493 con la gran diferencia de que desde el fin de la guerra de 1898 entre España y EE.UU., Puerto Rico ha sido un territorio de EE.UU. Al principio, el gobierno estadounidense trató de quitarle la cultura hispana a la población, imponiéndole el inglés como idioma oficial y nombrando a estadounidenses como gobernadores en vez de darles a los puertorriqueños la opción de elegirlos por sí mismos. En 1917 EE.UU. les concedió a los puertorriqueños un tipo especial de ciudadanía° mediante la cual han podido entrar y salir del suelo estadounidense sin restricciones.

    En la década de los 50 el Congreso de EE.UU. aprobó° la elección del gobernador por voto popular, y en 1952 la isla obtuvo el estatus de Estado Libre Asociado (ELA) lo cual ha permitido que los puertorriqueños de la isla desarrollen su propio idioma y cultura y administren sus asuntos° domésticos. Sin embargo, ser Estado Libre Asociado causa mucha controversia entre los habitantes de la isla puesto que Puerto Rico ni es estado, ni es libre. Esto significa que su política exterior,° sus sistemas de correos y de aduana° y su moneda° son los de EE.UU.

    La asociación de Puerto Rico con EE.UU. tiene ventajas y desventajas sobre las cuales se basa un debate continuo. Los puertorriqueños se benefician de los programas educativos y de salud pública sin tener que pagar impuestos° federales. Pueden entrar y salir del continente sin necesidad de obtener visas especiales porque tienen ciudadanía estadounidense pero aunque son ciudadanos, no tienen el derecho° de votar en las elecciones federales y su único representante en Washington, D.C. no tiene voto en el Congreso. Estas situaciones han dividido a la población en tres grupos: los estadistas, quienes quieren convertir la isla en un estado oficial de EE.UU.; los que favorecen la situación actual de Estado Libre Asociado; y los independentistas, quienes desean autonomía completa. Pero los plebiscitos no vinculantes° que se han llevado a cabo no han establecido una mayoría absoluta a favor de una de las posibilidades. En 1993, 48% apoyó el ELA mientras que 46% quería hacerse estado, con sólo 4% votando por independencia. En 1998 durante otro plebiscito sólo 2% de la población votó a favor de independencia.

Glosas marginales:
citizenship
approved
matters
foreign policy / mail and customs / currency
taxes
right
non-binding

Comprensión

1. ¿Cuándo y por qué pasó Puerto Rico a ser parte de EE.UU.?
2. ¿Qué significa la sigla (*acronymn*) ELA? Explique el concepto que representa.

3. Durante el plebiscito de 1993, ¿cuántos puertorriqueños votaron por mantener su estatus actual?
4. Haga una lista de las ventajas y desventajas del estatus de ELA para los puertorriqueños.

La emigración de la isla al continente

con demasiada gente

La isla de Puerto Rico es uno de los lugares más superpoblados° del mundo. Hoy día los sueldos continúan bajos en comparación con el costo de vida y tampoco hay suficiente trabajo para la población que lo desea. Hasta los años 40, el número de emigrantes era modesto y aunque viajaban a EE.UU. por razones económicas, la mayoría de ellos procedía de los centros urbanos. Tenían un alto nivel de alfabetización° y un oficio que les permitía incorporarse rápidamente dentro del mercado de trabajo estadounidense. Puesto que Nueva York siempre ha sido el destino favorito, los primeros núcleos de población boricua* se establecieron en Brooklyn, East Harlem y otras áreas de Manhattan.

literacy

El éxodo que había comenzado durante los años inmediatamente después de la Segunda Guerra Mundial depositó a más de dos millones de puertorriqueños en EE.UU. hacia 1980. Los inmigrantes de esa oleada procedían en su mayoría de las regiones rurales de Puerto Rico† y su nivel de alfabetización era más bajo que el de los grupos anteriores. Más de la mitad de ellos no poseía ni entrenamiento° ni destrezas° manuales especializadas. A diferencia de los cubanos que sabían que no podrían volver a su tierra, muchos de estos puertorriqueños llegaban al continente con la idea de regresar a su isla en cuanto tuvieran suficiente dinero para mantenerse. Una vez en EE.UU., algunos se vieron atrapados en un círculo vicioso de pobreza por su falta de educación que los obligaba a tomar trabajos serviles que los mantenía en la pobreza.

training
skills

El gobierno estadounidense estableció la «Operación Bootstrap»‡ para conseguir la rápida industrialización de la isla. Esto logró aumentar el nivel de vida de la isla pero no solucionó el problema del desempleo y resultó en el perjuicio° y abandono de la agricultura. La gente puertorriqueña encontró una válvula de escape de la situación en la emigración a Nueva York. El continente les ofrecía el atractivo mito norteamericano de «la tierra de promisión»° y de oportunidades ilimitadas de trabajo.

daño

promesas

El ambiente competitivo y hostil de Nueva York, sin embargo, no les facilitó lograr sus sueños. No había suficientes puestos en el área de servicios para emplear a los individuos que habían perdido su trabajo. Hasta los que tenían entrenamiento y

---

*El nombre original de la isla de Puerto Rico era Borinquen o Borinquén y a sus habitantes todavía se les llama boricuas.
†A los campesinos puertorriqueños se les da el nombre de «jíbaros» y siempre conlleva la connotación de no tener educación ni entrenamiento especializado.
‡La «Operación Bootstrap» les daba incentivos económicos y fiscales a las empresas industriales extranjeras para que se instalaran en la isla y así elevar la situación económica de su población.

Stock Market / advertising

piel

reach

daba domicilio

aprovechaba de

poseían el nivel de educación necesario no encontraban fácil integrarse a las empresas de la Bolsa° o negocios publicitarios° porque muchos de ellos representaban la mezcla de los tres grupos que históricamente han formado su cultura: los indios, los españoles y los africanos. Los rasgos que los identificaban como hispanos puertorriqueños—el acento en la pronunciación del inglés, el apellido hispano o de apariencia hispana, el color de la tez° y la textura del pelo—se convertían en sutiles barreras que ponían los buenos empleos más allá de su alcance.° Por eso muchos puertorriqueños que llegaban a Nueva York empezaron a mudarse en vez de quedarse allí. Ésta se convirtió en una ciudad que alojaba° a una comunidad puertorriqueña predominantemente pobre y que se valía de° la asistencia social para sobrevivir.

Los puertorriqueños han sido muy capaces de crear comunidades prósperas cuando no han tenido que vivir bajo condiciones adversas, lo cual ha ocurrido en otros barrios boricuas en el estado de Nueva York, en la región de Nueva Inglaterra, en la región del oeste medio norteamericano y en el área alrededor de San Francisco en California. Según la organización puertorriqueña, *National Puerto Rican Coalition*, se han notado ciertas tendencias positivas recientemente. Un número significativo de puertorriqueños ha dejado la clase baja y ha logrado instalarse en la clase media. Además, las mujeres se han integrado a la fuerza laboral en números notables. En la actualidad dos de cada tres puertorriqueños residen fuera de Nueva York, donde ahora se encuentran casi un millón de dominicanos.

Comprensión

1. Compare a los emigrantes puertorriqueños de la década de 1940 con los de 1980.
2. ¿Dónde se han establecido las comunidades boricuas en EE.UU.?
3. ¿Por qué estableció el gobierno estadounidense la «Operación Bootstrap»?
4. Históricamente, ¿qué grupos han formado la cultura puertorriqueña?
5. Para los puertorriqueños, ¿cuál es/era el efecto de ser identificados como hispanos?

Las contribuciones boricuas

Aun en la isla misma, los puertorriqueños han contribuido al avance de la sociedad y han demostrado que han entrado al siglo XXI al frente de la igualación de la posición de las mujeres dentro de la sociedad. La población puertorriqueña eligió a Sila María Calderón gobernadora de la isla en las elecciones que se llevaron a cabo en noviembre de 2000, y no es la primera vez que una mujer ha llegado a tan alta posición dentro de esta sociedad.

New Yorker

Entre los individuos boricuas que se han destacado en el continente americano podemos encontrar a Nydia Velázquez, neoyorquina,° que fue la primera puertorriqueña elegida al Congreso; Rafael Ferrer, el respetado artista experimental; los autores Piri Thomas, de *Down These Mean Streets*, Judith Ortiz Coffer, propuesta para el Premio Pulitzer y escritora de *The Line of the Sun* y la muy popular Esmeralda Santiago, cuya fama es internacional por sus recuerdos de juventud titulados *Cuando era puertorriqueña* (*When I was Puerto Rican*); Jennifer López, la actriz y cantante de fama internacional; Ricky Martin, el joven cantante de *La vida loca*, quien enloqueció° a jóvenes de toda ascendencia con su ritmo latino; y las cantantes de salsa y «pop» Yolandita e India; Raúl Juliá, el actor que ganó fama mundial en la película de *The Addams Family* y hasta en el campo de deportes, el venerado golfista del circuito «senior», Chi Chi Rodríguez y el incomparable beisbolista de fama internacional que murió a los 38 años, Roberto Clemente de los «Piratas» de Pittsburgh.

hizo locos

El actor puertorriqueño Raúl Juliá cuya fama es internacional.

Después de leer

A. Comprensión

¿A qué campo pertenecen?

1. Nydia Velázquez
2. Rafael Ferrer
3. Piri Thomas, Judith Ortiz Coffer y Esmeralda Santiago
4. Ricky Martin e India
5. Chi Chi Rodríguez y Roberto Clemente
6. Sila María Calderón

B. ¿En qué año ocurrió?

Escoja la fecha de la columna **A** que le corresponde al acontecimiento (*event*) de la columna **B**.

Columna A	Columna B
1. 1493	a. Termina la Guerra entre EE.UU. y España.
2. 1898	b. Los puertorriqueños ganan ciudadanía estadounidense.
3. 1917	c. Puerto Rico se convierte en Estado Libre Asociado.
4. 1952	d. Hay plebiscito no vinculante sobre el estatus de Puerto Rico.
5. 1993	e. Colón llega al Nuevo Mundo y empieza una nueva tradición.

C. Comentarios sobre la lectura

Complete la oración según la información de la lectura.

1. La política exterior de un país consiste en _____.
2. Durante los años 50, el Congreso estadounidense aprobó _____.
3. La meta de los «estadistas» puertorriqueños es _____.
4. Tres ventajas del presente estatus puertorriqueño son _____.
5. El nombre original de Puerto Rico era _____.
6. Un «jíbaro» es _____.
7. Algunos autores puertorriqueños son _____.
8. Entre los puertorriqueños de fama internacional se encuentran _____.

D. Discusión de opiniones

 Con un(a) compañero(a) o grupo pequeño, discutan sus opiniones en cuanto a los siguientes temas.

1. La «verdadera» cultura de Puerto Rico.
2. El significado del lema «¡Que viva Puerto Rico Libre!»
3. El futuro de Puerto Rico: continuar como Estado Libre Asociado, ser el 51 estado de EE.UU. o ser un país independiente.

¡CONECTÉMONOS!

Los puertorriqueños

Vaya a la biblioteca o a Internet a buscar información pictórica sobre los distintos grupos que forman la identidad puertorriqueña: los taínos, los africanos, los españoles y los estadounidenses. Copie o baje las ilustraciones de la red con una impresora (a color si es posible) para luego montar un conjunto o «collage» de imágenes que representen su propio concepto de la identidad de este pueblo que tanto ha contribuido a la vida estadounidense. Cuando termine su obra, preséntela a la clase y explique lo que representan las imágenes.

Chiste

S-O-C-K-S

Una señora puertorriqueña, recién llegada a Nueva York, quería comprar unos calcetines para sus hijos. Hablaba muy poco inglés, y no sabía la palabra para «calcetines». Entró en una tienda grande, y trató de explicar a la dependienta lo que quería, pero la dependienta no entendió. Por fin, la dependienta decidió llevar a la señora a los varios mostradores, esperando encontrar directamente el artículo deseado.

—*Is it this?*—preguntó la dependienta.
—No, no es eso—respondió la señora.
—*This?*
—No, tampoco es eso.
—*How about this?*
—No, eso no es.
Por fin llegaron al mostrador de los calcetines y la señora exclamó felizmente:
—¡Eso sí que es!
—*Well,*—dijo la dependienta, un poco perpleja,—*if you can spell it, why can't you say it?*

EL DÍA QUE FUIMOS A VER LA NIEVE

Alfredo Villanueva-Collado*

Antes de leer

Este cuento está basado en un hecho real. En los años 50 la alcadesa (*mayor*) de San Juan arregló que dos aviones llenos de nieve de EE. UU. llegaran a Puerto Rico en Navidades, cuando hacía una temperatura de 85 grados. El autor recrea esta ocasión especial—y cómica—en la vida de su familia, cuando hicieron un viaje para ver la nieve. Al mismo tiempo, agrega elementos de observación social sobre la identidad nacional de Puerto Rico. ¿Traer la nieve fue un acto inocente y bondadoso de la alcadesa para entretener a los niños? ¿O representa la imposición de la cultura norteamericana sobre la isla? Uds. mismos decidirán.

Para abrir el tema

Trabajando solo(a) o con otro(s), piense Ud. en su propia niñez y en un viaje familiar para ver algo espectacular, como el océano, Santa Claus, el circo, un concierto o el jardín zoológico, etcétera. Incluya los siguientes puntos.

1. Escriba un título: «El día que fuimos a ver _____»
2. ¿Cómo se sentían todos los miembros de su familia antes del gran evento?
3. ¿Hubo preparaciones especiales?
4. ¿Cómo fue el viaje al lugar? ¿el comportamiento de sus hermanos y sus padres?
5. Después del gran evento, ¿se sentía Ud. contento(a) o desilusionado(a)? ¿Por qué?

A. Vocabulario

Adivinando por el contexto

El contexto ayudará a adivinar el sentido de las palabras en itálica del primer párrafo del cuento. Escoja la mejor opción.

1. Aquel día *amaneció* de golpe, con el sol... Escuché a mamá en la cocina, ya preparando el desayuno...
   a. terminó   **b.** empezó   **c.** pasó
2. Recordé de qué día se trataba y el corazón me *latió* más rápido.
   a. palpitó   **b.** ayudó   **c.** rompió

---

*Alfredo Villanueva-Collado nació en Santurce, Puerto Rico en 1941, pero se crió en Venezuela. Volvió a Puerto Rico para terminar sus estudios universitarios. Luego llegó a EE.UU. donde sacó su doctorado y donde ahora trabaja de profesor en la Universidad de la Ciudad de Nueva York. Cree que parte de su responsabilidad como escritor es contar la tragedia colonial de la identidad puertorriqueña.

3. Escogí un sweater crema, unos pantalones de corduroy y medias gruesas. Mami, al verme entrar así *ataviado*, se echó a reír.

   a. informado   **b.** vestido   **c.** aburrido

4. Papi... comentó que... quizás no valía la pena hacer el viaje.—Ese tapón (congestión de vehículos) va a *estar del mero*... nos tomará dos horas llegar a San Juan—.

   a. ser insignificante   **b.** ser agradable   **c.** ser extraordinario

5. Nos tomará dos horas llegar a San Juan—. —Con lo *sobrada* que es la gente, no lo dudo—, agregó mami.

   a. demasiado numerosa   **b.** demasiado religiosa   **c.** demasiado cortés

B. El texto

Buscar detalles

Trabajando con un(a) compañero(a) busquen Uds. la siguiente información en el primer párrafo.

1. el número de personas en la familia
2. el tiempo que hacía aquel día
3. la ropa que llevaba el narrador
4. el lugar adonde iban y las condiciones del viaje que se anticipaban

Ahora en sus propias palabras, cuéntele a su compañero(a) lo que ha pasado hasta este punto. ¿Cómo cree Ud. que va a ser el viaje?

EL DÍA QUE FUIMOS A VER LA NIEVE

penetrando / blinds / to melt them

*dejando...
peeing / toilet
rummaging /
drawers*

grunt

*congestión de
vehículos*

con prisa

Aquel día amaneció de golpe, con el sol agarrado de° las persianas° como si quisiera derretirlas.° Escuché a mami en la cocina, ya preparando el desayuno, a papi dejando caer el chorro° sobre el agua del inodoro,° a Roberto trasteando° en las gavetas° del cuarto al lado del mío. Recordé de qué día se trataba y el corazón me latió más rápido. Corrí a lavarme y a vestirme. Escogí un sweater crema, unos pantalones de corduroy y medias gruesas. Mami, al verme entrar así ataviado, se echó a reír. Papi, con su paso lento y pesado, dejando escapar un gruñido,° comentó que hacía demasiado calor y que quizás no valía la pena hacer el viaje. —Ese tapón° va a estar del mero—, dijo, dirigiéndose a nadie en particular. —Ya son las nueve, y nos tomará dos horas llegar a San Juan—. —Con lo sobrada que es la gente, no lo dudo—, agregó mami. —Mejor nos vamos apurando.°

Ya montados en el carro, papi tuvo que ir al baño de urgencia, de manera que perdimos otros veinte minutos. Roberto y yo nos acomodamos en la parte de atrás, cada uno en su ventana. Mami nos advirtió que ya sabíamos lo que pasaría si no

5

10

nos estábamos quietos. Y al decirlo, mostró las largas uñas inmaculadamente ma-   15
nicuradas y pintadas de un rojo oscuro con las que en más de una ocasión nos había

llevado los cantos,° forma absoluta de ganar control inmediato sobre nuestras personas. Papi regresó y nos pusimos en camino.

Salir de Bayamón* fue fácil, pero una vez que caímos en Santurce,* el tapón fue

apoteósico.° Nos movíamos cuatro pies cada media hora y, con el calor y la falta de   20
una brisita, el interior del carro estaba pegajoso° como un baño de vapor. Roberto
se puso a matar indios, porque ese día le había dado por ponerse su ropa de va-

quero,° completa con sombrero de ala ancha y cinturón con revólver. «¡Zas!» y allí
caía un indio y ¡zas! allí caía otro indio, hasta que mami, fijándose en las miradas

de horror que los ocupantes de otros baños de vapor nos dirigían, se viró° enérgica,   25
lo agarró por el brazo y le dijo que se dejara de jueguitos, que era mala educación

apuntarle° a la gente, y más con un revólver, que qué se iban a creer, que ella no
había salido para pasar vergüenzas, y si no se controlaba nos regresábamos ahí

mismo, ¿verdad Casimiro°?

Soltó° a Roberto y se viró del otro lado, a ver qué estaba haciendo yo. Pero mi   30
juego era mucho más pacífico. Mi pasión consistía en contar marcas° de carros, específicamente Studebakers, lo cual, hay que reconocer, no era nada fácil en aquel
tremendo tapón. Por lo menos lo podía hacer sin llamar demasiado la atención de
los de al frente. Allí iba un Ford, y más adelante un Chrysler; había montones de

Chevrolets y uno que otro Cadillac, pero no veía un Studebaker ni para remedio,°   35
de manera que me fui levantando despacito a mirar por el cristal trasero° cuando
paf, un manotón° me tumbó de nuevo sobre el asiento mientras me advertían que si
todos moríamos en un accidente cuando papi no pudiera ver los otros carros en el
cristal de atrás porque yo estaba en el medio, yo y nadie más que yo iba a ser el responsable, y que era mejor que nos devolviéramos° allí mismo, para evitar una   40
desgracia.°

Al fin llegamos a los puentes del Condado;° una brisita alivió la piquiña° que me
estaba comiendo el cuerpo. Iba a quitarme el sweater, pero mami, que tenía ojos en
la nuca,° me informó que me vería en el hospital con pulmonía, empapado en
sudor° como estaba, además de la paliza° que me iba a llevar porque la gente de-   45
cente no se quitaba la ropa en público. Roberto se encontraba en peor situación: le
picaba° en mal sitio y trataba de rascarse° sin que nadie lo notara. El resultado fue
que de un jalón° fue a parar al frente, dejando una mancha de sudor sobre el plástico rojo del asiento al lado de la ventana, mientras le advertían que perdería la
salud del espíritu si se seguía metiendo la mano en cierto sitio. La radio anunciaba   50
el portento° del regalo de la gran dama a su pueblo, lo que sólo prendía° la ira de
papi cada vez más. —Maldita sea° la gente y maldita sea la vieja esa, mira y que
ocurrírsele traer esa porquería° para que cuanto idiota hay en San Juan se crea es-
quimal° por un día—. Pero mami le leyó la cartilla.° —Mira Casimiro, tú fuiste

---

*Bayamón y Santurce son ciudades de Puerto Rico que forman parte del área metropolitana de San
Juan (la capital).

niños / nosy

perezoso

llamado por magia / aparcó, estacionó
diablo
bajamos
camisa que se lleva en los trópicos / shawl
to unstick

insectos que siempre están en los picnics
se... crowded together
aguantando... tolerando los gritos
ribbons
mushy
separé (de la familia) / mud / melted
multitud
snow cones / big fuss

chapoteaban... splashed about in the quagmire / plataforma
bun (estilo de pelo)
abanico... lace fan

me caí

a... 5 inches away
Para... To top it all off

me... I'll join / el grupo a favor de que Puerto Rico se vuelva un estado de EE. UU.

---

quien se lo prometió a los nenes° y tú eres el primer averiguado;° si no, ¿qué hacemos metidos en este tapón? Sería mejor dejar el carro por aquí y caminar hasta el parque. Pero tú eres un vago° de primera y no quieres pasar el trabajo; total, que estamos ahí al ladito.

Como si lo hubiera conjurado,° apareció un espacio y papi, rabioso, metió° el carro con una sola vuelta del volante. —¿Estás seguro de que es legal? —preguntó mami, siempre temerosa de la ley. —Vete al carajo°—, contestó papi, que ya no estaba para cuentos. Nos apeamos,° papi y mami caminando al frente, él con su guayabera° y ella con un chal° sobre los hombros, por si acaso, como ella decía. Roberto y yo íbamos agarrados de la mano, él dando saltitos y tratando de despegarse° los pantalones de vaquero, que se habían convertido en instrumento de tortura, mientras que yo batallaba con el sweater, que me parecía una túnica de hormigas.° Era casi mediodía.

Ya en el parque nos abrimos paso a través de la multitud que se apelotonaba° en una dirección solamente, aguantando los chillidos,° no sé si de excitación o de angustia, de millones de muchachitos vestidos con levis, corduroys, guantes y hasta unas raras gorras rojas con moñas° de colores. Y en el medio, blanca, o casi blanca, brillante, pero ya medio aguada,° la nieve. Me zafé° y corrí hacia ella, llenándome los pantalones de barro° en el proceso, porque el agua derretida° se mezclaba en los pies de la muchedumbre° con tierra de todas partes de la isla. Toqué la nieve. No era gran cosa; se me ocurrió que, si quería, podría hacerla en el freezer de casa, o jugar con el hielo hecho polvo de las piraguas.° ¿Tanto lío° para esto? Pero obviamente mi actitud crítica no era compartida. La gente estaba loca con la nieve. Le daban vuelta a la pila con los ojos desorbitados, mientras que los nenes chapoteaban° en el fangal° o posaban para las Kodaks de los padres. A un lado, en una tarima,° la benefactriz del pueblo, que había hecho posible el milagro y mi desencanto, movía su hermoso moño° blanco, sonreía y se echaba fresco con un abanico de encaje.°

Evidentemente la frescura del espectáculo no había mejorado el humor de papi porque lo llegué a ver, casi púrpura, con mami al lado, aguantando a Roberto que chillaba desconsoladamente con los pantalones caídos sobre las rodillas. Quise darme prisa y, llegando a donde estaban, resbalé,° quedando sentado a cinco pulgadas° de las uñas de mami, quien se limitó a levantarme, inspeccionar las ruinas de mi sweater, y comentar: —esperen que lleguemos a casa—. Para colmo,° cuando al fin logramos recordar dónde papi había dejado el carro, lo encontramos con un ticket incrustado en una ventana. Papi lo recogió, se lo metió en el bolsillo y exasperado se volvió a mami: —¡Bueno, m'ija, otra idea brillante de tu partido y me meto° a estadista°!

Esta escena urbana en Puerto Rico revela un ejemplo moderno de los cien años de presencia norteamericana en la isla.

Después de leer

A. Comprensión

La clase se dividirá en grupos para trabajar las siguientes partes del cuento. Después, un(a) representante de cada grupo leerá las respuestas a la clase.

Grupo 1: Párrafos 1 y 2
¿Cierto (**C**) o falso (**F**)? Si la información es falsa, corríjala.

_____ 1. El narrador se llama Roberto.

_____ 2. Ese día hacía calor y el narrador se puso ropa de verano.

_____ 3. Mucha gente iba a San Juan en coche.

_____ 4. En el coche la madre disciplinó a sus hijos mostrándoles su nariz larga y amenazante.

Grupo 2: Párrafos 3 y 4
1. ¿Por qué no viajaban muy rápidamente en el coche?
2. ¿Cuál era la temperatura dentro del auto?
3. ¿Qué ropa llevaba Roberto y a qué jugaban él y su hermano?
4. ¿Por qué creen Uds. que el autor incluye estos elementos?

Grupo 3: Párrafo 5

Escoja la respuesta apropiada.

1. Por fin la familia llegó a...
    a. un parque en Bayamón.   **b.** una sección de Santurce.   **c.** el Condado, en San Juan.

2. En la radio...
    a. se criticaba el regalo de la alcadesa.   **b.** se maravillaba el regalo de la alcadesa.   **c.** se anunciaba la temperatura con frecuencia.

3. El padre creía que era una idea... traer nieve a Puerto Rico.
    a. muy tonta   **b.** muy generosa   **c.** muy cómica

Grupo 4: Párrafos 6 y 7

1. ¿Cómo se sentían el narrador y su hermano en su ropa?
2. ¿Qué influencias de EE. UU. se notan en estos párrafos?
3. ¿Le impresionó la nieve al narrador? ¿Y a los demás? Explique.

Grupo 5: Párrafo 8

1. ¿Por qué estaban de mal humor los padres?
2. ¿Cuál fue el colmo para el padre?
3. Cuando el padre dice al final «me meto a estadista», ¿cree Ud. que habla en serio? ¿Por qué?

B. DISCUSIÓN

Trabajando solo(a) o con otro(s), conteste estas preguntas. ¿Qué opina Ud. de la acción de traer nieve a Puerto Rico durante la Navidad? ¿Fue un «milagro» para entretener a los niñitos puertorriqueños o la intrusión de EE. UU. en la isla? ¿Cuál cree Ud. que es la opinión del autor sobre este asunto? Explique.

SELECCIÓN CUATRO

LOS CUBANOS

Antes de leer

Para abrir el tema

Hay gran diferencia entre ser inmigrante y ser exiliado o refugiado. Los mexicanos y puertorriqueños representan poblaciones que han salido de su tierra natal por razones económicas o sociales y que tienen la libertad de volver cuando quieran. Pero los cubanos no tienen la buena fortuna de poder regresar a donde nacieron mientras

Castro está en el poder. Imagínese lo que deben sentir estas personas al tirarse al mar o subir a un avión sin saber qué los espera y si lograrán ver su patria de nuevo. Con un(a) compañero(a), hagan una lista de otras diferencias entre inmigrantes y refugiados y las ideas y sentimientos que los inspiran.

Los amigos falsos

Los cognados falsos son palabras en español que son parecidas a palabras en inglés pero que tienen significado diferente en cada lengua. Estudie la lista de amigos falsos y sus significados apropiados antes de leer la información del texto.

se valió de	*made use of*
el barco	*boat*
la inversión	*investment*
los familiares	*relatives*
particular	*private*
procedían	*originated*
tener éxito	*to be successful*
el personal	*personnel*
las filas	*rows, lines*
el corredor	*runner*

LOS CUBANOS

Las relaciones entre EE.UU. y Cuba a través del tiempo

Cuba logró su independencia en 1898 después de que EE.UU. intervino en la guerra entre Cuba y España. El gobierno estadounidense se valió de la explosión del barco *Maine* en el puerto de La Habana como pretexto para luchar contra España. La derrota° española resultó en la independencia de Cuba, y las islas Filipinas, Guam y Puerto Rico pasaron a manos estadounidenses. Sin embargo, en 1901 EE.UU. obligó que los cubanos aceptaran la Enmienda° Platt, la cual autorizaba la intervención estadounidense en los asuntos internos de la isla recién independizada y dio lugar al establecimiento de una base naval en las orillas de la Bahía de Guantánamo que todavía existe.

Al revocarse la Enmienda Platt, Cuba disfrutó de° un gobierno bastante democrático hasta 1952 cuando Fulgencio Batista derribó° el gobierno constitucional y estableció una dictadura° militar. La caída del gobierno provocó un levantamiento° que terminó en 1959 con el triunfo de Fidel Castro. Éste estableció el primer gobierno comunista en el hemisferio occidental.

defeat

Amendment

enjoyed
anuló
dictatorship /
uprising

la incapacidad de leer o escribir

El régimen de Castro, que ha durado más de 40 años, ha cambiado ciertas situaciones para la población de la isla. Por un lado, casi ha eliminado el analfabetismo,° ha disminuido mucho el nivel de mortalidad infantil y ha avanzado el entrenamiento científíco y técnico. Pero por otro lado, no ha habido libertad de expresión ni de prensa y ha habido escaseces de comestibles y medicamentos.

support

availability

foreign investment

free enterprise

Cuba y Castro perdieron su apoyo° financiero y técnico junto con su mercado principal de productos con la disolución de la Unión Soviética. Entre 1989 y 1994 hubo una crisis económica con severas restricciones en la disponibilidad° de gasolina, petróleo, electricidad, comida y otras necesidades básicas. Castro ha animado la inversión extranjera° de millones de dólares, enfocando en la industria de turismo. El gobierno también ha apoyado la libre empresa° aunque se limita principalmente a restaurantes pequeños en casa de los dueños y mercados para campesinos y artesanos. La introducción del dólar estadounidense como la moneda legal produjo desigualdades entre los que tienen contacto con extranjeros y acceso al dólar y los que dependen del peso cubano de menos valoración. Sin embargo, los cubanos siguen dependiendo de los más de mil millones° de dólares anuales que sus familiares y amigos en EE.UU. mandan en ayuda particular.°

mil... billion

privada

personas a favor de

measures

threat

El embargo comercial entre Cuba y EE.UU. y más tarde, el Acto de Helms-Burton,* aprobado por el Congreso en 1996, han contribuido a la tensión entre los dos países. El Acto impuso sanciones sobre ciertas compañías extranjeras que tienen relaciones comerciales con Cuba. Los partidarios° de estas medidas° declaran que la presencia de un gobierno comunista tan cerca de tierras estadounidenses es una gran amenaza° que se debe disminuir y hasta eliminar. Los que mantienen el punto de vista opuesto dicen que EE.UU. tiene relaciones comerciales con países comunistas como Vietnam y la China y que Cuba no representa ningún peligro.

Comprensión

1. ¿Por qué son importantes estas fechas en las relaciones entre EE.UU. y Cuba?
   a. 1898
   b. 1901
   c. 1952
   d. 1959
   e. 1989 a 1994
   f. 1996
2. ¿Qué efectos positivos y negativos ha tenido el régimen de Castro en la sociedad cubana?
3. ¿Por qué ha causado problemas el Acto de Helms-Burton?

brought down

---

*El Acto de Helms-Burton se aprobó después de que aviones militares cubanos derribaron° dos aviones civiles de un grupo de exiliados cubanos de Miami que habían violado el espacio aéreo cubano.

La llegada de los refugiados

La mayor parte de la emigración cubana de los años 60 vino a EE.UU. por razones ideológicas más bien que económicas. Eran emigrantes pertenecientes en su mayoría a la raza blanca y con un nivel de educación bastante superior al de casi todos los demás grupos hispanos. Este grupo se ha distinguido por su baja tasa° de fertilidad y por su tendencia a residir fuera del centro de las ciudades, en barrios residenciales. Económicamente, han disfrutado de un nivel de ingresos° sólo ligeramente inferior al de la población angloamericana.

Entre 1959 y 1963, los exiliados procedían en buena parte de la clase media y alta de la sociedad cubana. Esos primeros contingentes de refugiados establecieron las pautas de comportamiento° para los que llegarían después. Al llegar a Miami, el principal centro del exilio cubano, la ciudad estaba en decadencia. Pocos años después, y gracias en buena medida a la dinámica presencia de los exiliados cubanos, Miami se había convertido en una próspera metrópoli y en el principal centro financiero de los negocios entre EE.UU. y Latinoamérica. Esta presencia cubana actuó también como incentivo para que otros núcleos de población hispana vinieran a establecerse en la Florida. Por estas razones y más, Miami ha llegado a obtener el título de «la capital de Latinoamérica».

Aun en el período inicial (1959–63), más del 50% de los exiliados eran empleados y obreros especializados o semi-especializados. Esta representación de la clase obrera fue aumentando en los años siguientes, a medida que las leyes y disposiciones del gobierno comunista de Castro fueron afectando a sectores cada vez más amplios de la población cubana. Puesto que sólo el 18% de los exiliados iniciales eran profesionales o ejecutivos, «el milagro cubano» de las décadas de los 60 y 70 fue producido por una comunidad cubana cuya composición social se acercaba más de lo que usualmente se piensa a la de la sociedad que había dejado atrás. Los exiliados se hallaban° altamente motivados para tener éxito en la sociedad norteamericana porque tenían algo que probar. El espíritu empresarial° de amplios sectores de la población cubana de los años 50 tenía su origen en la población española* que se había establecido en Cuba durante las primeras décadas del siglo XX. Todo el valioso «capital humano» de las empresas foráneas° que se habían establecido en Cuba quedó desplazado cuando el gobierno de Cuba expropió las compañías extranjeras y las industrias y empresas comerciales cubanas en las cuales sustituyó a su personal por empleados fieles al régimen.

Entre 1959 y 1963 más de 250.000 refugiados entraron por el aeropuerto de Miami. El gran número de refugiados requirió la creación de un programa oficial de ayuda. En 1961, la administración del presidente Kennedy estableció el «Programa para refugiados cubanos» que brindaba° asistencia inicial a los

nivel (rate)

income

pautas... rules of behavior

se encontraban

entrepreneurial

extranjeras

ofrecía

---

*estaba formada en su mayoría por españoles trabajadores que abrieron comercios en la isla, prosperaron en ellos y dieron un aura de dignidad a las actividades comerciales, usualmente despreciadas por el código de valores hispanoamericano.

Un refugiado de Cuba, que lleva mucho tiempo separado de su familia, se reúne con ellos en Miami.

refugiados al proveerles un modesto cheque mensual y algunas provisiones de comida, y les daba la oportunidad de volver a localizarse en otros estados del país.

Comprensión

1. ¿Cierto (**C**) o falso (**F**)? Si la información es falsa, corrija la oración.
   _____ a. Los cubanos vinieron a EE.UU. en los años 60 porque eran pobres.
   _____ b. Los cubanos tienen costumbre de vivir en barrios residenciales.
   _____ c. Entre 1959 y 1963 los exiliados eran de la clase pobre.
   _____ d. El principal centro de exilio cubano era Miami.
   _____ e. Miami estaba en buenas condiciones económicas cuando llegaron los cubanos.
   _____ f. El título de «la capital de Latinoamérica» pertenece a La Habana.
2. ¿Qué herencia española trajeron los cubanos a EE.UU. que los ayudaría a tener éxito?
3. ¿Cuántos refugiados entraron por el aeropuerto de Miami entre 1959 y 1963?
4. ¿Cómo podían ayudar a los refugiados recién llegados los que ya se habían establecido?

La segunda oleada

de repente

descontrolado
criminales

El episodio de Mariel ocurrió en 1980, cuando en sólo cinco meses llegaron 125.000 nuevos refugiados cubanos a las costas de la Florida. Fue extremadamente difícil asimilar de un golpe° a tan gran número de refugiados, y la minoría de delincuentes comunes y enfermos mentales enviados por el gobierno de Castro entre aquel grupo dañó temporalmente la positiva imagen que los cubanos ya se habían ganado en EE.UU. Durante los meses después de su llegada el sector más díscolo° de los «marielitos»* efectuó una serie de incidentes delictivos° o de protesta contra sus condiciones de vida en Miami que hicieron temer un difícil período de adaptación al medio norteamericano. Con el tiempo, los refugiados de Mariel fueron asimilados a la comunidad en que se encontraban.

Los balseros

personas que viajaron en pequeños barcos

demostraciones
swore

Al comienzo de la última década del siglo XX, miles de balseros° pudieron escaparse de las condiciones económicas, políticas y sociales en Cuba. El caso más conocido es el de Elián González, un niño cubano. El padre biológico de Elián, quien había permanecido en Cuba, quería que el niño volviera a la isla. Aunque las comunidades cubanas en Miami y a través del país montaron manifestaciones° y juraron° no permitir el regreso de Elián, el INS y la corte decidieron que el domicilio legal del niño era con su padre, y así es que Elián volvió a la isla donde nació a vivir con su padre.

Comprensión

¿Cierto (**C**) o falso (**F**)? Si la información es falsa, corrija la oración.

_____ 1. El episodio de Mariel ocurrió en 1980.
_____ 2. El episodio de Mariel duró cinco años.
_____ 3. Mariel es un puerto de la Florida.
_____ 4. Castro no quería que Elián volviera a Cuba.
_____ 5. Los «marielitos» eran personas profesionales con un nivel alto de alfabetización.
_____ 6. Algunos miembros de la familia de la madre de Elián vivían en Miami.
_____ 7. Los «marielitos» fueron encarcelados indefinidamente por el gobierno estadounidense.
_____ 8. El incidente de Elián González ocurrió durante el episodio de Mariel.

La transformación de Miami

Los cubanos han transformado radicalmente el ambiente cultural de las áreas urbanas en que se han ubicado. El próspero «*Little Havana*» es el barrio cubano más

---

*Los "marielitos" feuron los refugiados que salieron del puerto de Mariel en Cuba.

Una pintura mural en la Calle Ocho de «Little Havana,» Miami muestra el carácter bicultural de la ciudad.

El añoro por su patria se nota en los carteles y productos en esta tienda en "La Pequeña Habana" de Miami.

famoso de un Miami que se ha convertido en una metrópoli predominantemente hispana donde los comerciantes que desean atraer a clientela no latina tienen que colgar cartelitos° que declaran *English spoken* en sus vitrinas. Se puede usar la lengua española en todas las actividades de la vida, desde comprar en los supermercados, a comer en los restaurantes, a cortarse el pelo, hasta leer el periódico, ver la televisión y consultar al médico. El inglés, de verdad, suena como una lengua foránea en la mayor parte de la ciudad. Miami es también un importante centro artístico y literario en el que existe una gran concentración de salas de arte, teatros, salas de concierto, librerías, bibliotecas y casas editoriales que promueven las producciones hispanas con fuerte énfasis en las cubanas.

Políticamente, los cubanos son más conservadores que el resto de los hispanos y tienden a alinearse y apoyar al partido Republicano. El episodio de la Bahía de Cochinos° en 1961, donde la administración del presidente democrático Kennedy desembarcó a una brigada de exiliados cubanos en una playa de la isla y luego no les prestó el apoyo naval ni aéreo prometido, dejó una profunda huella de resentimiento en la comunidad cubana que no se ha borrado todavía. Los Republicanos tradicionalmente se han percibido como más decididos y efectivos opositores del régimen de Fidel Castro. A pesar de problemas entre Cuba y EE.UU., en 1995 los dos países firmaron un acuerdo que autoriza la entrada legal a EE.UU. de 20.000 cubanos al año y la devolución a Cuba de balseros y otros que viajan en botes pequeños a este país.

«90 MILLAS A CUBA» nos anuncia un letrero cerca de una playa en Cayo Oeste, Florida. Es un recuerdo constante para muchos cubanos de que su patria queda muy cerca.

Comprensión

1. Identifique lo siguiente.
   a. «*Little Havana*»
   b. la Bahía de Cochinos
   c. la lengua «extranjera» en la mayor parte de Miami
   d. los balseros
2. ¿Por qué es necesario colgar cartelitos anunciando «*English spoken*» en Miami?
3. ¿Para qué se puede emplear el español en el barrio cubano de Miami?
4. ¿Por qué apoyan los cubanos a los Republicanos?
5. ¿Cuál fue el resultado del fracaso (*failure*) en la Bahía de Cochinos?

Las contribuciones cubano-americanas

Entre los exiliados cubanos que llegaron a EE.UU. en los años 60 había muchos músicos y artistas de primera fila que inyectaron nuevo vigor a la presencia musical cubana. Entre los contribuyentes al fenómeno hay artistas tales como Celia Cruz, la orquesta «Sonora matancera», Paquito de Rivera y el gran Israel López, «Cachao», a quien muchos atribuyen la invención del mambo. El área de Miami comenzó a competir con Nueva York como meca de la música latina. Fue en ese entorno de música predominantemente afrocubana con contribuciones puertorriqueñas e influencias del jazz que empezó a usarse en Nueva York la palabra «salsa» para darle un término específico al fenómeno de trasplante y enriquecimiento de los ritmos caribeños en tierra norteamericana. Sin embargo, algunos de los más distinguidos de estos músicos han negado la existencia de «la salsa» porque ven en ella sólo el desarrollo natural de la música cubana en el ambiente neoyorquino. En el Miami de los años 80 apareció un conjunto musical con el nombre de «Miami Sound Machine» que ilustraba efectivamente la capacidad de esa música para entrar en síntesis con los ritmos pop de Norteamérica. Su hit «Conga» entró a la corriente central de la música norteamericana y convirtió a su cantante, la cubano-americana Gloria Estéfan, en una figura de fama mundial. Entre músicos y cantantes de ascendencia cubana están el cantante cubano-americano de gran renombre internacional, Jon Secada y Nydia «Liberty» Mata, nacida en Cuba pero residente de la Ciudad de Nueva York, reconocida como especialista en instrumentos de percusión.

Los cubano-americanos cuentan con escritores de alta categoría como lo son Cristina García, autora de *Dreaming in Cuban*, y Oscar Hijuelos, recipiente del Premio Pulitzer por su novela titulada *The Mambo Kings Play Songs of Love*, de la cual se hizo una película en Hollywood que alcanzó fama internacional. También se hizo una película que dio fama a músicos cubanos hasta ese momento desconocidos, titulada *The Buena Vista Social Club*. Y no debemos olvidar la televisión donde Desi Arnaz con su acento y ritmo cubanos y quien al lado de su esposa americana, Lucille Ball, alcanzó una popularidad con su programa *I Love Lucy* que no se había visto antes. También ha logrado reconocimiento el actor Andy García, *high fashion*

quien llegó a EE.UU. a la edad de cinco años, poco después del incidente de la Bahía de Cochinos. En el campo de la alta moda° se destaca el diseñador Adolfo. Y no se debe olvidar la contribución cubana al mundo deportivo: Alberto Salazar, quien no sólo es corredor olímpico sino que también ha ganado los maratones en Boston y Nueva York y José Canseco, cuyo nombre es reconocido por cualquier aficionado al béisbol como uno de los más capacitados jugadores de los *Yankees* de Nueva York.

Comprensión

1. ¿A qué campo pertenecen?
   a. Celia Cruz, Israel López y Tito Puente
   b. Gloria Estéfan, Miami Sound Machine y Jon Secada
   c. Cristina García y Oscar Hijuelos
   d. Desi Arnaz y Andy García
   e. Alberto Salazar y José Canseco
2. ¿Qué tipos de música han contribuido a «la salsa»?
3. ¿Por qué niegan algunos músicos la existencia de la salsa?
4. ¿Cómo se llama la canción que hizo famosa a Gloria Estéfan?

Después de leer

A. Ejercicio de comprensión

Escoja la fecha de la columna **B** que indica el acontecimiento que aparece en la columna **A**.

Columna A	Columna B
1. Cuba y EE.UU. firman un acuerdo.	a. 1898
2. Cuba acepta la Enmienda Platt.	b. 1901
3. El Congreso de EE.UU. aprueba el Acto Helms-Burton.	c. 1952
4. La primera oleada cubana llega a EE.UU.	d. 1959–63
5. Cuba logra su independencia.	e. 1959
6. Hay crisis económica en Cuba.	f. 1961
7. El episodio de Bahía de Cochinos ocurre.	g. 1980
8. Los «marielitos» llegan a EE.UU.	h. 1989–94
9. Castro triunfa en Cuba.	i. 1995
10. Batista derrota el gobierno constitucional de Cuba.	j. 1996

B. Discusión de opiniones

Con un(a) compañero(a) o grupo pequeño, decidan si están de acuerdo con las siguientes declaraciones. Expliquen por qué o por qué no lo están.

1. Es mejor quedarse en su propio país y luchar que emigrar al extranjero.
2. Es cobardía (*cowardice*) emigrar para escapar la pobreza y política con la que uno no está de acuerdo en vez de hacer cambias desde adentro.

¡CONECTÉMONOS!

Los cubanos

Con un(a) compañero(a) o un pequeño grupo de compañeros, usando Internet, la biblioteca o cualquier otra fuente de información, busquen información sobre uno de los barrios cubanos de Miami u otras ciudades de EE.UU. Juntos, «vayan de paseo» por el barrio y describan las diferentes tiendas y negocios que ven, los sonidos y música que escuchan, los olores de la comida típica, en fin, todo lo que le da el sabor cubano al área. La descripción puede incluir narración, fotos o ilustraciones, «clips» de filme o música, etcétera. Si es posible y desean hacerlo, hasta pueden traer comida asociada con los cubanos. Cuando hayan terminado, muestren su proyecto a sus compañeros.

OYE BROTHER

Gustavo Pérez Firmat*

Antes de leer

Para abrir el tema

Los cubanos emigraron a EE.UU. con la esperanza de poder volver a su isla en cuanto se derribara a Castro. Sin embargo, hasta hoy día, esto no ha ocurrido y los cubanos han logrado establecerse por todas partes del continente norteamericano. Al igual que muchos otros latinoamericanos, los cubanos han desarrollado una especie de es-

---

*Gustavo Pérez Firmat nació en La Habana, Cuba en 1949. Llegó con su familia a los Estados Unidos en 1960 y pasó su adolescencia en Miami. Enseña español y literatura hispanoamericana en la Universidad de Duke. Pérez Firmat es autor de varios libros de crítica literaria mientras que sus poemas se han publicado en revistas literarias.

quizofrenia en cuanto a su identidad. Parte de este mal es una nostalgia por su país natal. ¿Es necesario no poder volver a un lugar para sentir nostalgia? Explique su punto de vista. ¿Ha sentido Ud. nostalgia por algo? Comparta sus ideas y emociones sobre esto con un(a) compañero(a).

Vocabulario

Las palabras *claro, pero* y *aunque* se repiten en el poema «Oye brother». Escriba su propia definición de estos tres términos. Luego compare sus definiciones con las de dos o tres compañeros. ¿Qué tienen en común las tres palabras? ¿Y las definiciones de Uds.?

OYE BROTHER

Oye brother. Tú eres mi hermano, claro.
Tú eres mi sangre, claro.
No te olvidé, claro.
Pero son veinte años,
pero ya es otro mundo,
pero somos distintos,° claro,   °diferentes
aunque somos iguales.

Oye brother. Tú eres mi tierra, claro,
pero mucho ha cambiado,
aunque tú eres my brother, claro,
aunque somos cubanos.

Pero. Claro. Aunque.
Aunque. Pero. Claro.

Miami, verano de 1980

Después de leer

A. Preguntas de comprensión

Conteste las siguientes preguntas según el poema. «Oye brother».

1. ¿Qué tienen en común el autor y su «hermano»?
2. ¿Qué diferencias existen entre los dos «hermanos»?
3. ¿En qué se basa la «hermandad» de estos individuos?

B. DISCUSIÓN

Con un(a) compañero(a) o grupo pequeño, discutan los siguientes temas expresados en la obra leída de Pérez Firmat y luego compartan sus ideas con la clase.

1. Los sentimientos que unen a personas con afinidad a la misma tierra natal o ascendencia.
2. La «hermandad» de todos los seres humanos.

C. COMPOSICIÓN

Escriba un corto ensayo que exprese sus propias ideas sobre uno de los temas discutidos con sus compañeros.

SELECCIÓN CINCO

LOS CENTROAMERICANOS

Antes de leer

Para abrir el tema

Las cinco repúblicas centroamericanas y el Panamá forman **el istmo centroamericano**. ¿Qué es un istmo? ¿Sabe Ud. cómo se llaman las repúblicas, cómo se relacionan en cuanto a su tamaño, población, geografía e historia? Con un(a) compañero(a) compartan lo que ya saben para formar un dibujo lingüístico de las naciones centroamericanas y sus habitantes que Uds. creen que ayudará a sus compañeros a comprender la cultura centroamericana, si es que sólo hay una. ¿Cómo ha influenciado la historia de la región a la situación en que hoy día se encuentran tantos de sus habitantes? ¿Qué saben Uds. de la situación política y económica de los últimos 30 a 50 años de Guatemala, El Salvador y Nicaragua frente a la situación en Honduras y Costa Rica? Comenten lo que saben con los compañeros de clase para que juntos formen una imagen representativa de la gente de esta región.

A. Las nacionalidades

Hay muchas maneras de formar los adjetivos de nacionalidad. Todos emplean el nombre del país como base a la cual se le añade (*add*) una de las siguientes desinencias (*endings*), según el género (*gender*) y número del sustantivo: **-eco, -eño, -ense, -és, -ol, -ano, -no, -o**.

MODELO   Estados Unidos   _____estadounid*ense*_____

Italia   _____itali*ano*_____

Suecia   _____suec*o*_____

España   _____españ*ol*_____

Francia   _____franc*és*_____

Panamá   _____panam*eño*_____

Forme los adjetivos de nacionalidad para los siguientes países latinoamericanos.

1. Chile   _____
2. Costa Rica   _____
3. Cuba   _____
4. El Salvador   _____
5. Guatemala   _____
6. Haití   _____
7. México   _____
8. Nicaragua   _____
9. Puerto Rico   _____
10. República Dominicana   _____

B. Los participios presentes y pasados

Los verbos tienen dos participios que indican el estado actual de una acción (el participio presente) y el resultado de esa acción (el participio pasado). El participio pasado también puede emplearse como adjetivo, y cuando así se usa, tiene cuatro formas para concordar (*agree with*) con el género y número del sustantivo que modifica.

MODELO	Infinitivo	Participio Presente	Participio Pasado
	hablar	habl*ando*	habl*ado*
	correr	corr*iendo*	corr*ido*
	vivir	viv*iendo*	viv*ido*

Es bueno recordar que el participio presente puede ir después de verbos además de *estar*. Algunos de ellos son: *seguir, continuar, ir* y *andar*.

Busque los siguientes participios en la primera sección de la lectura, indique si es participio presente o pasado y escriba su función (verbo o adjetivo, estado o resultado) en la oración en que aparece.

1. amenazados   _____   _____
2. dándoles   _____   _____
3. desanimado   _____   _____
4. salido   _____   _____
5. hospitalizados   _____   _____

6. acalorándose   _____   _____
7. presionando   _____   _____
8. generando   _____   _____

LOS CENTROAMERICANOS

La historia del exilio centroamericano

A partir de los años 70, la inestabilidad política en Centroamérica comenzó a producir una constante corriente de emigrantes y refugiados políticos y económicos. La mayoría de ellos originaba en Nicaragua, Guatemala y El Salvador. Parcialmente por razones geográficas, los centroamericanos demuestran una tendencia a ubicarse en los estados fronterizos de California y Texas. La ciudad de Los Ángeles, California contiene más salvadoreños que cualquier otro sitio fuera de la madre patria. También se ha establecido una gran comunidad salvadoreña en la ciudad de Houston, Texas, que sobrevive y florece al lado de la que establecieron los refugiados guatemaltecos. En el área de Miami se ha ubicado un gran número de nicaragüenses.

fled

Trescientos mil nativos centroamericanos huyeron° a EE.UU. durante la década de 1980 a causa de las guerras civiles y los problemas socioeconómicos en sus tierras. Por eso, en 1986 el gobernador de Nuevo México, Tony Anaya, declaró que su estado serviría de refugio para los centroamericanos que deseaban escapar de las condiciones sociales, económicas y políticas que entonces existían en sus países de origen. Pero, recientemente, muchos de ellos fueron amenazados con ser deportados por el gobierno estadounidense. El 9 de noviembre de 1997, el presidente Clinton firmó la ley titulada *Nicaraguan Adjustment and Central American Relief Act*. La nueva ley permitió a los nicaragüenses y a sus familiares que vinieron a EE.UU. antes de 1955 hacerse residentes legales permanentes* si pedían ese estatus antes del fin del año 2000. Además de concederles residencia estadounidense, la ley otorga permisos de trabajo para más de 100.000 individuos. También permite que los refugiados de las guerras salvadoreña y guatemalteca que vinieron a EE.UU. antes de 1990 reciban ayuda y no sean deportados bajo los reglamentos que existían cuando fueron sometidos al proceso de deportación e incorpora a los cubanos dándoles acceso al Acto Cubano de Ajuste.°

Cuban Adjustment Act

heating up

El debate sobre los centroamericanos que huyeron a EE.UU. para escaparse de la persecución política continúa acalorándose° en el Congreso del país. Hay aquéllos que creen que existe una aplicación injusta de las nuevas leyes de inmigración a casos pendientes. Siguen presionando y generando propuestas para proveerles protección a este grupo. Sin embargo, a los nicaragüenses que entraron a EE.UU. antes

---

*El gobierno estadounidense se refiere a este tipo de extranjeros por el nombre de *Permanent Legal Residents* (*PLRs*).

del 1 de diciembre de 1995 se les garantiza residencia permanente legal. En contraste, a los guatemaltecos y a los salvadoreños solamente se les ofrece la oportunidad de solicitar un remedio de discreción gubernamental, lo cual los mantiene en un limbo legal.

Comprensión

1. ¿De dónde venía la mayoría de los refugiados centroamericanos?
2. ¿En qué estados tienden a establecerse estos refugiados?
3. ¿Qué papel hizo Tony Anaya en la historia de los refugiados centroamericanos?

Los guatemaltecos

Más de un millón y medio de guatemaltecos han venido a EE.UU. en búsqueda del «sueño americano». Los que han logrado escapar la migra son el apoyo de la economía de sus familias y de su madre patria. Los que fracasan,° caen presos° o pierden la vida. El dinero mandado por los ciudadanos desde el extranjero mejora las comunidades en su país natal mediante la inversión en proyectos de construcción, transporte y negocios de tal manera que las nuevas generaciones sólo piensan en partir para EE.UU.

no tienen éxito / son arrestados

Durante los últimos 15 años, la comunidad guatemalteca en EE.UU. ha luchado para que las autoridades estadounidenses respeten sus derechos. Muchos guatemaltecos ya hacen papeles importantes y críticos

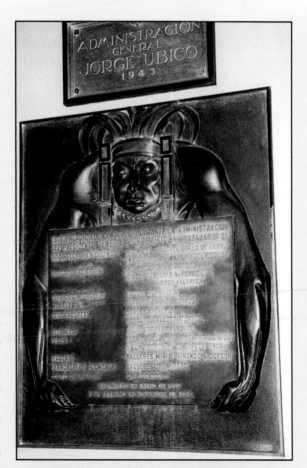

Esta placa metálica del tiempo del presidente guatemalteco Jorge Ubico sirve de homenaje a los habitantes originales de la zona, los antepasados de muchos inmigrantes.

en la vida política, social, económica y cultural de sus comunidades en EE.UU. Estos individuos llegaron a su nuevo país durante los años 80 y 90 huyendo del conflicto armado interno que destruyó el país por más de 35 años.

Los recientes acontecimientos relacionados a la legislación para los centroamericanos dejaron contentos a los partidarios° de los guatemaltecos. Pero quieren que los guatemaltecos reciban el mismo estatus de residentes permanentes que se les otorgó a los nicaragüenses puesto que las condiciones idénticas promovieron° el gran éxodo del principio de las décadas ya mencionadas.

Aunque muchos de los guatemaltecos han pasado mucho tiempo viviendo en la nueva tierra, no abandonan sus tradiciones. Hacen esfuerzos para no perder la cultura de Guatemala. Para ellos es imposible celebrar sin la presencia de la marimba° al igual que olvidar los frijoles y las tortillas, el fiambre,° el atol de elote° y los tamales.

Desde su llegada, muchos guatemaltecos han demostrado cómo han superado los obstáculos en EE.UU. Muchos inmigrantes han logrado especializarse, obtener títulos universitarios y optar a cargos de gerencia° en algunas compañías, pero lo más importante es que todos tratan de apoyar a sus connacionales en EE.UU. Y aunque no sean tan famosos como miembros de otras nacionalidades, todos han contribuido a la cultura de su nueva patria.

Comprensión

1. ¿Por qué han inmigrado tantos guatemaltecos a EE.UU.?
2. Políticamente, ¿qué quieren las personas que apoyan a los inmigrantes guatemaltecos?
3. ¿Cómo mantienen viva la cultura de Guatemala en EE.UU.?
4. ¿Qué han logrado los guatemaltecos que se han establecido en EE.UU.?

Los salvadoreños

Desde los años 70, las guerras civiles y la turbulencia económica en Latinoamérica ha traído números substanciales de inmigrantes de El Salvador. El conflicto entre los guerrilleros izquierdistas y el gobierno forzó a muchos a abandonar sus hogares° en los años 80. Aproximadamente 500.000 salvadoreños emigraron a EE.UU. durante esa década, ubicándose principalmente en Washington, D.C., Florida, Massachusetts, Texas y California.

Los salvadoreños que residen en EE.UU. no se han olvidado ni de su país ni de la familia que allí dejaron. El dinero que mandan a sus familiares que permanecieron en El Salvador también muestra que, al contrario del estereotipo de los latinos que dice que son perezosos, son personas industriosas. Las remesas° familiares enviadas° por los salvadoreños en EE.UU. representan la tercera fuente de divisas° de El Salvador. La mayoría de los refugiados que envían las remesas huyeron de su país en la década de 1980 durante la guerra civil que se finalizó al firmarse la paz en 1992.

Glosas: supporters; dieron lugar a; instrumento musical parecido al xilófono; comida especial para el Día de Todos los Santos / bebida caliente de maíz; administración (management); casas; dinero; mandadas; ingresos (income)

Comprensión

1. ¿Quiénes participaron en el conflicto que forzó a tantos salvadoreños a dejar su tierra?
2. ¿Cuántos salvadoreños emigraron a EE.UU. durante los años 80?
3. ¿Qué representan las remesas familiares enviadas por los salvadoreños en EE.UU.?
4. ¿En qué año se firmó la paz en El Salvador?

Los nicaragüenses

En 1970, 28.260 nicaragüenses vivían en el país, según el censo estadounidense. Durante los últimos años de la década de los 60 más de la mitad fueron mujeres: sólo había 60 hombres nicaragüenses por cada 100 mujeres durante ese período. Estas mujeres venían a trabajar de criadas para poder mandarles dinero a sus familiares en Nicaragua. La mayoría de los inmigrantes durante ese período se ubicó en los centros urbanos de San Francisco y Los Ángeles, California.

ricas

La revolución de 1979 dio lugar a las oleadas más grandes de inmigración nicaragüense en toda su historia. La migración a EE.UU. ocurrió en tres oleadas. La primera tuvo lugar durante la época de la revolución cuando las familias adineradas° íntimamente asociadas con el régimen del ex presidente Somoza huyeron a Miami. Quizás hasta 20.000 nicaragüenses llegaron a Miami durante esa época. Después de la revolución hubo un período de repatriación cuando individuos que habían salido de Nicaragua para evitar el conflicto volvieron a su patria. La segunda oleada ocurrió durante los principios de la década de los 80 cuando el gobierno nicaragüense fue or-

partidarios de Sandino
guerrilleros
hombres

ganizado de nuevo. A mediados de la década, la guerra entre los sandinistas° y los contras° causó un gran caos económico y represión social provocó la tercera y más grande oleada de migración. Esta última oleada consistía en jóvenes varones° de todas las clases sociales que huían del servicio militar obligatorio y de familias pobres que querían escapar de la violencia y las condiciones económicas severas. Las tres oleadas trajeron un total de 168.659 nacidos en Nicaragua a EE.UU. y la población nicaragüense llegó a 202.658, según el censo de 1990. Miami, la capital

derrotado

del exilio, es el centro de la vida nicaragüense-americana. El dictador desplazado,° Anastasio Somoza, fue el primero de 175.000 nicaragüenses en establecerse en Miami en la década de 1980.

tiempo

acronym

have taken advantage of

Recientemente, el gobierno de Nicaragua esperaba que EE.UU. prolongara el plazo° para los inmigrantes para que unos 25.000 nicaragüenses ilegales pudieran ser favorecidos por la ley estadounidense que les concede residencia. La Ley de Ajuste Nicaragüense y Alivio Centroamericano, que se le conoce por la sigla° NACARA, se venció a la medianoche del 31 de marzo de 2000. Se calcula que unos 50.000 nicaragüenses se han acogido° a ella. Se cree que unos 25.000 se quedaron sin inscribirse, por distintas razones, aunque el programa duró unos 19 meses.

Comprensión

1. ¿Cuántos nicaragüenses llegaron a EE.UU. huyendo de la guerra en su país?
2. ¿En cuántas oleadas llegaron los nicaragüenses?
3. ¿Cómo difieren los individuos de cada oleada?
4. ¿Cuánto tiempo duró el programa NACARA y por qué hay gente que quiere extender el tiempo límite?

Las contribuciones centroamericanas

Aunque las contribuciones de individuos centroamericanos no han llegado a tener la fama acordada a las de los demás grupos hispanos en EE.UU., eso no significa que no hayan formado parte de la cultura estadounidense. Basta° dar un paseo por los barrios del oeste de Houston, entre Bellaire y Alief, a lo largo de la Avenida Bellaire para darse cuenta que los guatemaltecos y salvadoreños han logrado integrarse a su nuevo ambiente. Hay un sinfín° de restaurantes que anuncian todo tipo de comida nativa, de pupusas° salvadoreñas a tamales y «chuchitos»° guatemaltecos. Tal como en «La Pequeña Habana» de Miami, esta región tiene un decidido sabor° hispano, y el habla cotidiana° es el español centroamericano, no el inglés con su suave acento del suroeste estadounidense. Los carteles en las tiendas anuncian transporte a las tierras nativas, giros postales° para enviar dinero a los familiares dejados atrás y tarjetas telefónicas para fácilmente llamar a la familia añorada.° Al entrar a cualquier supermercado del área se nota gran selección de comestibles latinos como el achiote,° las tusas° y hojas de banano, la yuca y más; todos los ingredientes necesarios para preparar la comida con que se criaron estos individuos y para mantener sus tradiciones y pasárselas a sus hijos.

Hay algunos individuos centroamericanos que se han reconocido a nivel mundial. Quizás la más conocida centroamericana del siglo XX es Rigoberta Menchú Tum, la ganadora del Premio Nobel de Paz de 1992. Su autobiografía, publicada en 1983 y luego traducida al inglés en 1984 bajo el título de *I, Rigoberta Menchú*, se ha convertido en una obra clásica de feminismo internacional. En su obra testimonial, esta india de sangre maya guatemalteca cuenta de su lucha contra las fuerzas de la tiranía masculina que todavía se encuentran por toda Latinoamérica. También hay que mencionar algunos de menos fama, que se destacan por su trabajo de ayuda a favor de sus compatriotas tanto en su país natal como en EE.UU. Dos de ellos son Juan Chanax, guatemalteco (cuyo nombre indica ascendencia indígena) que encabezó la migración de muchos guatemaltecos a Houston y Jesús Navarro, quien tenía solamente 17 años cuando hizo su viaje de El Salvador hacia el norte.

Glosses (margin)

Es suficiente

un número muy grande
sándwiches
tamales dulces
flavor / diaria

money orders

missed

tipo de pimentón rojo; pimienta roja / hojas secas de la planta de maíz (*corn husks*)

Comprensión

1. ¿Qué indicaciones hay que los guatemaltecos y salvadoreños se han integrado a la comunidad latina de Houston?

2. ¿Qué dicen los anuncios en las tiendas del barrio?
3. ¿Quién es el individuo mejor conocido de ascendencia centroamericana?
4. ¿Qué hizo Juan Chanax?
5. ¿De dónde proviene Jesús Navarro?

Estas ventanas que se encuentran en uno de los principales salones del Palacio Presidencial de Guatemala es un homenaje a y reconocimiento del mestizaje del indígena centroamericano.

Después de leer

A. Comprensión

Escriba la palabra o frase que mejor completa la oración según la información en la lectura.

1. Las dos razones más importantes que causaron la huida de muchos centroamericanos a EE.UU. son _____.
2. El estatus de «Residente Legal Permanente» fue dado a _____ en 1997 por el presidente Clinton.
3. Un resultado del vencimiento del Arreglo en 1997 fue que _____.
4. Una de las fuentes más importantes de divisas para El Salvador es _____.
5. NACARA es importante para los nicaragüenses porque _____.
6. Rigoberta Menchú es conocida por _____.

B. ¿Cuándo ocurrió?

Escoja la fecha de la Columna **A** que le corresponde al acontecimiento de la Columna **B**.

Columna A	Columna B
1. 1960	a. Se publica la biografía de Rigoberta Menchú.
2. 1970	b. Clinton firma la Ley de Ajuste Nicaragüense.
3. 1983	c. Tony Anaya declara que Nuevo México servirá de refugio para los centroamericanos.
4. 1986	d. El Tratado de Paz se firma en El Salvador.
5. 1992	e. Comienzan a emigrar y a refugiarse en EE.UU. centroamericanos en altos números.
6. noviembre, 1997	f. El censo de EE.UU. divide a la población centroamericana según país de origen.

C. Discusión y debate

Con un(a) compañero(a) o grupo pequeño, escojan una posición en pro o en contra de los siguientes temas y discutan la información necesaria para apoyarla. Luego busquen un grupo que no comparte el punto de vista de Uds. y presenten un debate para convencer al resto de la clase que su grupo tiene razón.

1. La provisión de refugio en EE.UU. a cualquier persona que está huyendo de un conflicto armado en su tierra nativa.

2. La intervención en los conflictos internos de otros países.
3. La provisión de ayuda financiera a refugiados políticos ilegales.

D. COMPOSICIÓN

Con sus compañeros de debate, escriban una carta al gobierno estadounidense o de uno de los países centroamericanos, tratando de convencerlo de la validez de su punto de vista.

¡CONECTÉMONOS!

Los centroamericanos

Los centroamericanos tienen comunidades grandes en California y Texas. Con un(a) compañero(a), vayan a Internet para buscar información sobre un aspecto especifico de la comunidad centroamericana que a Uds. les interese. Juntos, dibujen su propia representación o interpretación de lo que han leído. Después, muestren su obra a los compañeros y expliquen el aspecto que han dibujado.

SELECCIÓN SEIS

LOS LATINOAMERICANOS EN EL CANADÁ
Antes de leer

Para abrir el tema

¿Qué sabe Ud. sobre los latinoamericanos que residen en el Canadá? En pequeños grupos discutan la información geográfica, social, cultural, etcétera, que ya saben de la región. ¿Qué nacionalidades han inmigrado al Canadá? ¿Dónde se han establecido? Piensen en los países de donde salieron los inmigrantes y lo que saben de ellos. Juntos, hagan un cuadro sobre las dos zonas que compara los aspectos que han discutido. ¿Qué semejanzas hay entre los países latinoamericanos y el Canadá? ¿Qué diferencias? ¿Por qué creen Uds. que tantos latinoamericanos se han refugiado en sitios tan cercanos al Polo Norte? Luego, hablen de lo que desean saber de esta población y comparen su lista de intereses con las de otros grupos.

Vocabulario

Cognados y palabras parecidas

Escoja la palabra o frase de la columna A que se define en la columna B.

Columna A	Columna B
1. anunciar	a. división entre países vecinos
2. época	b. tipo de gobierno dirigido por un tirano
3. frontera	c. debajo de la tierra
4. porcentaje	d. proclamar
5. provincias	e. personas originarias de cierto lugar
6. dictadura	f. fracción de 100
7. aborígenes	g. período de tiempo
8. subterráneo	h. divisiones parecidas a estados

LOS LATINOAMERICANOS EN EL CANADÁ

Las leyes de inmigración en el Canadá

En 1952 el gobierno canadiense sólo les daba permiso de inmigrar al país a las «nacionalidades preferidas». Aunque nunca se dijo directamente, se refería a personas europeas de tez° blanca. En 1967, bajo el gobierno de Lester B. Pearson, se implementaron nuevos reglamentos para anunciar una nueva época sin personas a quienes se consideraban con necesidades especiales y así deshacerse de° los últimos rasgos de discriminación étnica y racial. En 1977, bajo el mando de Pierre Trudeau, la política° del multiculturalismo comenzó. A partir de ese año se les animó a los distintos grupos étnicos a hablar su lengua materna y mantener sus tradiciones y costumbres. También se instituyó un nuevo sistema de selección que se le aplicaba igualmente a toda persona y el cual animaba la inmigración de países tercermundistas.° Las cuotas asociadas con grupos específicos desaparecieron. Se establecieron cuatro categorías de clasificación para los inmigrantes: (1) reunificación de familia, (2) inversionistas,° (3) personas adiestradas° en trabajos y profesiones que hacían falta° en el Canadá y (4) refugiados. A esta última categoría se le llamaba el «componente compasivo» de la política de inmigración e incluía a cualquier individuo amenazado° con persecución, tortura o muerte al volver a su país de origen.

piel

deshacerse de...
acabar con

policy

del Tercer Mundo

investors / con habilidad
were lacking

threatened

Comprensión

1. ¿Cómo ha cambiado la política hacia la inmigración al Canadá desde 1952?
2. ¿Qué hizo Pierre Trudeau para ayudar a los inmigrantes?
3. Según el gobierno canadiense, ¿cuántas clasificaciones de inmigrantes hay? ¿cuáles son?

La emigración al Canadá

El Canadá es considerado, junto con EE.UU. y Australia, uno de los tres mayores países de inmigración del mundo. Según el Censo de 1991, el número de inmigrantes en el Canadá aumentó a 4.300.000 de 3.840.000 que allí había en 1981. El porcentaje de individuos provenientes del hemisferio occidental subió de 6,9% a 9,6% durante el mismo período. Pero a pesar de que en números absolutos la inmigración en el Canadá es menor que en EE.UU., el porcentaje de la población compuesta de extranjeros es el doble, llegando al 16%. No obstante, la proporción hoy día ha disminuido desde 1920, cuando los nacidos fuera del país constituían un *25%* cuarto° de la población total.

Las listas de inmigrantes de habla hispana en las provincias de Quebec y de Ontario ejemplifican las tendencias migratorias del mundo hispano hacia el Canadá. Los números más altos de inmigrantes provienen de El Salvador, Guatemala, México, Nicaragua, la República Dominicana, Chile, el Perú y Venezuela. La inmigración de El Salvador, Guatemala, México y Chile disminuyó de la década de los 80 a la de los 90, mientras que la de Nicaragua, la República Dominicana, el Perú y Venezuela aumentó. El salto° más grande se *jump* atribuye a la población nicaragüense, cuya mayoría se ubicó en la provincia de Quebec, debido a la situación política tan severa en su país natal durante esos años. En la provincia de Ontario la población salvadoreña experimentó la disminución más alta, quizás por la resolución de la guerra civil en El Salvador. *British Columbia* Sin embargo, en las provincias de Colombia Británica° y Alberta, la inmigración disminuyó en casi todos los casos de la década de los 80 a la de los 90. En la provincia de Colombia Británica, los grupos que aumentaron en población fueron los hondureños, los panameños, los cubanos y los uruguayos mientras que en Alberta fueron los nicaragüenses, los panameños, los uruguayos y los venezolanos.

En cuanto al impacto de las migraciones en los mercados de trabajo el Consejo Económico de Canadá en su Informe de 1991 declaró que «un nivel regular de inmigración alto o bajo, no será la causa del desempleo». Los trabajadores temporarios constituyen una característica importante de la inmigración al Canadá. La presencia latinoamericana es especialmente significativa. En 1992, un total de 216.882 trabajadores temporales provenientes de México y del Caribe laboraron en explotaciones de frutas y vegetales en el sur de Ontario.*

Comprensión

1. ¿Cuáles son los tres países de mayor inmigración en el mundo?
2. ¿Cómo cambió la política sobre la inmigración durante la segunda mitad del siglo XX?
3. Según el gobierno canadiense, ¿qué efecto tienen las migraciones en los mercados de trabajo?

---

*Las estadísticas provienen de la revista *IMR* 28:3 (1990).

La comunidad chilena en la ciudad de Edmonton, provincia de Alberta, Canadá

Los primeros latinos de Chile llegaron a Edmonton en diciembre de 1973. Desde que se mudaron allí, los inmigrantes empezaron a crear organizaciones para mantener contacto con Chile. Algunas de éstas estaban relacionadas con el apoyo material y con la defensa de los derechos° humanos que la dictadura militar* violaba sistemáticamente. La mayoría de las organizaciones cumplieron con° sus objetivos. Después de que terminó la dictadura y un gobierno civil llegó al poder en 1990, muchas de las organizaciones en Edmonton desaparecieron por falta de propósito y actividad.

En enero del año 2000, se registró en la provincia de Alberta, La Comunidad Chilena Canadiense, una organización formada por chilenos y canadienses simpatizantes de raíces chilenas. El grupo surgió° del diálogo, la comprensión y la tolerancia que nacieron de vivir en el exilio. El grupo existe para elevar la calidad de vida de los individuos chilenos, rescatar° sus raíces° culturales, mantener su identidad nacional y tener un pedazo de Chile en el extranjero.

Un indicio° de la importancia que tiene la población latinoamericana en el Canadá se ve en el establecimiento de un programa bilingüe que dura 12 años que comienza con los estudiantes de Kindergarten. Éstos podrán estudiar en el idioma español hasta que finalicen su último año de educación secundaria. Estudiarán en español e inglés, igualmente divididos (50%). El español entra en la competencia° con fuerza con programas en otras lenguas foráneas ya establecidas como el francés, chino, hebreo y lenguas aborígenes. Se visualizan por lo menos seis escuelas ubicadas en aquellos distritos donde hay mayor interés. La educación bilingüe significa que algunas asignaturas escolares° son enseñadas y aprendidas en un idioma, y otros temas propios de la realidad canadiense, como la historia, por ejemplo, se imparten° en inglés. La idea es alcanzar un porcentaje de 50% en cada idioma. En la perspectiva de que el idioma español es la segunda lengua importante en el mundo, los hijos o nietos de la presente población hispanoamericana en Edmonton podrán continuar su idioma y a la vez ayudará a los jóvenes a triunfar académica y profesionalmente.†

rights
lograron

nació

salvar / orígenes

indicación

race

de la escuela

enseñan

---

*La dictadura del general Augusto Pinochet Ugarte comenzó en el año 1973 con un golpe militar *(a military coup)* apoyado por el gobierno estadounidense que derribó el gobierno del presidente Salvador Allende. Pinochet y sus militares gobernaron Chile hasta marzo de 1990 y sus 17 años de gobierno son conocidos como una época muy represiva. La junta militar inmediatamente suspendió la constitución, disolvió el Congreso Nacional, impuso censura estricta y prohibió todos los partidos políticos. Además, embarcó en una campaña de terror en contra de los elementos izquierdistas del país. Miles de individuos fueron arrestados; muchos de ellos fueron ejecutados, torturados o exiliados, mientras que otros languidecieron en prisiones o simplemente desaparecieron.

†La información sobre la educación bilingüe en Edmonton origina en el artículo titulado «¡Qué maravilla para los estudiantes de Edmonton!» que apareció en la revista canadiense *Sin fronteras 2000* en octubre 2000.

Comprensión

1. ¿Cuándo se estableció la comunidad chilena en el Canadá?
2. ¿Por qué se organizó La Comunidad Chilena Canadiense?
3. ¿Por qué se han establecido programas bilingües en las escuelas públicas del Canadá?

La comunidad latina en la ciudad de Abbotsford, provincia de Colombia Británica*

A 72 kilómetros al sudeste de Vancouver, se encuentra la ciudad de Abbotsford, con su comunidad latina, la cual tuvo sus orígenes a fines de los 80 y principios de los 90 del siglo pasado a causa de las guerras civiles en Centroamérica. A menos de media hora de la frontera con EE.UU., Abbotsford era el fin del «ferrocarril subterráneo»° *underground railroad* mediante el cual muchos inmigrantes entraron al Canadá. Cientos de centroamericanos se arriesgaron° *took the chance* a hacer el viaje. «Había oído que el Canadá les tenía más simpatía a los refugiados», dice un hondureño que llegó a la ciudad durante los 90.

Hoy día aproximadamente 4.000 de los 114.000 habitantes de Abbotsford son hispanos, con 150 inmigrantes nuevos llegando cada año. Muchos inmigrantes de la clase media mexicana y de otras nacionalidades hispanas que viven en Vancouver se sienten atraídos a esa ciudad por el bajo costo de vida y la comunidad hispana que ya existe allí.

La mayoría de los inmigrantes latinos originales tienen puestos° *trabajos* en servicios de limpieza o de construcción. Aunque los latinos comprendían 4% de la población minoritaria visible en 1996, y puede que haya aumentado un 300% desde entonces, el gobierno no se ha dado cuenta. Sin embargo, sólo dos de los 300 empleados del Servicio Comunitario hablan español.

La población de inmigrantes latinos se ha ajustado fácilmente puesto que Abbotsford, fundada en 1889, ha tenido una de las más grandes poblaciones minoritarias en la historia de la provincia, aunque la mayoría de éstos es de origen ruso, vietnamita y punjabi. Los negocios asiáticos les dan la bienvenida a los clientes latinos. Yolanda Martínez, una señora salvadoreña que llegó hace siete años explica que hace todas sus compras en una tienda vietnamita porque allí venden de todo: harina de maíz, especias,° *spices* hojas de plátano.

La vida de los hispanos sigue centrada en sus iglesias. El acontecimiento social de más importancia en el barrio es la misa° *church service (Mass)* el sábado por la noche en la Iglesia hispana, la cual atrae a cientos de individuos. Jonathan, el hijo de 15 años de Yolanda, indica que el servicio religioso es más que nada una oportunidad para hablar español. En la escuela, la mayoría de sus amigos son de ascendencia punjabi. Pero, a la velocidad que está creciendo la comunidad hispana, puede que la mayoría de los amigos de sus propios hijos será de ascendencia centroamericana.

*La información sobre esta comunidad se sacó del artículo «A Latino Boomtown» escrito por Sandy M. Fernandez, publicado en la revista *Time International* del 31 de mayo de 1999.

Comprensión

1. ¿Por qué hay tantos centroamericanos en Abbotsford?
2. ¿Por qué ha logrado la comunidad centroamericana sentirse cómoda en Abbotsford?
3. ¿Qué actividad(es) constituye(n) el centro de la vida hispana en Abbotsford?

Después de leer

La historia de los latinos canadienses

Ponga los siguientes acontecimiento históricos en el orden en que occurrieron.

1. La discriminación étnica y racial desaparecen del Canadá.
2. El censo canadiense indica un gran aumento en el número de inmigrantes.
3. La política del multiculturalismo comienza en el Canadá.
4. Sólo las nacionalidades preferidas podían inmigrar al Canadá.
5. Terminan 17 años de dictadura en Chile bajo Pinochet y se establece un gobierno civil.
6. Llegan los primeros chilenos a Edmonton.
7. Se establece la comunidad latina en Abbotsford.

¡CONECTÉMONOS!

Los latinoamericanos en el Canadá

Con un(a) compañero, en una enciclopedia electrónica o una de la biblioteca busquen información geográfica, social y cultural sobre una de las provincias canadienses como Alberta, Colombia Británica, Ontario o Quebec o una de las ciudades como Abbotsford, Edmonton o Vancouver. También traten de encontrar el mismo tipo de información sobre uno de los países de origen de los latinoamericanos que ahora viven en el Canadá como Chile, el Perú, la República Dominicana y Venezuela. Incluyan información como datos sobre su historia (especialmente de la última mitad del siglo XX), geografía, clima, cultura y más. Hagan un cuadro para comparar los aspectos que han investigado. ¿Qué semejanzas hay entre los dos países? ¿Qué diferencias existen? Comenten lo que encontraron con los compañeros de clase.

VOCABULARIO

A FEW ITEMS THAT WILL HELP YOU USE THIS VOCABULARY

1. Words containing **ñ** are placed after words containing **n.** For example, **año** comes after **anual.**
2. If a verb has a stem (radical) change (such as **dormir-duerme, durmió**), this change is indicated in parentheses next to the infinitive: (**ue, u**).
3. Idioms are generally listed under the more important or unusual word. **De regreso,** for example, is under **regreso.** In doubtful cases we have cross-referenced the expression.

The following types of words have been omitted: (1) cognates we judge to be easily recognizable, including regular verbs that with the removal of the infinitive or conjugated ending very closely approximate English verbs in form and meaning (such as **abandonar, ofender, decidir**), and most words ending in **-ario** (*-ary*), **-ivo** (*-ive*), **-ico** (*-ic*), **-ancia** (*-ance*), **-encia** (*-ence*), **-ente** (*-ent*), **-ción** (*-tion*), **-izar** (*-ize*); (2) low-frequency words that are explained in the marginal notes; (3) verb forms other than the infinitive (except for irregular past participles and a few uncommon present participles and preterite forms): (4) articles and personal, demonstrative, and possessive adjectives and pronouns (except in cases of special use or meaning); (5) adverbs that end in **-mente** when the corresponding adjective appears; (6) most ordinal and cardinal numbers; (7) common diminutives (**-ito, -ita**) and superlatives (**-ísimo, -ísima**). When we have not been certain that a word would be easily understood, we have included it. Finally, we have only given meanings that correspond to the text use.

ABBREVIATIONS

adj.	adjective	*m.*	masculine (noun)
adv.	adverb	*Mex.*	Mexico
Arg.	Argentina	*n.*	noun
Bol.	Bolivia	*pl.*	plural
colloq.	colloquial	*p.p.*	past participle
dial.	dialect	*prep.*	preposition
dim.	diminutive	*pres. p.*	present participle
f.	feminine (noun)	*pret.*	preterite
inf.	infinitive	*pron.*	pronoun
lit.	literature		

A

a at; by; to; on; for; in; from; of; into

abajo down; below, underneath; downstairs; **hacia—**downwards; **¡Abajo...!** Down with . . . !

abandono *m.* abandonment

abeja *f.* bee

abierto, -a *p.p. of* **abrir** & *adj.* open; frank; opened

abismo *m.* abyss; trough (of a wave)

abnegado, -a self-sacrificing

abnormalidad *f.* abnormality

abogado, -a *m.* & *f.* lawyer

abono *m.* fertilizer

aborígenes *m.* people indigenous to a place

abortar to abort

aborto *m.* abortion

abrasar to burn

abrazar(se) to embrace; to cling to

abrazo *m.* hug

abreviado, -a abbreviated

abreviar to shorten

abrigar:—una esperanza to harbor a hope

abrigo *m.* coat

abrir to open

absoluto, -a absolute; **en—**not at all

absorber to absorb; to consume

abstraer to abstract

abuelo, -a *m.* & *f.* grandfather; grandmother;**—s** grandparents

abultado, -a bulky

abundante plentiful

abundar to abound

aburrido, -a bored, boring

aburrir to bore;**—se** to be or become bored

abusar (de) to take advantage of; to misuse; to abuse

abuso *m.* abuse; misuse

a. de J.C. B.C. (before Christ)

acá here

acabar to finish, end;**—de** + *inf.* to have just . . . ; to put an end to

acalorarse to get heated up

acantilado *m.* cliff

acaso perhaps

acatar to observe; to respect

acceder to concede, give in

acceso *m.* entrance; accessibility

acelerar to speed up

acentuar to emphasize, accentuate

aceptación *f.* acceptance

acequia *f.* irrigation channel

acera *f.* sidewalk

acerca:—de about, with regard to

acercar(se) (a) to draw close; to approach; to come (go) up (to)

achicamiento *m.* reduction

achiote *m.* orange-colored spice used in Latin cooking

ácido, -a acidic; sour

aclarar to clarify

acogedor, -a friendly; hospitable; cozy

acomodado, -a well-off

acomodar to accommodate

acompañar to accompany

acomplejado, -a with complexes

acondicionado, -a conditioned

aconsejar to advise

acontecimiento *m.* event

acordado,-a given; agreed upon

acordarse (ue) (de) to remember

acortar to shorten

acoso *m.* harrassment;**—sexual** sexual harrassment

acostar (ue) to put to bed;**—se** to go to bed; to lie down

acostumbrar(se) to be accustomed; to get used (to)

actitud *f.* attitude

actividad *f.* activity

actriz (*pl.* **actrices**) *f.* actress

actual present, present-day

actualidad *f.* present time

actuar to act

acuario *m.* aquarium

acudir to come (to aid); to go (in response to a call)

acuerdo *m.* agreement; **estar de—** to be in agreement; **de—con** in accordance with

acuidad *f.* sharpness

acusar to accuse; to prosecute

Adán Adam

adaptabilidad *f.* adaptability

adecuado, -a adequate

adelantado, -a advanced

adelantar(se) to get ahead; to move toward

adelante ahead; **más—**later on

adelanto *m.* progress

ademán *m.* gesture

además moreover, besides;**—de** besides, in addition to

adentro inside

adepto, -a *m.* & *f.* follower

adherir (ie, i) to stick

adhesión *f.* loyalty

adicto *m.* & *adj.* addict; addicted

adiestrado,-a . trained

adinerado, -a wealthy

adiós goodbye, farewell

adivinar to guess

adjetivo *m.* adjective

admirador, -a admiring

adobe *m.* dried brick

adorar to worship

adormecer to lull to sleep

adornar to decorate; to adorn

adorno *m.* decoration

adquirir (ie) to acquire or get

adquirido, -a acquired

aduana *f.* customs (border inspection)

advenimiento *m.* coming

adverso,-a unfavorable

advertencia *f.* warning

advertir (ie, i) to warn; to notice

aéreo, -a air

aeropuerto *m.* airport

afectar to affect, have an effect

afecto *m.* affection

afición *f.* hobby; fondness

aficionado, -a *m.* & *f.* fan

afiliado, -a *m.* & f. member or subscriber

afinado, -a in tune

afinar to sharpen; to refine

afinidad *f.* similarity by association

afirmar to assert, affirm

aflijirse to be distressed; to grieve

aflojarse to relax, loosen up

afluencia *f.* influx

afortunado, -a fortunate

afrenta *f.* affront; disgrace

afrontar to confront

afuera outside

afueras *f. pl.* suburbs; outskirts

agarrar to grab

agobiado, -a bent; bowed under

agobiante oppressive; heavy

agonía *f.* death throes

agonizante *m.* & *f.* & *adj.* dying person; dying

agotar to exhaust

agradable pleasant

agradar to please

agradecer to thank for; to be grateful for

agravarse to get worse

agraviado, -a offended, wronged

agregado, -a *m. & f.* attaché

agregar to add

agresividad *f.* aggressiveness

agresor, -a *m. & f.* aggressor, assailant

agrícola agricultural

agrupación *f.* group

agrupar to group together, assemble

agua *f.* water

aguacate *m.* avocado

aguacero *m.* rain storm; shower

aguafuerte *m.* etching

aguantar to await; to wait; to tolerate, stand

agudo, -a sharp

águila *f.* eagle

aguja *f.* needle; knitting needle

agujero *m.* hole

aguzado, -a sharpened

ahí there

ahora now, at present;**—bien** now then

ahorrar to save

ahorro *m.* savings

ahumado, -a smoky

airecillo *m.* little breeze

aislar to isolate; to separate

ajeno, -a of others; foreign

ajo *m.* garlic

ajustar to adjust

al:—+ *inf.* upon, on -ing

Alá *m.* Allah

alabar to praise

alarde *m.* display

alargarse to extend

alarmante alarming

alba *f.* dawn

albergar to shelter, lodge

alboroto *m.* uproar

alcalde *m.* **alcadesa** *f.* mayor

alcance: al—within reach

alcanzable attainable

alcanzar to attain, reach

alcoba *f.* bedroom

aldea *f.* village

alegar to allege; to argue

alegato *m.* argument

alegrar to gladden, please;**—se** to be glad, rejoice

alegre happy

alegría *f.* joy, gaiety, merriment

alejarse (de) to go away (from) leave; to go far away

alemán, alemana *m. & f. & adj.* German

Alemania Germany

alérgico, -a allergic

aletargado, -a drowsy, lethargic

alfabetización *f.* literacy

alfarería *f.* pottery

alfombra *f.* rug

algo *pron. & adv.* something; somewhat

algodón *m.* cotton

alguacil *m.* police, sheriff

alguien someone, somebody

algún, alguno, -a some; any;**—s** various

aliado, -a *m. & f.* ally

alianza *f.* alliance

aliento *m.* breath

alimentación nourishment

alimentar to feed, nourish

alimento *m.* food, nourishment;**— enlatado** canned food

alinearse to line up, align

aliviar to relieve; alleviate

allá there; (applied to time) far-off times, in times of old; **más—de** beyond

allí there, in that place

alma *f.* soul; person

almacén *m.* storehouse; department store, store

almohada *f.* pillow

alojamiento *m.* lodging

alquilar to rent

alquiler *m.* rent

alquimista *m. & f.* alchemist

alrededor (de) around

alrededores *m. pl.* surroundings

alta: en voz—aloud

altiplano *m.* high mountain plains

alto, -a tall; high; noble; **a—as horas** in the wee hours

altruismo *m.* selflessness

altruista *m. & f. & adj.* unselfish

altura *f.* height

alumbrar to light, give light

aluminio *m.* aluminum

alumno, -a *m. & f.* student

alzar to raise**—se** to get up

ama:—de casa *f.* housewife

amado, -a *m. & f. & adj.* beloved

amalgamar to combine

amanecer to rise at daybreak; *m.* dawn

amante *m. & f.* lover

amar to love

amargo, -a bitter

amarillo, -a yellow

ambiental environmental

ambiente *m.* environment; atmosphere

ámbito *m.* area

ambos, -as both

amenaza *f.* threat

amenazado, -a threatened

amenazante threatening

amenazar to threaten, endanger

amigo, -a *m. & f.* friend

aminoración *f.* lessening

amistad *f.* friendship

amnistía *f.* amnesty

amo, -a *m. & f.* master; mistress

amontonadero *m.* accumulation

amor *m.* love;**—es** love affairs

amoroso, -a loving amorous

ampliar to amplify

ampliación *f.* enlargement; amplification

amplio, -a broad, extensive

amplitud *f.* breadth, extent

anacronismo *m.* object or idea represented outside of its proper historical time period

analfabetismo *m.* illiteracy

analfabeto, -a illiterate

análisis *m.* analysis; test (medical)

anarquista *m. & f.* anarchist

ancho, -a wide, broad

ancianidad *f.* old age

anciano, -a *m. & f. & adj.* old person; old

Andalucía Andalusia (province in Southern Spain)

andaluz, -a (*m. pl.* **andaluces**) *m. & f. & adj.* Andalusian

andante: caballero—knight errant

andar to walk; to go about; **andando los tiempos** with the passage of time; **¡Anda!** Go ahead!; **¿Cómo andas?** How are you? How are things going?

anexar to annex, attach

anfitrión, -ona host, hostess

anglo *m. & adj.* white American
angloamericano, a *m. & f.* English-speaking American
angloparlante English-speaking
anglosajón, -ona *m. & f. & adj.* Anglo-Saxon
ángulo *m.* angle
angustia *f.* anguish
angustiado, -a anguished; anxious
angustioso, -a anguishing, full of anguish
anhelar to desire anxiously, long or yearn for
anhelo *m.* longing, yearning
anhídrido carbónico *m.* carbon dioxide
animar to encourage
anímico: estado— *m.* mood
ánimo *m.* courage; energy; **estado de—**mood
animoso, -a spirited
anómalo, -a anomalous
anónimo, -a anonymous
ansia *f.* anguish; yearning
ansiedad *f.* anxiety, uneasiness
ansioso, -a anxious
Antártida Antarctica
ante before; in the presence of;—**todo** above all
antebrazo *m.* forearm
antecedente *m.* antecedent; (*pl.*) background
antemano: de __ *adv.* beforehand
antepasado *m.* ancestor
anterior previous; earlier
antes (de) before
anticastrista *m. & f.* person against Castro
anticipación: con—in advance
anticipado,-a expected
anticipar to anticipate; to advance
anticonceptivo *m.* contraceptive
antigüedad *f.* antiquity
antiguo, -a ancient, old; of long standing
antónimo *m.* antonym, opposite word
anualmente yearly
anunciar to announce
anuncio *m.* advertisement
añadir to add
año *m.* year
añorado,-a missed nostalgically
apacible gentle

apagar to put out; to turn off (the light);—**se** to die out; to go out
aparato *m.* apparatus; (TV) set
aparecer to appear
aparición *f.* appearance; apparition
apariencia *f.* appearance
apartar(se) to separate; to remove; to move away
aparte apart, aside;—**de** besides
apasionado, -a passionate
apatía *f.* apathy
apelar to appeal
apellido *m.* surname
apenas scarcely; hardly
apetitoso, -a appetizing
aplanar to smooth, to level
aplastar to crush; to flatten; to destroy
aplicar to apply; to lay on
Apocalipsis Apocalypse
apodado, -a nicknamed
apoderarse (de) to seize; to take over
apogeo *m.* high point
apolítico,-a disinterested in politics
aportar to bring
apoyar to support
apoyo *m.* support
apreciado,-a appreciated, valued
apreciar to appreciate
aprender to learn
aprendido, -a learned
aprendizaje *m.* apprenticeship or training
apretado, -a compact; pressed together
apretar (ie) to squeeze; to step on the gas
apretón:—de manos handshake
aprisionar to imprison
aprobación *f.* approval; approbation
aprobar (ue) to approve; to pass
apropiado, -a appropriate; correct
apropiarse to take possession; to confiscate
aprovechar(se) (de) to take advantage of
aproximación *f.* approach
aproximadamente approximately
aproximarse to approach, move near
apto, -a apt, fit

apuntar to point out
apuración *f.* anguish
apurado, -a in a hurry
aquejado, -a suffering
aquel, aquella that; **aquél,** *etc.* that one; **aquello** that (thing)
aquí here
aquietar to quiet down
arancel *m.* customs duty or tariff
árbol *m.* tree
arbusto *m.* bush
arcaico, -a archaic
archivo *m.* archives
arco *m.* bow;—**iris** rainbow
arena *f.* sand
argumento *m.* plot
árido, -a arid, dry; barren
arma *f.* armor; weapon
armado, -a armed
armadura *f.* armor
armar to put together; to arm
armario *m.* cabinet, closet
armonía harmony
arqueológico,-a . archaeological
arqueólogo *m.* archaeologist
arquitectónico, -a architectural
arracada: ponerse -s to pierce parts of the body
arraigado, -a rooted
arraigo: tener—to have influence
arrancar to start (a car); to tear out
arrasar to demolish; to flatten
arrastrar to drag along
arrebato *f.* rapture; fit
arredrar to frighten, scare away
arreglar to fix, arrange; to adjust
arreglo *m.* agreement; arrangement
arrepentirse (ie, i) to repent, be sorry
arriba up, above; high; **calle—**up the street
arribo *m.* arrival
arriesgado,-a . adventurous
arriesgar to risk
arrimado, -a pressed close to
arrogarse to assume
arroyo *m.* small stream, arroyo
arroz *m.* rice
arrugar to wrinkle
arruinar to ruin; to destroy
artesano, -a *m. & f.* artisan, craftsperson
artículo *m.* article

arzobispo *m.* archbishop
asalariado, -a salaried
asamblea *f.* assembly, group
asar to roast
ascendencia *f.* ancestry
ascender (ie) to ascend, climb; to promote
ascenso *m.* promotion
ascensor *m.* elevator
asco *m.* disgust
asegurar to assure
asentado, -a fixed; well-established
asesinado,-a killed
asesinar to murder; to assasinate
asesinato *m.* murder
asesino, -a *m. & f.* murderer, assassin
asesoría *f.* consultation
asfalto *m.* asphalt
asfixiar to suffocate
así thus; like that, in this way; so; **—que** and so
asiento *m.* seat
asignar to assign
asignatura *f.* course or subject (in school)
asilo *m.* asylum
asimismo likewise, also
asir to seize, grasp
asistencia *f.* aid, assistance;— **pública** welfare
asistir (a) to attend (school)
asociacionismo *m.* associationism, custom or practice of belonging to associations
asolearse to sunbathe; to dry in the sun
asomar to begin to appear or show in a door or window;—**se** to look out (window)
asombrar to startle, astonish
asombro *m.* astonishment, amazement
asombroso, -a startling, astonishing
asomo *m.* sign
aspecto *m.* aspect; look, appearance
áspero, -a harsh, rough
aspirar (a) to aspire (to)
astro *m.* star
astucia *f.* cunning, slyness
asturiano, -a *m. & f.* Asturian (person from Asturias, Spain)

asumir to assume
asunto *m.* topic; business matter; affair
asustador, -a frightening
asustar to frighten, scare;—**se** to become frightened
atacar to attack
atado, -a tied together
atañer to concern
ataque *m.* attack; **contra—** counterattack
atar to tie
atarantado, -a restless
atardecer *m.* late afternoon
ataviado, -a dressed up
atender (ie) to take care of; to attend; to pay attention
atenerse (a) to abide by
atentar (contra) to endanger; to commit an outrage against
atento, -a attentive
ateo, -a *m. & f.* atheist
aterrador, -a terrifying
aterrizar to land (airplane)
aterrorizar to frighten, terrify
atinar to discover; to succeed
atleta *m. & f.* athlete
atmósfera *f.* atmosphere
atónito, -a astonished, amazed
atormentar to worry; to torment
atraer to attract
atragantado embarrassed
atrapar to trap
atrás back; behind
atravesar (ie) to pass through
atreverse to dare
atrevido, -a daring
atribución *f.* power
atribuir to attribute
atrofiar(se) to atrophy
aturdido, -a stunned, bewildered
aula *f.* classroom
aumentar to increase
aumento *m.* increase
aun even; **aún** still, not yet
aunque although
aurora *f.* dawn
ausencia *f.* absence
ausentarse (de) to leave; to absent oneself from
ausente absent; *m. & f.* absent person
auténtico, -a authentic
autoafirmación *f.* self-affirmation
autoafirmarse to affirm oneself

autoaprendizaje *m.* self-instruction
autobús *m.* bus
autodestrucción *f.* self-destruction
autoestima *f.* self-esteem
autogobierno *m.* self-government
automóvil *m.* car, automobile
automovilístico, -a pertaining to automobiles
autonombrarse to name or appoint oneself
autonomía *f.* self-government; autonomy
autor, -a *m. & f.* author
autoridad *f.* authority
autoritario, -a authoritarian
autosuficiente self-sufficient
auxiliado, -a helped, aided
auxiliar auxiliary, helping
auxilio *m.* aid, help
avaluar to appraise; to value
avance *m.* advance
avanzar to advance, move forward
avaro, -a *m. & f. & adj.* stingy, miserly; miser
ave *f.* bird; **¡Ave María!** (from Latin for *Hail Mary*) Good heavens!
avecinarse to approach; to be coming
aventura *f.* adventure; (love) affair
aventurar(se) to venture
avergonzarse (üe) to be ashamed
avería *f.* breakdown
averiguar to find out; to investigate
aviación *f.* air force; aviation
ávido, -a greedy; eager
avión *m.* airplane
avisar to advise
aviso *m.* notice; information
avizorar to spy
ayllu (aíllo) *m.* line or family group of people (*Bol, Perú*)
ayuda *f.* help, aid
ayudante *m.* assistant
ayudar to help, aid
ayunar to fast
ayuno *m.* fast
azúcar *m.* sugar
azul blue
azulado, -a bluish

B

báculo *m.* staff, walking stick

bailar to dance

baile *m.* dance

baja *f.* decrease

bajar to bring down; to come down; to go down;**—se de** to get off, out of (a vehicle)

bajeza *f.* baseness; lowliness

bajo, -a low; short; *prep.* under, underneath;**—mundo** underworld

bajorrelieve *m.* bas-relief sculpture

balada *f.* ballad

balancear(se) to balance

balcón *m.* balcony

balneario *m.* spa, watering place, resort

baloncesto *m.* basketball

balsa *f.* raft

balsero, -a *m. & f.* person afloat on a raft

bancario, -a banking

banco *m.* bank

bandeja *f.* dish; tray

bandera *f.* flag

bando *m.* faction

banquero, -a *m. & f.* banker

bañar to bathe

baño: cuarto de—bathroom

baranda *f.* roof balcony

barato, -a inexpensive, cheap

barba *f.* beard

barbaridad *f.* atrocity, barbarity; **¡Qué—!**How awful!, That's terrible!

barbudo, -a thickly-bearded

barco *m.* boat, ship

barra *f.* bar (of gold, iron, etc.)

barranca *f.* ravine; cliff

barrendero, -a *m. & f.* street sweeper

barrer to sweep clean

barrera *f.* barrier

barriga *f.* belly

barrio *m.* neighborhood; section;**—bajo** slum

barro *m.* clay

barroco, -a baroque

basar to base;**—se** to be based

base *f.* basis, base, foundation; **a—de** on the basis of

bastante enough, sufficient; quite, rather

bastar to be enough

bastardilla: en—in italics

bastón *m.* cane, walking stick

basura *f.* garbage;**—orgánica** compost

basurero, -a *m. & f.* garbage dump; garbage can

batalla *f.* battle

bautismo *m.* baptism

bebé *m.* baby

beber to drink

bebida *f.* drink

becerro *m.* calf

béisbol *m.* baseball

beisbolista *m. & f.* baseball player

Belén Bethlehem

belleza *f.* beauty

bello, -a beautiful

bencina *f.* benzine; gasoline *(Chile)*

bendición *f.* blessing; benediction

bendito, -a blessed

beneficiar(se) to benefit, do good

beneficio *m.* benefit

beneficioso, -a beneficial

benéfico, -a kind, charitable

besar to kiss

beso *m.* kiss

bestia *f.* beast

bestialidad *f.* brutality; bestiality

biblia *f.* bible

bíblico, -a biblical

biblioteca *f.* library

bibliotecario, -a *m. & f.* librarian

bicicleta *f.* bicycle; **montar en—** to ride a bicycle

bien *adv.* well, perfectly; *m.* good;**—es** goods; possessions; resources;**—está** that's all right; **si**—although;**—buena** very good

bienestar *m.* well-being

bienvenida *f.* welcome

biodegradabilidad *f.* biodegradability

biólogo, -a *m. & f.* biologist

bióxido:—de carbono carbon dioxide

bisabuelo, -a *m. & f.* great-grandfather, great-grandmother

bisiesto *adj.* leap year; **club de bisiestos** club for people born on the 29th of February

bisonte *m.* bison, buffalo

blanco, -a white; **espacio en—** blank space

blando, -a soft; bland

blasfemia *f.* blasphemy

bloque *m.* block

blusa *f.* blouse

boca *f.* mouth

bocado *m.* bite, mouthful

boda *f.* wedding

bodega *f.* cheap bar or wine store; grocery store; warehouse

boga: estar en—to be in fashion

boicoteo *m.* boycott

bola *f.* ball

bolsa *f.* bag; pocket; **—(de valores)** stock exchange

bolsillo *m.* pocket

bolso:—de mano *m.* handbag

bombardear to bomb

bombardeo *m.* bombing

bombero *m.* firefighter

bombilla *f.* light bulb

bondad *f.* goodness; kindness

bondadoso, -a goodnatured

bonito, -a pretty

borde *m.* border; edge; **al—de, de—**on the brink of

boricua *m. & f. & adj.* Puerto Rican

borinquen *m. & f.* from Puerto Rico

borrachera *f.* drunkeness; drunken spree

borrador *m.* rough draft

borrar to rub out, wipe out; to erase

bosque *m.* forest, *m.* woods, forest

botánico, -a *m. & f.* botanist

botar to throw away

bote *m.* small boat; can

botella *f.* bottle

bracero *m.* day laborer hired for temporary contract

bramar to bellow

bravo, -a harsh, ill-tempered; brave; angry

brazo *m.* arm

Bretaña: Gran—Great Britain

breve brief

brillante brilliant

brillar to shine

brillo brightness

brincar to jump

brindar to offer; to make a toast

brisa *f.* breeze
británico,-a *adj.* British
broma *f.* jest, joke
bronce *m.* bronze
brotar to spring forth
bruja *f.* witch
brusco, -a abrupt
brutalidad *f.* brutality
buceador, -a *m.* & *f.* diver, scuba diver
buceo *m.* diving;—**con tanques** scuba diving
bueno, -a *adj.* good; *adv.* well then, well now, all right
buey *m.* ox
bueyes *m.* oxen
bufete *m.* office
bufo, -a comic
bufón, -ona *m.* & *f.* (Court) jester; clown
bulla, f. uproar
bullicio *m.* noise
bulto *m.* bulk; body
buque *m.* boat
burgués, burguesa *m.* & *f.* & *adj.* bourgeois, person of the middle class
burguesía *f.* bourgeoisie, middle class
burla mockery; jest; deception
burlarse to deceive; to fool around
burocracia *f.* bureaucracy
burro *m.* jackass, donkey
busca: en—de in search of, looking for
buscar to look for, seek
búsqueda *f.* search
butaca *f.* armchair

C

caballería *f.* chivalry; **libros de—** chivalric novels
caballero *m.* gentleman; knight
caballo *m.* horse
cabaña *f.* hut, cabin
cabello *m.* hair
caber to fit; **no cabe duda** there is no doubt
cabeza *f.* head; **tener—para** to have the brains for
cabida *f.* room
cabizbajo, -a crestfallen

cabo: al—de after (a period of time); **llevar a—** to carry out, accomplish
cabra *f.* goat
cacahuate *m.* peanut
cacto *m.* cactus
cada each;—**vez más** more and more;—**cual** every one; each one
cadena *f.* chain
caer to fall; **dejar—** to drop
café *m.* coffee; coffee house, cafe
caída *f.* fall
caja *f.* case, box
calabaza *f.* pumpkin; squash
calabozo *m.* jail, calaboose
calcetín *m.* sock
calcinado, -a burned, charred
calcomanía *f.* sticker, decal
cálculo *m.* calculation; estimate
calefacción *f.* heating
calentamiento *m.* warming, heating up
calentar (ie) to warm, heat
calidad *f.* quality
cálido, -a warm
caliente hot
calificación *f.* qualification
calificado, -a qualified
callado, -a quiet
callar: to silence, make quiet;—**se** to become quiet; **¡Cállate!** Shut up!
calle *f.* street
callejón *m.* back alley
calmado, -a calm
calmar to calm; to relieve
calmoso, -a: calm; slow, phlegmatic
calor *m.* heat
caluroso, -a hot
cama *f.* bed
Camagüey a province in Cuba
camarada *m.* comrade
camarero, -a *m.* & *f.* waiter, waitress
camarón *m.* shrimp
camastro *m.* rickety cot
cambiado, -a changed
cambiante changing
cambiar to change
cambiarse (en) change into
cambio *m.* change; rate of exchange (money); **en—**on the

other hand; **a—de** in exchange for
caminar to walk
caminata: hacer -s to take walks or excursions
camino *m.* road, way, path
camioneta *f.* station wagon; van
camión *m.*: truck; bus (Mex.)
camisa *f.* shirt
camote *m.* sweet potato
campana *f.* bell
campaña *f.* campaign
campesino, -a *m.* & *f.* farmer; peasant
campo *m.* field; country, countryside; camp
canal *m.* channel (on T.V.)
canalizar to channel or direct
canas *f. pl.* white or gray hair(s)
caña:—brava tall bamboo plant
cancel: puerta—m. inner door to keep out drafts
cancha:—de tenis *f.* tennis court
canción *f.* song;—**de cuna** lullaby
cándido, -a naive; guileless
candil *m.* oil lamp
canoa *f.* canoe
cano, -a gray, white
cansancio *m.* tiredness
cansarse to be or become tired
cantante *m.* & *f.* singer
cantar to sing
cantidad *f.* quantity, amount
canto *m.* song
caos *m.* chaos
caótico, -a chaotic
capa *f.* layer, stratum
capacidad *f.* capacity; capability, ability, talent
capacitación *f.* preparation, training
capacitado,-a qualified
capataz *m.* foreman
capaz (*pl.* **capaces**) capable, able
capital *m.* capital, funds
capitán *m.* captain
capítulo *m.* chapter
capricho *m.* caprice, whim
caprichoso, -a capricious
captar to captivate; to grasp
cara *f.* face
carácter *m.* character; nature
característica *f.* characteristic
¡caramba! confound it!, damn it!
carbón *m.* coal; charcoal

cárcel *f.* jail
carecer (de) to lack
carencia *f.* lack, deficiency
carga *f.* burden
cargado filled; loaded; carried
cargar to impose; to carry;—**con** to assume (responsibility);—**se de** to load or fill oneself up with
cargo; alto—high office, position
Caribe *m.* Caribbean
caridad *f.* charity
cariño *m.* affection; dear
cariñoso, -a affectionate
carísimo, -a very dear; dearest
caritativo,-a charitable
carne *f.* meat; flesh;—**de vaca, res** beef
carnet *m.* identity card
caro, -a expensive; dear; *adv.* at a high price
carpintería *f.* carpentry
carpintero, -a *m. & f.* carpenter
carrera *f.* career; profession; race
carretera *f.* road
carro *m.* car; cart
carta *f.* letter; playing card
carteles *m.* posters or signs
cartelón *m.* placard
cartón *m.* cardboard
casa *f.* house, home
casado, -a married
casarse (con) to get married (to)
cascada *f.* waterfall
casco *m.* helmet
casero, -a home-made
caserón *m.* large (ramshackle) house
casi almost
caso *m.* case; **hacer**—to pay attention
castellano *m.* Spanish
castigar to punish, castigate
castigo *m.* punishment
castillo *m.* castle
castrista *m. & f.* person in favor of Fidel Castro
casualidad *f.* coincidence; **por**—by chance, by accident
catalán, catalana *m. & f. & adj.* Catalonian (person from Cataluña); *m.* language spoken in Catalunia
catalítico, -a catalytic; **convertidor**—catalytic converter

Cataluña Catalonia (province in northern Spain)
categoría: de—high quality; prominent
cauchero, -a *m. & f. & adj.* rubber plantation owner or boss; pertaining to rubber plantation
caucho *m.* rubber
caudillo *m.* chief, leader
causa *f.* cause; **a**—**de** because of
causante causing, occasioning
cautivar to captivate or charm
cautividad *f.* captivity
cautivo, -a *m. & f. & adj.* captive
caza *f.* hunting
cazador, -a *m.& f.* hunter
cazar to hunt
cebada *f.* barley
cebolla *f.* onion
ceder to cede, transfer; to yield, surrender
ceibo *m.* silk-cotton tree
célebre famous
celeste celestial; sky blue
celestina referring to brothels; madam of a brothel; person who brings others together
celos *m. pl.* jealousy; **tener**—to be jealous
celoso, -a jealous
celta *m. & f.* Celt
cementerio *m.* cemetery
cena *f.* dinner
cenar to eat supper
ceniza *f.* ash
censura *f.* censorship
censurar to censor
centavo *m.* cent
centenario *m.* centennial; **quinto centenario** 500th anniversary
centrado,-a -en based in or based on
central nuclear *m.* nuclear power station
centrarse to center on; to be based on
centro *m.* center, middle, downtown—**s nocturnos** night clubs
cepillar to brush
cerca nearby;—**de** near
cercano, -a near
cerco *m.* wall or fence
cerdo *m.* pig
cerebro *m.* brain

ceremonia *f.* ceremony
cerquita *dim. of* **cerca** really close
cerradura *f.* lock
cerrar (ie) to close
certeza *f.* certainty
certidumbre *f.* certainty
cerveza *f.* beer
César Caesar (Roman emperor symbolic of power)
cesar to cease
cetro *m.* sceptre; rod
chaleco *m.* vest; **chaleco salvavidas** life jacket
chaqueta *f.* jacket, coat
champú *m.* shampoo
charco: brincar el—to cross the pond (or the ocean)
charlar to chat
chasqui *m.* (Incan) messenger
chatear to discuss over the Internet
chavo *m.* cent;—**s** money (Puerto Rican)
cheque *m.* check
chicano, -a *m. & f. & adj.* Mexican-American
chicha *f.* beer made from corn or other grain
chico, -a *m. & f.* child; friend, old buddy; *adj.* small
chile *m.* chili, red pepper
chileno, -a Chilean
chillar to scream, shriek; to be loud, gaudy (clothes)
chillido *m.* cry, howl
chillón, -ona loud, gaudy
chino, -a Chinese
chiquillo, -a *m. & f.* little boy; little girl
chiquito, -a *m. & f.* little boy; little girl
chiste *m.* joke
chocar to crash, have an accident
chofer *m.* driver
choque *m.* collision; clash; shock
chorrete *m.* little spout or gush
chorro *m.* jet; spout; gush
choza *f.* hut, cabin
chuchitos, *m.* typical Salvadoran dish
ciberespacio *m.* cyberspace
cíclico, -a cyclical
ciclo *m.* cycle
ciego, -a blind
cielo *m.* sky; heaven

ciencia *f.* science
científico, -a *m. & f. & adj.*
  scientist; scientific
ciento *m.* hundred; **por—**
  percentage
cierto, -a certain
cifra *f.* figure, number
cigarrillo *m.* cigarette
cimarrón *m.* fugitive slave
cine *m.* movie(s); movie house
cineasta *m. & f.* film or movie
  maker
cinta *f.* film; tape
cintura *f.* waist
cinturón *m.* belt
circulación *f.* traffic
circular to circulate; to move in
  traffic
círculo *m.* circle
circundar to surround
circunstancia *f.* circumstance
cirugía *f.* surgery
cirujano, -a *m. & f.* surgeon
cita *f.* appointment, engagement;
  quotation
citado, -a aforementioned
citar to refer to; to quote
cítricos *m. pl.* citrus fruits
ciudad *f.* city
ciudadanía *f.* citizenship
ciudadano, -a *m. & f.* citizen *m.*
  civilian; *adj.* civil
clamar to shout, clamor
claridad *f.* clarity
clandestino, -a underhanded
  clandestine
claro, -a *adj.* clear, light; *adv.*
  clearly;**—que** naturally;**—está**
  of course; **¡—que sí!** sure!, of
  course!; **poner las cosas en—**to
  make things clear
clase *f.* class, kind, type;
  classroom;**—baja** lower
  class;**—media** middle class
clásico, -a classic(al)
cláusula *f.* clause
clavado, -a nailed; grabbed
clave *f. & adj.* key
clérigo *m.* clergyman
clero *m.* clergy
cliente *m. & f.* customer
clientela *f.* clientele
clima *m.* climate
clínica *f.* clinic
clínico, -a clinical

cobertor *m.* quilt, bedspread
cobijar to cover
cobrador, -a *m. & f.* collector
cobrar to collect; to charge
cobrizo, -a copper-colored
cocaína *f.* cocaine
coche *m.* car
cocido,-a cooked
cociente *m.* quotient
cocina *f.* kitchen
coctel *m.* cocktail party
códices *m.* codexes; ancient
  documents
codicia *f.* greed, covetousness
código *m.* code
codo *m.* elbow; bend (in hallway)
coger to catch; to take
cognado *m.* cognate
coguionista *m. & f.* co-
  screenwriter
coincidir to coincide; to agree; to
  arrive at the same time
cojones *m.* (*vulg.*) testicles
colapso *m.* collapse, breakdown
colchón *m.* mattress
coleccionar to collect
colega *m. & f.* fellow worker,
  colleague
colegio *m.* school, academy
colérico, -a angry, furious
colgado, -a (*p.p. of* **colgar**)
  hanging
colgar (ue) to hang
colina *f.* hill
colmillo *m.* eye tooth; tusk
colocación *f.* placement,
  arrangement
colocar to place
colombiano, -a *adj. & n.*
  Columbian
Colón (Christopher) Columbus
colonizador, -a *m. & f.* colonizer
colono *m.* settler
colorado, -a red, reddish; colored
columna *f.* column;**—vertebral**
  spine, backbone
comadre *f.* woman friend;
  godmother
combatir to fight, combat
combustible *m.* fuel
comedor *m.* dining room
comentarista *m. & f.*
  commentator
comenzar (ie) to begin
comer to eat

comerciar to trade with
comercio *m.* commerce, trade;
  business
comestibles *m. pl.* food
cometer to commit
cómico, -a humorous, funny
comida *f.* food; meal
comienzo *m.* beginning
comillas *f. pl.* quotation marks;
  name of comic strip character
  created by Roberto Escudero
comité *m.* committee
como as; like; inasmuch as; as
  long as; **¿cómo?** how?; **¡—no!**
  of course!
comodidad *f.* convenience,
  comfort
cómodo, -a comfortable
común common
compadecer (de) to have pity on
compadre *m.* friend
compañero, -a *m. & f.*
  companion, comrade
compañía *f.* company; firm
comparación *f.* comparison
comparecer to appear
compartir to share
compás: llevar el—to keep time,
  rhythm
compatriota *m. & f.* fellow
  countryman or countrywoman
compelido, -a compelled
competencia *f.* competition
competir (i) to compete
complacer to please
complejidad *f.* complexity
complejo -a complex;**—de**
  inferioridad *m.* inferiority
  complex
completar to finish
completo: por—completely;
  tiempo—full-time
complicar to complicate;**—se** to
  become complicated
componer to compose, make up
comportamiento *m.* behavior,
  conduct
comportar to bear
compra *f.* purchase
comprar to buy
comprender to understand
comprensión *f.* understanding;
  comprehension
comprensivo, -a understanding
comprimido, -a crushed

comprobar (ue) to verify
comprometerse to commit oneself; to become engaged
compromiso *m.* obligation; engagement
compu *f. colloq.,* computer
compuesto (*p.p. of* **componer**) composed
computadora *f.* computer
comuna *f.* commune
comunal common (belonging to the community)
comunes *adj. pl.* common
comunicar to communicate
comunidad *f.* community
con with;—**todo** however, nevertheless
concebir (i) to imagine; to conceive
conceder to concede; to admit
concentrarse to concentrate
concertarse to come to an agreement
concha *f.* shell; shellfish
conciencia *f.* conscience; consciousness, awareness
concierto *m.* concert
concluir to conclude; to finish
concordar (ue) to agree; to reconcile
concretarse to make come true
concurrir to meet
condado *m.* county
conde *m.* count
condena *f.* sentence, punishment
condenación *f.* condemnation
condenar to condemn
condición *f.* condition; status; **a— de** on the condition that, provided that; **está en—es de** to be in a position to
condicionamiento *m.* conditioning
condimento *m.* seasoning
condiscípulo, -a *m. & f.* classmate
condominio *m.* condominium
conducir to lead, conduct; to behave; to drive
conducta *f.* behavior, conduct
conductor, -a *m. & f.* driver; executives, managers
condujo *pret.* of **conducir** (it) lead
conejillo (de Indias) *m.* guinea pig, animal or person used for experiments

conejo *m.* rabbit
confiabilidad *f.* reliability
confianza *f.* confidence, trust; **tener—en** to trust
confiar to confide; to entrust, trust
confín *m.* boundary, limit
confluir (y) to converge; join
conformarse to conform
confrontar to face; to confront
confundir to confuse; to bewilder
confuso, -a indistinct; confused
congelado, -a frozen
congénere *m. & f.* kindred person
congestión vehicular *f.* traffic jam
congraciado, -a. flattered
Congreso *m.* Congress
conjeturar to surmise, conjecture
conjugar to fit together
conjunción *f.* union; conjunction
conjunto *m.* ensemble
conllevar to put up with; endure
conmigo with me; with myself
conmoción *f.* commotion
conmovedor, -a moving; stirring
conmovido, -a moved, stirred
connacionales *m. & f. pl.* fellow-citizens
conocer to know, be familiar with; to meet
conocido,-a known
conocimiento *m.* knowledge
conquista *f.* conquest
conquistador, -a *m. & f.* conqueror
conquistar to conquer
consagrado,-a renowned
consagrar to consecrate; to sanction; to establish
consciente conscious, aware
conscripción *f.* conscription, military draft
consecuencia *f.* consequence; result; **como—** as a result
consecuentemente consequently; logically
conseguido, -a. gotten; obtained
conseguir (i) to obtain, get; to manage to; to get (somebody) to
consejero, -a *m. & f.* adviser
consejo *m.* council; advice;—**de guerra** court martial
consenso *m.* consensus, general assent
conservado,-a kept
conservador, -a *adj. Or m. & f.* conservative

conservar to keep, preserve
consigo with himself (herself, themselves, etc.)
consistir (en) to be composed of; to consist of
consolador, -a comforting
consolar (ue) to console, comfort
conspiración *f.* conspiracy
constancia *f.* evidence, proof; *f. & adj.* unchanging quality; constant
constatar to show; to verify
consternación *f.* dismay; panic; consternation
constituir (y) to make up, to constitute
construir to build, construct
consuelo *m.* comfort, consolation
consumar to consummate, complete
consumidor, -a *m. & f.* consumer
consumir to consume; to use up
consumo *m.* consumption
contagiarse de to become or be infected with
contagio *m.* contagion
contaminación *f.* pollution
contaminador, -a contaminating
contaminante *m.* pollutant; polluting
contaminar to contaminate, pollute
contar (ue) to count; to recount, tell;—**con** to count on; to have
contemplar to watch, gaze at, contemplate
contemporáneo, -a contemporary
contener to contain; to hold in, restrain
contenido *m.* contents
contentamiento *m.* contentment
contento,-a pleased; happy
contestar to answer
continuación: a— as follows; below; following this
continuar to continue, go on
continuidad *f.* continuity
continuo, -a continuous; constant
contorno: *m.* contour;—**s** *pl.* surroundings
contra against; **estar en—de** to be, against;—**ataque** *m.* counterattack
contrabandista *m. & f.* smuggler; contrabandist
contrabando *m.* smuggling

contradecir to contradict

contraer to contract

contrapartida *f.* counterpart

contraposición: estar en—to be at odds, in opposition

contrariado, -a thwarted

contrario *m.* opposite, contrary; **al**—, **por el**—on the contrary

contratar to hire

contrato *m.* contract

contravenir to infringe; to violate

contribuido, -a contributed

contribuir to contribute

contundente forcible

convencer to convince

convenir (ie) to be necessary; to be agreeable; to suit; to be a good idea

convertido, -a turned into, converted

convertir (ie, i) to convert, change;—**se en** to change into, to become

convertidor:—**catalítico** *m.* catalytic converter

convivencia *f.* living together

convulso, -a convulsed

conyugal conjugal

cónyuge *m.* & *f.* spouse

copa *f.* goblet, cup, glass; drink; tree-top

copar to win

copiar to copy; to cheat; to imitate

coraje: le dio—it made him angry

Corán *m.* Koran (sacred book of Moslems)

coraza *f.* armor plate

corazón *m.* heart

corbata *f.* tie

cordillera *f.* high mountain range

cordón *m.* string, cord

coro *m.* chorus

corolario *m.* corollary

corona *f.* crown

correcto, -a proper, correct

corredizo, -a running, slipping

corredor *m.* corridor

corregir (i) to correct; to discipline (children)

correo *m.* mail; postal service

correr to run; to hasten; to throw out;—**riesgos** to run risks

corresponder to pertain, belong; to correspond

correspondiente corresponding

corrida:—**de toros** *f.* bull fight

corrido *m.* type of Mexican song

corriente *f.* current; *adj.* regular, usual; current

corromper to corrupt

cortar to cut

corte *f.* court; *m.* cut

cortés courteous

cortesano, -a *m.* & *f.* courtier; courtesan; royal attendant; *adj.* of the court, courtly

cortesía *f.* courtesy

cortina *f.* curtain

corto, -a short

cosa *f.* thing, matter; **no ser gran**—not to be a big thing; not to amount to much

cosecha *f.* harvest, crop

cosechar to harvest

cosechero, -a *m.* & *f.* grower

coser to sew

costa *f.* coast; **a toda**—at all costs; **a mi**—(**a costa mía**) at my expense

costar (ue) to cost

coste, costo *m.* cost

costilla *f.* rib

costoso, -a costly; expensive

costumbre *f.* custom; **como de**—, **según la**—as usual, as is customary

coterráneo, -a of the same land or country

cotidianamente daily

cotidiano, -a daily

cráneo *m.* skull

creador, -a *m.* & *f.* creator; *adj.* creative; **poder**—*m.* creativity

crear to create

crecer to grow (up)

creciente growing, increasing; *f.* river flood

crecimiento *m.* growth

credo *m.* creed

creencia *f.* belief

creer to believe

crepúsculo *m.* dusk

creyente *m.* & *f.* believer

cría *f.* breeding

criado, -a *m.* & *f.* servant, maid

crianza *f.* raising, upbringing

criar to raise

crimen *m.* crime

cristal *m.* crystal; glass;—**de atrás** rearview mirror

cristiano, -a Christian

Cristo Christ

Cristóbal Christopher (man's name)

criterio *m.* standard, criterion

crítica *f.* criticism

criticar to criticize

crítico, -a *m.* & *f.* & *adj.* critic; critical

crónica *f.* chronicles or narratives

crucigrama *m.* crossword puzzle

crueldad *f.* cruelty

crujido *m.* creaking; crunching

cruz *f.* cross

cruzada *f.* crusade

cruzado, -a passed through

cruzar to cross;—**se** to pass one another

cuaderno *m.* notebook

cuadrado, -a square

cuadro *m.* painting, picture

cual who, which; **¿cuál?** which? what?

cualidad *f.* quality; characteristic

cualquier, -a any; anyone, anybody; **de**—**modo** in any case

cuando when; **de vez en**—from time to time; **¿cuándo?** when?

cuanto, -a as much as, as many as; all that;—**más... más** the more . . . the more; **en**—as soon as; **en**—**a** as for, with regard to; **¿cuánto, -a?** how much?; **¿cuántos, -as?** how many?; **¡cuánto!** how much!, how!

cuantos, -as all; how many

cuarta *f.* quarter (part)

cuarto *m.* room; quarter (of an hour)

cubano, -a *m.* & *f.* & *adj.* Cuban

cubículo *m.* cubicle

cubierta *f.* cover

cubrir to cover

cuchillo *m.* knife

cuello *m.* neck; throat

cuenca *f.* basin

cuenta *f.* count; calculation; account; bill; **darse**—(**de**) to realize; **dar**—to answer for

cuentista *m.* & *f.* short story writer

cuento *m.* short story; story, tale

cuerda *f.* cord

cuerdo, -a sane

cuerno *m.* horn (of an animal); **llevar**—**s** to have an unfaithful spouse, to be a cuckold

cuero *m.* hide, skin, leather; **en—s** stark naked

cuerpo *m.* body

cuestión *f.* issue; question

cuestionar to question

cueva *f.* cave

cuidado *m.* care, attention; **tener—** to be careful

cuidadoso, -a careful

cuidar (de) to take care of

culebrón *m.* serpent; soap opera (in Venezuela)

culpa *f.* guilt; blame; **tener la—** to be to blame, to be guilty; **echar la—** to blame

culpabilidad *f.* guilt

culpable guilty; blameworthy

cultivar to cultivate

cultivo *m.* cultivation; crop

culto, -a educated, cultured; *m.* worship

cultura *f.* culture

cumbre *f.* summit

cumpleaños *m.* birthday

cumplir (con) to perform one's duty; to fulfill; to comply; to carry out;**—años** to turn or become (so many) years old

cuotas *f.* quotas

cupón *m.* coupon

cúpula *f.* dome

cura *m.* priest

curación *f.* cure

curandero, -a *m.& f.* quack doctor; charlatan

curar to cure

curiosear to observe with curiosity

curiosidad *f.* curiosity

curioso, -a curious; strange, unusual

cursi cheap, vulgar, flashy

cursiva: en— *f.* italicized

curso *m.* course

custodial custody; escort

cuyo, -a whose

D

dado:—que given that

dama *f.* lady; noble or distinguished woman

dañar to harm, damage

dañino, -a harmful

daño *m.* harm, damage

dar to give;**—un paseo** to take a walk;**—una vuelta** to take a walk;**—vueltas** to walk in circles;**—muerte a** to kill;**—por bueno y completo** to consider good and complete;**—a entender** to hint, imply;**—a luz** to give birth;**—con uno en tierra** to throw one to the ground;**—le a uno por** to take to;**—le a uno coraje** to make one angry;**—se cuenta** to realize

datar:—de to date from

dato *m.* datum, fact;**—s** data

d. de J.C. A.D. (after Christ)

de of; from; about; concerning;**—. . . en** from . . . to (more commonly written: **de . . . a**)

dean *m.* dean (church official)

debajo under, beneath;**—de, por—de** underneath

debatir to debate

deber to owe; to have to (must, should, ought); **se debe a** is due to; *m.* duty; homework

debidamente properly; appropriately

debido:—a due to

débil *adj. & n.* weak; weak person

debilidad *f.* weakness

debilitación *f.* weakening

debilitar to weaken;**—se** to become weak

década *f.* decade

decaído *p.p. of* **decaer** *& adj.* decayed; declining

decente respectable; decent

decepcionado, -a disillusioned

decir to say, tell; **es—** that is to say

decisivo: conclusive

decorar to decorate

decretar to decree

decreto *m.* decree

dedicado, -a devoted

dedicar to dedicate;**—se (a)** to devote oneself (to)

dedo *m.* finger

defender (ie) to defend

defensor, -a *m. & f.* defender

deferir (ie) to defer or yield

deficiencia *f.* deficiency

definitivo: con— conlusive, final

deidad *f.* deity

dejar to leave; to allow, let; to quit;**—caer** to drop;**—de** to stop, cease;**—en paz** to let alone;**—se matar** to let oneself die or be killed

delante before, in front;**—de** ahead of, in front of

delfín *m.* dolphin

delgado, -a thin

delictivo,-a *adj.* criminal

deliberado, -a deliberate, intentional

delicadeza *f.* tenderness; delicateness; **con—** delicately

delicado, -a delicate

delicioso, -a delightful, delicious

delincuente *m.& f.* criminal

delirio *m.* delirium, temporary madness

delito *m.* crime

demás: los, las— the others; *adj.* other; **por lo—** as to the rest, moreover

demasiado too; too much

demográfico, -a demographic (pertaining to the population)

demora *f.* delay

demorado, -a delayed

demostración *f.* proof, demonstration

demostrado, -a shown

demostrar (ue) to show, demonstrate

denso,-a thick

dentro within, inside;**—de** within, inside of, in; **por—** the inside

denuncia *f.* denunciation; accusation of someone to the authorities

denunciar to denounce

departamento *m.* apartment

depender (de) to depend (on)

dependiente, -a *m. & f.* waiter; waitress; clerk

deporte *m.* sport

deportistas *m. pl.* athletes

deprimente depressing

depuesto (*p.p. of* **deponer**) deposed

derecha *f.* right (side or direction); right wing (in politics)

derechista *m. & f.* rightwinger

derecho right; **tener—a** to have the right to; **en—** by law (more commonly written: **por derecho**)

derrame *m.* spill

derribar to overthrow; to tear down, demolish

derrocamiento *m.* overthrow

derrocar to overthrow

derrochar to squander; to waste

derrota *f.* defeat

derruido, -a in ruins

desabrochar to undo, to unbutton, to unfasten

desacostumbrado, -a unusual

desacuerdo *m.* disagreement

desafío *m.* challenge

desagradable disagreeable, unpleasant

desagradecido, -a *n. & adj.* ungrateful (person)

desahuciado, -a hopelessly ill

desamparado, -a abandoned

desaparecer to disappear

desaparecido, -a disappeared

desarraigo *m.* uprooting

desarrollado, -a developed

desarrollar to develop

desarrollo *m.* development;— **económico** economic development; **en**—developing

desastre *m.* disaster

desastroso, -a disastrous

desayunar to have breakfast

desazón *f.* annoyance; discomfort

descalzo, -a barefoot

descamisado, -a ragged, in rags; shirtless

descansar to rest

descanso *m.* rest

descaro *m.* brazenness

descender (ie) to descend, go down; to get off (a bus)

descendiente *m.* descendent

descenso *m.* descent

descifrar to decipher

descollar (ue) to stand out; to be prominent

descomponer to ruin; to put out of order

desconcertante disconcerting, disturbing

desconforme *n. & adj.* nonconformist; not in agreement

desconocido, -a unknown

descontento, -a unhappy

descontrolado, -a uncontrolled

descorrer to draw (curtains)

descortesía *f.* discourtesy; uncouthness

descubierto, -a uncovered; bareheaded; discovered

descubrimiento *m.* discovery

descubrir to discover;—**se** to take off one's hat

descuidar: descuida don't worry

desde from; since

desdén *m.* disdain

desdibujar to fade, to blur

desdicha *f.* misfortune

desdichado, -a *m. & f.* wretch, unfortunate person

desdoblar to straighten; to unfold

deseable desirable

deseado, -a wished for or wanted

desear to desire, wish, want

desechar to reject; to discard

desembarcar to disembark

desembocar to lead or flow into

desempleado, -a unemployed

desempleo *m.* unemployment

desenganchar(se) to unhook, detach (oneself)

desengaño *m.* disillusionment

desenvuelto developed; evolved

deseo *m.* desire, wish

deseoso, -a eager; desirous

desequilibrio *m.* imbalance

desértico, -a desert-like

desesperación *f.* despair

desesperado, -a desperate; despairing

desfavorable unfavorable

desgracia *f.* misfortune

desgraciado, -a unfortunate, hapless

deshacerse(de) to get rid of

deshecho undone; destroyed; beaten

deshielo *m.* thaw

deshonrar to dishonor, disgrace

deshumanizar to dehumanize

desierto *m.* desert

designar to designate, appoint

desigualdad *f.* inequality

desilusión *f.* disillusionment; disappointment

desilusionarse to become disillusioned

desinflado, -a deflated; **rueda/llanta**—flat tire

deslumbrado, -a dazed

desmantelamiento *m.* dismantlement

desmitificación *f.* demythification

desnudar to undress

desnudo, -a naked, unclothed; nude (figure in art)

desobligar to be free

desocupar to empty; to vacate

desodorante *m.* deodorant

desoír to turn a deaf ear to; to refuse

desolado, -a desolate

desorbitado, -a with bulging eyes; out of proportion

desorden *m.* disorder

desorientar to disorient, confuse; —**se** to get or become lost

despacho *m.* dispatch; office; study

despacio *adv.* slowly

despectivo, -a derogatory

despedida *f.* farewell

despedir (i, i) to give off; to dismiss;—**se (de)** to say or bid good-bye (to)

desperdiciar to waste

desperdicios *m. pl.* garbage, waste

despertador *m.* alarm clock

despertar(se) (ie) to awaken, wake up

despierto, -a awake

despistar to throw off the track

desplazado, -a displaced; forced out

desplazamiento *m.* displacement

desplazarse to move; to travel

desplegar (ie) to unfold

desplomarse to fall over; to collapse

despoblado, -a unpopulated

despreciar to look down upon, despise, scorn

desprecio *m.* scorn, contempt

desprenderse to issue from

desprendido, -a loose

desprestigio *m.* loss of credit or prestige

desproporcionado, -a disproportionate

después afterwards; later; then;— **de** after

destacado, -a outstanding

destacar to make stand out;—**se** to stand out

destape *m.* opening up; uncovering
desterrado, -a destined; fated
destinatorio, -a *m. & f.* addressee
destino *m.* destiny
destreza *f.* skill, ability
destruir to destroy
desuso *m.* disuse; obsolescence
desvalido, -a helpless; destitute
desvarío *m.* whim; nonsense
desvelarse to remain awake
desventaja *f.* disadvantage
detalle *m.* detail
detener(se) to stop
detenido, -a stopped
detentar (ie) to hold
deteriorado, -a deteriorated
deteriorarse to deteriorate; to become damaged
deterioro *m.* deterioration
determinado, -a certain, particular
determinante decisive
detonación *f.* explosion
detrás (de) behind; **por—**from behind
detuvo *pret.* of **detener** stopped
deuda *f.* debt
devastar to destroy
devenir (ie) to happen, occur
devolución *f.* return
devolver (ue) to return
devorar to devour
devuelto *p.p. of* **devolver** returned
día *m.* day; **de—**by day; **hoy—** nowadays; **al—siguiente** (on) the following day
diablo *m.* devil
diabólico, -a diabolical, devilish
diagnosticar to diagnose
dialogar to take part in a dialogue
diariamente daily
diario, -a daily; *m.* (daily) newspaper; diary
dibujante *m. & f.* line artist, person who draws, sketcher
dibujar to draw; to sketch
dibujo *m.* drawing
diccionario *m.* dictionary
dicha *f.* happiness; good luck, fortune
dicho (*p.p. of* **decir**) said; aforementioned; **mejor—**rather
dictado, -a dictated, given (e.g. **dictado en inglés** given in English)

dictador, -a *m. & f.* dictator
dictadura *f.* dictatorship
Diego James (man's name)
diente *m.* tooth
diestro, -a right-handed, skillful
diferencia *f.* difference; **a—de** in contrast to; unlike
diferenciar to differ; to differentiate;**—se** to distinguish oneself; to differ
difícil difficult; hard; improbable
dificultad *f.* difficulty
dificultar to make difficult
difundir to spread
difunto, -a *m. & f.* deceased, dead
difuso, -a worthy; dignified
diluir (y) to dilute
diluvio *m.* flood
dinero *m.* money
dios *m.* god; **Dios** God; **¡Vaya por—!** God's will be done!
diosa *f.* goddess
diputado, -a *m. & f.* representative; deputy
dirección *f.* address; direction
dirigir to lead; direct;**—se a** to address (a person); to go to
disabilidad *f.* disability
discernido discerned; appointed
disco *m.* record; disk
díscolo,-a intractable
discordancia *f.* discord
discrepante dissenting; discrepant
discreto, -a discreet; clever
discriminar to discriminate (against)
disculpa *m.* apology
disculparse to excuse oneself; to apologize
disculpable excusable
discurso *m.* speech
discutido, -a discussed
discutir to discuss, argue
diseñador, -a *m. & f.* designer
diseñar to design
diseño *m.* design
disfrutar (de) to enjoy
disgregarse to scatter; be disintegrated
disimulo *m.* reservedness
disminución *f.* drop, decrease
disminuido, -a lowered
disminuir to diminish, decrease
disolver (ue) to dissolve
disparate *m.* foolish remark
disperso, -a dispersed, scattered

disponer to order; to dispose;**—de** to have the use of; to have at one's disposal
disponible available
disponibilidad *f.* availability
disposición *f.* decree
disposición:a—de at the service or disposal of
dispuesto, -a disposed; ready; fit; smart; clever
disputa *f.* dispute, fight
distinguir to distinguish
distinto, -a distinct, different
distorsionar to distort
distraer to distract;**—se** to amuse oneself
distraído, -a distracted; absent-minded
distribuir to distribute
distrito *m.* district
disyuntiva *f.* alternative; dilemma
divergencia *f.* divergency; divergence
divertirse (ie, i) to have a good time, amuse oneself
dividido, -a separated; spread out
divino,-a . lovely
divisa *f.* foreign currency
divisar to perceive at a distance
divorcio *m.* divorce
divulgar to divulge, reveal
doblado,-a folded
doblar to fold
doble double
doble:—jornada double work day
docena *f.* dozen
docente educational, teaching
dócilmente docilely
doctorado *m.* doctorate
dólar *m.* dollar
doler (ue) to hurt, ache
dolor *m.* pain; grief
dolorido, -a grieving
doloroso, -a painful
domado, -a tamed; conquered
domicilio *m.* residence
dominante dominant; prevailing
dominar to dominate; to master
domingo *m.* Sunday
dominicano, -a *m. & f.* person from the Dominican Republic
dominio *m.* mastery; dominion; domain
don Don (title of respect used before male names)

donde where; **¿dónde?, ¿a—?** (to) where?

dondequiera anywhere; wherever

doña Doña (title of respect used before female names)

dorado, -a golden

dormido, -a sleeping, asleep

dormir (ue, u) to sleep;**—se** to fall asleep

dormitorio *m.* bedroom

dotado, -a endowed

dote *f.* dowry; natural gift, talent

drama *m.* play

dramaturgo, -a *m. & f.* playwright

droga *f.* drug

drogadicto, -a *m. & f.* drug addict

dualidad *f.* duality

ducha *f.* shower

duda *f.* doubt; **no cabe—**there is no doubt

dudar to doubt

dueño, -a *m. & f.* owner; master

dulce sweet

dulcificar to sweeten; to soften

dulzura *f.* sweetness

duplicar(se) to double, duplicate

durante during; for

durar to last

duro, -a hard; severe

E

e (=**y** before words beginning with **i** or **hi**) and

echado, -a lying down

echar to throw, toss; to throw out;**—a andar** to set or place in motion;**—la culpa** to blame;**—se a reír** to burst out laughing; **—se a perder** to be or become ruined;**—a correr** to run away

eco *m.* echo

ecología *f.* ecology

ecológico, -a ecological

ecólogo, -a *m. & f.* ecologist

economía *f.* economy

economizar to save

ecuestre equestrian

edad *f.* age; **de—mediana** middle aged;**—oscura** Dark (Middle) Ages

edénico, -a paradisiacal

edificar to build, construct

edificio *m.* building

editorial publishing, publishing house

educación *f.* education; upbringing

educar to educate; to bring up

educativo, -a educational

EE.UU. (abbreviation for **Estados Unidos**) United States

efecto *m.* effect; **en—**in fact;**— invernadero** *m.* global warming (greenhouse effect)

efectuar to effect, bring about

eficaz (*pl.* **eficaces**) efficient

efímero, -a ephemeral

efusión *f.* effusion, unrestrained expression of feeling

efusivo, -a effusive

egipcio, -a *m. & f. & adj.* Egyptian

egoísmo *m.* selfishness

egoísta *m. & f.& adj.* selfish

ejecución *f.* carrying out; execution

ejecutar to execute

ejecutivo, -a *m. & f. & adj.* executive

ejemplar exemplary, model

ejemplificar to exemplify

ejemplo *m.* example; **por—**for example

ejercer to exert; to perform

ejercicio *m.* exercise

ejército *m.* army

electorado *m.* electorate

electricidad *f.* electricity

elegir (i) to choose, elect

elemental elementary

elevado, -a raised

elevar to elevate, raise

eliminar to eliminate

ello *pron.* it

elote *m.* ear of tender corn

embajador, -a *m. & f.* ambassador

embarazada pregnant

embarcado, -a engaged (in)

embarcar to embark (on an enterprise)

embargo: sin—nevertheless, however

emborracharse to get drunk

embriagado, -a intoxicated

embrutecer to render brutish; to dull the mind

emigrar to emigrate; to migrate

emisión *f.* broadcast

emitir to emit

emocionado, -a moved, touched, affected

emocionante exciting

emotivo, -a emotional

empaquetar to package; to put in a package

empeoramiento *m.* worsening

empeorar to worsen

emperador *m.* emperor; **emperatriz** *f.* empress

empero however; nevertheless

empezar (ie) to begin

empleado, -a *m. & f.* employee

emplear to use; to employ, hire

empleo *m.* employment, job; use

emplumado, -a feathered

empobrecerse to become impoverished

emprender to undertake; to begin

empresa *f.* enterprise; company, business

empresarial *adj.* enterprising; management

empresario, -a *m. & f.* businessman; businesswoman; contractor

empujar to push, shove

en in; on; at; during; to; **de...— from . . . to**

enajenar to alienate

enamorado, -a in love

enamorarse (de) to fall in love (with)

enano, -a *m. & f.* dwarf

encabezado, -a headed

encabezar to head

encaminarse to start out on a road

encantado, -a delighted; satisfied

encantador, -a *m. & f.* sorcerer; sorceress

encanto *m.* enchantment, spell

encarcelado, -a imprisoned

encargado, -a *m. & f.* person in charge or entrusted

encargar to entrust;**—se (de)** to take charge (of)

encauzar to channel

encendedor *m.* lighter

encender (ie) to light; to turn on, to switch on

encerrado, -a enclosed; locked up; stuck inside

encerrar (ie) to enclose; to encircle; to shut in, confine; to contain;**—se** to lock oneself up, go into seclusion

enchufar to plug in

encima (de) on; upon; on top of

encinta pregnant

encontrado,-a found

encontrar (ue) to find; to encounter;**—se** to be; to be found;**—se con** to come across, meet up with

encrucijada *f.* crossroads, intersection

encubierto,-a disguised

encubrir to hide, conceal

encuentro *m.* encounter; **ir al—de** to go to meet

encuesta *f.* poll

endurecimiento *m.* hardening

enemigo, -a *m. & f.* enemy

energía *f.* energy

enérgico, -a energetic

enfadar to displease, anger;**—se** to become angry

énfasis *m.* emphasis; **hacer—en** to emphasize

enfático, -a emphatic

enfatizar to emphasize

enfermarse to become sick

enfermedad *f.* sickness, disease

enfermería *f.* nursing

enfermero, -a *m. & f.* nurse

enfermizo, -a sickly

enfermo, -a sick; *m. & f.* sick person

enfocar to focus

enfrentarse (con) to face, confront

enfrente (de) opposite, in front

engañar to deceive; to cheat

engaño *m.* deceit, fraud

engordar to grow fat; to increase in size

engranaje *m.* gear; connection

enjuagarse to rinse out (mouth)

enlace *m.* tie, connection

enlazarse to link up

enloquecer (zc) to delight, to make crazy (with joy)

enmarañar to (en)tangle, muddle (up)

enmarcar to mark

enmienda *f.* amendment

enojar to make angry

enojo *m.* anger

enorme enormous

enrigidecer to make rigid;**—se** to become rigid

enriquecer to enrich;**—se** to get rich

enriquecimiento *m.* enrichment

enrollado, -a wrapped around, coiled around

ensalada *f.* salad

ensangrentarse (ie) to become covered with blood

ensayar to test; to try

ensayista *m. & f.* essayist

ensayo *m.* essay

enseñanza *f.* teaching; education; training

enseñar to teach; to show

ensordecer to deafen

ensuciarse to get dirty

entender (ie) to understand

enterarse to find out

entero, -a entire, whole, complete

enterrar (ie) to bury

entibiar to take the chill off;**—se** to cool down

entidad *f.* entity

entonces then

entornado, -a half-closed (eyes)

entornar to half close

entorno *m.* surroundings; environment

entrada *f.* entry

entrante: el año— (the) next year

entrañar to contain; to carry within

entrar to enter

entre between, among;**—líneas** between the lines

entrega *f.* surrender

entregar to hand over;**—se** to devote oneself wholly

entrenamiento *m.* training

entrenar to train

entretanto meanwhile

entretener to amuse; to entertain

entretenido, -a (*p.p. of* **entretener**) amusing, entertaining

entrevista *f.* interview

entrevistar to interview

entristecerse to become sad

entusiasmado, -a enthused

entusiasmo *m.* enthusiasm

entusiasta enthusiastic

envalentonado, -a emboldened

envase *m.* container

envenenamiento *m.* poisoning

envenenar to poison

enviar to send

envidia *f.* envy

envuelto, -a wrapped up; enveloped

época *f.* epoch; age; time; season

equidad *f.* fairness, equity

equilibrio *m.* equilibrium, balance

equipado, -a equipped

equipo *m.* team

equivocado, -a mistaken

equivocarse to be mistaken; to make a mistake

equívoco, -a mistaken, erroneous

erigirse to set oneself up

erosionar to erode

erradicar to eradicate

errar to miss

erróneo, -a incorrect, erroneous

erudito, -a erudite, learned, scholarly

esbozo *m.* outline

escala *f.* scale; **a—menor** on a smaller scale

escalar to scale, climb

escalera *f.* staircase

escalón *m.* step

escandalizar to shock, scandalize

escándalo *m.* tumult, noise; scandal

escandaloso, -a scandalous

escaparate *m.* display window

escapar(se) to escape; to flee; to slip away

escarcha *f.* frost

escasear to be scarce

escasez (*pl.* **escaseces**) *f.* shortage

escaso, -a scarce; scant; in small quantity

escena *f.* scene

escenario *m.* scenery; backdrop

escencia *f.* essence

esclavitud *f.* slavery

esclavo, -a *m. & f.* slave

escoger to choose, select

escolar academic, scholastic

escolástico, -a scholastic

esconder(se) to hide

escondido,-a hidden

escribir to write

escrito, -a *adj.* written;**—s** *m. pl.* writings

escritor, -a *m. & f.* writer

escritorio *m.* desk

escritura *f.* writing

escrúpulo *m.* scruple

escuchar to listen (to)
escudo *m.* shield
escuela *f.* school
escueto, -a concise
escultor,-a sculptor, sculptress
escultura *f.* sculpture
escurrir to drain
esencial essential
esfera *f.* sphere
esforzarse (ue) to make an effort
esfuerzo *m.* effort
esmero *m.* great care
eso that; that thing; that fact;
    por—therefore, for that reason
espacial: nave—*f.* spaceship
espacio *m.* space
espacioso, -a spacious
espada *f.* sword
espalda *f.* back; a mis—s behind
    my back
espantar to frighten, scare;—se to
    become frightened; No te
    espantes Don't get frightened
espanto *m.* fright, horror
espantoso, -a frightful, terrifying
España Spain
español, -a *m. & f. & adj.*
    Spaniard; Spanish
especializado, -a specialized
especializarse to attend graduate
    or professional school; to major
    in a field of studies
especias *f.* spices; species
especie *f.* kind, type; species; idea
espectáculo *m.* spectacle; show
espectador, -a *m. & f.* spectator;
    viewer
espectro *m.* ghost
espejo *m.* mirror
espera *f.* wait, waiting; en—de in
    the expectation of
esperanza *f.* hope
esperar to hope for; to wait for; to
    expect
espesante *m.* thickening agent
espesar to thicken
espesura *f.* thicket, dense wood
espía *m. & f.* spy
espiar to spy, watch
espíritu *m.* spirit
esplendor *m.* splendor; radiance
espontáneo, -a spontaneous
esposo, -a *m. & f.* husband; wife;
    spouse
esqueleto *m.* skeleton

esquema *m.* outline, plan
esquemático, -a schematic,
    summarized
esquí *m.* skiing
esquina *f.* corner
estabilidad *f.* stability
establecer to establish
establecerse (zc) to move to
establecido, -a established; set
    up
establecimiento *m.* establishment
estación *f.* season; station
estadio *m.* stadium
estadística *f.* statistic
estado *m.* state; condition;
    Estados Unidos United States
estadounidense *m. & f. & adj.*
    citizen of the United States
estallar to explode, burst
estampa *f.* picture; image; print
estampilla *f.* stamp
estanque *m.* reservoir; basin;
    pond
estar to be, to be present;—de
    acuerdo (con) to agree (with)
estatal (pertaining to the) state
estático, -a static, stationary
estatua *f.* statue
estatura *f.* stature, height
estatuto *m.* statute; by-law
este *m.* east
estela pre-Columbian carved
    stone, stele
estereotipado, -a stereotyped
estereotipar to stereotype
    (someone or something)
estereotipo *m.* stereotype
estéril sterile
esterilización *f.* sterilization
estigma *m.* stigma, mark of
    disgrace
estilo *m.* style
estimación *f.* esteem
estimar to esteem, respect; to
    estimate
estimulante stimulating
estimular to stimulate
estímulo *m.* stimulus; stimulation
estirpe *f.* race; breed; stock
esto this; this thing; this matter
estoicismo *m.* stoicism
estómago *m.* stomach
estorbar to make problems for, to
    get in the way of
estornudar to sneeze

estrago *m.* havoc, ruin
estrangular to strangle
estratagema *f.* stratagem, trick
estrategia *f.* strategy
estrato *m.* stratum, layer
estrechez *f.* austerity
estrecho, -a narrow; close
estrella *f.* star
estrés *m.* stress (anglicism)
estribillo *m.* refrain
estrictamente strictly
estridencia *f.* stridence, flashiness
estrofa *f.* stanza
estructura *f.* structure
estruendo *m.* great noise
estudiado, -a studied
estudiante *m. & f.* student
estudiar to study
estudio *m.* study
estudios *m.* studies or schoolwork;
    studios
estupidez *f.* stupidity
ETA Basque separatist group in
    Spain that sometimes uses
    terrorist tactics in their campaign
    for regional independence
etapa *f.* stage; period
etéreo, -a ethereal
eterno, -a eternal
ético, -a ethical; *f.* ethics
etimológico, -a etymological
    (history of words)
etiqueta *f.* formality; etiquette
étnico, -a ethnic
europeo, -a *m. & f. & adj.*
    European
eutanasia *f.* euthanasia, mercy
    killing
Eva Eve
evitar to avoid
evocar to evoke
exabrupto *m.* impolite outburst
exactitud *f.* exactness
exacto, -a exact; *adj.* exactly
exagerar to exaggerate
excedencia *f.* leave of absence;
    excess
exceder to exceed
excentricidad *f.* eccentricity
excitación *f.* stimulus; excitation
ex coronel *m.* ex-colonel
excluir to exclude
exhibir to show, display, exhibit
exigencia *f.* demand; requirement
exigir to demand, require

exiliado, -a *m. & f. & adj.* exile; exiled

exilio *m.* exile

éxito *m.* success; **tener—**to be a success, be successful

éxodo *m.* exodus, mass migration

expedir (i, i) to send, dispatch

experimentar to experience, feel, undergo; to experiment

explicar to explain

explotación *f.* exploitation; development

explotador, -a operating; exploitative

explotar to exploit; to explode; to develop; to operate (a business)

exponer to expound; to expose

exportadores *m.* exporters

expositor, -a *m. & f.* commentator

expropiar to take over

expulsar to expel

éxtasis *f.* ecstasy

extender(se) (ie) to extend; to spread out;**—la mirada** to cast a glance

extenso, -a extensive, vast, spacious

externo, -a external; outside

extinguir to extinguish; to put out;**—se** to go out, die

extradición *f.* extradition (forcible deportation)

extranjerizar to introduce foreign ways in

extranjero, -a foreign

extrañar to miss; to seem strange

extraño, -a strange, foreign; *m. & f.* stranger

extraterrestre *m.* extraterrestrial

extremado, -a extreme

F

fábrica *f.* factory

fabricación *f.* manufacture

fabricar to manufacture; to make

fácil easy

facilidad *f.* ease, facility; **con—** easily

facilitar to make easy; facilitate or expedite

Falange (la) the Fascist Party in Spain

falda *f.* skirt; lap

fallecer (zc) to die, expire

falsedad *f.* falsehood, lie

falta *f.* lack; absence; **hacer—**to be necessary; **sin—**without fail; **por—de** for want of

faltar to be lacking; **-le a uno algo** to be lacking something;**—al trabajo** to be absent from work; **no faltaba más** that was the last straw

falto lacking, deficient

falsificar to falsify

fama *f.* fame, reputation

famélico, -a hungry, famished

familiar (pertaining to the) family; familiar

famoso, -a famous, well-known

fantasma *m.* aparition; phantom

farmacéutico, -a pharmaceutical

farolillo *m.* small lantern

farsante *m. & f.* actor; sham

fascinar to fascinate, charm

fase *f.* phase

fastidiosamente in an annoying or a bothersome way

fatal *adj.* unlucky, unfortunate

fatalidad *f.* fatality

fatalista fatalistic

fatiga *f.* fatigue

fatigado, -a tired

favorecer to favor

favor: estar a—de to be in favor of; **por—**please

favorecido,-a favored

fe *f.* faith

febril feverish

fecha *f.* date

fecundación *f.* fertilization, fecundation

felicidad *f.* happiness

feliz (*pl.* **felices**) happy

feminidad *f.* femininity

fenicio, -a *m. & f.* Phoenician

fenómeno *m.* phenomenon

feo, -a ugly

feroz (*pl.* **feroces**) fierce

ferrocarril *m.* railroad

fervor *m.* fervor, zeal

fervorosa(mente) fervent(ly), ardent(ly)

feto *m.* fetus

fiable reliable

fiambre *m.* cold meat or food, cold cuts

fiar (en) trust (in)

ficción:—científica science fiction (more commonly written: **ciencia ficción**)

ficticio, -a fictitious

fidelidad *f.* faithfulness, fidelity

fiebre *f.* fever

fiel faithful

fiesta *f.* party

figurarse to imagine

fijar to fix;**—se en** to notice

fijeza *f.* firmness; **mirar con—**to stare

fijo, -a fixed, firm, secure

fila *f.* row

filatélico,-a *adj.* related to stamp collecting

filial *f.* subsidiary

Filipinas the Philippines

filólogo, -a *m. & f.* philologist; expert in the study of words and their origin; linguist

filosofía *f.* philosophy

filosófico, -a philosophical

filósofo, -a *m. & f.* philosopher

filtrar to filter

fin *m.* end; purpose; **a—de** in order to; **al—**at last, at the end; **a—de cuentas** after all;**—de semana** weekend; **a—es de, de—es de** toward the end of; **en—**in short

finado, -a *m. & f. & adj.* deceased, dead person

final *m.* end; **al—**at the end

finalidad *f.* purpose; goal

finalizar to end

financiero, -a financial

finanza *f.* finance

finca *f.* farm

fino, -a delicate

firmamento *m.* sky, firmament

firmar to sign

firme firm, solid; stable

firmeza *f.* firmness

físico, -a physical

físico *m.* appearance, looks

fisionomía *f.* facial expression

flama *f.* flame

flamenco *m.* flamingo (bird); rhythmic style of music characteristic of Spanish gypsies

flaqueza *f.* weakness; frailty

flecha *f.* arrow

flechazo *m.* love at first sight

flor *f.* flower
florecer to flourish; to bloom
florecimiento *m.* flourishing, flowering
flotante floating
fomentar to encourage
fondo *m.* bottom, depth; back;—**s** funds; **a**—deeply
foráneo,-a *adj.* foreign, alien
forcejar to strugggle
forestal *adj.* forest
forjar to form
forma *f.* form, shape; **de esta**—in this way
formado, -a made up
formalidad *f.* formality
formar to form; to constitute, make up
formulario *m.* form (to fill in)
foro *m.* forum
fortaleza *f.* fortress
fortuito, -a accidental
forzado,-a forced
forzar (ue) to force
forzoso, -a obligatory, compulsory
foto *f.* short form of fotografía
fotografía *f.* photograph
fotógrafo, -a *m. & f.* photographer
fracasar to fail
fracaso *m.* failure
fragante fragrant
fragilidad *f.* fragility
francés, francesa *m. & f. & adj.* French person; French
Francia France
franquear to free; to clear
franqueo *m.* postage
frase *f.* phrase; sentence
frecuencia *f.* frequency
frecuente frequent
fregadero *m.* sink (kitchen)
frenado,-a stopped
frenar to put on the brakes; to slow down
frenesí *m.* frenzy, madness
frenéticamente frenetically
frente *m.* front; **al**—**de** in front of;—**a** facing, in front of; *f.* forehead
fresas *f.* strawberries
fresco, -a fresh
frescura *f.* freshness, coolness; ease
frialdad *f.* coldness
frijoles *m pl.* beans

frío, -a cold
frívolo, -a frivolous
frontera *f.* border; boundary
fronterizo, -a border
frustrar to frustrate;—**se** to be or become frustrated
fruta *f.* fruit
frutero, -a fruit, of fruit
fruto *m.* result; fruit (any organic product of the earth)
fuego *m.* fire
fuente *f.* fountain; source
fuera outside; away;—**de** outside of, beyond
fuere: sea cual—be what it may
fuerte strong; harsh
fuerza *f.* force, strength; **a**—**de** by dint of; **de**—, **por**—by force; **por su propia**—without help, by itself
fumar to smoke
fumarola *f.* hot gas, vapor
funcionar to function; to work, run (said of machines)
funcionario, -a *m. & f.* public official, civil servant
fundado, -a founded
fundamentado, -a based
fundamento *m.* foundation
fundar to found, establish; to base
fundir to merge; to melt
funerario, -a a funeral
furia *f.* rage, fury
fusil *m.* gun, rifle
fútbol *m.* soccer

G

gabinete *m.* cabinet (politics)
galán *m. & adj.* suitor; loverboy; gallant
galeote *m.* galley slave
galería *f.* corridor; gallery
Galicia Galicia (province in northwestern Spain)
gallego *m.* language spoken in Galicia
gana *f.* desire; will; **darle la**—to feel like; to choose to; **tener**—**s** to feel like
ganadería *f.* livestock
ganado *m.* cattle; herd; livestock
ganado,-a won
ganador, -a *m. & f.* winner

ganancia *f.* profit; gain
ganar to gain; to win; to earn;—**el pan,**—**se la vida** to earn a living
garante *m. & f.* guarantor
garantía *f.* guarantee
garantizar to guarantee; to vouch for
garganta *f.* throat
garrotazo *m.* blow
gastar to spend; to wear down
gasto *m.* expense
gato, -a *m. & f.* cat; *m.* jack
gaucho *m.* Argentinian and Uruguayan cowboy
general: por lo—generally
género *m.* kind; type; gender; genre, literary form
generoso, -a generous
genética *f.* genetics
genial jovial, pleasant
genio *m.* genius, spirit
gente *f.* people
gentuza *f.* riffraff, scum
gerencia *f.* management
gerente *m.* manager
germen *m.* origin, source
gestionar to take steps to arrange
gesto *m.* expression; grimace; gesture
gigantesco, -a gigantic
ginecológico, -a gynecological
girar to rotate, turn
giro *m.* turn
giros postales *m.* money orders
gitano, -a *m. & f. & adj.* gypsy
glaciar *m.* glacier
Glaciar: Período—Ice Age
globo *m.* globe; world
glorificar to glorify
gobernador, -a *m. & f.* ruler
gobernados,-a governed, ruled
gobernar (ie) to govern, rule
gobierno *m.* government
goce *m.* enjoyment, pleasure
golondrina *f.* swallow (bird)
golosina *f.* sweet morsel
golpe *m.* hit, blow; **dar**—**s** to strike, hit;—**de mano** surprise attack
golpeado, -a bruised; beaten up
gordo, -a fat
gorro *m.* cap
gozar (de) to enjoy
gozo *m.* joy

grabadora *f.* tape recorder

gracia *f.* grace, charm;—**s** thank you

gracioso, -a charming; comical

grado *m.* grade; degree

graduar(se) to graduate

gráfico *m.* graph, chart; *adj.* graphic

grande large, big; great; grand

grandeza *f.* greatness

grandiosamente magnificently, grandiosely

granizo *m.* hail; hailstorm

granjero, -a *m. & f.* farmer

grano *m.* grain (of cereals)

grasa *f.* grease

gratificación *f.* tip; additional fee

gratificar to gratify

gratis free of charge, gratis

gratuito, -a gratuitous; without justification; uncalled for

grave serious, grave

gravedad *f.* seriousness; gravity

gravitar to press on; to gravitate

griego, -a *m. & f. & adj.* Greek

grifo *m.* faucet

gris gray

gritar to yell

grito *m.* shout, cry; **dar—s** to cry, shout

grosero, -a crude; **palabras—as** dirty words

grupo *m.* group

guagua *f.* (in Cuba) bus

guagüero *m.* (in Cuba) bus driver

guajiro, -a *m. & f.* Cuban peasant

guanábana *f.* custard-apple fruit

guante *m.* glove

guarda *m. & f.* guard, keeper

guardar to guard, watch over; to keep, save; to take care of; to put away

guardería *f.* daycare center

guardia *m.* guard, guardsman;— **de noche** night watchman

guarida *f.* den, lair (of wild animals)

gubernamental governmental

guerra *f.* war;—**mundial** World War

guerrero, -a *m. & f.* soldier, warrior

guerrilla *f.* band of guerrilla fighters

guía *m. & f.* guide

guión *m.* script, scenario; screenplay; dash (in writing)

guisa *f.* manner; way

guitarra *f.* guitar

gula *f.* gluttony

gustado, -a liked

gustar to like; to please

gusto *m.* pleasure; taste; **estar a—** to be comfortable; **dar—**to please

H

ha (*form of* **haber**) see **haber**

Habana Havana

haber (auxiliary verb) to have;— **de** + *inf.* to be to; to be obliged to ; to be going to, e.g. **si he de morirme** if I am to die

habido *p.p. of* haber been

hábil skillful

habilidad *f.* ability, skill; talent

habitación *f.* room; apartment

habitado, -a inhabited

habitante *m. & f.* inhabitant

habitar to live in, inhabit

habituarse to become accustomed, get used to

habla: de—española Spanish-speaking

hablador, -a *m. & f.* talker

hablar to talk, speak; **el—español** speaking Spanish, the speaking of Spanish

hacer to make; to do;—**buen (mal) tiempo** to be good (bad) weather;—**calor (frío, sol)** to be warm (cold, sunny);—**se** to become, to change into;—**se tarde** to be getting late;— + *time expression* ago, e.g. **hace un siglo** one century ago;—**un papel** to play a role or part;— **saber** to make known;—**manos** to acquire experience

hacha *f.* axe

hacia toward, to

hallar to find

hamaca *f.* hammock

hambre *f.* hunger

hambriento, -a hungry

harina *f.* flour

harto, -a: estar—de to be fed up with, sick and tired of

hasta even; until; to; up to

hastiado, -a (de) weary (of)

hay (*form of* **haber**) there is, there are:—**que** + *inf.* one must . . .

he aquí here is, here you have

hecho, -a made, done; *m.* fact; act

helado, -a *m.* ice cream; *adj.* freezing cold

hembra *f.* female

hembrismo *m.* exaggeratedly feminine actions and attitudes

hembrista *f. & adj.* female who believes in or practices **hembrismo**

hemisferio *m.* hemisphere

hemofilia *f.* hemophilia

heredar to inherit

heredero, -a *m. & f.* heir; successor

herencia *f.* inheritance; heritage; heredity

herida *f.* injury

herir (ie, i) to hurt; to wound

hermandad *f.* brotherhood

hermano, -a *m. & f.* brother; sister

hermoso, -a beautiful

hermosura *f.* beauty

héroe *m.* hero

heroicidad *f.* heroism

herramienta *f.* tool;—**s** *f. pl.* set of tools

hervido,-a boiled

heterocentrado,-a focused on outside interests

híbrido, -a *m. & adj.* hybrid

hielo *m.* ice

hierro *m.* iron

higiénico, -a hygienic

hijo, -a *m. & f.* child; son; daughter;—**de puta** bastard; son of bitch;—**s** children; sons; daughters

hilo *m.* thread; string; thin wire

hinchado, -a swollen

hipocresía *f.* hypocrisy

hipócrita *m. & f.* hypocrite

hipoteca *f.* mortgage

hipotecado, -a mortgaged

hispánico, -a Hispanic

hispano, -a *m. & f.* Hispanic person, Spaniard or Spanish-American; *adj.* Hispanic

Hispanoamérica Latin America

hispanohablante *m. & f. & adj.* Spanish speaker; Spanish-speaking

hispanoparlante *m. & f. & adj.* Spanish speaker; Spanish-speaking

historia *f.* history; story

historiador, -a *m. & f.* historian

histórico, -a historical

historieta *f.* story; comic strip

hogar *m.* home

hogareño, -a domestic

hoguera *f.* fire

hoja *f.* leaf; page

holgazán, holgazana *m. & f.* loafer, bum

hombre *m.* man; mankind; **¡hombre!** indeed!, you don't say!; **ser muy—**to be a real man

hombro *m.* shoulder

homenaje *m.* homage; tribute

homicida homicidal

homicidio *m.* murder, homicide

hondo, -a deep, profound

honestidad *f.* decency; decorum

honra *f.* honor

honrado, -a honorable; honest

honrar to honor, glorify

hora *f.* hour; time

horario *m.* timetable

horda *f.* horde

horizonte *m.* horizon

hormiga *f.* ant

hormona *m.* hormone

horroroso, -a horrid; hideous

hospedaje *m.* lodgings

hospedar to lodge

hospitalidad *f.* hospitality

hostilidad *f.* hostility

hoy today; nowadays;**—día** nowadays, today

huelga *f.* strike (of workers); rest, merriment; **hacer—**to strike;**— de hambre** hunger strike

huella *f.* track

hueso *m.* bone

huésped *m.* guest

huesudo, -a bony

huevo *m.* egg

huida *f.* flight

huir to flee

humanidad *f.* humanity

humeante smoky

húmedo, -a humid

humildad *f.* humility

humilde humble

humillación *f.* humiliation

humillado, -a humiliated

humo *m.* smoke; fume

humorístico, -a humorous

huracanes *m.* hurricanes

I

ibérico, -a Iberian (from Iberian Peninsula: Spain and Portugal)

idealizado, -a idealized

idéntico, -a identical

identidad *f.* identity

identificar:—se to be identified; to identify

ideología *f.* ideology

idioma *m.* language

ídolo *m.* idol

idóneo,-a suitable or apt

iglesia *f.* church

ignorar not to know, to be ignorant of

igual equal; the same; similar; **por—**equally;**—que** the same as, similarly

igualación *f.* equalization

igualdad *f.* equality

igualitario, -a egalitarian

ilimitado, -a unlimited

iluminar to illuminate, light up

ilusión *f.* hopeful anticipation; illusion

ilustrar to illustrate

imagen *f.* image

imaginar to imagine;**—se** to imagine, picture to oneself

imitar to imitate

impaciencia *f.* impatience

impartir to demand

impasibilidad *f.* insensitivity; impassivity

impasible impassive

impedido, -a (physically or mentally) handicapped or challenged

impedimento *m.* handicap, physical or mental challenge or impediment

impedir (i, i) to prevent, impede

imperante ruling

imperar to prevail, to reign, rule

imperdonable unpardonable, unforgivable

imperio *m.* empire

impermeable *m.* raincoat

ímpetu *m.* impetus

implicar to imply; to involve

implorar to beg, implore

imponente imposing

imponer to impose

importación *f.* import; importation

importar to be important; to matter

importe *m.* amount (of bill)

imprescindible essential

impresionante impressive

impresionar to impress

impuesto *m.* tax; **cobrar—s** to collect taxes; *p.p. of* **imponer** imposed

impulso *m.* impulse; impetus, momentum

impureza *f.* impurity

inagotable inexhaustible, bottomless

inalienablemente inalienably

inaugurar to inaugurate

inca *m. & f.* Inca (Indian of the Incan culture)

incaico, -a Incan (of or pertaining to the Incas)

incapacidad *f.* incapacity

incapaz (*pl.* **incapaces**) incapable

incauto, -a uncautious, unwary

incendiar to set on fire

incendio *m.* fire

incertidumbre *f.* uncertainty

incierto, -a uncertain

incinerado, -a burned, incinerated

incitar to lead, to incite or to induce

inclinarse to bend over; to bow

incluir to include

incluso including; even

incómodo, -a uncomfortable

incomprehensivo, -a ignorant; not understanding

inconcebible inconceivable

inconfesable unspeakable, shameful

inconformidad *f.* disconformity

inconfundible unmistakable

inconsciente unconscious; unaware

incontenible uncontrollable

incontrolado, -a uncontrolled

inconveniente *m.* objection; drawback; *adj.* inconvenient

incorporarse to sit up; to join
incredulidad *f.* disbelief, incredulity
increíble unbelievable, incredible
incrementar to increase
inculto, -a uneducated, uncultured
indebido, -a improper; unlawful
indefenso, -a defenseless
independista (independentista) *m. & f.* supporter of independence
indicación f. hint
indicado, -a appropriate; proper
indicar to indicate, point out
índice *m.* index
indicio *m.* indication
indígena *m. & f. & adj.* native inhabitant: Indian; Aboriginal
indignidad *f.* indignity
indio, -a *m. & f. & adj.* Indian
indiscreto. -a indescreet; imprudent
individuo *m.* individual, person
indocumentados,-as *noun & adj.* undocumented (workers)
indominable uncontrollable
indudablemente undoubtedly
indulto *m.* pardon; reprieve
industrioso, -a industrious
inepto,-a *adj.* incompetent
inescrupuloso, -a unscrupulous
inestabilidad *f.* instability
inestable unstable
inexistente nonexistent
inexpresivo, -a emotionless, without expression
infame infamous
infancia *f.* infancy, childhood
infelicidad *f.* unhappiness
infeliz (*pl.* **infelices**) unhappy
inferioridad *f.* inferiority
inferir (ie, i) to suggest; to infer
infidelidad *f.* unfaithfulness
infiel unfaithful
infierno *m.* hell
infinidad *f.* infinity
influir to influence
influjo *m.* influence; influx
informador, -a *m. & f.* informant
informe *adj.* shapeless; *m.* report
infortunado, -a *m. & f. & adj.* unfortunate (person)
infortunio *m.* misfortune
infracción *f.* violation
inframundo *m.* underworld

infundir to infuse, inspire, imbue with
ingeniería *f.* engineering
ingeniero, -a *m. & f.* engineer
ingenio *m.* creative or inventive talent
ingenioso, -a ingenious, clever
ingerir (ie, i) to ingest, take in
Inglaterra *f.* England
inglés, inglesa *m. & f. & adj.* English person; English
ingrato, -a ingrate
ingresar to enter
ingreso *m.* entrance; income
inhabilidad *f.* inability
inhibición: en estado de— unconscious
iniciador, -a *m. & f.* initiator
iniciar to begin, initiate
ininteligible unintelligible, not understanding
ininterrumpido, -a uninterrupted
injusticia *f.* injustice
injustificable unjustifiable
injusto unfair, unjust
inmediato, -a immediate; adjoining; **de—**immediately
inmensidad *f.* vastness; immensity
inmenso, -a immense; limitless
inmigrado,-a immigrated
inmigrante *m. & f. & adj.* immigrant
inmigrar to immigrate
inminente imminent
inmiscuirse to meddle or interfere in the affairs of others
inmortalidad *f.* immortality
inmóvil immobile
inmutable immutable
innegable undeniable
inocuo, -a innocuous
inolvidable *adj.* unforgettable
inolvidablemente unforgettably
inoperante inoperative
inquietar to disturb; to worry
inquieto, -a restless; worried
inquietud *f.* restlessness; anxiety; uneasiness
inquilino, -a *m. & f.* tenant
Inquisición *f.* (Spanish) Inquisition
insaciable insatiable, incapable of being satisfied
insalubre unhealthy

inscribir(se) to register
inseguridad *f.* insecurity
inseguro, -a uncertain; unsafe
insensato, -a foolish
insensible insensitive
insinuación *f.* innuendo; insinuation
insinuado,-a insinuated or indirectly suggested
insinuar to insinuate, suggest
insomnio *m.* insomnia, sleeplessness
insoportable unbearable, intolerable
instalaciones *f. pl.* facilities
instalado, -a settled
instalar to install, set up;—**se** to settle
instantáneo, -a instantaneous
instante *m.* instant, moment; **al—** at once
instaurar to establish
instinto *m.* instinct
institivamente instinctively
instrucción *f.* education; instruction
instruido, -a educated
insuficiencia *f.* deficiency; insufficiency
insultante insulting
integrar to form, make up; to integrate
integridad *f.* integrity
intensidad *f.* intensity
intensificar to intensify
intentar to try
intercambiar to exchange; to interchange
interés *m.* interest
interesado,-a interested
interesante interesting
interesar to interest
interesarse to get interested
interferir (ie, i) to interfere
interior inner; inside, interior
internar to confine
intermediario, -a *m. & f.* middleman
intermedio, -a intermediate
internar(se) to penetrate into the interior of a country
interno, -a internal
intérprete *m. & f.* performer
interrogar to question, interrogate
interrumpir to interrupt

intervenir (ie) to intervene
intimidar to intimidate, scare
íntimo, -a intimate; close
intranquilidad *f.* restlessness
intranquilo, -a restless; uneasy; worried
intrigante intriguing
intrincado, -a intricate
introductor, -a *m. & f.* introducer; *adj.* introductory
intruso, -a *m. & f.* intruder
intuir to sense; to have an intuition of
inundación *f.* flood
inundar to flood, inundate
inútil useless
inutilidad *f.* uselessness
invadir to invade
invasor, -a *m. & f.* invader
invencibilidad *f.* invincibility
invento *m.* invention
invernadero *m.* greenhouse; **efecto—** global warming (greenhouse effect)
inversión *f.* investment
invertir (ie, i) to invest
investigación *f.* research; investigation
investigado,-a researched
investigador, -a *m. & f.* researcher; investigator
investigar to investigate
invierno *m.* winter
inyectar to inject
ir to go; to be;—**de mal en peor** to go from bad to worse; **se va familiarizando** he begins to become familiar;—**se** to go out, to leave; to go away
ira *f.* anger, ire
irlandés, irlandesa *m. & f. & adj.* Irish
irreal unreal
irremisiblemente without pardon; irremissibly
irrespirable unbreathable
irresponsabilidad *f.* irresponsibility
irreverencia *f.* irreverence, display of lack of respect
irritar to irritate, annoy
irrumpir to interrupt; to enter abruptly
isla *f.* island
Italia Italy

itinerario *m.* timetable; schedule; itinerary
izquierdista *m. & f.* leftist
izquierdo, -a *f.* left (side or direction); left wing (in politics)

J

¡ja! ha!
jadeo *m.* panting, breathlessness
jamás never, not ever
jamón *m.* ham
Japón *m.* Japan
jarabe tapatío *m.* Mexican folk dance
jardín *m.* garden; yard;— **zoológico** zoological gardens (zoo)
jaula *f.* cage
jefe *m.* (**jefa** *f.*) chief, leader; boss
jerarquía *f.* hierarchy
jerárquica *f.* hierarchy; hierarchical
jeroglíficos *m. pl.* hieroglyphics; pre-Columbian symbols
Jesucristo Jesus Christ
jíbaro, -a *m. & f.* Puerto Rican peasant
jinete *m.* horseman, rider
joder to mess up, to ruin; vulgar expression in some Hispanic countries
jornada *f.* working day; **doble—** double work day; **media—** half day
José Joseph
joven *m. & f.* young person, youth
joya *f.* jewel
jubilación *f.* retirement
jubilarse to retire; to be pensioned; to rejoice
judías *f.* beans
judío, -a *m. & f.* Jew; *adj.* Jewish
juego *m.* game; gambling
juez (*pl.* **jueces**) *m. & f.* judge, justice
juicio *m.* judgment; trial
jugador, -a *m. & f.* player
jugar (ue) to play;—**a** + *sport* to play, e.g.,—**al fútbol** to play soccer
jugoso, -a juicy; meaty
juguete *m.* toy
jungla *f.* jungle

junta *f.* council; board
juntar to assemble; to bring together
junto, -a joined, united;—**a** near to, close to;—**con** along with;— **s** together;—**de** nearby, next to
jurado *m..* jury
juramento:—de Hipócrates Hippocratic oath
jurar to swear, vow
jurídico, -a legal
jurista *m. & f.* lawyer; jurist
justicia *f.* justice
justificable justifiable
justificar to justify
justo, -a just, fair
juvenil young, juvenile
juventud *f.* youth
juzgar to judge; to try (in court)

K

kilo *m.* kilogram

L

laberinto *m.* labyrinth
labio *m.* lip
laboral (pertaining to) labor
laborar to work
laboriosamente laboriously
labrador, -a *m. & f.* peasant, farmer
lacrimoso, -a weeping, tearful
lado *m.* side; **al—** nearby; **por otro—** on the other hand
ladrón, ladrona *m. & f.* thief
lago *m.* lake
lágrima *f.* tear
laguna *f.* gap; pond
lamentar to regret, lament
lámpara *f.* lamp
lana *f.* wool
lancha:—motora *f.* speedboat; powerboat
langosta *f.* lobster
languidecer (zc) to languish
lanza *f.* spear
lanzado,-a thrown
lanzamiento *m.* pitching
lanzar(se) to hurl (oneself); to spout
lápiz (*pl.* **lápices**) *m.* pencil

largo, -a long; **a lo—de** along; throughout
lascivo, -a lascivious
lástima *f.* pity
lastimar to hurt
lastimarse (de) to feel pity (for)
lastimero, -a sorrowful; mournful
lata *f.* tin can
latino, -a Latin-American
latitud *f.* latitude (climate, region)
lavandera *f.* laundress
lavar to wash
Lázaro: San—Saint Lazarus
lazo *m.* knot; lasso; tie
leal loyal
lealtad *f.* loyalty; **Lealtad** the name of a street in Havana, Cuba
leche *f.* milk
lecho *m.* bed
lector, -a *m. & f.* reader
lectura *f.* reading
leer to read
legumbre *f.* vegetable
lejano, -a distant, far away
lejos far; **a lo—**far away
lema *m.* motto
lengua *f.* language; tongue
lenguaje *m.* language
lenteja *f.* lentil
lentes *m. pl.* eyeglasses
lento, -a slow
leñador, -a *m. & f.* woodcutter
letanía *f.* litany
letra *f.* letter (of alphabet)
letrero *m.* sign
levantamiento *m.* uprising
levantar to raise, lift;—**se** to get up, arise; to rebel
leve slight
ley *f.* law
leyenda *f.* legend
liado, -a entangled; complicated
liberado,-a freed
liberar to liberate, set free;—**se** to become free, escape
libertad *f.* liberty
libertador, -a *m. & f.* liberator
librar to free, set free;—**se** to save oneself, escape
libre free
librería *f.* bookstore
libreta *f.* notebook
libro *m.* book
licor *m.* liquor

líder *m.* leader
liderar to lead
liderazgo *m.* leadership
lidiar to struggle; contend
lienzo *m.* canvas
ligar to tie
ligeramente slightly; lightly
limitado,-a limited
limitar to limit; to restrict
limón *m.* lemon
limonada *f.* lemonade
limpiabotas *m. & f.* shoe shiner
limpiar to clean
límpido, -a clear, limpid
limpieza *f.* cleanliness; cleaning
limpio, -a clean
linaje *m.* lineage
lindo, -a pretty; delightful
línea *f.* line
lingüista *m. & f.* linguist
linterna *f.* lantern
lío *m.* bundle; mess, confusion
liquidar to liquidate
lírico, -a lyrical
lisiado, -a *m. & f.* cripple
listo, -a ready; clever
litigioso, -a litigious (fond of litigation)
livianidad *f.* levity; imprudence
lívido, -a livid, purplish
living (colloq.) *m.* living room
llama *f.* flame
llamada *f.* call
llamado,-a called; known as
llamar to call;—**se** to be named, called;—**a la puerta** to knock at the door
llanta *f.* tire
llanto *m.* crying, weeping
llanura *f.* plain; flatness
llave *f.* key
llegada *f.* arrival
llegar to arrive; to come; to reach; to amount;—**a ser** to become
llenar to fill;—**se** to fill up;—**se de** to get or become filled
lleno, -a full
llevado,-a brought; —**a cabo** carried out
llevar to carry, bear, transport; to lead; to wear; to carry on;—**al poder** to bring to power;—**se** to carry off, take away;—**su merecido** to get what one deserves

llorar to cry
lloroso, -a tearful, weeping
llover (ue) to rain
llovizna *f.* drizzle
lluvia *f.* rain;—**de ideas** brainstorm
lo + *adj.* the . . . ; that which is . . . ; the . . . thing, part or aspect;—**bueno** the good thing (about it);—**contrario** the opposite;—**indígena** the indigenous (native Indian) part;—**peor** the worst part;—**único** the only thing;—**suficiente** that which (what) is enough;—**que** that which, what
lobo *m.* wolf
lóbrego, -a dark gloomy
localidad *f.* place
localizar to localize, locate
loco, -a crazy; *m. & f.* lunatic, crazy person; fool
locura *f.* madness
lógica *f.* logic; reasoning; *adj.* logical
lograr to achieve, accomplish; to obtain;— + *inf.* to succeed in
logro *m.* achievement; gain
loza *f.* porcelain; crockery
lozano, -a luxuriant
lúbrico, -a wanton, lascivious, lubricious
lucha *f.* fight, struggle
luchar to fight, struggle
lucir to seem, appear
lucro *m.* gain, profit
luego then; later;—**que** as soon as; **hasta—**good-bye, so long
lugar *m.* place; **en primer—**in the first place; **tener—**to take place; **en—de** instead of; **dar—a** to give rise to
lujo *m.* luxury
lujoso, -a costly; luxurious
lunar *m.* birthmark; *adj.* on the moon
lunes Monday
lupa *f.* magnifying glass
luz (*pl.* **luces**) *f.* light; lamp; **dar a—**to give birth

M

machete *m.* large heavy knife, machete

machismo *m.* exaggeratedly masculine actions and attitudes

machista *m. & adj.* male who believes in or practices machismo; chauvinistic

macho *m. & adj.* male, manly

macizo, -a massive; solid

madera *f.* wood

madrastra *f.* stepmother

madre *f.* mother

maduro, -a mature

maestría *f.* mastery

maestro, -a *m. & f.* teacher; master

magia *f.* magic

magistrado *m.* magistrate

magnífico, -a magnificent, great

mago, -a *m. & f.* magician, wizard

maíz *m.* corn

majestuoso, -a majestic

mal *adv.* bad, badly; ill; *m.* evil; *adj.* bad; **ir de—en peor** to go from bad to worse

maldad *f.* evil

maldecir to curse; to damn

maldición *f.* curse

maléfico, -a harmful, evil

malestar *m.* discomfort, uneasiness

maligno, -a evil, malignant

maltratado,-a abused, badly treated

maltratar to mistreat, abuse

maltrato *m.* abuse, mistreatment

manar to spring, flow

mancha *f.* spot; stain

manchado, -a soiled, stained

mancillar to stain, blemish

mandado, -a sent

mandar to send; to rule; to order

mandato *m.* mandate, command

mando *m.* power; control;—**a distancia** remote control (for T.V.)

manejar to drive (car, etc.); to operate, run (elevator); to manage

manera *f.* manner; way

manía *f.* whim; mania

manifestación *f.* demonstration

manifestante *m. & f.* demonstrator

manifestar (ie) to reveal, show, manifest

manipular to manipulate

mano *f.* hand;—**s a la obra** (Let's get down) to work;—**de obra** labor; **poner—a** to lay hands on; to grab

manojo *m.* bunch; bundle; handful

manso, -a gentle, soft

mantarraya *f.* mantaray

mantener to maintain; to keep; to support

mantenerse to support oneself

mantequilla *f.* butter

manufacturero, -a *adj.* manufacturing

manuscrito *m.* manuscript

manzana *f.* apple

mañana *f.* morning; *adj.* tomorrow

mañanita *f.* bed shawl

mapa *m.* map

mapamundi *m.* world map

maquiladora *f.* assembly plant

maquillaje *m.* makeup

máquina *f.* machine

mar *m. & f.* sea

maravilla *f.* wonder

maravilloso, -a marvelous; fantastic (of the fantasy or imagination)

marcar to mark; to score

marcha *f.* march; operation; **poner en—** to start up

marchar to travel; to march;—**se** to leave, go out; to march

marco *m.* frame

maremoto *m.* tidal wave

marfil *m.* ivory

marginación *f.* marginalization

marginado, -a on the fringe

marido *m.* husband

«Marielitos» Cuban refugees named for port town (Mariel) from which they departed in small boats in 1980

marisco *m.* shellfish

marimba *f.* musical instrument

mariposa *f.* butterfly

marzo *m.* March

más more; most;—**bien** rather;—**o menos** more or less

mas but

masa *f.* mass; **en—** in a body; **las—s** the masses

máscara *f.* mask

mascota *f.* pet; mascot

masculinidad *f.* masculinity

mástil *m.* mast

matar to kill;—**se** to kill oneself,

matemáticas *f. pl.* mathematics

materia *f.* subject; matter; material

materno, -a maternal; **lengua—** *f.* mother tongue (one's native language)

maternidad *f.* maternity

matricular to register

matrimonio *m.* marriage; married couple

maullando mewing, meowing

máximo, -a top; highest; maximum

maya *m. & f. & adj.* Mayan Indian; Mayan

mayólica *f.* Majolica style of chinaware or tile

mayor greater; larger; older; greatest; largest; oldest

mayoría *f.* majority

meca *f.* mecca; goal

mecánico, -a mechanical

mecanizado, -a mechanized

medalla *f.* medal

media: Edad—Middle Ages

mediados de, a halfway through; in the middle of

mediana: de edad— middle aged

medianoche *f.* midnight

mediante with the help of

medias: a—half; by halves

medicamento *m.* medicine, drug

médico, -a *m. & f.* doctor; *adj.* medical

medida *f.* measure

medida que: a ___ ___ at the same time as

medio, -a half; middle; average; *m.* means; middle; medium; way;—**ambiente** *m.* environment;—**s de comunicación** *m. pl.* the media; **en—de** in the middle of, among;—**de consulta** *m.* means of reference; **por—de** by means of; **Medio Este** *m.* Middle East; **Medio Oeste** *m.* Middle West

mediodía *m.* midday, noon

medir (i, i) to measure

meditar to meditate

Mediterráneo, -a Mediterranean

mejor better; best

mejora *f.* improvement

mejorar to improve, better
melancólico, -a melancholy
memoria *f.* memory
mencionar to mention
mendigo, -a *m. & f.* beggar
menina *f.* maid of honor; lady-in-waiting
menor smaller
menos less; **a—que** unless; **al—, por lo—**at least
mensaje *m.* message
mensajero, -a *m. & f.* messenger
mensual *adj.* monthly
mentalidad *f.* mentality
mente *f.* mind
mentira *f.* falsehood, lie
mentir (ie, i) to lie
mentiroso, -a *m. & f. & adj.* lying, deceptive, false (person)
menudo *m.* market
mercado *m.* market(place)
mercadotecnia *f.* marketing
mercancía *f.* merchandise; goods
mercantil commercial; mercantile
merced *f.* grace, favor; mercy
merecer to deserve
merecido (*p.p. of* **merecer**) just deserts or punishment
mérito *m.* merit, worth
meritorio, -a worthy, deserving, meritorious
mero, -a a mere
mes *m.* month
mesa *f.* table;**—redonda** round table (discussion)
mesero, -a *m. & f.* waiter; waitress
meseta *f.* plateau, tableland
mestizaje *m.* race mixture
mestizo, -a *m. & f.* person of mixed Spanish and Indian ancestry
meta *f.* goal; objective
metafísico *m.* metaphysician
metáfora *f.* metaphor
metano *m.* methane (gas)
meteorología *f.* meteorology, study of climate and weather
meter to put in;**—se en** to get into
meticulosamente meticulously
metido, -a involved
método *m.* method
metro *m.* meter
mexica n. & *adj.* relating to the Mexica tribe in Mexico

méxico-americano, -a *m. & f.* Mexican-American
mezcla *f.* mixture
mezquino, -a mean-spirited
miedo *m.* fear
miedoso, -a fearful
miel: luna de—honeymoon
miembro *m.* member
mientras (que) while; whereas;**—tanto** meanwhile
miércoles *m.* Wednesday
migra *f., colloq.* Immigration and Naturalization Service of U.S.A. (INS)
migratorio, -a migratory
mil (*pl.* **miles**) thousand
milagro *m.* miracle
milagroso, -a miraculous
militar military; *m.* military man, soldier
milla *f.* mile
millón million
mimado, -a spoiled
mina *f.* mine
minifalda *f.* miniskirt
mínimo, -a minimum, minimal
ministerio *m.* department; ministry
minoría *f.* minority
minoritario, -a minority
minucia *f.* small detail
minuto *m.* minute; **a los pocos—s** a few minutes later
mirada *f.* look, glance, gaze
mirar to look at
misa *f.* mass
miseria *f.* misery; poverty
misericordia *f.* mercy
misericordioso, -a merciful
misionero, -a *m. & f.* missionary
misiva *f.* missive (letter)
mismo, -a same; self; very; **a sí—** to oneself; **lo—**the same (thing); **por lo—**for the same reason
misterioso, -a mysterious
mita *f.* drafting of Indian laborers for public works (during Inca period); forced labor
mitad *f.* half
mito *m.* myth
mitología *f.* mythology
mitológico, -a mythological
mixto, -a mixed
mocos *colloq.* mucus from nose

moda *f.* style
moda: estar de—to be in style, fashionable
modelo *m. & adj.* model; example
moderado, -a moderate; *m. & f.* moderate person
modernizado, -a modernized
modificar to modify
modismo *m.* idiom
modo *m.* way; manner;**—de vivir** way of life; **de cualquier—**by any means, in any manner; **de—que** so that; **de ese—**like that
mofarse de to make fun of; to sneer at
mojado, -a *m. & f.,*wet, damp; *colloq.* undocumented worker in U.S.
molestar to bother
molestia *f.* bother
molesto, -a upset, offended
molido, -a worn out; exhausted
momentáneo, -a momentary
monarca *m.* monarch
monarquía *f.* monarchy
monárquico, -a *m. & f.* monarchist
moneda *f.* coin; currency
monja *f.* nun, sister of a religious order
mono *m.* monkey
monolingüe monolingual
monolito *m.* monolith
monstruo *m.* monster
montaje *m.* assembly
montaña *f.* mountain
montar to assemble, set up; to mount;**—en bicicleta** to ride a bicycle
monte *m.* mountain; hill; forest; foothill
montón *m.* pile, heap
montura *f.* saddle
morado, -a purple
moraleja *f.* moral
moralidad *f.* morality
morder (ue) to bite
moreno, -a dark; darkskinned, brunette
moribundo, -a dying
morir (ue, u) to die
mortal fatal, terminal (disease); mortal
mosca *f.* fly

mostrado, -a shown

mostrador *m.* store counter

mostrar (ue) to show

motín *m.* riot

motivo *m.* motif, theme; motive, reason

motocicleta *f.* motorcycle

mover(se) (ue) to move

movilizar to mobilize

movimiento *m.* movement

mozo, -a *m. & f.* young man, woman; waiter, waitress

muchacho, -a *m. & f.* boy; girl; child

mucho, -a much, a lot of;—**s** many; *adv.* much, a great deal, a lot

mudarse to move, change residence; change

mudo, -a silent

muebles *m. pl.* furniture

muerte *f.* death; **dar—a** to kill

muerto, -a *p.p. of* **morir** *& adj.* dead; *m. & f.* dead person

mugriento, -a grimy, dirty

mujer *f.* woman; wife

mulato, -a *m. & f.* person with mixed Negro and Caucasian ancestry

multinacional *f.* multinational company or business

multiplicar to multiply

multitud *f.* crowd, multitude

mundial worldwide; **guerra—** World War

mundo *m.* world; **todo el—** everyone; **tercer—** Third World region (most of Asia, Africa, Latin America)

muñeca *f.* doll

muralla *f.* city wall

murmurar to whisper, murmur; to gossip

muro *m.* wall

musculatura *f.* musculature

músculo *m.* muscle

musculoso, -a muscular

museo *m.* museum

música *f.* music

musicalidad *f.* musicality

músico, -a *m. & f.* musician

musulmán, musulmana *m. & f. & adj.* Moslem

muy very; very much

N

nacer to be born; to originate

nacido, -a born

nacimiento *m.* birth

nacional national; *m.* national, citizen; in Spanish Civil War, those seeking to overthrow the Republic

nada nothing, not anything; nothingness

nadar to swim

nadie no one, nobody

narcoguerilla *f.* group of terrorists who aid drug smugglers

narcotraficante *m. & f.* drug dealer

nariz *f.* nose

narrador, -a *m. & f.* narrator

natación *f.* swimming

natal native

natalidad *f.* birth rate; **control de la—** *m.* birth control

naturaleza *f.* nature

nave:—espacial *f.* spaceship

navegar to sail; to move around or surf on the Internet

Navidad *f.* Christmas

necesidad *f.* need, necessity

necesitar to need; to necessitate

negado,-a denied

negar (ie) to deny;—**se** to refuse

negociante *m. & f.* businessperson

negociar to negotiate

negocio *m.* business; affair

negrilla *f.* boldface

negritud *f.* blackness; Black identity

negro, -a *m. & f. & adj.* black; dear, darling

nene *m.* baby boy

nena *f.* baby girl

neoyorquino,-a *m. & f.* person from New York

nevada *f.* snowfall

nevar (ie) to snow

ni neither, nor;—. . .—neither . . . nor;—**siquiera** not even

nicaragüense *m. & f. & adj.* Nicaraguan

nido *m.* nest

nieto, -a *m. & f.* grandchild; grandson; granddaughter

nieve *f.* snow

ningún, ninguno, -a none; no one; (not) any

niñez *f.* childhood

niño, -a *m. & f.* child; (baby) girl; (baby) boy;—**s** children; boys; girls; **de—**as a child

níspero *m.* medlar fruit

nítido, -a sharply defined

nivel *m.* level;—**de vida** standard of living

noble *m.* nobleman; *adj.* noble

nobleza *f.* nobility

noche *f.* night; **de—, de la—, por la—**at night; **ser de—**to be night

nómada *m. & f. & adj.* nomad, nomadic

nombrar to name

nombre *m.* name

noreste *m.* northeast

noroeste *m.* northwest

norte *m.* north

norteamericano, -a *m. & f. & adj.* American (from the United States)

nota *f.* grade, score (on test)

notar to notice, note

noticiario *m.* newscast, news program

noticias *f. pl* news; **dar—**to notify

notorio, -a well-known; evident

novedad *f.* novelty; piece of news

novedoso, -a novel

novel inexperienced, new

noviembre November

novio, -a *m. & f.* boyfriend; girlfriend; *pl.* engaged couple

nube *f.* cloud

nublazón *m.* gathering of storm

núcleo *m.* group

nudo *m.* knot

nuestro,-a our

nuevo, -a new; **de—**again

nuevomexicano,-a *m & f .* New Mexican

nulo, -a null, void

número *m.* number

numeroso, -a numerous

nunca never; not ever

nupcias *f. pl.* wedding, nuptials

nutrir to feed, nourish

O

o or;**—. . .—**either . . . or
obedecer to obey
obispo *m.* bishop
objetivo, -a *m. & adj.* objective
objeto *m.* object; purpose
obligar to obligate; to oblige
obligatorio,-a compulsory
obra *f.* work; **manos a la—**get down to work
obrero, -a *m. & f.* worker, laborer;**—migratorio** migrant worker
obscenidad *f.* obscenity
obscuridad *f.* obscurity; darkness
obscuro, -a dark; **a obscuras** in the dark
obsequioso, -a obliging, obsequious
observador, -a *m. & f.* observer
observar to observe; to watch
obsesionado, -a obsessed
obstaculizar to block, obstruct
obstáculo *m.* obstacle
obstante: no—however; nevertheless
obstruir to obstruct
obtener to obtain, get; to attain
obvio, -a obvious
ocasionar to cause
occidental western, occidental
ocio *m.* idleness; leisure time
ocote *m.* torch pine *(Mex.)*
octubre October
ocultar(se) to hide
oculto,-a. hidden
ocupado, -a occupied
ocupar to occupy;**—se de** to pay attention to; to be interested in
ocurrido *p.p.* occurred
ocurrir to occur; to happen;**—se** to occur (to one)
oda *f.* ode
odiar to hate
odio *m.* hatred, hate
oeste *m.* west
oferta *f.* offer; supply
oficina *f.* office
oficio *m.* job; task; duty
ofrecer to offer
oído *m.* (inner) ear
oír to hear;**—decir** to hear it said
ojalá (que) I hope that, would that

ojeada: echar una—to cast a glance
ojo *m.* eye
ola *f.* wave
oleada *f.* wave or surge (of immigrants)
óleo *m.* oil (painting)
oleoducto *m.* pipeline
olfato *m.* smell, sense of smell
olimpiadas *f. pl.* Olympics
olímpico, -a *m. & f.* participant in Olympics
olor *m.* fragrance, smell
olvidado,-a forgotten
olvidar(se) (de) to forget
ombligo *m.* navel; center
omitir to omit; to neglect
onda *f.* wave
oneroso, -a onerous
ONU abbreviation for **Organización de Naciones Unidas, UN** (United Nations)
opaco, -a opaque
opción *f.* choice, option
operarse to have an operation
opinar to be of the opinion; to have an opinion **¿Qué opina usted de...?** What is your opinion of . . . ?
opio *m.* opium
oponer(se) to oppose
oportunidad *f.* opportunity
opositor, -a opposing
opreso, -a *m. & f.* oppressed person
oprimir to oppress; to weigh down
oprobio *m.* disgrace; insult
optar to choose
optimista optimistic
óptimo, -a optimal
opuesto, -a opposite; opposed
oración *f.* sentence; prayer
orador, -a *m. & f.* speaker
orar to pray
oratorio, -a oratorical
orbe *m.* cirlce; sphere; world
órbita *f.* eye socket; orbit
orden *m.* order (sequence); *f.* order, command
ordenado, -a tidy, orderly
ordenar to arrange, put in order; to order
oreja *f.* (outer) ear
orgullo *m.* pride; **tener—**to be proud

orgulloso, -a proud
oriental eastern
Oriente Orient, East
originario, -a original; native (to a particular place)
originar(se) to originate; to create
orilla *f.* border, bank (of river); edge
oro *m.* gold
orquesta *f.* orchestra; band
ortodoxo, -a orthodox
ortografía *f.* spelling
os you; yourselves
oscilar to fluctuate, oscillate
oscurecer to darken, obscure;**—se** to become cloudy; to become dark
oscuridad *f.* darkness
oscuro, -a dark; **a oscuras** in the dark; **Edad—**Dark (Middle) Ages
ostentar(se) to show; to show off
ostentosamente ostentatiously
ostra *f.* oyster
otoño *m.* fall, autumn
otorgar to grant, give; to award
otro, -a another, other
oveja *f.* sheep
oxígeno *m.* oxygen
ozono *m.* ozone

P

paciencia *f.* patience
paciente *m. & f. & adj.* patient
pacífico, -a peaceful, pacific
padecer (de) to suffer (from)
padre *m.* father;**—s** *m. pl.* parents
pagar to pay; to pay for
página *f.* page
pago *m.* pay, payment
país *m.* country
paisaje *m.* landscape
paisano, -a *m. & f.* peasant
pajarillo *m.* little bird
pájaro *m.* bird
palabra *f.* word
palacio *m.* palace
paleolítico, -a paleolithic
palidecer to turn pale
pálido, -a pale
palma *f.* palm tree
palmada: dar—s to clap hands
palmera *f.* palm (tree)

palo *m.* stick; pole
paloma *f.* pigeon
palpar to feel, to touch
palpitar *m.* beating, palpitation
pan *m.* bread; **ganar el—**to earn a living
pandilla *f.* gang
pantalla *f.* screen
pantalón *m.* pants; **llevar los pantalones** to wear the pants (to be the boss)
pañuelo *m.* kerchief, handkerchief
panza *f.* belly
papá *m.* father, papa, dad
papa *f.* potato; *m.* Pope
papagayo *m.* parrot
papel *m.* paper; role, part; **hacer un—**to play a role, a part
paquete *m.* package
par *m.* pair; **sin—**without equal
para for; in order to;**—qué** what for, why
paracaídas *f.* parachute
parado, -a *adj.* stopped; standing up; *m. & f.* worker who has been laid off
paradoja *f.* paradox
paradójicamente paradoxically
paraguayo, -a *m. & f. & adj.* Paraguayan
paraíso *m.* paradise
paranoico, -a paranoic, paranoid
parar to stop
parasitario, -a parasitic
parcela *f.* plot
parecer to seem, appear;**—se a** to resemble; **¿Qué le (te) parece... ?** What do you think of . . . ?
parecido, -a alike; similar
pared *f.* wall
pareja *f.* couple, pair; partner
parentela *f.* relations
paréntesis *m.* parenthesis
pariente, -a *m. & f.* relative
párpado *m.* eyelid
parque *m.* park
párrafo *m.* paragraph
parte *f.* part, portion; **en—**in part, partially; **en gran—**largely; **la mayor—**the majority, most; **ninguna—**nowhere; **por (de) una—**on the other hand; **por su—**on his/her own; **por todas—s** everywhere

participio *m.* participle;**—pasado** past participle
particular *adj.* private
particularidad *f.* particularity
partida *f.* departure
partidario, -a *m. & f.* partisan; supporter
partido *m.* party (political); game (sports)
partir to split; to break; **a—de** from (some specified time) onward
pasado, -a past; **el año—** last year; *m.* past
pasaje *m.* passage; group of passengers
pasajero, -a *m. & f.* passenger; *adj.* passing, transitory
pasaporte *m.* passport
pasar to pass; to pass by; to happen, occur; to spend (the day); to cross;**—a ser** to become;**—de** to exceed, surpass; **¿Qué pasa?** What's the matter? What's going on?; **pasársenos** to leave us
pasear to walk; to take a walk
paseo *m.* walk; **dar un—**to take a walk
pasillo *m.* hall
pasividad *f.* passivity
paso *m.* step, pace; pass; passage;**—a—**step by step; **de—**in passing; by the way
pastel *m.* pastry
pastos *m.pl.* pastures
patentar to patent
paterno, -a paternal
patético, -a pathetic
patria *f.* fatherland, native country; **lengua—f.** native language
patriota *m. & f.* patriot
patronal patronal; religious
patrón, patrona *m. & f.* master; mistress; boss; landlord, proprietor; protector, patron, patroness; *m.* pattern
paulatinamente gradually, slowly
pausa *f.* pause, break
pausado, -a slow
pauta *f.* rule, guide; model, example
pavita *f.* tea kettle
pavo *m.* peacock

paz *f.* peace
pecado *m.* sin
peces (*pl. of* **pez**) *m.* fish
pechera *f.* shirt front
pecho *m.* chest; breast
pedazo *m.* piece
pedir (i, i) to ask for, request; to order (food)
pedrada *f.* hit or blow with a stone
pegado,-a stuck, glued
pegar to glue
peinar(se) to comb
pelea *f.* fight, quarrel
pelear to fight, quarrel
película *f.* film; movie
peligro *m.* danger
peligroso, -a dangerous
pelo *m.* hair
pelota *f.* ball; **en—**naked
peluquería *f.* hairdresser's
peluquero, -a *m. & f.* hairdresser
pena *f.* punishment; suffering, pain; worry;**—capital,—de muerte** capital punishment; **valer la—**to be worth it
pendiente hanging; pending
péndola *f.* pen; quill
penetrar to enter; to penetrate
penoso, -a hard; burdensome
pensamiento *m.* thought
pensar (ie) to think, to think over;**—de** to think about, of (be of the opinion);**—en** to think about (direct one's thought to);**—+ inf.** to plan, intend
peor worse, worst
pepino *m.* cucumber
pequeño, -a small, little
percatarse (de) to be or become aware (of)
percibido *p.p.* perceived
percibir to perceive; to make out
perdedor, -a *m. & f.* loser
perder (ie) to lose; to ruin, destroy; to miss;**—el tiempo** to waste time;**—se** to be lost
perdición *f.* perdition, ruin
pérdida *f.* loss
perdido, -a lost
perdiz (*pl.* **perdices**) *f.* partridge
perdón *m.* pardon, forgiveness
perdonar to pardon, forgive
perenne perennial; perpetual
pereza *f.* laziness

perezoso, -a lazy
perfeccionar to perfect
perfil *m.* profile
periódico *m.* newspaper
periodista *m. & f.* journalist
perjudicar to damage; to injure
perjuicio *m.* harm, damage
perla *f.* pearl
permanecer to remain
permanecido *p.p.* stayed
permiso *m.* permission; leave of
  absence
pero but
perplejo, -a perplexed
perro, -a *m. & f.* dog
perseguir (i, i) to persecute; to
  chase, run after
personaje *m.* character (in a
  novel, play, etc.)
personificar to personify
perspectiva *f.* prospect;
  perspective
pertenecer to belong, pertain
pertenecido *p.p. of* pertenecer
  belonged
perteneciente belonging
perturbador, -a disturbing,
  perturbing
perturbar to disturb, perturb
perversidad *f.* perversity
pesadilla *f.* nightmare
pesado, -a boring, annoying
pesar to weigh; to cause regret;
  a—de in spite of
pesca *f.* fishing
pescado *m.* fish (for eating)
pescar to fish
pese a in spite of
pésimo, -a very bad, terrible
peso *m.* monetary unit of several
  Spanish-American countries;
  weight
pesquero, -a fishing
petate *m.* palm-mat
petición *f.* request
petróleo *m.* oil
peyorativo, -a insulting;
  pejorative
pez (*pl.* peces) fish
piadoso, -a compassionate,
  merciful; pious
pibe child (*Arg.*)
picante (spicy) hot
picar to spur, incite; to bite; to
  itch

pico *m.* peak
pictórico, -a pictorial
pie *m.* foot; a—walking, on foot;
  estar de—, ir de—to be
  standing, on foot; ponerse de—
  to stand up
piedad *f.* pity; piety
piedra *f.* rock, stone
piel *f.* skin; fur
pierna *f.* leg
pieza *f.* piece; play (drama)
pila *f.* pile
pilar *m.* pillar
píldora *m.* pill
pinchado, -a punctured, flat
  (tire)
pingüino *m.* penguin
pino *m.* pine tree
pintado, -a painted
pintar to paint
pintor, -a *m. & f.* painter
pintoresco, -a picturesque
pintura *f.* painting; paint
piña *f.* pineapple
piquete *m.* picket (of strikers)
pirámide *f.* pyramid
pirata *m. & f.* pirate
Pirineos *m. pl.* Pyrenees
pisado *p.p.* treaded, stepped on
pisar to step onto; to tread upon
piscina *f.* swimming pool
piso *m.* apartment; floor
pista *f.* track; clue
pistola *f.* gun, pistol
placa *f.* plaque, tablet; license
  plate (of a car)
placer *m.* pleasure
plaga *f.* plague
planchar to iron (clothes)
planear to plan
planicie *f.* plateau
planificar to plan
plano *m.* level
planta *f.* plant
plantear to establish; to state
plata *f.* silver; money (*L.A.*)
plátano *m.* banana
plato *m.* plate, dish
playa *f.* beach
plaza *f.* public square
plazo *m.* period (of time);
  deadline; a largo—long range
plazuela *f.* small square (in a town
  or city)
plebe *f.* common people

plegaria *f.* supplication, prayer
pleito *m.* lawsuit
plenitud *f.* fulfillment
pleno, -a full, complete; fulfilled
plomo *m.* lead (metal)
pluma *f.* feather; pen
plumaje *m.* plumage, feathers
población *f.* population
poblado, -a populated
poblar (ue) to populate
pobre poor; unfortunate
pobreza *f.* poverty
poco, -a little;—s few; *m.* a little;
  a—shortly, in a short time; a
  los—s minutos a few minutes
  later; tener en—to hold in low
  esteem
poderío *m.* power; might
poderoso, -a powerful
poder (ue) to be able, can; to have
  power or influence; *m.* power;
  en—de in the power of; no—
  más to have had enough
podido *p.p.* been able
podrido, -a rotten
poesía *f.* poetry; poem
poeta *m.* poet
poetisa *f.* poetess, poet
polémico, -a controversial;
  polemic
policía *m.* police officer; *f.* police
  (force)
policíaco, -a (pertaining to the)
  police
policial (pertaining to the) police
política *f.* politics; policy
político, -a political; *m. & f.*
  politician
poliuretano *m.* polyurethane;
  plastic foam
Polonia *f.* Poland
polvo *m.* dust
pompa *f.* pageant; pomp
ponderar to extol
poner to put; to place;—en
  marcha to start up;—se to
  become; to place onself; to set
  (the sun); to put on (clothes);—
  se de pie to stand up
poniente *m.* west; west wind
popularidad *f.* popularity
póquer *m.* poker; poker game
por for; by; through; around; on
  account of; for the sake of;—
  eso for that reason, because of

that;—**ciento** *m.* percent; ¿—**qué?** why?

porcentaje *m.* percentage

pornografía *f.* pornography

porque because; *m.* reason; cause

portafolio *m.* briefcase

portal *m.* gate; entrance

portarse to behave

portátil portable

poseer to possess; to have

poseído, -a possessed

posibilidad *f.* possibility

postergado,-a postponed

postular to postulate; to request; to demand

postura *f.* position

potencia *f.* power; faculty

potro *m.* colt, foal

pozo *m.* hole; well; shaft

práctico, -a practical; *f.* practice

preciado,-a valued

precio *m.* price

precioso, -a precious, valuable

precisar to determine precisely

preciso, -a necessary; precise

precolombino, -a pre-Columbian

predecir (i) to predict, foretell

predicar to preach

predilecto, -a favorite

pre-escolar *m.* & *f.* preschooler

preferir (ie, i) to prefer

pregunta *f.* question; **hacer una—**to ask a question

preguntar to ask;—**se** to wonder

prejuicio *m.* prejudice

preludio *m.* prelude

premiación *f.* the giving of an award or prize

premio *m.* prize

prender to seize; to arrest

prensa *f.* press

preñar to fill

preocupación *f.* worry

preocupar(se) to worry

preparación *f.* preparation (background, skills)

preparado,-a ready

preparar to prepare, make ready

presagio *m.* foreshadowing

presencia *f.* presence; appearance

presenciar to see; to witness

presentar to introduce; to present

presente: tener—to bear in mind

preservar to guard, preserve

presidir to predominate over; to preside over

presión *f.* pressure

presionar to pressure

preso, -a *m.* & *f.* prisoner

prestamista *m.* & *f.adj.* lending; lender of money; owner of a pawn shop

prestar to lend;—**atención** to pay attention

prestigio *m.* prestige

presuponer to presuppose

presupuesto *m.* budget

presupuestario, -a budgetary

presuroso, -a in a hurry; quick

pretender to try, endeavor

pretérito *m.* past; past tense

prevalecer to prevail

prevaleciente prevalent

prevenir (ie) to prevent

prever to foresee

previo, -a previous

primavera *f.* spring

primero, -a first

primo, -a *m.* & *f.* cousin

princesa *f.* princess

principio *m.* principle; beginning; **al—, a—s** at the beginning, at first

priorizar to prioritize

prisa *f.* hurry; haste; **de—**hurriedly; **tener—**to be in a hurry

prisión *f.* prison, jail

prisionero, -a *m.* & *f.* prisoner

pristino, -a pristine, original

privado, -a *adj.* private; *p.p.* deprived

privativo, -a particular; belonging exclusively to

privilegio *m.* privilege

probabilidad *f.* probability

probar (ue) to prove; to try out;—**fortuna** to try one's luck

procedente coming from

proceder (de) to proceed; to originate (from)

procedimiento *m.* procedure

procesador, -a processor

procesamiento *m.* processing

proclamar to proclaim

procurar to try

prodigio, -a a prodigy

producido,-a produced

productividad *f.* productivity

productor, -a *m.* & *f.* producer

profanar to profane; to defile

profecía *f.* prophecy

profesor, -a *m.* & *f.* teacher, professor

profeta *m.* prophet

profetizar to prophesy, predict

profundidad *f.* depths

profundo, -a profound, deep

programación *f.* programming

prójimo, -a *m.* & *f.* fellow being

prole *f.* offspring

promedio *m.* average

promesa *f.* promise

prometer to promise

prometido,-a promised

promoción *f.* publicity; promoting

promocionar to promote

promover (ue) to cause; encourage; foster

promulgar to proclaim; to publish

pronosticar to forecast, foretell; to give a medical prognosis

pronóstico *m.* prediction

prontitud: con—quickly

pronto soon; quickly; **de—**suddenly

pronunciar to pronounce

propaganda *f.* propaganda; advertising, publicity

propiciar to sponsor

propiedad *f.* property

propietario, -a *m.* & *f.* owner, proprietor

propina *f.* tip

propio, -a (one's) own; appropriate; proper

proponer to propose

proporcionar to provide, supply, furnish

propósito *m.* intention, aim; purpose; **a—**by the way; **a—de** on the subject of

propuesto *p.p. of* **proponer** proposed

prosa *f.* prose

proseguir (i, i) to continue

prosperar to prosper; thrive

próspero, -a prosperous

protector, -a protective

proteger to protect

provecho *m.* benefit; **en—tuyo** for your own good

proveer to provide

proveniente . originating

provenir (ie) (de) to come, originate (from)
provinciano, -a provincial
provisión *f.* supplying; provision; supplies
provocador, -a provocative
provocar to provoke
proximidad *f.* proximity, closeness
próximo, -a next; near, close
proyectar to project
proyectil *m.* projectile, missile
proyecto *m.* project
prueba *f.* proof; test
psicólogo, -a *m. & f.* psychologist
psiquiatra *m. & f.* psychiatrist
pubertad *f.* puberty
publicado, -a published
publicar to publish
publicidad *f.* advertising; publicity
publicitario,-a related to advertising
pueblo *m.* town; people (of a region, nation)
puente *m.* bridge
puerco *m.* pig
puerta *f.* door;—**cancel** inner door
puerto *m.* port; harbor
puertorriqueño, -a *m. & f. & adj.* Puerto Rican
pues since, because; well; then; anyhow;—**bien** now then
puesto *p.p. of* **poner** placed, put; *m.* job, position;—**que** since
pulmón *m.* lung
punta *f.* point, tip
punto *m.* point; dot;—**de vista** point of view;—**de partida** point of departure; **a—de que** at the point when; **en—**exactly, on the dot
puntualidad *f.* punctuality, promptness
puñada *f.* punch, blow with the fist; **dar—s** to punch
pupila *f.* pupil (of eye)
pupusas *f.* typical Salvadoran dish
pureza *f.* purity; innocence
purificar to purify
puro, -a pure; clean; mere, only; sheer; **la—verdad** the honest truth
puta *f.* whore; **hijo de—**son of a bitch; bastard

Q

que who; which; that; **lo—**what; that, which; **¿qué?** what? which?; **¿Qué tal?** How are you?; **¿Qué tal te gusta... ?** How do you like . . . ?; **¿para qué?** what for?; **¿por qué?** why?
quebrado, -a broken
quebrantado, -a bruised, broken
quechua *m.* Quechua (language of the Inca Indians)
quedar(se) to remain, stay; to be
queja *f.* complaint
quejarse to complain
quejido *m.* moan
quemador *m.* burner
quemar to burn
querer (ie) to want, wish; to love;—**decir** to mean
querido, -a *m. & f.* lover; loved one
quien who, whom; **¿quién?** who? whom?
quieto, -a quiet, still; **déjame—** leave me alone (undisturbed)
quietud *f.* quiet; stillness; calmness
quinto, -a fifth; *m.* fifth grade
quirúrgico, -a surgical
quitar to remove; to take away
quizá(s) perhaps, maybe

R

rabia *f.* rage, fury
racimo *m.* cluster; branches or extensions of the ocean
racionado,-a rationed
ráfaga *f.* gust of wind
raíz (*pl.* **raíces**) *f.* root; origin
rama *f.* branch
ramificarse to ramify; to branch off
ramo *m.* branch
ranchera *f.* style of Mexican music
rápidamente quickly
rareza *f.* oddity, rarity
raro, -a strange
rascacielos *m.* skyscraper
rascar(se) to scratch
rasgo *m.* trait, feature
rastro *m.* trait

rata *f.* rat
rato *m.* while, little while, short time; **a—s, de—en—**from time to time; **a cada—**very often
ratón *m.* rat; mouse
rayo *m.* ray
raza *f.* race (in the sense of a group of people)
razón *f.* reason; work; **dar la—**to agree with; **tener—**to be right
razonable reasonable
real *adj.* royal; real;—**Academia Española** Spanish Royal Academy; body which rules on proper usage of Spanish language
realidad *f.* reality; **en—**actually, in fact
realista *m. & f. & adj.* realist; realistic
realiviar to give relief
realización *f.* accomplishment
reaccionar to react
reafirmar to reaffirm, reassert
realizar to accomplish, carry out, fulfill
reanudar to resume, begin again
reata *f.* lariat, rope, lasso
rebajar to lower; to deduct
rebelde *m.* rebel
rebeldía *f.* rebelliousness
rebuscar to search again; to search thoroughly
recalentarse (ie) to reheat, warm up (food)
recelo *m.* fear, distrust
receptor, -a receiving
recetario *m.* prescription
rechazar to reject; to ward off
recibido,-a received
recibir to receive
reciclaje *m.* recycling
reciclar to recycle
recién *adv.* recently, newly
recién:—casado, -a *m. & f.* newlywed
reciente recent
recio, -a strong
recíprocamente reciprocally
reclamar to demand; to claim
recluirse to shut oneself away
reclutar to recruit
recobrar to recover
recoger to gather (up); to pick up
recolector, -a *m. & f.* collector
recomendar (ie) to recommend

recompensa: en—in return
reconocer to recognize
reconocido,-a recognized
reconocimiento *m.* gratitude; recognition
reconstruir to reconstruct, rebuild
recordado,-a remembered
recordar (ue) to remember; to recall
recorrer to travel over
recreativo, -a recreational
recreo *m.* recreation, amusement
recrudecer to become worse
rectificador, -a *m. & f.* reformer, rectifier
rectificar to rectify, correct
recuadro *m.* square
recuerdo *m.* memory; souvenir
recuperar(se) to recuperate, recover
recurrir (a) to appeal (to), have recourse (to)
recursos *m. pl.* resources;— **sostenibles** sustainable resources
red *f.* net, network; Internet
redescubierto, -a rediscovered
redonda: mesa—round table (discussion)
reducido,-a reduced
reducir to diminish; to reduce
reemplazar to replace
referente referring
referir(se) (ie, i) to refer
refinado, -a sophisticated; refined
refinería *f.* refinery
reflejar to reflect
reflejo *m.* reflection
reflexión *f.* reflection; meditation
reflexionar to think, reflect
refrán *m.* proverb, saying
refrescante refreshing; cooling
refresco *m.* refreshment
refugiado, -a *m. & f.* refugee
refugiarse to take refuge
refugio *m.* refuge
regalar to give (as a present); to please, delight
regalo *m.* gift
regañar to scold
regaño *m.* scolding
regar (ie) to water
regiamente sumptuously; magnificently
régimen *m.* government; regime; diet

regir (i, i) to rule, govern
registrar to record
regla *f.* rule
reglamentos *m.* regulations
regresar to return
regreso: de—on the way back
regular *adj.* average, fairly good
reina *f.* queen
reinar to rule; to reign
reino *m.* kingdon
reír (se) (i) to laugh
relación *f.* relation; relationship
relacionado, -a related
relacionar to relate
relajado, -a relaxed
relajarse to relax
relámpago *m.* lightning
relato *m.* narration, story
reliquia *f.* relic
reloj *m.* clock; watch
reluciente shining, sparkling
relucir to shine
remediar to remedy
remedio *m.* remedy, cure; help, relief; **no hay otro**—nothing else can be done; **sin**—unavoidably; **no tiene**—it can't be helped
remendado, -a mended
remesas *f.* remittances
remitente *m. & f.* sender
remordimiento *m.* remorse, prick of conscience
remover (ue) to remove
remunerar to pay, remunerate
renacer to be reborn; to spring up again
renacimiento *m.* rebirth, renaissance
rencor *m.* rancor, animosity
rendición *f.* surrender
rendimiento *m.* output
rendir (i, i) to give, render (tribute, homage)
renegar (ie) to deny vigorously;— **de** to curse; to deny; to disown
renombrado, -a renowned, famous
renombre *m.* reknown, fame
renunciar to renounce, give up
reñir (i, i) to fight; to quarrel
reordenar to rearrange
reparación *f.* repair
reparar to notice; to take heed of; to repair

repartir to distribute, divide, deal out
repasar to review
repaso *m.* review
repente: de—suddenly
repertorio *m.* repertory, repertoire
repetir (i, i) to repeat
repleto,-a full
réplica *f.* reply
replicar to reply
reponer(se) to recover one's health
reposar to rest, repose
represalia *f.* reprisal
representación *f.* figure, likeness; representation
representado,-a expressed; represented
representar to represent; to act, play
representante *m. & f.* representative
reprimido, -a repressed
reprimir to repress
reproche *m.* reproach
republicano, -a *m. & f. & adj.* republican; in Spanish Civil War, those defending the Republic
repudio *m.* repudiation
repugnar to be repugnant
requerir (ie) to require
requisito *m.* requirement
res *f.* steer; head of cattle
resaca *f.* backlash (political)
resbalar (por) to slide (along)
rescatar to recover
resentido, -a resentful; offended; *m. & f.* resentful person
resentimiento *m.* resentment
resentirse (ie, i) to resent
reseña *f.* review (of book, movie); description
reserva *f.* reservation; discretion; nature preserve
reservado, -a reserved, reticent
residir to reside, live; to be
resolución *f.* termination; **en**—in brief, in short
resolver (ue) to solve; to resolve
resonar to resonate
respecto: con—**a, con**—**de** with respect to, with regard to; **al**—in that regard
respetado,-a well-respected
respetar to respect, honor

respeto *m.* respect
respirable breathable
respiración *f.* breathing
respirar to breath
resplandor *m.* brilliance, radiance
responder to answer, respond; to correspond
responsabilidad *f.* responsibility; liability
respuesta *f.* answer, response
restablecer to reestablish; to set up again
restado taken away
restauración *f.* restoration
restos *m.pl.* remains
restringir to restrict
resucitar . to revive, bring back from the dead
resultado *m.* result
resultar to result, follow; to turn out to be; **resulta que** it turns out that
resumen *m.* summary; **en**— summing up; in brief
resumido *p.p. of* **resumir** summed up; summarized; **en resumidas cuentas** in summary
resumir to summarize
retahila *f.* string
retardar to hold back, retard
retener (ie) to retain
reticencia *f.* reticence, taciturnity, shyness
retirado, -a set back, apart
retirar to withdraw;—**se** to retreat; to retire
retornar to return
retorno *m.* return, going back
retrasado:—**mental** mentally retarded
retrato *m.* photographic likeness; portrait
reunión *f.* get-together, meeting, assembly
reunir (se) to meet, assemble
revelación *f.* revelation
revelador, -a revealing
revelar to reveal
reverberar (of light) to reverberate
reverencia *f.* courtesy, bow; reverence
reverenciar to revere
revés *m.* setback; **al**—backwards, in the opposite way

revisar to revise; to examine, inspect
revista *f.* magazine
revocar to revoke, repeal
rey *m.* king
riacho *m.* stream
rico, -a rich, wealthy; lovely; *m. & f.* rich person
ridiculizar to ridicule
ridículo, -a ridiculous
riego *m.* irrigation
rienda:—**suelta** free rein
riesgo *m.* risk; **correr**—**s** run risks
rígido, -a rigid, stiff; strict
rigor *m.* exactness; rigor; **en**—in fact
rimas *f. pl.* lyric poems
rincón *m.* corner (of a room)
riña *f.* fight, quarrel
río *m.* river
riqueza *f.* wealth, riches
ritmo *m.* pace; rhythm
rito, *m.* rite, ceremony
rizado,-a . curly
robar *m.* theft, robbery
roca *f.* rock
rocío *m.* dew
rodar (ue) to roll; to be tossed about
rodear to surround
rodilla *f.* knee
rogar (ue) to ask, beg
rojo, -a red
romance *m.* ballad, narrative or lyric poem
romper to break
ronco, -a hoarse
rondar to go around; to circle around; to threaten
ropa *f.* clothes, garments
rosa *f.* rose
rostro *m.* face
rotura *f.* break; breaking
rubio, -a blond; **tabaco**—mild tobacco
rudo, -a rugged; hard; rough; stupid
rueda *f.* wheel, tire
ruidoso, -a noisy
rumbo: con—**a** in the direction of
rumor *m.* murmur; rumble; noise
ruta *f.* route
rutina *f.* routine

S

sábado *m.* Saturday
saber to know; to know how, be able;—**a** to taste like
sabiduría *f.* wisdom
sabio, -a wise, learned
sabor *m.* taste; flavor
sabotaje *m.* sabotage
sabroso, -a flavorful, tasty
sacar to take out; to take away; to get;—**a luz** to bring out; — **fotos** to take pictures
sacerdotal priestly
sacerdote *m.* priest
saco *m.* sack, bag; man's jacket
sacrificador, -a sacrificing; self-denying
sacrificar to sacrifice
sacrificio *m.* sacrifice
sacudir to shake
sacudón *m.* tossing and turning
sagrado, -a sacred
sala *f.* living room; room
salario *m.* salary
saldo *m.* remnant; trace
salida *f.* exit; departure
salido *p.p.* left, gone out
salir (de) to go out, leave; to come out
salón *m.* room
salsa *f.* type of dance music
salta *f.* jump; leap
saltar to leap (up), jump
salto *m.* waterfall; increase; leap
saludador, -a *m.& f.* quack doctor; charlatan
saludar to greet
salud *f.* health
saludo *m.* greeting
salvar to save
salvavidas *sing. & pl. adj.* life-saving; *m.* life preserver; **chaleco**—life jacket
salvo excepting; **estar a**—to be safe
sanar to heal, cure
sangrar to bleed
sangre *f.* blood, ancestry
sangriento, -a bloody
sano, -a healthy
sánscrito *m.* Sanskrit
santo, -a saintly, holy; *m. & f.* saint

santuario *m.* sanctuary

sátira *f.* satire

satisfacer to satisfy, please;—**se** to be satisfied, pleased

satisfecho, -a satisfied

sea: o—that is to say

seco, -a dry

secta *f.* sect

secuestrador, -a *m. & f.* kidnapper

secuestrar to kidnap

secundario, -a secondary; *f.* high school; **escuela**—high school

sedante *m.* sedative

seductor, -a *m. & f.* seducer

segadora *f.* harvester (farm machine)

segregar to segregate

seguida: en—at once

seguido, -a followed; continued

seguidor, -a *m. & f.* follower

seguir (i, i) to follow; to continue, go on; to still be; **siga usted** follow, continue, go on

según according to

segundo *m.* second (time)

seguridad *f.* security; safety

seguro, -a sure, certain; *m.* insurance

seleccionado,-a selected, chosen

sello *m.* mark; stamp

selva *f.* forest; jungle

semana *f.* week; **fin de**—*m.* weekend

semanal weekly

sembrar (ie) to sow, seed

semejante similar

semejanza *f.* similarity

senado *m.* senate

sencillez *f.* simplicity

sencillo, -a simple

senda *f.* path

sendos, -as each of them

sensibilidad *f.* sensitivity

sensible sensitive

sensualidad *f.* sensuality

sentarse (ie) to sit down

sentenciar to sentence, pass judgment on

sentido *m.* meaning; sense;—**del humor** sense of humor

sentimiento *m.* sentiment, feeling; emotion

sentir (ie, i) to feel; to sense;—**se** to feel oneself; to feel; to be

seña *f.* sign; signal

señal *f.* sign; signal

señalar to point out, indicate; to mark

señor, -a Mr.; gentleman; master, owner; Mrs.; woman; lady; **el Señor** God

señorito *m.* dandy

separado,-a separated

sepulcro *m.* grave, sepulcher

sequía *f.* drought, period of dryness

ser to be; **a no**—**que** unless; **llegar a**—to become; *m.* being;—**humano** human being;—**querido** loved one

serenidad *f.* serenity

serie *f.* series

seriedad *f.* seriousness

serio, -a serious; **en**—seriously

sermonear to preach, sermonize

serpiente *f.* snake, serpent

servicio *m.* service

servir (i, i) to serve; to be of use;—**de** to serve as;—**para** to be good for; to be used for

servilmente slavishly; servilely

severo, -a grave, severe

sexto, -a sixth

sí yes; certainly;—**mismo, -a** itself, herself, himself, oneself, themselves; oneself, etc.

sibilino, -a a sibyline, prophetic

sicoterapeuta *m. & f.* psychotherapist

SIDA (Sindrome de Inmunodeficiencia Adquirida) *m.* AIDS

siempre always;—**que** whenever; **de**—usual; **para**—forever

sierra *f.* mountain range

sigla *f.* abbreviation by initials, for example, U.S.A.

siglo *f.* century

significación *f.* meaning, significance

significado *m.* meaning

significar to mean, signify

significativo, -a significant

siguiente following; next

sílaba *f.* syllable

silencioso, -a quiet, silent

silla *f.* chair

sillón *m.* easy chair

símbolo *m.* symbol

similitud *f.* similarity, similitude

simio *m.* simian, monkey

simpatía *f.* congeniality; sympathy; friendly feeling

simpático, -a pleasant, nice

simpatizantes *m. & f. & adj.* sympathizers; supportive

simpatizar to sympathize

simple simple; plain; artless

simplista simplistic

simultáneamente simultaneously

simultaneidad *f.* simultaneity

sin without;—**embargo** however, nevertheless

sinceridad *f.* sincerity

sindicato *m.* labor union

sinfín endless number, great amount

sinfronteras *adj.* cross-border, international

siniestro, -a evil, sinister

sino but; except

sinónimo *m.* synonym

síntesis: en—in summary

sintetizar to synthesize

síntoma *m.* symptom

siquiera at least; even; **ni**—not even

sirviente, -a *m. & f.* servant, maid

sismo *m.* tremor, earthquake

sistema *m.* system

sitio *m.* place, room, space;—**de estar** sitting or living room;— **de web** web site

situado, -a situated

soberano, -a *m. & f. & adj.* sovereign; the king and queen

soborno *m.* bribe

sobrado, -a more than enough; plenty

sobrar to be more than enough

sobre on; above; about;—**todo** especially, above all

sobrenatural supernatural

sobrepasar to surpass

sobresalir to excel; to stand out

sobrevivencia *f.* survival

sobrevivir to survive

sobrino, -a *m. & f.* nephew; niece

sociedad *f.* society

sociológico, -a sociological

sociólogo, -a *m. & f.* sociologist

socorrer to help, aid

socorro *m.* help, aid

sofocante suffocating

sol *m.* sun

solamente only

solar solar, of the sun; plot of ground

soldado *m.* soldier

soleado, -a sunny

soledad *f.* solitude; loneliness

soler (ue) to be in the habit of

solicitar to ask for; to solicit

solícito, -a concerned, solicitous

solicitud *f.* request

solidaridad *f.* solidarity

solitario, -a lonely; solitary; *m. & f.* recluse, hermit

sólo only

solo, -a alone; single; **a solas** alone, by oneself

soltar (ue) to set free; to let out

soltero, -a single, unmarried; *m. & f.* unmarried person

solterón *m.* confirmed bachelor

solucionar to solve

sombra *f.* shadow

sombrero *m.* hat

someter to subdue; to subject; to force to yield

sometido, -a subdued, put down, subjected, dominated

son *m.* sound, noise

sonámbulo, -a sleepwalking

sonar (ue) to sound; to ring

sondeo *m.* poll

soneto *m.* sonnet

sonido *m.* sound

sonoro, -a voiced

sonreír(se) (i, i) to smile

sonriente smiling

sonrisa *f.* smile

soñar (ue) to dream;—**con** to dream about

sopa *f.* soup

soportar to tolerate, endure

sorbo *m.* sip

sordo, -a *adj.* deaf; dull; muffled

sorprendente surprising

sorprender to surprise;—**se** to be surprised

sorpresa *f.* surprise

soso, -a tasteless, insipid

sospechar to suspect

sospechoso, -a suspicious

sostén *m.* support

sostener to sustain; to hold; to support

sostenible sustainable

sótano *m.* basement

Soviética: Unión—Soviet Union

suave gentle; sweet (odor); bland (taste)

subconsciencia *f.* (the) subconscious; subconsciousness

subdesarrollado, -a underdeveloped

subida *f.* rise

subido, -a risen; increased

subir to go up, rise, ascend, climb; to raise;—**(se) a** to get on (a bus)

súbitamente suddenly

subordinado, -a *m. & f.* subordinate

subrayar to underline; to emphasize

subsistir to exist; to subsist

su(b)stancia *f.* substance

subterráneo, -a underground

suceder to occur, happen

suceso *m.* event, happening

suciedad dirt, filth; dirtiness

sucio, -a dirty, filthy

Sudamérica South America

sudeste *m.* southeast

sudor *m.* sweat

suegra *f.* mother-in-law

suelas *f.* soles (of shoes)

sueldo *m.* salary

suelo *m.* floor; ground

sueño *m.* dream; sleep

suerte *f.* fortune, luck

sufrimiento *m.* suffering

sufrir to suffer; to tolerate; to undergo

sugerido, -a suggested

sugerir (ie, i) to suggest

suicida *m. & f.* suicide (person who commits suicide); *adj.* suicidal

suicidarse *f.* to commit suicide

sujeto *m.* subject

suma *f.* aggregate; sum

sumamente extremely

sumar (a) to add (to); to join; to support

sumergirse to submerge oneself

sumisión *f.* submission

sumiso, -a submissive

suntuosidad *f.* sumptuousness

superado, -a overcome

superar to overcome; to exceed; to surpass

superfluo, -a superfluous

superioridad *f.* superiority

supermercado *m.* supermarket

superpoblado, -a *adj.* overpopulated

superpotencia *f.* superpower

supervivencia *f.* survival

súplica *f.* request

suplicar to beg, implore

suponer to suppose; to assume

supranacional beyond one nation

suprimir to eliminate, do away with

supuesto *m.* assumption; *adj.* supposed, assumed; **por**—of course, naturally

sur *m.* south

sureste *m.* southeast

surgir to appear; to arise; to rise, surge

suroeste *m.* southwest

surrealista *m. & f. & adj.* surrealist; surrealistic

suspender(se) to suspend, stop; to defer; to hang

suspendido, -a hanging; suspended

suspenso, -a astonished; suspense

sustancia *f.* substance; matter

sustantivo *m.* noun

sustentar to support; to sustain

sustituir to substitute, replace

sutil subtle

sutileza *f.* subtlety

suyo *pos.pron.* his, hers, yours, theirs, its, one's, etc.

T

tabaquero, -a *m. & f.* tobacco worker

tabla *f.* board

tabú *m.* taboo

taciturno, -a sullen, taciturn

taco *m.* folded tortilla sandwich (in Mexico)

Tailandia *f.* Thailand

taíno *m. & f. & adj.* native Indians of Puerto Rico, Haiti, and eastern Cuba who were decimated by Spanish conquerors and the diseases they brought

tal such (a);—**que** such that, in such a way that;—**vez** perhaps; **¿Qué**—? How are you?;

¿Qué—te gusta...? How do you like . . . ?

talar to fell (trees); to cut down

tallado,-a carved, sculpted

tamaño *m.* size

tamarindo *m.* tamarind tree (small fruit tree)

tambaleante teetering; tottering; shaky

también also; too

tambo (Mex.) *m.* can; container

tamborete *m.* tambourine

tampoco not either; neither

tan so; such;**—...como** as . . . as

tanque *m.* tank

tanto, -a so much; as much;**—como** both . . . and . . . as well as . . . ;**—s** as many, so many; **por lo—**therefore

tapado, -a covered

tapatío,-a *adj.* typical of the state of Jalisco (Mexico)

tapón *m.* sink stopper, drain plug; traffic jam

tardanza *f.* slowness; tardiness

tardar (en) to take a long time or specified time (in doing something)

tarde *f.* afternoon; **por la—, de la—**in the afternoon; *adv.* late; **hacerse—**to grow late, to get late; **más—**later

tarea *f.* task, job

tarjeta *f.* card

tarro *m.* jar

tasa:—de natalidad *f.* birth rate; **—de fertilidad** *f.* fertility rate

tatuajado,-a tattooed

tatuaje *m.* tattoo; tattooing (marks or designs on the skin)

taurino,-a *adj.* referring to bullfighting

taza *f.* cup

techo *m.* ceiling; roof

teclear to type

técnico, -a n. & *adj.* technician; technical; *f.* technique; technical ability

tecnológico, -a technological

tejabán (Mex.) *m.* country hut made of reed or adobe, with a tile roof

Tejas Texas

tejer to knit

tejido *m.* weaving; knitting

tela *f.* fabric, cloth;**—metálica** screen

tele *f.* television

teleadicción *f.* compulsive television watching

teleadicto *m.* TV addict

telefonista *m.* & *f.* telephone operator

teléfono *m.* telephone

telenovela *f.* soap opera

telespectador, -a *m.* & *f.* television viewer

televisor *m.* television set

tema *m.* topic; subject; theme

temblar (ie) to tremble

temblores *m.* earthquakes, tremors

tembloroso, -a trembling, shaking

temer to fear

temeroso, -a fearful

temor *m.* fear

tempestad *f.* storm; tempest

templado, -a moderate, temperate

templo *m.* temple

temporal temporary

temporáneo, -a temporary

tempranero, -a habitually early or ahead of time

temprano early

tenazas *f. pl.* pliers, pincers

tender (ie) to tend; to extend; to spread out; to stretch out

tener to have; to hold;**—derecho a** to have the right to;**—la culpa** to be to blame;**—lugar** to take place;**—que** to have to, must;**—que ver con** to have to do with;**—razón** to be right

tenido *p.p.* had

tentar (ie) to tempt

teoría *f.* theory

teóricamente theoretically

teorizar to theorize

tercer:—mundo *m.* third world

tercermundista *m.* & *f. adj.* Third World, person from or in favor of the Third World

tercio *m.* third

terco, -a stubborn

termal *adj.* thermal; naturally occurring hot water

terminación *f.* end; ending

terminado,-a finished; ended

terminar (de) to finish, end

término *m.* term; end

terraza *f.* terrace (agricultural)

terreno *m.* ground, land; terrain

terremoto *m.* earthquake

terrestre earthly; terrestrial

territorio *m.* territory

tertulia *f.* gathering

tesoro *m.* treasure

testigo,-a *m.&f.* witness

textilero, -a *m.* & *f.* textile worker

ticos *colloq.* Costa Ricans

tiempo time; weather; **a—**on time; **al mismo—**at the same time; **hacer buen (mal)—**to be good (bad) weather; **perder el—**to waste time; **poco—**a short time, a while;**—completo** fulltime

tienda *f.* store

tierno, -a tender

tierra *f.* land; earth; ground

tieso, -a stiff, rigid

tigre *m.* tiger

timbre *m.* bell, buzzer; stamp, seal

tímido, -a timid, shy

tinta *f.* ink; hue

tío, -a *m.* & *f.* uncle; aunt

típico, -a typical

tipo *m.* type, kind; fellow, guy

tira:—cómica *f.* comic strip

tiranía *f.* tyranny

tirar to throw

tirarse to throw oneself

tiritar to tremble

titulado, -a entitled

titulares *m. pl.* headlines

título *m.* title; degree

tiza *f.* chalk

tiznado, -a blackened

tobogán *m.* toboggan

tocar to touch; to play (a musical instrument); to come to know (by experience)**—le a uno** to be one's turn

todavía still; yet;**—no** not yet

todo, -a all; every; everything;**—s** all, all of them, everyone; **del—** entirely; **sobre—**especially, above all; **con—**however, nevertheless

tolerar to tolerate

tolteca n. & *adj.* relating to the Toltec tribe in Mexico

toma:—de posesión *f.* induction into office

tomado, -a taken

tomar to take; to drink; to eat; to seize, take over;—**una decisión** to make a decision

tomas *f.* takes (in filmmaking)

tomatera *f.* tomato factory

tonelada *f.* ton

tono *m.* tone

tontería *f.* foolishness; stupidity

topar to bump into; to find

toque *m.* touch; ringing

torbellino *m.* twister; whirlwind

tormenta *f.* storm; tempest

tormento *m.* torture; torment

torno: en—a regarding

toro *m.* bull; **corrida de—s** *f.* bullfight

torpe stupid; dull; clumsy; slow

torpeza *f.* stupidity; clumsiness

torre *f.* tower

tortilla *f.* flat cornmeal cake

tortuga *f.* turtle

tosco, -a coarse, harsh

toser to cough

totalitario, -a totalitarian

trabajador, -a hard-working; *m. & f.* worker

trabajar to work

trabajo *m.* work; job

trabajoso, -a laborious

traducido, -a translated

traducir to translate

traer to bring; to have; to wear, have on

tragar to swallow; engulf

traído, -a brought

traidor, -a *m. & f.* traitor

traje *m.* suit of clothes

trama *f.* plot (of a story)

trámites *m.* paperwork, form-filling, procedures

trance *m.* critical moment; peril

tranquilidad *f.* tranquility, peace; composure, ease of mind

tranquilo, -a calm, tranquil, peaceful

transcurrir to pass, go by

transformado, -a changed, transformed

transformarse to transform, be transformed

transitar to travel; to pass

tránsito *m.* traffic

transmisora *f.* transmitter

tra(n)smitir to transmit; to convey

trasladar to move; to transfer

trasplantar to transplant

trasplante *m.* transplant, transplantation

trastorno *m.* disorder

tratable courteous; sociable

tratado *m.* treaty (between nations)

tratado,-a treated, dealt with

tratamiento *m.* treatment (medical)

tratar to deal with; to treat; to handle;—**de** + *inf.* to try to;—**se de** to be a question of

trato *m.* treatment

través: a—de through

trazar to draw

trazo *m.* line, stroke

tremendo, -a tremendous

tren *m.* train

tribu *f.* tribe

tribuna:—improvisada *f.* soapbox

tribunal *m.* court of justice; tribunal

trinidad *f.* trinity

triste sad

tristeza *f.* sadness

triunfar to triumph; to be successful

triunfo *m.* triumph; victory

trivialidad *f.* triviality

troca (Mex.) *f.* truck

trofeo *m.* trophy

trompa *f.* trunk; horn

tronco *m.* trunk (of tree); branch (of family tree)

trono *m.* throne

tropa *f.* troop

trópico *m.* tropic(s), tropical region(s)

trozar to break into pieces

trozo *m.* piece; selection, excerpt

truco *m.* trick

trueno *m.* thunder

tubo *m.* tube

tumba *f.* grave; tomb

tumbado, -a lying down

turbado, -a embarrassing

turbar(se) to be upset or disturbed

turbulencia *f.* instability, turbulence

turístico, -a tourist

tusa *f.* stripped corncob

tuteo *m.* use of the familiar form (**tú**) of address

U

u (= **o** before words beginning with **o** or **ho**) or

ubicado, -a located

ubicarse to locate or situate oneself; to be situated

ubicar to locate

¡uf! expression denoting weariness, annoyance, or disgust

úlcera *f.* ulcer

último, -a last, final; **por—** finally; **a—hora** at the last minute; *m. & f.* last one

unánime unanimous

único, -a only; unique

unidad *f.* unity; unit

unido,-a close; united

uniformado, -a dressed in uniform

unir to join; to unite

unísono: al- in unison; all together; unanimously

universidad *f.* university

usado,-a used

usar to use; to wear

usarse to be the custom, to be the fashion

uso *m.* use

usted(es) *sing. & pl. pron.* you

utensilio *m.* utensil; tool

útil useful

utilizado,-a used

utilizar to use; to utilize

uva *f.* grape

V

vaca *f.* cow

vacación *f.* vacation (usually used in the plural); **de—es** on vacation

vacilante hesitant; vacillating

vacilar to hesitate

vacío, -a empty

vacuna *f.* vaccine

valenciano, -a *m. & f. & adj.* Valencian (from Valencia, Spain)

valer to be equivalent to; to be worth; to produce; to be valid; *m.* value, worth

valiente valiant, brave

valija *f.* suitcase, mailbag

valioso, -a valuable

valle *m.* valley

valor *m.* value; courage

valoración *f.* appreciation

valorar to value, appraise

válvula *f.* valve

vanguardia *f.* vanguard; **de—**in the vanguard, in the lead

vanidad *f.* vanity

vano, -a vain, insubstantial; **en—** in vain

vapor *m.* mist;**—es** *m. pl.* fumes

vaquero *m.* cowboy

vara *f.* rod, stick; staff

variado,-a varied

variar to vary; to change

variedad *f.* variety

varios, -as various; several

varón *m.* male, man

vasco, -a *m. & f. & adj.* Basque; **Países Vascos** Basque Country (region in northern Spain)

vaso *m.* glass

vecindad *f.* neighborhood

vecino, -a *m. & f.* neighbor; resident

vega *f.* fertile lowland or plain

vegetal *m.* vegetable

vehículo *m.* vehicle

vejez *f.* old age

vela *f.* candle

velador *m.* night table

velocidad *f.* speed

veloz quick

venado *m.* deer; **carne de—***f.* venison

vencedor, -a *m. & f.* victor; *adj.* victorious

vencer to defeat, conquer; to win

vencido *p.p. of* **vencer** defeated, vanquished

vendedor, -a:—ambulante traveling salesperson

vender to sell

venenoso, -a poisonous

venerado,-a *adj.* venerated, respected

venerar to worship; to venerate

vengarse to avenge oneself; to take revenge

vengativo, -a revengeful

venida *f.* arrival

venido *p.p.* come

venir to come; **¿a qué viene?** what's the point?

venta *f.* sale; country inn

ventaja *f.* advantage

ventana *f.* window

ver to see; **a—**let's see; **tener que—con** to have to do with;**— se** to be seen; to be;**—se obligado a** to be obliged to, be forced to

verano *m.* summer

verdad *f.* truth; **¿de—?** really? is that so?

verdadero, -a true, real

verde green; dirty (joke, etc.)

verduras *f.* (green) vegetables

vergonzante shameful

vergüenza *f.* shame; self-respect; dignity; **sentir—**to be ashamed

verificar to check; to test; to verify

verja *f.* fence, railing

verso *m.* line of poetry; verse

vestido *m.* dress

vestido, -a dressed

vestigio *m.* vestige, trace

vestir (i, i) to dress, put on, wear

vestuario *m.* wardrobe

vez (*pl. veces*) *f.* time; occasion; **a la—**at the same time; **cada— más** and more; **de—en—**from time to time; **en—de** instead of; **otra—**again; **tal—**perhaps; **una—**once; **una—más** once again; **a veces** at times, sometimes; **muchas veces** often; **repetidas veces** often

viajado *p.p.* traveled

viajar to travel

viaje *m.* trip

viajero, -a *m. & f.* passenger; traveler

vibrar to vibrate

vicio *m.* vice

vicioso,-a vicious

vicuña *f.* vicuna (South American animal)

vida *f.* life

vidrio *m.* glass

viejo, -a old; *m. & f.* old man; old woman; term of endearment for mother, father, husband, or wife

viento *m.* wind

vietnamita *m. & f. & adj.* Vietnamese

vigilar to watch over; to keep an eye on

villa *f.* country house

vinculante binding

viña *f.* vineyard

viñatero, -a *m. & f.* grape grower

viñedos *m.* vineyards

violación *f.* rape

violado, -a violated, infringed upon; raped

violar to violate; to rape

virgen *m.* virgin; **¡ay—!** good heavens!

virilidad *f.* virility

virtud *f.* virtue; **en—de** by virtue of

viruela *f.* smallpox

vista *f.* view, sight

vistazo: echar un—a to glance at

visto *p.p.* seen

vital vital (of life, essential life)

vitrina *f.* shop window

viudo(a) widower (*m.*) or widow (*f.*)

vivencia *f.* intimate or personal experience

viveza *f.* liveliness

vivienda *f.* housing

vivir to live

vivo, -a alive; lively; clever

vociferar to shout; to yell

volante *m.* steering wheel

volar (ue) to fly

volcar to turn upside down

voltear to turn around

volumen *m.* volume

voluntad *f.* will; wish; individual's ability to choose

voluntariamente voluntarily

voluntario *m.* volunteer

volver(ue) to return;**—a + *inf.*** to do again;**—se** to go back; to turn around; to become;**—se loco** to go crazy

vos you

vosotros, -as you (plural form of **tú**, used in most parts of Spain)

votante *m. & f.* voter
voz (*pl.* **voces**) *f.* voice; **en—alta** out loud; **en—baja** in a low tone; in whispers
vuelo *m.* flight
vuelta *f.* turn; return trip, **a la—** around the corner; **dar—**to turn; **dar una—**to take a walk; **dar—s** to walk in circles
vuestro, -a your
vulgar common, ordinary; vulgar
vulgaridad *f.* commonness; ordinariness
vulgo *m.* common people
vulnerabilidad *f.* vulnerability

Y

y and
ya now; already; **¡ya!** oh! alas!;**—no** no longer;**—sea . . .—sea** whether . . . or
yacía *f.* place to lie down
yerba *f.* herb; grass
yuca *f.* yucca (plant with fibrous leaf)

Z

zarpazo *m.* thud, bang, whack
zaguán *m.* entry; front hall
zapato *m.* shoe
zona *f.* area; zone
Zurvanitas *m. pl.* followers of Zurván, ancient Persian god of time and destiny

Credits

CHAPTER 1

Realia, Photo, and Cartoon Credits

Page 2: "Hondurean Landscape of San Antonio de Oriente," José Antonio Velásquez. Oil on canvas. 1971. Art Museum of the Americas/Organization of American States; Page 3 top: Reuters NewMedia/Corbis; Page 3 bottom: Dave G. Houser/Corbis; Page 7: Jay & Rebecca Dickman/Corbis; Page 9: Reuters NewMedia/Corbis; Page 11: Roberto Escudero, "Entre Comillas," by permission of Editorial Ciudad Nueva de la SEFOMA, Buenos Aires, © 1989; Page 13: Reprinted by permission of *Año cero* magazine; Page 14: Hugo Díaz, from *Díaz todos los días*, by permission of the artist; Page 17: Stephen Frink/Corbis; Page 18: Stephen Frink/Corbis; Page 20: Michael & Patricia Fogden/Corbis; Page 25: Kevin Schafer/Stone; Page 28: Ricardo Alvarez-Rivon, *Turey el Taíno*, by permission of the artist; Page 32: Peter Grumann/The Image Bank; Page 34: José Luis Martín, "QUICO"; Page 35: "Camilo's Costa Rica Survival Kit" from Camino Travel; Page 51: Carlos Matera, "MATT," by permission of the artist.

Literary Credits

Alejandro de la Fuente, "Selvas tropicales: ¡los pulmones de la tierra do deben morir! from *Mundo 21* magazine.
Pontet, from *Mundo 21* magazine.
Rosario Castellanos, "Toda la primavera" ("15") from *Poesía no eres tú* © 1995, fondo de Cultura Económica, México, D.F.
Pablo Neruda, "Ode al aire" by permission of Carmen Balcells Agencia Literaria.
Luis Rosado Vega, "El indio y los animals" from *El alma misteriosa del Mayab*, by permission of Librería y Ediciones Botas, S. A., México, D.F.
"Ecologistas desde casa," by permission of Año cero magazine, Madrid.
Andrea Avila "Navegar por los ríos veracruzanos" from *Contenido* magazine, México, D.F.

CHAPTER 2

Realia, Photo, and Cartoon Credits

Page 52: "Women," detail from "For the Complete Safety of All Mexicans at Work." Mural, 1952–1954. David Alfaro Siqueiros Hospital de la Raza, Mexico City, D.F., Mexico. Photo credit: Schalkwijk/Art Resource; Page 53 top: Kevin Schafer/Corbis; Page 53 bottom: Wesley Bocxe/Newsmakers/The Liaison Agency; Page 57: Essex/TRIP Photo Library/Akandenscge Druck und VerlagastadtGratz, Austria; Page 58: Yann Arthus-Bertrand/Corbis; Page 60: Hubert Stadler/Corbis; Page 62: Ricardo Alvarez-Rivon, *Turey al Taíno*, by permission of the artist; Page 73: Kersenbaum-Baires/AP/Wide World Photos; Page 74: Bettmann/Corbis; Page 77: Cinergi Pictures/The Kobal Collection; Page 81: Quino, "Mafaldo," copyright ©

Joaquín Salvador Lavado, (QUINO); Page 84: Reuters NewMedia/Corbis; Page 87: Lourdes Grobet; Page 90: Patrick Ward/Corbis; Page 94: "Guernica," 1937. Picasso. Oil on canvas, 350 × 782cm. ©ARS,NY. Museo Nacional Centro de Arte Reina Sofia, Madrid, Spain. Photo Credit: John Bigelow Taylor/Art Resource; Page 95: "Soft Construction with Boiled Beans: Premonition of Civil War," 1936. Salvador Dali. Oil on canvas. Philadelphia Museum of Art, Pennsylvania. The Bridgeman Art Library; Page 96: Courtesy of Blas R. Jiménez; Page 102: Bettmann/Corbis; Page 103: Bruce Adams; Eye Ubiquitous/Corbis; Page 107: Hugo Díaz, from *Díaz todos los días*, by permission of the artist.

Literary Credits

Juan Escabias, "Sociedad anónima, asociaciones para todos los gustos" from *QUO*, No. 57, June 2000.
Blas Jiménez, "Tengo," and "Letanía No. 1" by permission of the author.
Eva Perón, excerpts from *La razón de mi vida*, by permission of Blanca Duarte de Alvarez Rodriguez and Erminda Duarte de Bertolini.
Marco Denevi, "Apocalipsis," by permission of his heirs.

CHAPTER 3

Realia, Photo, and Cartoon Credits

Page 108; A. Ramey/Stock Boston; Page 109 top: Dennis Degnan/Corbis; Page 109 bottom: AFP/Corbis; Page 112: Rius (Eduardo del Río), Editorial Grijalbo, S.A.; Page 113: Copyright © *Muy interesante* magazine. Used by permission of D. Alexandre Kobbeh; Page 115: Ana von Reuber. Used by permission of María Eugenia Estenssoro, Buenos Aires, Argentina; Page 117: Ricardo Alvarez-Rivon, *Turey al Taíno*, by permission of the artist; Page 119: Walter Hodges/Stone; Page 121 top: Used by permission of María Estenssoro, Buenos Aires, Argentina; Page 121 bottom: Cork, from *Muy interesante*, Madrid; Page 125: Caloi, from Humor de amores, by permission of Ediciones de la Flor, Buenos Aires; Page 128: Owen Franken/Corbis; Page 130: From *Viva* magazine; Page 133: Fernando Javier Sendra, from *¿Quién es Sendra?*, by permission of the artist; Page 138: Mingote, from *ABC*, Madrid; Page 139: From *Eres* magazine, Mexico, D.F.; Page 141: Mitchell Gerber/Corbis; Page 147: Kiraz, from *ABC/Blanco y negro*; Page 150: The Kobal Collection; Page 159: Sculpture,"Warriors" by artist Emanuel Martinez, Courtesy of the artist; and Page 160: Xiomara Crespo, Havana, Cuba.

Literary Credits

María Eugenia Estenssoro, "La ventaja de ser mujer," by permission of the author.
Enrique Jaramillo Levi, "Underwood," from *Duplicaciones*, by permission of the author.
Judith Guzmán Vea, "El amor y el deseo," by permission of Imagine Publishers, Inc., Boston, MA.
Mario Benedetti, "Viceversa," by permission of Mercedes Casanova Agencia Literaria.

Luis Cernuda, "Qué más da," from *Poesía completa*, Vol. I, by permission of Angel María Yanguas Cernuda.

Salvador Reyes Nevares, "El machismo en México," by permission of *Mundo Nuevo*. "Tienes un e-mail" used by permission of Arte Gráfico Editorial Argentino, S.A., Buenos Aires.

Gioconda Belli, "Reglas del juego para los hombres que quieran amar a mujeres mujeres" from *De la costilla de Eva*, by permission of the author.

CHAPTER 4

Realia, Photo, and Cartoon Credits

Page 162: "Third of May", 1814. Goya. Oil on canvas, 266 × 345 cm. Inv. 749. Museo del Prado, Madrid, Spain. Photo Credit: Erich Lessing/Art Resource; Page 163 top: Roger De La Harpe; Gallo Images/Corbis; Page 163 bottom: Charles & Josette Lenars/Corbis; Page 166: Chart on animal experiments Antonio Medina, by permission of *Muy interesante* magazine, Madrid; Page 169: Rius (Eduardo del Río), Editorial Grijalbo, S.A.; Page 170: Ellis Herwig/Stock Boston; Page 171: *Muy interesante* magazine, Mexico; Pages 174, 189, and 213: Hugo Díaz, from *Díaz todos los días*, by permission of the artist; Page 177: Reuters NewMedia/Corbis; Page 185: Vanni Archive/Corbis; Page 187; Gary Braasch/Corbis; Page 190: Ricardo Alvarez-Rivon, *Turey al Taíno*, by permission of the artist; Page 191; Ed Kashi/Corbis; Page 194: Gary Braasch/Corbis; Page 205: Shelley Gazin/Corbis; Page 207: AFP/Corbis; and Page 208: Aristotle and Plato: detail from the School of Athens in the Stanza della Segnatura, 1510-11. Raphael.Vatican Museum and Galleries.Vatican City, Italy. The Bridgeman Art Library.

Literary Credits

Helena Rivas López, "El fascinante mundo oculto de los mayas," January, 1991, by permission of *Caribbean News*, Cancún, Mexico.

Isabel Allende, "Walimai," 1990, by permission of Agencia Literaria Carmen Balcells, S.A., Barcelona.

Gonzalo Casino, "Homosexuales ¿nacen o se hacen?" by permission of *Muy interesante* magazine, Madrid.

Marco Denevi, "Génesis," by permission of his heirs.

CHAPTER 5

Realia, Photo, and Cartoon Credits

Page 214 right: "Retrato di Innocenzo X" , Velazquez. Galleria Doria Pamphili, Roma. Photo Credit: Scala/Art Resource; Page 214 left: Frida Kahlo with a red shawl by Mickolas Muray. George Eastman House; Page 215 top: The Kobal Collection; Page 215 bottom: The Kobal Collection; Pages 217, 224, 233, and 247: José Luis Martín, "QUICO"; Page 218: Detail from "Las Meninas", depicting the self-portrait of Velazquez, 1656. Oil on canvas. Museo del Prado, Madrid, Spain. The Bridgeman Art Library; Page 220: "The Surrender of Breda", Velazquez, 1634–1635. Oil on canvas,

307 × 367 cm. Museo del Prado, Madrid, Spain. Photo Credit: Scala/Art Resource; Page 221 left: detail of the Pope from "Retrato di Innocenzo X" by Velazquez. Galleria Doria Pamphili, Roma. Photo Credit: Scala/Art Resource; Page 221 right: "Retrato de don Sebastiano de Morra," 1644. Velazquez. Oil on canvas, 106 × 81 cm. Museo del Prado, Madrid, Spain. Photo Credit: Scala/Art Resource; Page 222: "Venus and Cupido," 1650, Velazquez. Oil on canvas. National Gallery, London, Great Britain. Photo Credit: Erich Lessing/Art Resource; Page 223: "Las Meninas," 1656, Velazquez. Oil on canvas. Museo del Prado, Madrid, Spain. The Bridgeman Art Library; Page 225: "Study after Velazquez's portrait of Pope Innocent X," 1953. Francis Bacon. Oil on canvas, 153 × 118 cm. © ARS, NY. Private Collection, Paris, France. Giraudon/Art Resource; Page 227; Self-portrait of Frida Kahlo entitled "Diego y yo," 1949. Private Collection; Page 228: "Mi vestido esta colgado alli," 1933, Frida Kahlo. Hoover Gallery; Page 229 left: "Retrato de Luther Burbank," 1931. Frida Kahlo. Fundacion Dolores Olmedo, Mexico City, D.F., Mexico. Photo Credit: Schalkwijk/Art Resource; Page 229 right: "El venadito," (The Little Deer), 1946, Frida Kahlo. Oil on masonite, 8-7/8" × 11-3/4." Courtesy of Mary-Anne Martin/Fine Art, New York; Page 230: "El suicidio de Dorothy Hale," 1939, Frida Kahlo. Oil on masonite with painted frame. Phoenix Art Museum, Arizona. The Bridgeman Art Library; Page 231: "El abrazo del amor del universo," 1949, Frida Kahlo. Jacques and Natasha Gelman Collection of Twentieth Century Mexican Art. Courtesy of The Vergel Foundation. Page 236: Photos from the filming of "El Mariachi" from *Mundo 21* magazine; Page 242: Hugo Díaz, from *Díaz todos los días*, by permission of the artist; Page 249: "El Jaleo," 1882, John Singer Sargent. Oil on canvas. Isabella Stewart Gardener Museum. Boston, Massachusetts. The Bridgeman Art Library; Page 253: Still from "Death and the Maiden." The Kobal Collection; and Page 271: Naranjo, *El universal*, Mexico, copyright © Cartoonists and Writers Syndicate.

Literary Credits

Lourdes Muñoz y Natalia Valdés, "La teleadicción" by permission of *Tribuna* magazine, Madrid.

Federico García Lorca, "La guitarra," by permission of Mercedes Casanova, Agencia Literaria, copyright © Herederos de Federico García Lorca.

Gabriel García Márquez, "La luz es como el agua" from *Doce cuentos peregrinos*, by permission of Carmen Balcells Agencia Literaria, Madrid.

Jorge Louis Borges, "Episodio del enemigo," copyright © 1995, María Kodama, reprinted with the permission of The Wylie Agency, Inc.

Julio Cortazár, "Casa Tomada" by permission of the author.

Oscar Orgállez, "El Mariachi ¡Un éxito fílmico a bajo costo!" from *Mundo 21* magazine.

CHAPTER 6

Realia, Photo, and Cartoon Credits

Page 272 left: Dave Bartruff/Stock Boston; Page 273 right and left: Courtesy of the author; Page 281: David Bailey; Page 284: Morton Beebe, S.F./Corbis; Page 286 left:

Literary Credits